London

HIGHLIGHTS | GEHEIMTIPPS | WOHLFÜHLADRESSEN

»Es ist schwer, die richtigen Worte für London zu finden. Es ist kein freundlicher Ort; es ist nicht gefällig oder heiter oder bequem oder frei von Schande. Es ist nur großartig.«

Henry James

London

Barbara Geier
Franz Marc Frei

BRUCKMANN

INHALT

Big Ben: Seit September 2012 heißt der berühmte Uhrturm offiziell Elizabeth Tower.

Wachablösung am Buckingham Palace

SÜDEN

OSTEN

MEHR WISSEN

Londonerin auf dem Weg zur Queen

In Richmond überrascht die Themse mit pastoralen Momenten – anschauen!

NORDEN

MEHR ERLEBEN

Seite 1: Wache an der Horse Guards Parade
Seite 2/3: Löwen auf dem Trafalgar Square
Links: Londoner Stadttypen sind gern exzentrisch und individuell.

UMGEBUNG & AUSFLÜGE

Die *tube* bringt einen in London überallhin.

REISEINFOS

Treppenhaus der Tate Britain

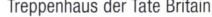

DAS SOLLTEN SIE SICH NICHT ENTGEHEN LASSEN

❶ Klangerlebnisse in Westminster Abbey und St Paul's Cathedral (S. 36/S. 82)

Diese beiden grandiosen Bauwerke bieten die beste Einführung in die britische Geschichte und die der Stadt London. Die Mauern von Westminster Abbey und St Paul's Cathedral, Krönungs- und Grabkirchen gleichermaßen, bergen faszinierende Geschichten von Königen und Königinnen, Kriegen, Politik, Kunst und Kultur. Weniger bekannt: Fast jeden Sonntag spielen Organisten auf der großen Orgel der St Paul's Cathedral 30-minütige Konzerte, die besondere Momente und im Gegensatz zur Besichtigung der Kirche kostenfrei sind. Genau wie die täglich vom Chorgesang des berühmten Knabenchors der Westminster Abbey begleiteten Messen, die jeder besuchen kann, ohne Eintritt zu zahlen. Ein Kirchenrundgang ist dann nicht möglich, aber ein besonderes Musikerlebnis in einer einzigartigen Umgebung hinterlässt auch bleibende Eindrücke.

❷ Hohe Kunst in der National Gallery (S. 51)

Am Trafalgar Square thront mit der National Gallery eine Riesenschatztruhe: Eine der besten Kunstsammlungen der Welt mit Werken von der Renaissance bis zum frühen 20. Jahrhundert ist hier eintrittsfrei zu besichtigen. Ein Geschenk für Londoner und die vielen internationalen Besucher der Stadt, das man nicht genug würdigen kann. Botticelli, Cézanne, Constable, Monet, Rembrandt, Renoir, Titian, Turner, van Gogh, da Vinci – eine grandiose Fülle von Wunderbarem und ein ganz besonderer Ort in dieser an Kulturhöhepunkten wahrlich nicht armen Stadt.

Die Stimmen der kleinen Sänger begleiten die tägliche Abendandacht in der Westminster Abbey.

❸ Eine grüne Oase im Victoria & Albert Museum (S. 102)

Das V&A, wie es die Londoner nennen, mit seiner weltweit größten Sammlung von Kunstgewerbe und Design ist überwältigend gut: Die Fülle und Bandbreite an Exponaten sucht ihresgleichen. Ein Traum für neugierige Menschen. Neben den Designschätzen und kunsthandwerklichen Kleinoden aus jeder Epoche und jedem Winkel der Welt gehört eine Auszeit im zauberhaften John-Madjeski-Garten des Museums zu jedem Besuch: eine grüne Oase an unerwarteter Stelle – typisch für London.

❹ Londoner Momente auf der South Bank (S. 150)

Bei einem Spaziergang auf dem Thames Path vom London Eye bis zur Tower Bridge zeigt sich das faszinierende Panorama der Stadt von seiner besten Seite.

Futuristisch – der neue Anbau der Tate Modern

Das Kulturzentrum des Southbank Centre mit Museen, Konzerthallen, Kinos und Theater ist wie ein Wohnzimmer an der Themse, ein urbaner Garten auf dem Dach der Queen Elizabeth Hall, ein Kleinod zwischen viel Beton und mit garantiert guten Aussichten. Dazu ein Glas Pimm's in der Hand – so lieben Londoner ihre South Bank.

5 Besondere Ein- und Ausblicke in der Tate Modern (S. 162)
Die Weltklassekunstsammlung der Tate Modern ist genauso spektakulär wie der Bau des bekannten Architekturbüros Herzog & de Meuron, in dem sie sich befindet: Ein altes Kraftwerk lockt die Welt ans Südufer der Themse in ein Museum für Gegenwart und Zukunft. Im Rücken der Industriekathedrale wurde im Sommer 2016 ein neuer Anbau eröffnet. Von der Aussichtsgalerie sieht man, wie die Stadt sich wandelt – und die elegante Kuppel der St Paul's Cathedral am anderen Themseufer trotzdem weiter mühelos die Blicke auf sich zieht.

6 Gastronomische Entdeckungsreise südlich der Themse (S. 166)
Im Borough Market neben der London Bridge am Südufer der Themse sind Foodies im siebten Himmel. Der uralte Markt ist in seiner derzeitigen Inkarnation voller kulinarischer Verheißungen das Produkt eines in den 1990er-Jahren wiedergefundenen Interesses an Lebensmitteln direkt vom Erzeuger. Inzwischen ist diese Ecke der Stadt ein Garant für besondere gastronomische Entdeckungen, mit Cafés und Restaurants rund um den Borough Market und dem wunderbaren Maltby Street Market weiter südlich, wo einige der originellsten Streetfood-Anbieter der Stadt in postindustrieller Umgebung auftischen.

7 Grandioses in Greenwich (S. 174)
Anfahrt auf der Themse, das atemberaubende Barockensemble des Old Royal Naval College, der Blick vom Greenwich Park auf die Stadt, das Maritime Museum, der Greenwich Markt, Spaziergänge und Pubs am Fluss – Greenwich ist das perfekte Ausflugspaket. Wer das Gelände des UNESCO-gelisteten Old Royal Naval College erkundet, kann in der Painted Hall, die als »Sixtinschen Kapelle Großbritanniens« bekannt ist, ein grandioses Deckengemälde sehen. Und wird dabei musikalisch begleitet, wenn Probenklänge von Studenten des hier ansässigen Trinity Laban Conservatoire of Music and Dance aus offenen Fenstern dringen.

8 Trendy sein im East End (S. 196)
Märkte, coole Shops, Restaurants, Bars, eine einzigartige Street-Art-Szene in

Shoreditch, faszinierende Zeugnisse einer langen Geschichte der Immigration in Spitalfields und die berühmtesten Bagels der Stadt auf der Brick Lane: Das East End ist trendy, hip und schön trubelig, besonders am Wochenende mit einer Großauswahl an originellen Märkten. Das Zentrum der Stadt hat sich in den letzten Jahren in den Osten ausgebreitet, die Besucher wandern mit und entdecken London abseits von Buckingham Palace und Big Ben.

9 Den Blick von oben in Hampstead (S. 228)

Ein Dorf im Norden Londons. Literaten und Intellektuelle lieben Hampstead schon seit Jahrhunderten. Durch Hampsteads Gassen zu streifen ist ein besonderes Londoner Vergnügen und eine Möglichkeit, die Stadt ganz anders kennenzulernen. Zusatzbonus: der wilde Hampstead Heath Park mit Traumblicken auf die Stadt und eines der charmantesten Pubs der Stadt names »Holly Bush« in einem charaktervollen alten Häuschen.

10 Ein Pint an der Themse (S. 261)

Ganz im Westen, wo London dörflich ist, liegt das urige Pub »The White Swan« direkt am Fluss: Drinnen eng, verwinkelt und im Winter mit Kaminfeuer sehr gemütlich, gibt es draußen direkt am Wasser einen der besten Biergärten in London. Klein, aber ungeheuer charmant und, wenn die Flut kommt, auch mal kurz unter Wasser. Das stört hier aber niemanden. Dann steigt man eben auf die Sitzbank oder packt das Glas und stellt sich ein paar Meter weiter hinten vors Pub, wo es auch noch eine Terrasse direkt am Haus gibt. Hier an einem lauen Sommerabend sitzen – das bleibt in besonders guter Erinnerung.

Unzählige kulinarische Verheißungen bieten Londons Foodmarkets.

WILLKOMMEN in London

Die Queen, *afternoon tea*, schwarze Taxen, Fish & Chips, rote Doppeldeckerbusse, Punks, Beatles auf dem Zebrastreifen, gentlemen's clubs, Soldaten mit Bärenfellmützen. Luxusboutiquen, Obdachlose, Sozialbauten, pastellfarbene Häuser, Modehochburg, Designschmiede, schicke Mütter, reiche Oligarchen, arbeitslose Jugendliche, alte Meister, Street-Art. London ist eine Stadt voller Symbole und ein Ort der Gegensätze.

Die Stadt stand einst im Mittelpunkt einer Weltmacht und ist nun Hauptstadt einer Insel, die hartnäckig ihren Platz am Rande Europas behauptet. Brexit hin oder her – und die Londoner haben mehrheitlich für *remain* gestimmt –, die Stadt ist nach wie vor ein globales Finanzzentrum, Geburtsort von Musik- und Modetrends, innovativ und rasant unterwegs im digitalen Zeitalter und voller verschrobener Traditionen. London nimmt Menschen aus aller Welt auf, gleichmütig und ohne viel Aufhebens. Jeder kann Londoner werden, und London macht es keinem einfach. London ist einfach gnadenlos faszinierend.

Typisch im Stadtbild: schwarze Taxen

Kein Wunder also, dass London ein Besuchermagnet und schon seit Jahren Top-Reiseziel bei Städtereisen weltweit ist. Buckingham Palace, Tower, Big Ben, Westminster Abbey: Jeder will es sehen. Aber London ist mehr als die Summe seiner Touristenattraktionen. London ist eine energiegeladene Stadt mit einer 2000 Jahre alten Geschichte, Kulturhochburg und Trendsetter. London ist – ganz einfach – nie langweilig.

Historische Vielfalt und urbane Neuerfindung

Was London für den Besucher so faszinierend macht, sind in erster Linie die vielen Monumente einer glorreichen Geschichte. Zu bestaunen sind mittelalterliche Bankethallen, die an die Macht der

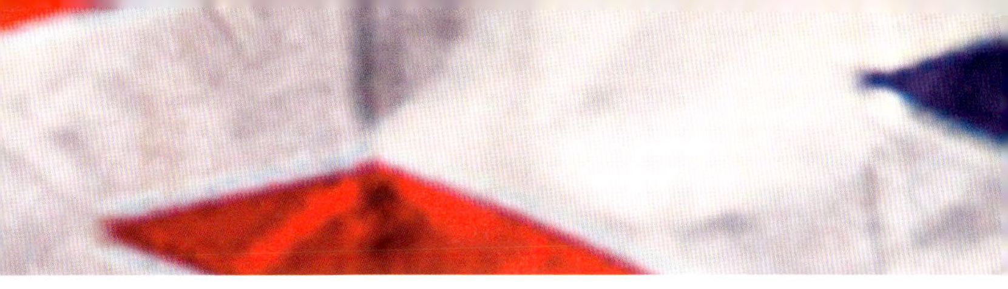

Souvenirstand mit *The Coade Lion* am Südende der Westminster Bridge

Zünfte in der City of London, dem historischen Kern der Stadt, erinnern, und die großartigen Kirchen des Architekten Sir Christopher Wren (1632–1723), vor allem sein Meisterwerk, die St Paul's Cathedral. London glänzt durch seine vielseitige viktorianische Architektur des britischen Empire. Elegante georgianische Plätze aus der Zeit der vier Hannoveraner Könige zwischen 1714 und 1830 bieten Momente der Ruhe. Die engen Gassen in der City sind am Wochenende, wenn die Finanzwelt ausgezogen ist, ein Paradies für neugierige Stadtforscher. Gemischt wird all das mit immer mehr modernen Bauten, viel Glas, Stahl und ungewöhnlichen Formen.

Dazwischen fließt die Themse, an deren Ufer sich von Windsor im Westen bis Greenwich im Osten königliche Paläste bzw. deren Überbleibsel reihen. Man findet dort idyllische Wege und urbane Uferpfade, Lagerhäuser und zahlreiche Monumente der Industrialisierung. Im London der Neuzeit haben diese auf geniale Weise andere Aufgaben gefunden: Die Tate Modern im ehemaligen Kraftwerk der Bankside Power Station ist eine Londoner Erfolgsgeschichte. Das größte Museum der Welt für moderne Kunst ist ein Besuchermagnet.

Man weiß in London eben, wie wichtig eine gute Inszenierung ist und das in

Bitte lächeln: Wachen an der Horse Guards Parade

jeglicher Hinsicht: Die Museen, Galerien und Kunstinstitutionen der Stadt haben sich im letzten Jahrzehnt neu erfunden und rausgeputzt, ob nun das Royal Opera House oder das ehrwürdige British Museum. Touristen brauchen neue Hingucker: Europas größtes Riesenrad, das London Eye, steht seit dem Millennium sichtbar am Südufer der Themse im Zentrum der Stadt und gehört inzwischen genauso zur Kulisse wie die Houses of Parliament am anderen Ufer.

Megalopolis

Was an London am meisten überwältigt und das Alltagsleben anstrengend macht, ist die schiere Größe der Stadt. Sie erstreckt sich über fast 50 Kilometer von Westen nach Osten und hat inzwischen 8,6 Millionen Einwohner. London ist eine Mega-Metropole, die aus einer Ansammlung von Dörfern entstanden ist und in ihrer ethnischen Vielfalt in Europa ihresgleichen sucht. Jeder dritte Londoner wurde nicht in Großbritannien geboren; in manchen Stadtteilen sind es über 50 Prozent. Mehr als 300 Sprachen werden in der Stadt gesprochen.

Die Römer als Stadtgründer waren quasi die ersten Einwanderer, gefolgt von Angeln und Sachsen, Wikingern und Normannen. Innerhalb der letzten vier Jahrhunderte hat die Stadt eine Einwandererwelle nach der anderen absorbiert, von den Hugenotten im 17. Jahrhundert bis zu Immigranten aus den ehemaligen Kolonien in der Karibik und dem indischen Subkontinent nach dem 2. Weltkrieg. Und die Völkerwanderung geht weiter: London ist eine kleine EU mit einem besonders großen Kontingent an Franzosen und Polen und auch um die 50 000 Deutschen.

Der Londoner

Wenn Londoner von überall herkommen, gibt es den Londoner dann überhaupt? Allein am Geburtsort kann man es nicht festmachen, dazu leben in London zu viele Nicht-Londoner. Der Londoner zeichnet sich eher durch eine spezifische Geisteshaltung aus, ein inneres Achselzucken, das man sich angesichts des täglichen Chaos genauso angewöhnt wie einen schnellen Schritt. Londoner pflegen oft eine gewisse Hassliebe zu ihrer Stadt. Offener Stolz ist selten, lieber wird leise gemosert. Wenn etwas passiert wie beispielsweise die Unruhen und Plünderungen im Sommer 2011, steht der Londoner allerdings sofort mit dem Besen auf der Straße und macht deutlich: So geht keiner mit unserer Stadt um. Wie auch immer man die bunte Masse an Londonern charakterisieren möchte, Stadtbewohnern kann man auf jeden Fall viel zumuten. Und insgeheim sind sie darauf auch ein bisschen stolz.

Weltbekannt und voller Geschichte(n): die Westminster Abbey

London erleben

Londonbesucher sind von so viel Stadt auf einmal gleichermaßen fasziniert wie überfordert, und der klassische Tourist hat leider selten mehr als ein Wochenende Zeit. Die Stadt macht es einem zudem nicht einfach, denn es gibt keinen wirklich zentralen Ort, auf den sich das Interesse fokussiert. London ist nicht das Ergebnis von zentraler Stadtplanung, sondern eines Prozesses der Agglomeration. Dörfer und Siedlungen, die einst den Kern umringten, wurden nach und nach aufgesaugt. Bei der Masse an Angeboten sollte man sich daher auf keinen Fall überfordern. Am besten wählt man je nach Interessenlage und Zeitbudget aus und konzentriert sich auf bestimmte Dinge. Kunstinteressierte (es gibt über 300 Museen und Kunstsammlungen!) werden genauso glücklich wie Einkaufswütige; Musikfreunde, wonach sie auch suchen, werden eine Weltklasseauswahl antreffen. Wer sich für Tanz und Theater interessiert, wird ernsthaft mit Umzugsgedanken spielen müssen. Die Stadt hat die schönsten Parks und eine kulinarische Szene, die vibriert wie kaum eine andere in Europa.

Wo ist was?

Der Versuch, Ordnung in das Chaos zu bringen, startet am Trafalgar Square. Wenn London überhaupt eine Art Zentrum hat, dann hier, wo Nelson's Column und die National Gallery stehen. Direkt südlich und gut zu Fuß in Angriff zu nehmen, liegen Whitehall und Westminster. Hier konzentrierte sich für jahrhundertelang die königliche, politische und kirchliche Macht und finden sich einige von Londons bekanntesten Sehenswürdigkeiten: Big Ben, Houses of Parliament und Westminster Abbey. Nördlich sind die vornehmen Straßen und Plätze von St James's, Mayfair und Marylebone seit der Restauration (Wiedereinsetzung der Monarchie) im 17. Jahrhundert traditionell Spielwiese der Betuchten. Einige der geschäftigsten Einkaufsstraßen der Stadt liegen hier auch: Piccadilly, Bond Street, Regent Street und die menschenüberflutete Oxford Street.

Östlich von Piccadilly Circus bilden Soho, Chinatown und Covent Garden das Herz des West-End-Entertainmentbezirks mit der größte Konzentration an Theatern, Kinos, Clubs, Geschäften, Restaurants und Cafés der Stadt. Auf Covent Garden folgt im Norden das Universitätsviertel Bloomsbury, in dessen Zentrum das British Museum steht, eine gewaltige Schatzkiste und architektonisches Highlight mit einem grandiosen überdachten Innenhof. Nördlich liegen die Straßenzüge um die Bahnhöfe King's Cross und St Pancras mit der British Library. Zwischen West End und City bildet Holborn eine weniger besuchte Ecke, die mit Be-

In der City treffen hochmoderne Bürotürme wie der Gherkin auf das alte London.

sonderheiten überrascht wie dem exzentrischen Sir John Soane's Museum und den historischen Inns of Court, wo die Anwaltschaft der Stadt lernt und arbeitet. Clerkenwell, ein angesagtes Stadtviertel östlich von Holborn und am Nordrand der City gelegen, hat mit seinen modernen Restaurants und Gastropubs (Pubs mit Restaurant) viel Zugkraft entwickelt, spiegelt aber gleichzeitig die klösterliche Vergangenheit Londons wieder.

Zurück an der Themse und östlich von Westminster liegt das ursprüngliche Herz der Stadt, die City of London oder kurz City genannt, die kurioserweise gleichzeitig der älteste als auch (architektonisch) modernste Teil der Stadt ist. Hier siedelten sich einst die Römer an. Im Mittelalter handelte, arbeitete und lebte London hier, und die *guilds* (Zünfte) hatten das Heft in der Hand. Die City, heute ein globales Finanzzentrum, hatte immer und bis heute besondere Privilegien, einen eigenen Lord Mayor (Bürgermeister) und eine eigene lokale Verwaltung. Der historische Festumzug der Lord Mayor's Show jedes Jahr im November ist eine der uralten Traditionen, die hier noch gepflegt werden.

London brennt

Der Große Brand von 1666, der die City fast komplett zerstörte, hatte nachhaltige Auswirkungen auf die Entwicklung der Stadt. Auch wenn der Stadtteil wieder aufgebaut wurde, reduzierte sich die Einwohnerzahl erheblich. Eine Abwanderung in Richtung Süden über den Fluss und nach Westen setzte ein. Die historischen Hauptsehenswürdigkeiten in der City sind der Tower und die St Paul's Cathedral. Im Osten folgt das alte Arbeiterviertel East End und die ehemaligen Hafenanlagen der Docklands. Die faszinierende Geschichte der Immigration im East End lässt sich in Nachbarschaften wie Spitalfields, der Brick Lane und Shoreditch nachverfolgen. Einen festen Platz auf der Agenda von Besuchern aus aller Welt haben die vielen Märkte. Spitalfields Market, Brick Lane und der Columbia Road Flower Market sind absolute Besucherhits. Künstler und Ausgehlustige haben Shoreditch & Co so-

Bushaltestelle der etwas anderen Art am Albert Embankment

wieso für sich entdeckt. Die Docklands bilden seit dem Umbau alter Lagerhäuser in teure Appartements und dem Neubau bombastischer Bankenhäuser einen Kontrast zum East End.

Kulturhochburg an der Themse

Ein Sprung über die Themse führt im Zentrum der Stadt zur heißgeliebten South Bank und dem Kulturzentrum Southbank Centre – nicht schön, aber unglaublich ergiebig. Daneben dreht sich elegant das London Eye. Weiter östlich auf dem Thames Path entlang steht an der Bankside Shakespeare's Globe Theatre und führt die moderne Millennium Bridge von St Paul's über die Themse zur Tate Modern. Noch weiter im Südosten Londons und gegenüber den Docklands

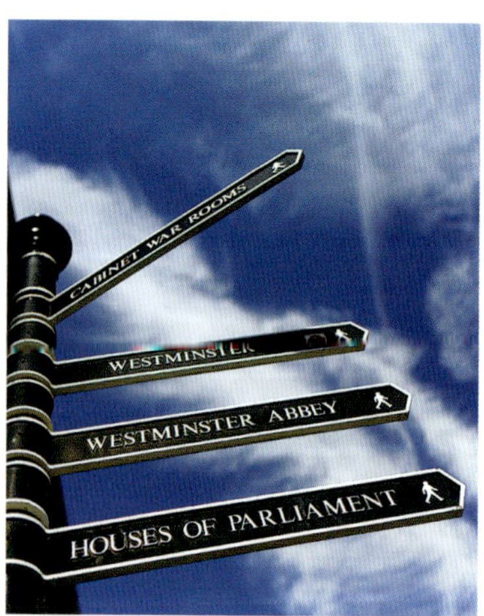

Am Themseufer bei den Houses of Parliament führen viele Wege direkt zu Sehenswürdigkeiten.

ist Greenwich das Juwel in diesem Teil der Stadt. Es beherbergt das prachtvolle UNESCO-Weltkulturerbe Maritime Greenwich mit dem Old Royal Naval College, dem königlichen Park und Observatorium.

Westlich des Zentrums liegen die wohlhabenden Viertel Chelsea und Kensington als besondere Orte, um einzukaufen, Kultur zu erleben und spazieren zu gehen. Das weltberühmte Kaufhaus Harrods findet sich in Knightsbridge, die Ansammlung der drei Weltklassemuseen Victoria & Albert, Natural History und Science Museum in South Kensington. Hyde Park und Kensington Gardens bilden hier nicht nur die größte Parkanlage in Zentrallondon, sondern auch eine Art große, grüne Trennlinie zwischen Zentrum und dem wohlhabenden Westlondon. Auch Notting Hill gehört zum Ensemble und liegt nordwestlich von Kensington Gardens.

Im Norden der Stadt konzentriert sich das Interesse auf Camden und sein Gewirr an Märkten um den Regent's Canal, der von Westen kommend am Nordrand des Regent's Park entlang bis zu den Docklands führt. Weiter nördlich liegt die dörfliche Enklave von Hampstead, wo der wunderbare Hampstead Heath Park eine legendäre Aussicht auf die Stadt bietet.

In der Röhre

Um den fein ausgearbeiteten Plan *»Things to do in London«* umsetzen zu

Ohne die U-Bahn läuft nichts. Und manchmal ist auch mit ihr genauso …

können, ist vor allem eines wichtig: effizient von einem Ort zum anderen kommen. Dabei geht ohne die Londoner U-Bahn gar nichts. Die sogenannte *tube* ist das älteste U-Bahn-Netz der Welt. Seit 1863 rattert sie unter- und zum Teil oberirdisch durch die Stadt. Das System ist überlastet; seit Jahren wird renoviert, um die alten, engen Röhren auf Vordermann zu bringen. Neue, moderne Stationen sind entstanden, aber solch ein altes Riesennetzwerk zu erneuern, ist eine Mammutaufgabe.

Angesichts all dessen ist es erstaunlich, wie effizient das System trotzdem funktioniert. Henry Beck, technischer Zeichner bei den Londoner Verkehrsbetrieben, erfand 1933 die handliche *tube map* und gleichzeitig ein kleines, pragmatisches Kunstwerk, das auf Tassen, T-Shirts und Postern verewigt ist. Auch Einsteiger finden sich schnell zurecht; in den Stationen weisen Schilder, auf denen die jeweilige Linie mit allen Haltestellen aufgeführt ist, nach dem ganz einfachen Muster der Himmelsrichtungen den Weg: Es geht entweder *westbound*, *eastbound*, *northbound* oder *southbound*. Man muss nur die richtige Farbe finden, die gewünschte Station und los geht's.

Ein paar Regeln sind zu beachten, dann macht man sich als Tourist bei Londonern automatisch beliebt: Auf den Rolltreppen herrscht das Prinzip »rechts stehen, links gehen«. Links muss für Eilige freigehalten werden, und Londoner haben es oft sehr eilig. Außerdem ist es verpönt, an den Eingangs- und Ausgangsschranken Auflaufunfälle zu verursachen. Also: immer das Ticket bereithalten, das sowohl zu Beginn als auch am Ende der Reise benötigt wird. Das ist entweder eine Travelcard oder eine Oyster Card, die auf ein Touchpad gelegt wird. Beim Einsteigen ist es wichtig, immer erst die Fahrgäste aussteigen zu lassen. Diese einfache und doch so essentielle Regel wird ja gerade in Deutschland gerne missachtet, wo das Prinzip »Losstürmen« gilt. Nicht in London. Jeder kommt mit. Außer es ist so voll, dass wirklich keiner mehr reinpasst. Und das passiert im Berufsverkehr morgens häufig. Deshalb ist angeraten, unter der Woche, wenn möglich, erst nach 9 Uhr loszufahren.

Stadtpalast in Maida Vale, einer schönen Wohngegend am nördlichen Rand von Westminster

Kultur, gerne mal eintrittsfrei

London ist Heimat von vier UNESCO-Kulturdenkmälern: Der Tower, Westminster Abbey, Maritime Greenwich und die Kew Gardens haben es auf die Liste geschafft. Ganz oben auf der Agenda stehen für London-Touristen vor allem die Museen und Galerien der Stadt. London hat einige der besten Kunstsammlungen der Welt und ein begeisterndes Angebot an Kunst und Design. Das Beste daran: Einen Großteil davon gibt es kostenlos. Das sollte man in einer teuren Stadt wie London nicht verachten. Eintrittsfrei sind z.B. folgende: Victoria & Albert Museum, Science Museum, Natural History Museum, Tate Britain, Tate Modern, National Gallery of Art, National Portrait Gallery, Wallace Collection, Museum of London mit seinem Ableger in den Docklands, British Museum, Imperial War Museum, National Maritime Museum und Geffrye Museum.

Dazu kommt eine vielfältige Auswahl an kleineren Museen und Sammlungen. Nicht zu vergessen: London ist eines der globalen Zentren des zeitgenössischen Kunsthandels. Die Landschaft an kommerziellen Galerien ist entsprechend prominent besetzt: Gagosian, White Cube, Haunch of Venison, Victoria Miro, um nur einige in der Kunstszene bekannte Namen zu nennen. Eine lebendige, alternative Kunstszene mit vielen kleinen Galerien ist in den letzten Jahren im East End entstanden. Wer sich für Kirchenkunst und Denkmäler interessiert, wird in Westminster Abbey und der St Paul's Cathedral einige der feinsten Arbeiten der Gotik, des 17. Jahrhunderts und des viktorianischen Zeitalters finden. Und wer London über die Sommermonate und im Frühherbst besucht und sich den Eintritt für die State Rooms des Buckingham Palace gönnt, wird erschlagen von der Royal Collection, die hier in Teilen zu sehen ist.

Auch eine Art von Kultur, die frei zu genießen ist, sind die Parks und Grünanlagen der Stadt. London wäre nicht London ohne St James's Park, Green Park, Hyde Park, Kensington Gardens und Regent's Park, die im Zentrum die großen grünen Lungen bilden. Daneben gibt es überall in der Stadt kleinere, abseits der Touristenrouten gelegene und sehr zu empfehlende Parks, z.B. den Holland oder Battersea Park.

Essrevolution

Essen in London ist vielfältig und bunt. Die Stadt kocht seit einigen Jahren *modern British*, und dahinter verbirgt sich die Neuauflage traditioneller Gerichte, zum Teil mit mediterranen und orientalischen Einflüssen sowie frischen Produkten. Damit einher geht ein Konzept, das in den 1990er-Jahren geboren wurde und ohne das man sich Londons Restaurantszene gar nicht mehr vorstellen könnte: das Gastropub – Pub und Restaurant in einem. Essen konnte man in Pubs schon immer, wollte man aber angesichts der Qualität vielleicht nicht unbedingt. Jetzt wird vielerorts auf hohem

Strawberry Hill: ein exzentrischer Gotikpalast in Twickenham im Westen der Stadt

Niveau gekocht. Das erste Pub dieser Art in London hat sogar schon einen Michelin-Stern. Ganz nebenbei hat das multikulturelle London den großen Vorteil, jede Küche der Welt anbieten zu können – indisch, fernöstlich, karibisch, italienisch, französisch, skandinavisch …

Moderne britische Küche besinnt sich auf Traditionelles, Frisches und Lokales.

Da Essen zum Lifestyle geworden ist, gibt es in London nicht nur ein überwältigendes Angebot an Restaurants, sondern auch an Märkten und innovativen kulinarischen Ideen; Street-Food ist der absolute Renner. Praktisch für Besucher sind die Londoner Fast-Food-Ketten, die nichts mit McDonalds & Co zu tun haben. Bei »Pret A Manger«, Vorreiter dieser Bewegung, »Eat« oder »Crussh« gibt es frische Sandwiches, Suppen, viel leichte asiatische Kost und kleine Desserts. Immer eine Option für ein erschwingliches Essen sind Ketten wie »Wagamama«, »Itsu«, »Giraffe«, »Leon« oder »Byron Burger«. Und wenn alle Stricke reißen, sind die Supermärkte von Marks & Spencer die beste Anlaufstelle. Die Auswahl an Sandwiches und kleinen Mahlzeiten stellt auch verwöhnte kontinentale Gaumen zufrieden.

Hinter diesem Kopf im Westminster Park Plaza steckt ein Sessel mit Aussicht.

Einkaufen

Briten sind Einkaufsweltmeister, und London ist das absolute Nirwana. Hier werden neue Einkaufstrends geboren, und Geschäft ist nicht einfach Geschäft. Beispiel: Der Burberry Super Store, der im September 2012 auf der Regent Street öffnete, ist nicht nur der größte Burberry-Laden der Welt, sondern steht als Prototyp für die neue Art des Einkaufens im 21. Jahrhundert, wo sich digitale und physische Welt mit allerlei Hightech-Ausrüstung treffen.

Die britische High Street als Synonym für bekannte Modeketten und Marken ist ohne Zweifel kaum zu überbieten, was Vielfalt anbelangt und die Schnelligkeit, mit der Trends in erschwingliche Mode umgesetzt werden. London hat den Ruf, eine unglaublich teure Einkaufsstadt zu sein. Das stimmt nicht. Natürlich gibt es Luxuseinkaufsstraßen wie die Sloane Street oder Bond Street. Aber genauso gibt es Modenirwanas für Jedermann. Neben den offiziellen Schlussverkaufszeiten nach Weihnachten und im Sommer findet immer irgendwo ein *sale* statt. Und wenn reduziert wird, dann kräftig.

Wo geht man einkaufen? Da gibt es natürlich die berühmte Oxford Street – für Londoner die schlimmste Straße der Stadt; alle Touristen stürmen hin. Wer nervenaufreibende Menschenmassen mag, bitte schön. Aber es geht genauso gut und nicht so überfüllt in der Kensington High Street, King's Road oder Regent Street. Zu empfehlen sind auch Covent Garden mit seinen vielen Boutiquen und die renovierte Carnaby Street in Soho. Für individuellere Einkaufstouren empfiehlt sich Notting Hill. Secondhand und Kuriositäten gibt es auf den Märkten der Stadt und viele sogenannte *independent shops* in der Stoke Newington Church Street im Nordosten der Stadt und in Shoreditch, Spitalfields und Brick Lane. Londoner *charity shops*, in denen gespendete Kleidung für einen guten Zweck verkauft wird, sind in den reichen Gegenden wie Chelsea und Kensington Fundgruben für kaum getragene Designerware.

London radelt

Auf Londons Straßen hat eine Revolution stattgefunden. Vor 15 Jahren waren Fahrradfahrer noch Exoten. Heute radelt eine ganze Armee durch die Stadt. Aus-

Flanieren auf der Brompton Road, wo Harrods und Harvey Nichols zum Einkaufen verführen

gerüstet wie für eine Tour-de-France-Etappe (Fahrradfahren ist kein Spaß in London!), düsen sie über die Straßen, schlängeln sich zwischen Bussen und Autos durch. Fahrradwege gibt es in London traditionell keine; inzwischen wird daran gearbeitet und es werden u.a. sogenannte *Cycle Superhighways* eingerichtet. Besucher können das vor einigen Jahren eingeführte Leihfahrradsystem nutzen und mitmachen (und sollten dabei sehr aufmerksam sein!).

Gen Osten

Eine der auffälligsten Londoner Bewegungen der letzten Jahre ist die in Richtung Osten. Die Renaissance des East End startete mit Künstlern, die alte Lagerhäuser und Industriestrukturen für sich entdeckten, der Mittelstand folgte, und die berühmte Gentrifizierung setzte ein. Typisch für London, hier wie überall in der Stadt, ist die geografische Durchmischung sozialer Schichten, wo Sozialbauten in unmittelbarer Nachbarschaft von teuren Immobilien stehen.

Buntes, multikulturelles East End: Graffiti auf der berühmten Brick Lane

Der Bau des Olympischen Parks in Stratford, einem sozial benachteiligten Stadtviertel im Bezirk Newham, setzte ein deutliches Zeichen für den Osten. Hier wurden neue Wohnungen gebaut und die Infrastruktur mit Schulen und öffentlichen Einrichtungen verbessert. Das Einkaufszentrum Westfield Stratford City direkt am Olympic Park zieht Shopper an. Dazu kommen interessante kleine Ecken der Alternativkultur in unmittelbarer Nachbarschaft, die Künstler, Kreative und junge Unternehmer für sich erobern. Es tut sich einiges.

Drei London-Tipps

Es gibt noch drei wichtige Dinge, die der London-Tourist beachten muss. Erstens: Wenn die Wahl besteht, ob man ein, zwei oder auch mehr Stationen mit der U-Bahn fahren oder laufen soll, bitte zu Fuß gehen. Es dauert oft nur geringfügig länger, und nur wer läuft, lernt London wirklich kennen. Zweitens: neugierig sein und von der Hauptstraße abbiegen. In London kann jeder seine individuellen Entdeckungen machen, die in keinem Reiseführer stehen, z.B. ein schönes Häuschen, einen ruhigen Platz, ein gemütliches Café. Und drittens: alles erwarten und sich über nichts wundern. Kurz gesagt: einfach vorübergehend Londoner werden.

Steckbrief London

Lage: London liegt an der Themse im Südwesten der Insel Großbritannien auf 51° 30' nördlicher Breite und 0° 8' westlicher Länge. Durch das Royal Greenwich Observatory in Greenwich wurde der Nullmeridian festgelegt.

Fläche: 1570 Quadratkilometer

Einwohner: 8,6 Millionen (2015). Bis 2030 soll die 10-Millionen-Marke erreicht werden.

Währung: Pfund Sterling

Zeitzone: UTC+0

Geografie: London liegt 15 Meter über dem Meeresspiegel und erstreckt sich 44 Kilometer nördlich und südlich der Themse entlang. Die Gezeiten der Nordzeit machen sich stark bemerkbar. Im Südosten der Stadt wurde bei Woolwich die Thames Barrier gebaut, um die Stadt vor Überschwemmungen zu schützen.

Politik und Verwaltung: London ist verwaltungstechnisch in 33 Stadtbezirke, sogenannte *boroughs*, eingeteilt, inklusive der City of London und City of Westminster. Zu Letzterer gehört der Großteil des Londoner Stadtzentrums. Die *boroughs* haben eine eigene Finanz- und Kommunalpolitik. Die City of London, das historische Zentrum der Stadt, hat verwaltungstechnisch einen Sonderstatus mit eigenem Bürgermeister. Die Greater London Authority (GLA) koordiniert die Zusammenarbeit der Stadtbezirke.

Wirtschaft und Tourismus: Im Großraum London wird rund ein Fünftel des Bruttoinlandsprodukts Großbritanniens erwirtschaftet. Dies basiert in erster Linie auf dem Dienstleistungssektor und neben der Finanzdienstleistungsindustrie v.a. auf dem Tourismus. Jährlich besuchen rund 30 Millionen Touristen die Stadt, mehr als die Hälfte davon aus dem Ausland. Touristen geben in London jährlich über 8 Milliarden Pfund aus.

Religion: Rund 60 Prozent Christen (meist Anglikanische Kirche). Circa 16 Prozent haben keine Religion. Etwa 9 Prozent sind Muslime, 4 Prozent Hindus und 2 Prozent Juden.

Bevölkerung: London spricht mehr als 300 Sprachen. Jeder dritte Londoner gehört entweder einer ethnischen Minderheit an oder wurde im Ausland geboren. Seit den 50er-Jahren kamen v.a. Menschen aus den ehemaligen Kolonien nach London. Inder stellen die größte Minderheit dar. Relativ hoch ist auch der Anteil der Bevölkerung aus Schwarzafrika, der Karibik, Pakistan und Bangladesch.

Breites Angebot an Bildern und Gemälden entlang Piccadilly

Geschichte im Überblick

43 Kaiser Claudius erobert Britannien. Münzfunde lassen auf die Gründung der Siedlung Londinium am Themseufer um 50 n. Chr. schließen.

60 Der keltische Stamm der Icener begehrt gegen die römische Fremdherrschaft auf und zerstört Londinium unter der Führung ihrer Königin Boudicca. Die Aufständischen werden niedergeschlagen, die Stadt wieder aufgebaut.

200 Eine Verteidigungsmauer wird um die Stadt gebaut. Rund 50 000 Menschen leben im antiken London.

410 Die römischen Truppen ziehen sich aus Britannien zurück und werden im Zuge der Völkerwanderung von den germanischen Stämmen der Angeln und Sachsen verdrängt.

604 Unter dem Namen Lundenevic wird London zur Hauptstadt des angelsächsischen Königreichs Essex.

886 Alfred der Große, König von Wessex, schlägt endgültig die Wikinger, die wiederholt London angegriffen hatten. Die Stadtbefestigung wird ausgebaut und London als Handelshafen etabliert.

1066 Der Normanne Wilhelm der Froberer besiegt König Harold in der Schlacht von Hastings und wird in der Westminster Abbey zum König gekrönt.

1078 Der White Tower, Kern des heutigen Tower of London, wird zur Verteidigung gegen Angriffe von außen und zur Absicherung gegen die aufmüpfigen Londoner Bürger gebaut.

1176 Der Bau der Old London Bridge als erste Steinbrücke über die Themse beginnt (Fertigstellung 1209). Bis 1750 bleibt sie die einzige Themsebrücke im heutigen Stadtzentrum.

1189 König Richard Löwenherz ernennt den ersten Lord Mayor (Bürgermeister).

1215 Der Adel Britanniens trotzt König Johann Ohneland weitgehende Rechte und Freiheiten ab; der Herrscher unterzeichnet die Magna Charta, die Londons städtische Autonomie begründet.

1348 Die Pest erreicht London. Innerhalb von zwei Jahren sterben rund zwei Drittel der Bevölkerung. Weitere verheerende Epidemien folgen.

1455–1485 Im Rosenkrieg kämpfen die beiden Häuser York und Lancaster um die Krone. Heinrich VII. besiegt schließlich Richard III., letzter König aus dem Hause York, und wird 1485 gekrönt. Die Tudorepoche, eine Zeit des Wohlstands, beginnt.

1534 König Heinrich VIII. vollzieht den Bruch mit der römischen Kirche, da ihm der Papst nicht gewährt hatte, die kinderlose Ehe mit Katharina von Aragon zu annullieren.

1535 Der Humanist Thomas Morus weigert sich, Heinrich VIII. die Treue zu schwören, wird im Tower hingerichtet und somit der erste katholische Märtyrer des Landes.

1558 Elizabeth I. besteigt den Thron. Während ihrer Regierungszeit floriert das Land.

1571 Eröffnung der Londoner Börse

1599 Eröffnung des Globe Theatre

1605 Vereitelung des Gunpowder Plot: Der Katholik Guy Fawkes wollte Jakob I. und das Parlament in die Luft sprengen.

1642–1649 Bürgerkrieg in England: Die Royalisten um Karl I. kämpfen gegen die Anhänger des Parlaments. Der König wird hingerichtet und Oliver Cromwell übernimmt als Lord Protector die Macht.

1666 Der Große Brand, der in einer Bäckerei in der Pudding Lane ausbricht, zerstört große Teile Londons. Zum Architekten des Wiederaufbaus wird Christopher Wren benannt, der unter anderem die St Paul's Cathedral errichtet.

1694 Gründung der Bank of England

1702 Die erste Tageszeitung der Welt, *The Daily Courant*, wird in der Fleet Street gedruckt.

1714 Mit Georg I. aus dem Haus Hannover besteigt zum ersten Mal ein deutscher Fürst den englischen Thron. London wächst, der Handel vervielfacht sich, und London wird zur weltweit bevölkerungsreichsten Stadt.

1837–1901 Herrschaft von Königin Victoria, die als Erste den Buckingham Palace als Residenz nutzt.

1851 Die erste Weltausstellung findet statt. London ist Zentrum der industrialisierten Welt und größte Stadt Europas (2,5 Millionen Einwohner).

Ende 19. Jh. Der Großraum London besteht aus 28 Stadtbezirken (*boroughs*) und hat über 6 Millionen Einwohner.

1939–1945 Im Blitz der deutschen Luftwaffe wird London schwer zerstört, vor allem im Osten und den Docklands.

1952 Krönung von Elizabeth II.

2000 Zur Verwaltung von London wird die Greater London Authority (GLA) eingesetzt und Ken Livingstone zum ersten Bürgermeister gewählt. 2008 wird er von Boris Johnson abgelöst.

2005 Islamische Terroristen verüben Bombenanschläge auf U-Bahn-Züge und einen Bus; 56 Menschen werden getötet.

2011 Im April heiratet Prinz William Katherine Middleton in der Westminster Abbey. Im Sommer kommt es zu schweren Auseinandersetzungen in sozial benachteiligten Vierteln Londons.

2012 London richtet zum dritten Mal nach 1908 und 1948 die Olympischen Spiele aus.

2014 London feiert den 255. Geburtstag des British Museum (Eröffnung 1759) und den 450. Geburtstag von William Shakespeare.

2016 Sadiq Khan wird zum neuen Bürgermeister gewählt und ist damit erster Bürgermeister muslimischen Glaubens, der eine europäische Metropole regiert.

EIN WOCHENENDE IN LONDON

1. TAG

16:00 CHARAKTERVOLLER START IN DER LAMB'S CONDUIT STREET

Verkehrsberuhigte Zonen sind rar in London. Ein Geheimtipp mitten in der Stadt: Die kleine Lamb's Conduit Street in Bloomsbury mit Shoppingperlen für Individualisten und einem wohltuenden Mangel an Ketten. »Starbucks« & Co gibt es hier nicht, dafür kleine Geschäfte, Cafés, Restaurants und zwei wunderbare viktorianische Pubs, »The Lamb« und »The Perseverance«. Schlendern, schauen und bei einem Pint in Alt-Londoner Atmosphäre tauchen. Oder um die Ecke auf der Doughty Street eine Mini-Ruheoase entdecken: Im Dickens Museum versteckt sich ein kleines Café mit Garten, wo das Getöse der Großstadt draußen bleibt und ein Brunnen zwischen alten Mauern und viel Grün plätschert.

18:00 EINE DOSIS KULTUR IM BRITISH MUSEUM

Direkt um die Ecke wartet eine kulturhistorische Schatzkiste, die an Freitagen bis 20.30 Uhr ihre Türen öffnet: Neben seiner immensen Fülle an Exponaten bietet das British Museum dann zusätzlich Vorträge, Filmvorführungen oder Musik- und Tanzdarbietungen. Tipp: die 20-minütigen *spotlight tours* für kurze Einblicke in ausgewählte Bereiche der Sammlung.

20:00 FREIE AUSWAHL AUF DER SOUTH BANK

Rüber auf die South Bank: Am Südufer der Themse ist rund um die Royal Festival Hall, dem Herzstück des Soutbank Centre, immer etwas los. An der Themse entlang in Richtung Osten lebt London zu jeder Jahreszeit im Freien mit Musik, Menschen, Essen und Trinken; im BFI (British Film Institute) gibt es Filme, in der Royal Festival Hall Konzerte und ein buntes Kulturprogramm. Tipp für ein Dinner mit Themseblick (reservieren!): das Restaurant im Oxo Tower. Oder Drinks im »Rumpus Room« im 12. Stock des Mondrian Hotel.

2. TAG

8:00 INS HISTORISCHE ZENTRUM LONDONS

In der City, wo unter der Woche die internationale Finanzszene Hektik verbreitet, herrscht am Wochenende Ruhe. Perfekt für Stadtspaziergänger, die nach anderen Perspektiven Ausschau halten: Die älteste Ecke der Stadt liegt gleichzeitig im Fokus von Londons Bauwut; Glas- und Stahltürme ragen in den Himmel, dazwischen uralte Gassen und historische Häuser.

10:00 ENGLISCH FRÜHSTÜCKEN IM EAST END

Wenn schon London, dann richtig: Ein traditionelles englisches Frühstück – genannt *fry-up* – muss in einem typisch Londoner Café – genannt *caff* – eingenommen werden. Nirgendwo geht das besser als bei »E. Pellici« in Bethnal Green. Die Kult-Location im East End wird in der dritten Generation von derselben Familie geführt, Mama Maria steht in der Küche, und das Retro-Dekor ist einfach klasse.

12:00 JETZT ABER: SHOPPING IN COVENT GARDEN

Rund um die alten Markthallen hat sich in den letzten Jahrzehnten ein extrem vielseitiges Einkaufsparadies entwickelt: im Zentrum die Covent-Garden-Markthalle mit kleinen Läden und einem Markt, dann Long Acre, Floral und Neal Street für Marken und Trendiges, und noch ein Stück weiter nördlich Seven Dials mit sieben urbanen Shoppinggassen, die sich um einen kleinen Platz drängen.

14:00 »KURZ MAL« IN DIE NATIONAL GALLERY

An diesem Kulturschatz kommt kein Londonbesucher vorbei: Mitten in der Stadt am Trafalgar Square bietet die National Gallery ganz umsonst große Kunst. Die Lieblingsepoche rauspicken, sich nicht allzusehr stressen und dann von den Stufen der benachbarten Kirche St Martin-in-the-Fields aus den Trubel Londons beobachten.

16:00 AFTERNOON TEA IM GROSSEN STIL? UNBEDINGT!

Jetzt geht's zum vorgezogenen Abendessen, denn ein traditioneller *afternoon tea* in einem der gehobenen Hotels der Stadt (immer reservieren!) mit Sandwiches, Scones und Kuchen sättigt ziemlich – und kostet auch einiges, wenn man sich für die »volle Packung« entscheidet, z.B. im Mandarin Oriental mit Blick auf den Hyde Park. Oder – nicht ganz so opulent und günstiger (aber in genauso schöner Umgebung) – in der »Orangery« auf dem Gelände des Kensington Palace in Kensington Gardens. Falls es Zeit und Budget erlauben, ist das kleine royale Anwesen übrigens auch einen Besuch wert. Und im frei zugänglichen Shop gibt es allerlei Originelles an königlichen Mitbringseln.

18:00 SPAZIERGANG AM THEMSEUFER

Am Chelsea Embankment am Nordufer der Themse geht London gern mal eine Runde schlendern. Ruhe vom Straßenverkehr darf man hier zwar nicht erwarten, aber das macht nichts, so ist London eben. Man kommt dafür an der Tate Britain vorbei, hat schöne Blicke auf den Battersea Park im Süden und kann, je nach Jahreszeit, die abends erleuchtete Albert Bridge in all ihrer Pracht genießen. Und: auf einer Bank entlang des Wegs eine Pause einlegen!

20:00 TRUBEL IN SOHO

Noch mal rein in die Menge: Londons kompaktes Ausgehquadrat im West End ist ein Gewusel von Straßen, Gassen und vielen Menschen. Einfach mal der Nase nach losmarschieren, die Leute beobachten und in der »Bar Italia« einen Espresso trinken.

22:00 EIN SPÄTES DINNER BEI DISHOOM

»Dishoom« in Covent Garden, ein beliebtes indisches Restaurant, eingerichtet im Retro-Brasseriestil, serviert bis spät in den Abend zu guten Preisen viel Leckeres. Praktisch: Auf der Karte stehen auch viele kleine Gerichte, falls der Hunger nicht mehr ganz so groß ist.

3. TAG

9:00 FRÜHSTÜCK IM FEINEN BELGRAVIA

Im »Tomtom Coffee House« genießt man eine gute Tasse Kaffee und seine Frühstückseier fernab vom Touristenrummel. Das Minicafé mit wenigen Sitzplätzen liegt an der charmanten Elizabeth Street in Belgravia. Eine Zeitung mitnehmen und sich wie ein Stadtteilbewohner fühlen (und wer sich hier eine Wohnung leisten kann, ist praktischerweise automatisch auch immer gut betucht ...).

11:00 MORGENRUNDE IM BESUCHERLIEBLING TATE MODERN

Seit 2016 der neue Anbau – das Switch House – eröffnet wurde, gibt es in der Tate Modern noch mehr zu sehen. Abgesehen von zeitgenössischer Kunst in allen Formen und Varianten bietet die Themsesüdlage außerdem wunderbare Blicke auf die Kuppel der St Paul's Cathedral, am besten von der Viewing Gallery im Switch House.

13:00 KÖSTLICHKEITEN AUS ALLER HERREN LÄNDER

Nach der Kultur kommt der Hunger, und wer in dieser Ecke der Stadt unterwegs ist, sollte das gastronomische Sammelsurium des Maltby Street Market testen: Rund 30 Gehminuten südöstlich der Tate Modern (durch die Bermondsey Street gehen!) versammeln sich jede Woche Streetfood-Anbieter, Lebensmittelhändler und Minirestaurants unter einer alten Bahnlinie. Macht Spaß und schmeckt.

15:00 EINE LETZTE SEHENSWÜRDIGKEIT

Zum Abschluss noch mal Tourist spielen: Vom Maltby Street Market sind es nur wenige Minuten bis zur Tower Bridge. Wenn genug Bilder geknipst wurden, bieten sich je nach Zeit- und Interessenlage zwei Möglichkeiten: Butler's Wharf, direkt neben der Tower Bridge am Südufer, mit seinem Netzwerk an alten viktorianischen Speicherhäusern, heute ein Mix aus Wohnungen, Restaurants und Geschäften. Oder gegenüber der Tower mit seiner fast tausendjährigen Geschichte.

ZENTRUM

Regent's Park,
Madame Tussaud's
Great
Portland St.
Regent's
Park
Harlingford Hotel
Foundling
Bernard St.
Russell Square
Guilford
Whitfield
Huntley
Gower
Woburn
Pl.
Bedford
Way
Torrington Sq.
Russel
Cleveland
Tottenham
Court
Maple St.
Howland
St.
Great
Hallam
Royal Institute
of British
Architects
Marylebone
6
New Cavendish
Gr. Tichfield
Portland
Place
Foley St.
Tottenham St.
Dabbous
Goodge St.
Salt Yard
The Academy
Building Centre
Goodge St.
Malet
St.
Bloomsbury St.
Bloomsbury
7
Montague Pl.
Square
Southampton Row
Grange
Blooms Hotel
The British
Museum
8
Jarndyce
Holborn
7
Boswell St.
Duchess St.
All Sounds
Church
myhotel
Bloomsbury
Charlotte St.
Rathbone St.
Percy St.
Cartoon Museum
Arthur
Probsthain
Street
London Review
Cake Shop
Museum
James Smith &
Sons
Holborn
High Holborn
Kingsway
The Conran Shop,
The White Company,
La Fromagerie
The Providores,
Golden Hind,
Paul Rothe & Son
Mortimer St.
Cavendish Pl.
Chandos St.
Regent
Great Portland
Great Titchfield St.
Wells
Berners
Berners Mews
Newman
Eastcastle
Mews
Wells St.
Stephen St.
Hakassan
Rathbone Pl.
Hanway St.
Great Russell
Bi Won
New Oxford St.
Bucknall St.
Grape St.
High
Holborn Res.
Henrietta Margaret
Pl. Holles
Castle
St.
Soho
5
Oxford
Burger
and Lobster
Tottenham
Court Road
Blackout II
Vintage
Selfridges
Wallace Collection
Oxford
Oxford
Circus
St.
Hanover
Square
The Photgraphers'
Gallery
Great Marlborough St.
Berwick St.
Wardour St.
L'Eto
Caffe
The Nadler
Soho
Dog and Duck
Barrafina
The Arts
Theatre Club
Princi
Poland St.
Sister Ray
Seven Dials
Hotel
Wild St.
Scoop
Acre
Nell of
Old Drury
Bow St.
Liberty
Carnaby
Marshall St.
Broadwick St.
Ronnie Scott's
Bar Termini
Wild Food Café
Mercer
St.Hotel
4
Royal
Opera
House
Russell
New
Bond
St.
Fenwick
Maddox
Street
Fernandez & Wells
Bao
Kingly
Dean Street
Townhouse
Bar Italia
Z Hotel
Soho 17
Long
Covent
Garden
Penhaligon's
Claridge's Bar
Handel
House
Museum
Conduit St.
Beak
Bridle Lane
Yalla
Yalla
Yalla St.
Rupert
Dishoom
Charing Cross St.
St. Paul's
Church
Transport
Museum
Sotheby's
Café
Savile
Old Burlington
Heddon St.
Nopi
Graphic
Warwick
Brewer
Spuntino
Prince
Charles
Cinema
Notre
Dame
Church
Leicester
Square
Maiden Ln.
Phillips
Bruton Place
Bruton St.
Clifford
Row
Regent
Air
Glasshouse St.
Piccadilly
Circus
Coventry
St.
J. Sheeky
Thai Pot
The Strand
Carting La.
Grafton St.
Albemarle
Old Bond
Royal Academy
of Arts
Sackville St.
St.
Piccadilly
Circus
Whitcomb
Oxendon
St. Alban's St.
National
Portrait Gallery
12
St. Martin-
in-the Fields
3
Adam St.
John Adam St.
Savoy Pl.
The Only
Running
Footman
Dover
Hay Hill
Brown's Hotel
Stafford
St.
Street
2
Piccadilly
Regent St.
National
Gallery
Trafalgar
Square
3
Charing Cross
Charing
Cross Station
Embankment
Gagosian Gallery
Charles
La Strada
Berkeley
St.
Duke
St.
Paxton &
Whitfield
Charles II
Pall Mall
Cockspur St.
Northumberland
Citadines
Prestige
Golden
Jubilee Bridge
Geo. F.
Trumpers
Stratton
St.
The Wolseley
Jermyn
Bury
St. James's St.
White Cube
Carlton House Ter.
The Trafalgar
Northumberland Av.
The Grand
Curzon
Clarges St.
Half Moon St.
Piccadilly
Arlington
Park Pl.
King
St.
ICA
The Mall
Whitehall
Whitehall Place
Whitehall Ct.
The
Litte Square
Green Park
Pall Mall
Shepherd
Market
Stafford London
Kempinski
St. James's
2
Horse Guards
Horse Guards' Av.
Embankment
St. James's
Palace
Marlborough Rd.
St. James's
Banqueting
House
1
London
Eye
Stableyard
Rd.
Clarence
House
Inn the Park
Downing
St.
Green Park
Mount Street Gardens
Le Boudin Blanc
Cuzon Cinema
Mayfair
The Mall
St. James's Park Lake
Rd.
Parliament
St.
The Red Lion
Constitution
Hill
King Charles St.
Churchill
War Rooms
Victoria
Buckingham
Palace
Park
Westminster
St. Georg
St.
Parliament
Bridge St.
Westminster
Westminster
Bridge
Buckingham
Palace
Gardens
The Queen's
Gallery
Spur Road
Walk
Anne's Gate
Lewisham
St.
Storey's
Gate
Birdcage
Queen
Broad
Sanctuary
Square
Westminster
Abbey
Westminster
Hall
Houses of
Parliament
Buckingham
Gate
Palace
Buckingham
Gate
Petty France
Tothill St.
St. James's
Park
1
The Cask
& Glass
Street
Caxton St.
Broadway
St.
Great Smith St.
Dean's Yard
Tufton St.
Jewel
Tower
Abingdon St.
Victoria Tower
Buckingham
Palace Rd.
Victoria
Cinnamon Club
Strutton Ground
Great College St.
Tate Britain
Double Tree by Hilton

The Eagle
Caravan, Café Kick
Modern Pantry
The Zetter Townhouse
Exmouth Market
11
Dickens Museum
Look Mum No Hands
Museum of the Order of St John
Jerusalem Tavern
St John
The Jugged Hare
Fox & Anchor
The Rookery
Fryer's Delight
Hatton Garden
Farringdon
Barbican
Barbican Centre
Smithfield Market
Ye Old Mitre
Bartholomew the Great
10
Museum of London
Old Bengal Bar, Duck & Waffle, Sushisamba, Angler
South Place Hotel
Chanery Lane
Holborn Circus
Bird of Smithfield
Postman's Park
Nat. Postal Museum
London Wall
Guildhall Art Gallery
Bank of England Museum
Lincoln's Inn
Dr. Johnsons House
Old Bailey
City
9
Guildhall
St. Paul's
St Bride's Church
St. Paul's Cathedral
Café Below
Royal Courts of Justice
St. Bride Foundation
The King's Wardrobe
City of London Information Centre
One New Change
Sky Garden
Mansion House
Temple
Inner Temple Gardens
Blackfriars
Somerset House
Temple
Fernandez & Wells
Tom's Kitchen
Themse
Apex City of London Hotel
Tate Gallery of Modern Art
National Theatre
South Bank
Southwark
Waterloo East Sta.
Southwark
Waterloo
Waterloo International Station
Park Plaza
Tune Hotel
Lambeth North
Archbishop's Park
Sehenswürdigkeit, Museum
Aktivitäten, Ausgehen
Information
Kirche, Synagoge, Moschee
Theater
Shopping
Restaurant, Bar, Café
Übernachtungsmöglichkeit
0
200 m
N

1 Westminster Abbey, Whitehall & Co

Kirche und Staat

Am nördlichen Themseufer im Zentrum der Stadt versammeln sich einige der Hauptsehenswürdigkeiten Londons. Wie praktisch für den Besucher, der hier neben Westminster Abbey auch die Houses of Parliament, Big Ben und Whitehall mit zahlreichen monumentalen Regierungsgebäuden auf einen Schlag abarbeiten kann. Danach geht's am besten in ein typisch englisches Pub.

Die Westminster Abbey beeindruckt mit ihren Dimensionen und ganz viel Geschichte. Hier werden seit dem 11. Jahrhundert Monarchen gekrönt und beigesetzt, und auch alles, was ansonsten Rang und Namen hat, liegt hier begraben – Politiker, Künstler, Wissenschaftler und Schriftsteller. Über 3500 sind es insgesamt. Täglich drehen Tausende von Besuchern aus aller Welt ihre Runden über deren letzte Ruhestätte. Mit einer Ausnahme: Auf

GUT ZU WISSEN

AM BESTEN FRÜH – ODER SPÄT

Keine andere Ecke Londons wird täglich von so vielen Menschen frequentiert. Der Bürgersteig vor den Houses of Parliament steht voller Menschen mit Fotoapparaten, aus der Westminster-U-Bahn-Station strömen die Massen, über die Westminster Bridge donnert der Verkehr. Entspanntes Schlendern ist hier nicht möglich. Um von der Westminster Abbey mehr zu haben als nur Gedränge, sollte man am besten um 9.30 Uhr vor der Tür stehen. Und für Nachtschwärmer: Houses of Parliament & Co entfalten gerade im Mondschein ihren ganz besonderen Reiz!

Seite 32/33: Westfassade Houses of Parliament
Mitte: Die Houses of Parliament mit der Reiterstatue von Richard Löwenherz
Unten: Wandmalerei im Chapter House

den Grabstein des unbekannten Soldaten aus dem Ersten Weltkrieg im Längsschiff darf niemand treten. Der auf den französischen Schlachtfeldern gefallene Soldat wurde 1920 als Letzter in der Westminster Abbey beigesetzt. Seitdem gibt es aus Platzgründen nur noch Gedenkplaketten.

Gotisch-grandioser Bau

Die erste in der langen Reihe an Beisetzungen war die von Eduard dem Bekenner (1004–1066), der die Westminster-Kirche und -Abtei an der Stelle eines seit 750 v. Chr. bestehenden Benediktinerklosters ab 1045 bauen ließ. 1161 wurde er heiliggesprochen. Sein Schrein hinter dem Hochaltar ist einer der interessantesten Orte der romanischen Kirche. Besucher haben nur Zugang, wenn sie an einer der von Kirchendienern geleiteten Touren teilnehmen (empfehlenswert!). An dieser Stelle erbaute Eduard seine Kirche, bevor Heinrich III. (1207–1272) die heutige Westminster Abbey im gotischen Stil um diesen Kern herum zwischen 1245 und 1269 errichten ließ.

Direkt danach ein weiterer Höhepunkt: die Kapelle von Heinrich VII. (1457–1509), der die Abtei hier durch eine »einfache Erweiterung« bereichern wollte. Herausgekommen ist ein Meisterwerk der Spätgotik, das zwischen 1503 und 1519 in erstaunlicher Detailarbeit fertiggestellt wurde. Die Decke mit ihren Steinschnitzereien ist atemberaubend und das Verrenken des Kopfes wert.

Poets' Corner

Zu den beliebtesten Ecken in der Kirche gehört der Poets' Corner, wo alles, was in der britischen Literatur Rang und Namen hat, begraben liegt – von Geoffrey Chaucer (1343–1400) über William

Geheimtipp

WESTMINSTER CATHEDRAL

Nur einen Steinwurf von Westminster Abbey entfernt wird die Westminster Cathedral gerne übersehen. Erstaunlich, denn diese Kirche fällt mit ihrem orientalischen Äußeren auf. 1896 von John Francis Bentley im byzantinischen Stil erbaut, ist sie die wichtigste römisch-katholische Kirche in England. Vom 84 Meter hohen Glockenturm hat man eine prima Aussicht. Das Kreuz auf dem Turm soll übrigens ein Stück von dem Kreuz enthalten, an dem Jesus gekreuzigt wurde. Beim Eintritt in die Kathedrale überraschen die Dimensionen des Hauptschiffs, das mit 104 Meter Länge und 48 Meter Breite das größte im Land ist. Die Kirche ist bis heute unfertig. Die 14 Kreuzigungsstationen von Eric Gill (1882–1940) dagegen sind komplett und machen den Besuch allein schon lohnenswert.

Westminster Cathedral. Mo–So 7–19 Uhr, Glockenturm: Mo–Fr 9.30–17 Uhr, Sa, So 9.30–18 Uhr, £ 6, 42 Francis St, SW1P, Tel. 77 98 90 55, www.westminstercathedral.org.uk

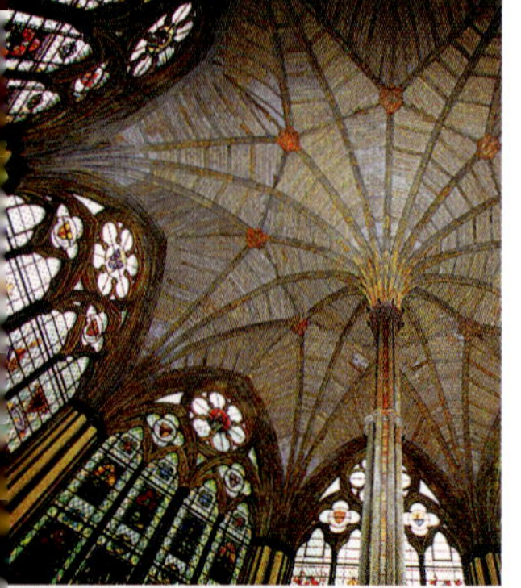

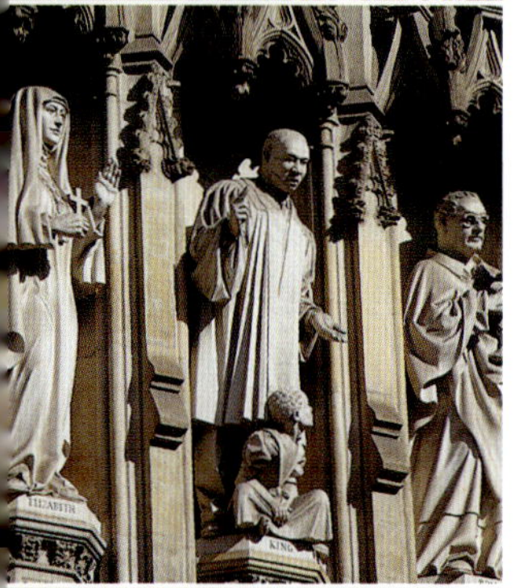

Oben: Blick in die Decke des Chapter House
Mitte: Steinerne Märtyrer an der Westfassade der Westminster Abbey
Unten: Kreuzgang Westminster Abbey

Wordsworth (1770–1850) bis zu Charles Dickens (1812–1870). Auch Georg Friedrich Händel (1685–1759), der ab 1717 in London lebte, liegt hier begraben. Augen auf: Aufgrund der Dichte an Berühmtheiten übersieht man leicht einige alte Gemälde an der Wand, die erst 1936 bei Reinigungsarbeiten gefunden wurden und aus dem frühen 13. Jahrhundert stammen.

Krönungsstuhl und kleiner Kreuzgang

Weiter im Längsschiff in Richtung Ausgang steht auf der linken Seite der Krönungsstuhl von Eduard I., auf dem seit 1308 alle Herrscher Englands gekrönt wurden. Zu guter Letzt sollte man nicht am Ausgang zum Kreuzgang der ehemaligen Benediktinerabtei neben dem Poets' Corner vorbeigehen. Auf der rechten Seite im Gang zum Kapitelsaal findet sich hier Großbritanniens angeblich älteste Tür. Weiter am alten College Garden vorbei liegt in einer Ecke versteckt der kleine Kreuzgang. Nur bedingt zugänglich, lohnt sich der kurze Weg dennoch – eine idyllische Ecke mit unerwartetem Blick auf den Union Jack, der gegenüber an den Houses of Parliament weht.

Houses of Parliament

Die meisten Touristen schauen sich die Houses of Parliament und den Big Ben nur von außen an. Der Sitz des britischen Parlaments, älteste parlamentarische Demokratie der Welt und ehemaliger Palace of Westminster, kann aber auch besucht werden. Was sich lohnt, denn im Gemäuer weht heftig der berühmte Hauch der Geschichte.

Ein paar Eckdaten: Zur Zeit der Erbauung der Westminster Abbey ließ Eduard der Bekenner in unmittelbarer Nachbarschaft einen Palast errichten. Die Westminster Hall, der älteste erhaltene Gebäudeteil, wurde 1097 unter der Herrschaft Wilhelm II. erbaut. Das einzige weitere Überbleibsel des mittelalterlichen Palace of Westminster ist der Jewel Tower von 1365. Der Palast brannte 1834 fast vollständig nieder und wurde in den Folgejahren im neugotischen Stil als Sitz des Parlaments neu errichtet. Big Ben, was an sich nur die Glocke bezeichnet, aber zum Synonym für den Turm geworden ist, wurde 1859 eingeweiht – und ist inzwischen sehr renovierungsbedürftig: Seit Anfang 2017 wird daran gearbeitet; das Ganze soll drei Jahre dauern und 29 Millionen (!) Pfund kosten. Damit Touristen nicht ganz um ihr Erinnerungsfoto kommen, bemüht man sich, immer eines der Zifferblätter gerüstfrei zu halten.

Seine ursprüngliche Funktion als königliche Residenz verlor der Westminster Palace schon 1295, als das britische Parlament in der Westminster Hall zum ersten Mal tagte. Das Parlament ist in zwei Kammern aufgeteilt, Ober- und Unterhaus (*House of Lords* und *House of Commons*). Deren Ratssäle sind die wichtigsten Räumlichkeiten im Gebäudekomplex mit insgesamt über tausend Räumen. Führungen durch die Houses of Parliament finden das ganze Jahr über an Samstagen statt sowie auch unter der Woche während der Parlamentspausen. Wer beim britischen »Sport« Schlangestehen (*queuing*) mitmachen möchte, kann sich am Cromwell-Green-Besuchereingang anstellen, um bei einer Sitzung im House of Commons dabei zu sein. Von der Zuschauertribüne aus beobachtet man den Schlagabtausch zwischen den Politikern aus der Vogelperspektive. Regierung und Opposition sitzen sich in dem erstaunlich kleinen House of Commons auf grünen Lederbänken gegenüber; das Ganze hat etwas von einem Debattierclub.

Geheimtipp

PUB ODER WOHNZIMMER?

In einer Seitenstraße zwischen Parliament Square und dem Bahnhof Victoria liegt eines der kleinsten Londoner Pubs. Uriger geht es kaum, und so soll ein Pub auch sein: in Wohnzimmergröße, gemütlich, zu den Stoßzeiten nach Feierabend so voll, dass man auf Tuchfühlung mit dem Nachbarn geht. Sitzgelegenheiten gibt es nur wenige, aber das ist auch nicht wichtig in einem richtigen Pub. Hier trinkt man Seite an Seite mit Stammgästen und Angestellten der umliegenden Büros, die auf dem Heimweg einen Halt eingelegt haben. Die viktorianischen Ursprünge zeigen sich in der dunklen Eichenholzvertäfelung. Bei gutem Wetter steht die Kundschaft – egal zu welcher Jahreszeit – auf dem Bürgersteig, was die Kapazität des Pubs erheblich erhöht. So geht das in London.

The Cask & Glass. 39 Palace St, SW1E, Ruhetag: So, Tel. 78 34 76 30, www.caskandglass.co.uk

Oben: RAF War Memorial am Victoria Embankment
Mitte: Whitehall-Straßenszene
Unten: Wachablösung an der Horse Guards Parade

Cabinet War Rooms

Vom Parliament Square gegenüber den Houses of Parliament führt ein Spaziergang entlang Whitehall in Richtung Osten zum Trafalgar Square. Nur wenige Meter vor der Downing Street, Sitz des jeweiligen Prime Ministers, biegt am Auswärtigen Amt die King Charles Street zu den Cabinet War Rooms ab. Von dieser unterirdischen Kommandozentrale, die seit 1984 zu besichtigen ist, führte die britische Regierung unter Winston Churchill (1874–1965) den Zweiten Weltkrieg. 2005 wurde ein Churchill-Museum integriert und das Ganze in Churchill War Rooms umbenannt. Eine atmosphärische Angelegenheit erwartet den Besucher auf 2800 unterirdischen Quadratmetern mit Kabinett- und Kartenzimmer sowie Büros und Schlafzimmern für Churchill und seine Minister. Das Churchill-Museum stellt unterhaltsam die exzentrische Persönlichkeit des Politikers vor, der von den Briten wie kein anderer Politiker verehrt wird.

Banqueting House

Weiter in Richtung Trafalgar Square folgt auf der rechten Seite das von Inigo Jones (1573–1653) zwischen 1619 und1622 erbaute großartige Banqueting House, erstes Renaissancegebäude des Landes und einzig erhaltener Teil des Whitehall Palace, der Ende des 17. Jahrhunderts niederbrannte. Schräg gegenüber versuchen sich Touristen aus aller Welt täglich daran, die Soldaten der Horse Guards Parade aus der Fassung zu bringen.

Infos und Adressen

SEHENSWÜRDIGKEITEN

Banqueting House. Mo–Sa 10–17 Uhr, £ 6, online £ 5.50, Whitehall, SW1A, U-Bahn: Westminster, Tel. 0844/482 77 77, www.hrp.org.uk/BanquetingHouse

Churchill War Rooms. Mo–So 9.30–18 Uhr, £ 17.25, Clive Steps, King Charles St, SW1A, Tel. 79 30 69 61, www.iwm.org.uk

Houses of Parliament. Alle Informationen zu Touren auf www.parliament.uk/visiting, Audiotour £ 18.50, geführte Tour £ 25.50, Parliament Square, SW1A, U-Bahn: Westminster, www.parliament.uk/visiting

Jewel Tower. Gegenüber den Houses of Parliament. Ende März–Anfang Okt. tgl. 10–18 Uhr, Okt. tgl. 10–17 Uhr, Nov.–Ende März Sa, So 10–16 Uhr, genaue Daten auf der Webseite, £ 4.70, Abingdon St, SW1P, U-Bahn: Westminster, Tel. 72 22 22 19, www.english-heritage.org.uk

Tate Britain. Wunderbare Kunstsammlung auf übersichtlicher Größe an der Themse; seit Eröffnung der Tate Modern wird hier nur britische Kunst ab 1500 gezeigt. Romantikern sei John Everett Millais' *Ophelia* ans Herz gelegt sowie die berühmte *Lady of Shalott* von John William Waterhouse. Mo–So 10–18 Uhr, Millbank, SW1P, U-Bahn: Pimlico, Westminster, Tel. 78 87 88 88, www.tate.org.uk

Westminster Abbey. Um den Eintrittspreis zu umgehen und dafür herrlichen Chorgesang zu hören, sollte man den sogenannten Evensong-Gottesdienst besuchen, der vom Knabenchor der Westminster Abbey begleitet wird (täglich, Details auf der Webseite); Möglichkeiten zur Besichtigung gibt es dann aber keine! Mo, Di, Do, Fr 9.30–15.30 Uhr, Mi 9.30–18 Uhr, Sa 9.30–13.30 Uhr, £ 20, täglich von Kirchendienern geführte Touren £ 5, Eintritt zum Kloster und College Garden ist frei. Parliament Square, SW1P, U-Bahn: Westminster, www.westminster-abbey.org

ESSEN UND TRINKEN

Cinnamon Club. Feine indische Küche in einer ehemaligen Bibliothek um die Ecke von Westminster Abbey. Hier speisen auch gerne mal Politiker. Tipp: die gemütliche Bar links vom Eingang für Drinks vor oder nach dem Essen. Mo–Fr 7.30–22.30, Sa 12–22.30 Uhr, So Ruhetag, Old Westminster Library, 30–32 Great Smith St, SW1P, Tel. 72 22 25 55, U-Bahn: Westminster, www.cinnamonclub.com

The Red Lion. Traditionelles Pub. 48 Parliament St, SW1A, Tel. 79 30 58 26, U-Bahn: Westminster, www.redlionwestminster.co.uk

Strutton Ground Market. In einer kleinen Seitenstraße der Victoria Street mit toller Auswahl für schnell was auf die Hand. Mo–Fr 8–18 Uhr, Strutton Ground, SW1P, U-Bahn: Westminster, Victoria

ÜBERNACHTEN

Dolphin House Hotel. Appartementblock an der Themse mit modernen Zimmern und Studios. Chichester St, Dolphin Square, SW1V, Tel. 77 98 80 00, www.dolphinsquare.co.uk

DoubleTree by Hilton Hotel London Westminster. Modernes Mittelklassehotel direkt bei Tate Britain. 30 John Islip St, SW1P, Tel. 76 30 10 00, www.doubletree3.hilton.com

Park Plaza Westminster Bridge London. Vier Sterne-Hotel am Südufer der Themse nur 500 Meter von Houses of Parliament. 200 Westminster Bridge Rd, SE1, Tel. 084 44 15 67 80, U-Bahn: Westminster, www.parkplaza.com

Tune Hotel Westminster. Budget-Hotelkette. Saubere, moderne, sehr kleine Zimmer; hier darf man darüber hinaus keine Extras erwarten. 118–120 Westminster Bridge Rd, SE1, U-Bahn: Lambeth North, Tel. 76 33 93 17, www.tunehotels.com

INFORMATION

Victoria Station Travel Information Centre. Mo–Sa 7.15–21.15 Uhr, Victoria Station, SW1, gegenüber Gleis 8, SW1, U-Bahn: Victoria

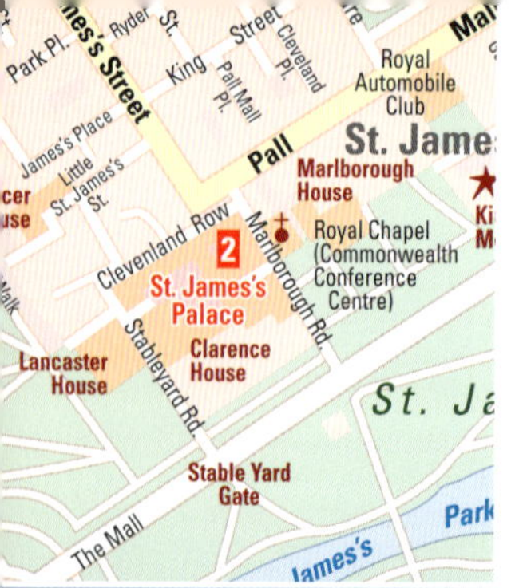

2 Rund um St James's

Stilvoll britisch und schön grün

Royale Pracht, stilvolle Läden, elegante Parkanlagen, *gentlemen's clubs*, teure Immobilien, Top-Galerien und viel Historisches. Die Straßenzüge von St James's, Piccadilly und Mayfair, die zum Stadtbezirk Westminster gehören, sind Pflicht. Aber auch hier kann der urbane Entdecker abseits der Touristenpfade wandeln und in enge Gassen abbiegen, auf Oasen der Ruhe stoßen oder in originellen Läden stöbern.

Besonders schön ist der Buckingham Palace als offizieller Wohnsitz der Queen ja nicht. Lapidar ausgedrückt, gleicht der 1702 für den Duke of Buckingham gebaute Palast einem gräulichen Kasten. Sehenswert ist die Szenerie trotzdem: St James's Park, The Mall, die lange, von Bäumen gesäumte Prachtstraße, das Victoria Memorial vor dem Palast mit der vergoldeten Figur der Siegesgöttin auf der Spitze und die immer vorbildlich gepflegten Blumenrabatten bilden eine perfekte Inszenierung.

Mitte: Blick vom St James's Park in Richtung Horse Guards Parade und Whitehall
Unten: Am Piccadilly Circus

Grandiose Kulisse

Am besten nähert man sich diesem Ensemble vom gegenüberliegenden Ende der Mall, wo der Admiralty Arch die Straße abschließt und den Durchgang zum Trafalgar Square bildet. Vor 300 Jahren war die Mall noch ein staubiger Feldweg, der zum St James's Palace nur wenige Meter vor dem Buckingham Palace führte. Erst als Queen Victoria 1837 in den Palast einzog, erhielt die Straße ihr prachtvolles Äußeres. Der Name kommt von dem französischen Ballsport »Palle Maille« und daher wird Mall auch nicht – was viele tun – wie die amerikanische Einkaufsmall ausgesprochen, sondern »Mell«. Wenn die Queen zu feierlichen Anlässen hier in ihrer goldenen Kutsche entlangfährt oder wenn eines der Königskinder heiratet, bietet sie eine grandiose Kulisse.

St James's Park

Auf dem Weg zum Palast liegt links der St James's Park. Die Empfehlung, hier nicht nur vorbeizulaufen, kann nicht laut genug ausgesprochen sein. Der kleinste und älteste (1536) der acht königlichen Parks in London ist auch der am schönsten angelegte. Der Blick von der Fußbrücke über den See im Zentrum des Parks ist doppelt schön: man schaut auf der einen Seite auf den Buckingham Palace, auf der anderen Seite, von Bäumen eingerahmt, auf die Kulisse von Whitehall und das London-Eye-Riesenrad im Hintergrund. Im Sommer laden (kostenpflichtige) Liegestühle zu einer Pause ein.

St James's Palace

Seinen Namen hat der Park vom gegenüberliegenden St James's Palace erhalten. Er wurde von Heinrich VIII. zwischen 1531 und 1536 erbaut und ist damit einer der ältesten in London. Das rote Backsteingebäude, dessen Haupteingang sich auf der parallel verlaufenden Pall Mall befindet, hatte seine Glanzzeiten im frühen 18. Jahrhundert, als Whitehall Palace niederbrannte und die königliche Familie den St James's Palace als Hauptresidenz bezog, bis der Buckingham Palace diese Rolle übernahm. Der Palast beherbergt immer noch formelle Räumlichkeiten für Empfänge. Zuletzt rückte er in den Mittelpunkt, als Prinz William und Prinzessin Catherine hier im November 2010 ihre

Geheimtipp

MAYFAIR-RUHEECKE

Mount Street Gardens, der 1889 auf dem ehemaligen Friedhof der angrenzenden St-George's-Kirche entstand, ist eine Oase der Ruhe im nördlichen Teil von Mayfair. Wirklich voll wird es hier nie. Der Minipark ist ein gutes Beispiel für die vielen grünen Ecken der Stadt, die den Rückzug aus dem Trubel ermöglichen. Büroangestellte oder Mitarbeiter der in der Nähe liegenden US-Botschaft verbringen hier gerne ihre Mittagspause. Wer nach dem Moment der Meditation wieder Lust auf Leben hat, kann im naheliegenden »Punchbowl« vorbeischauen, ein beliebtes, historisches Pub, in dem man auch gut essen kann.

Mount Street Gardens. Zwischen Mount Street und Farm Street, U-Bahn: Bond St
Punchbowl. Mo–Sa 12–23, So 12–17 Uhr, 41 Farm Street, W1J, Tel. 74 93 68 41, www.punchbowllondon.com

Einfach gut!

DÖRFLICHES IM ZENTRUM

Von Piccadilly aus führt die White Horse Street, eine etwas düster aussehende schmale Straße, direkt in ein kleines Dorf mitten in der Großstadt. An der Stelle des Shepherd Market fand im 16. Jahrhundert jährlich die May-Fair-Messe statt, die dem Stadtteil seinen Namen gab. Als der Shepherd Market, ein kleiner Platz, um den sich einige Gassen gruppieren, 1735 gebaut wurde, geriet die Ecke zwischen Piccadilly und Curzon Street schnell in den Ruf, zwielichtige Charaktere und Prostitution anzuziehen. Heute finden sich hier kleine Boutiquen, Cafés und Restaurants. Nach Feierabend ist in den Pubs immer was los. Besonders schön ist es im Sommer, wenn alle im Freien stehen und sich auf dem Platz mischen. Eine echte Überraschung mitten im Zentrum von London.

Shepherd Market. Zwischen Piccadilly und Curzon Street, U-Bahn: Green Park, www.shepherdmarket.co.uk

Verlobung verkündeten. Und wenn ausländische Würdenträger in London ankommen, werden sie immer noch am Court of St James akkreditiert.

Clarence House

Clarence House, das an St James's Palace angeschlossen ist, wurde zwischen 1825 und 1827 nach einem eleganten Entwurf des berühmten Architekten John Nash (1752–1835) gebaut. Die beliebte Queen Mum lebte hier bis zu ihrem Tod 2002, ihr Enkel Prinz Charles, als Naturliebhaber bekannt, hat sich seit seinem Einzug vor allem um den Garten verdient gemacht. In den Sommermonaten werden Touren für Besucher angeboten. Neben dem Garten sind Räume im Erdgeschoss zu sehen, in denen Prinz Charles und seine Gattin Camilla offizielle Gäste empfangen.

Buckingham Palace

Auch der Buckingham Palast öffnet seit 1993 im Sommer seine Pforten und die Besichtigung der sogenannten State Rooms ist sehr beliebt. Die Räumlichkeiten sind prachtvoll ausgestattet und die Exponate aus der königlichen Kunstsammlung wahrhaft exquisit. Nachdem der Duke of Buckingham den Palast 1762 an Georg III. verkauft hatte, ließ Georg IV., der 1820 den Thron bestieg, das Anwesen nach Plänen von Nash ausbauen. Erst 1837 konnte Victoria als erste Königin einziehen. Von den 661 Räumen im Palast bewohnt Elizabeth II. mit ihrem Mann, dem Herzog von Edinburgh, übrigens bescheidene 12.

Die weltbekannte Changing-of-the-Guard-Zeremonie, die für jeden Touristen ein Muss ist, ist für die meisten Londoner allerdings genau das Gegenteil. Das machen doch nur Touristen. Stimmt,

aber warum auch nicht? Die Wachablösung mit den rotgewandeten und bärenfellbemützten Soldaten ist farbenfroh, von Musik begleitet und eine letztendlich beeindruckende Angelegenheit. Ab 11.15 Uhr geht es los (im Herbst und Winter nur jeden zweiten Tag), nach 45 Minuten ist die Militärshow vorüber, und auch skeptische Londoner, die diese jahrzehntelang vermieden haben, sind meist sehr angetan, wenn man sie einmal dazu überredet hat.

Oben: Carlos Place in Mayfair
Mitte: Auf dem Weg zur sommerlichen Gartenparty der Queen
Unten: Buckingham Palace

Piccadilly

Auf seiner nördlichen Seite wird der Buckingham Palace von einem weiteren der königlichen Parks begrenzt: Green Park, ehemals Friedhof einer mittelalterlichen Lepraklinik, ist bei den in dieser Ecke der Stadt arbeitenden Londonern ein beliebter Ort für ein paar Minuten Ruhe in der Mittagspause und gleichzeitig wichtiger Durchgangsweg, wenn man von Süden in Richtung Piccadilly läuft. Diese Straße, eine der breitesten im Zentrum Londons, verläuft vom Hyde Park Corner im Westen bis zum Piccadilly Circus im Osten. Das berühmte Ritz Hotel steht hier, wo ein stilvoller *afternoon tea* im Palmengarten einiges kostet. Ein paar Meter weiter, in einem ehemaligen Verkaufsraum für Luxusautos aus den frühen 1920ern, befindet sich das

Oben: Die beliebte Einkaufsstraße Regent Street
Mitte: Maddox Street in Mayfair
Unten: Stilvoll einkaufen in der Burlington Arcade

»Wolseley«. Es ist eine Institution: Von morgens bis abends ist dieses Café und Restaurant im europäischen Kaffeehausstil voller Menschen, viel und gerne frequentiert von Schauspielern und Medienmenschen, die hier zwischen Säulen und Marmor speisen, sich auf einen Kaffee oder einen Drink treffen.

Auf Piccadilly gibt es ein paar besonders empfehlenswerte historische Geschäfte, z.B. Hatchards, Londons ältestes Buchgeschäft, das 1797 von John Hatchard gegründet wurde und seit 1801 auf Piccadilly vertreten ist oder Fortnum & Mason, eine weitere Londoner Traditionseinrichtung. Das stilvolle Kaufhaus wurde 1707 als einfache Lebensmittelhandlung gegründet und war bei den oberen Gesellschaftsschichten, inklusive der Königin, schnell sehr beliebt. Wer durch die Tür tritt, landet dann auch irgendwie in einer vergangenen Zeit: Holzverkleidung und Leuchter, das Personal trägt Gehrock. Im Erdgeschoss gibt es feinste Schokolade und Pralinen, Gebäck, Tee, Marmelade – alles extrem ansprechend. Auf diversen Stockwerken gibt es dann außer Delikatessen noch schicke Haushaltswaren, Modeaccessoires, eine fantastische Parfümerie und diverse Restaurants. Besonders schön sind die Schaufensterdekoration und die Uhr an der Fassade, aus der jede Stunde mit Verbeugung die Herren Fortnum und Mason zum Vorschein treten.

Gegenüber befindet sich die Burlington Arcade aus dem 19. Jahrhundert. Sie ist mit ihren kleinen, feinen Geschäften, insbesondere für antiken Schmuck, ähnlich stilvoll – mehr zum Schauen als zum Kaufen, aber unbedingt zum Durchschlendern. Zum Einkaufen bietet – direkt um die Ecke – die Regent Street mit ihren eleganten Regency-Fassaden (plus wunderschönem Liberty-Kaufhaus im Fachwerkstil) Einkaufsmöglichkeiten für jedermann und ist wesentlich angenehmer als die hektische und immer menschenüberflutete Oxford Street, auf die sie an ihrem nördlichen Ende stößt.

Mayfair

Exklusive Mode und Juweliergeschäfte gibt es in der Bond Street (Old und New Bond Street) genauso wie das berühmte Auktionshaus Sotheby's. Die Straße teilt sich in Old und New Bond Street und verbindet Piccadilly mit der Oxford Street. Hier, im feinen Mayfair, einer Ansammlung atmosphärischer Straßen und eleganter Häuser gegenüber Green Park, residierte früher die Aristokratie. Heute finden sich hier teure Restaurants und Hotels, hochpreisige Designergeschäfte und viele Limousinen auf den Straßen. Banker und Hedgefonds-Unternehmer gehen hinter vielen der edlen Türen ihren Geschäften nach. Und ganz abgesehen davon ist es einfach eine sehr schöne Ecke für einen Spaziergang mit feinen Kunstgalerien und Grünflächen wie dem Berkeley Square. Hier kann man sich einfach treiben lassen und einbiegen, wo es interessant aussieht.

Eine weitere vornehme Ecke liegt südlich von Piccadilly, das sogenannte Clubland in St James's. Entlang Pall Mall finden sich die bekanntesten und altehrwürdigsten *gentlemen's clubs* in grandiosen Anwesen. Der Athenaeum Club an der Ecke zum Waterloo Place hat eines der besonders beeindruckenden Klubhäuser mit einem wunderschönen Flachrelief an der Außenfassade. Und damit die Gentlemen auch immer standesgemäß angezogen sind, bieten die Schneider der Jermyn Street in unmittelbarer Nähe feinen Zwirn. Einige der besten Zigarrengeschäfte Londons gibt es hier auch. Sympathisch anachronistisch, einfach schön zum Schauen.

Nicht verpassen

ROYAL ACADEMY OF ARTS

Die Sommerausstellung der Royal Academy of Arts gehört zu den festen gesellschaftlichen Terminen der Stadt. Seit 1769 können hier Künstler (und wer sich dafür hält) Werke einreichen, die dann möglicherweise an den Wänden einer der wichtigsten Kunstinstitutionen Großbritanniens landen. Die 1768 gegründete Akademie fand 1868 im Burlington House ihre Heimat, einem der letzten Herrschaftshäuser aus dem 18. Jahrhundert entlang Piccadilly. Zur Kollektion gehören überwiegend britische Werke von Künstlern wie Thomas Gainsborough und John Constable. Mit ihren Sonderausstellungen beweist die Royal Academy immer wieder ein geschicktes Händchen und landet regelmäßig Blockbuster.

Royal Academy of Arts. Sa–Do 10–18 Uhr, letzter Eintritt 17.30 Uhr, Fr 10–22 Uhr, Burlington House, Piccadilly, W1J, U-Bahn: Piccadilly Circus, www.royalacademy.org.uk

Infos und Adressen

SEHENSWÜRDIGKEITEN

Buckingham Palace & Queen's Gallery. State Rooms: Geöffnet Mitte Juli–Ende Aug. tgl., 9.15–19.45 Uhr, letzter Eintritt 17.15 Uhr, Anfang Sep.–Anfang Okt. tgl., 9.15–18.45 Uhr, letzter Eintritt 16.15 Uhr, £ 21.50. In der Queen's Gallery (Westflügel des Palastes) gibt es einen Einblick in die königliche Kunstsammlung inklusive da Vincis und Canalettos. Tgl. 10–17.30 Uhr, letzter Eintritt 16.15 Uhr, £ 10.30, Eingang auf Buckingham Palace Rd, SW1A, U-Bahn: Victoria, Eingang auf Buckingham Palace Rd, SW1A, U-Bahn: Victoria, www.royalcollection.org.uk

Freundliche Bedienung im »Little Square Bistro«

Changing of the Guard. April–Juli tgl. 11.30 Uhr, ab Aug. alle zwei Tage, kann bei Regen ausfallen, am Buckingham Palace, U-Bahn: Green Park, www.changing-the-guard.com

Clarence House. Nur Aug. und Sep. geöffnet. The Mall, SW1A, U-Bahn: Green Park, www.royalcollection.org.uk

Handel & Hendrix. Seit 2016 gehört die ehemalige Wohnung von Jimi Hendrix im benachbarten Haus zum Handel House Museum in Mayfair, wo der Komponist 36 Jahre lebte. Mo–Sa 11–18 Uhr, So 12–18 Uhr, letzter Eintritt 17 Uhr, £ 10.25, Brook St, W1K, U-Bahn: Bond Street, www.handelhendrix.org

Phillips. Das prestigeträchtige Auktionshaus für zeitgenössische Kunst eröffnete 2014 am Berkeley Square eine Hingucker-Galerie. Durch die Riesenglasfenster fällt der Blick auf Werke großer Namen der aktuellen Kunstszene. Mo–Fr 10–18 Uhr, 30 Berkeley Square, W1J, U-Bahn: Green Park, www.phillips.com

White Cube. Die 2006 eröffnete Galerie ist das erste freistehende Gebäude, das in St James's seit über 30 Jahren gebaut wurde. Di–Sa 10–18 Uhr, 25–26 Mason's Yard, SW1Y, U-Bahn: Green Park, www.whitecube.com

ESSEN UND TRINKEN

Claridge's Bar. Art-déco-Umgebung. Zimmer in dem Fünf-Sterne-Luxushotel sind teuer, ein Cocktail zur Feier des Tages darf's mal sein. Claridge's, 49 Brook St, W1K, Tel. 76 29 88 60, U-Bahn: Bond St, www.claridges.co.uk

Inn the Park. Toll gelegenes Café-Restaurant im St James's Park. Durchgehend geöffnet für Frühstück, Snacks oder zum Kaffee. St. James's Park, SW1A, Tel. 74 51 99 99, U-Bahn: St James's Park, www.peytonandbyrne.co.uk

La Strada. Typisches Londoner Imbisslokal, wo Banker wie Bauarbeiter bei Sandwich und Pasta zu Mittag essen. 4–5 Lansdowne Row, W1J, U-Bahn: Green Park, Tel. 74 99 20 27

Le Boudin Blanc. Feiner Franzose. 5 Trebeck Street, Shepherd Market, W1J, Tel. 74 99 32 92, U-Bahn: Green Park, www.boudinblanc.co.uk

Leckereien im »L'Eto Caffe« im Shepherd Market

Sotheby's Café. Zum weltbekannten Auktionshaus gehört auch ein Café/Restaurant; für Frühstück, Lunch oder *afternoon tea*. Gute Qualität und guter Service; abends nicht geöffnet. 34–35 Bond St, W1A, Tel. 72 93 50 77

The Little Square. Kleines Restaurant, mediterran angehauchte Küche. 3 Shepherd Market, W1J, Tel. 73 55 21 01, U-Bahn: Green Park, www.thelittlesquare.co.uk

The Only Running Footman. Hier trafen sich im 18. Jahrhundert die Diener der Mayfair-Aristokraten in einer Taverne. Unten uriges Pub, im 1. Stock schickes kleines Restaurant. 5 Charles St, W1J, Tel. 74 99 29 88, U-Bahn: Green Park, www.therunningfootmanmayfair.com

The Wolseley. Londoner Institution. Für *afternoon tea*, Lunch oder Dinner unbedingt reservieren, für einen Kaffee bekommt man meist Platz in einem der zwei kleineren Räume im vorderen Teil des Restaurants. Geöffnet Mo–Fr 7–24, Sa 8–24, So 8–23 Uhr, 160 Piccadilly, W1J, Tel. 74 99 69 96, U-Bahn: Green Park, www.thewolseley.com

Ye Grapes. Atmosphärisches viktorianisches Pub im Shepherd Market. Gemütlich im Winter, schöner Außenbereich im Sommer. Geöffnet Mo–Sa 11–23, So 12–22 Uhr, 16 Shepherd Market, W1J, U-Bahn: Green Park, Tel. 74 93 42 16

ÜBERNACHTEN

Brown's Hotel. Fünf-Sterne-Oase in Mayfair. Schick und doch traditionell. Tolle Bar und schöner English Tea Room. Albemarle St, W1S, Tel. 74 93 60 20, U-Bahn: Green Park, ww.brownshotel.com

Stafford London Kempinski. Feines Boutiquehotel, einige der Räume sind in sehr schön umgebauten alten Stallungen, originelle American Bar. 16–18 St James's Place, SW1, Tel. 74 93 01 11, U-Bahn: Green Park, www.thestaffordhotel.co.uk

EINKAUFEN

Fenwick. Schickes Modekaufhaus. Geöffnet Mo–Mi, Fr–Sa 10–18.30 Uhr, Do 10–20 Uhr, So 12–18 Uhr, 63 New Bond St, W1S, U-Bahn: Bond Street, www.fenwick.co.uk

Verkaufsräume von Fortnum & Mason

Fortnum & Mason. 181 Piccadilly, W1A

Geo. F. Trumpers. Shop aus einer anderen Zeit: Rasierpinsel, Seifen, alles, was der Herr so braucht. Geöffnet Mo–Fr 9–17.30 Uhr, Sa 9–17 Uhr, 9 Curzon St, W1J, U-Bahn: Green Park, Tel. 74 99 18 50, www.trumpers.com

Hatchards. 187 Piccadilly, W1J, Tel. 74 39 99 21

Paxton & Whitfield. 200 Jahre altes Käsegeschäft. Geöffnet Mo–Sa 9.30–18 Uhr, So 11–17 Uhr, 93 Jermyn Street, SW1Y, U-Bahn: Piccadilly Circus, Tel. 79 30 02 59, www.paxtonandwhitfield.co.uk

AKTIVITÄTEN

Curzon Cinema Mayfair. 1934 eröffnetes Kino mit Charakter, für Filme abseits des Mainstreams. 38 Curzon St, W1J, U-Bahn: Green Park, www.curzoncinemas.com

ICA. Im Institute for Contemporary Art befindet sich hinter der klassischen Fassade der Carlton House Terrace eine Galerie mit Kino und Bar (geöffnet bis 23 Uhr). Avantgardekunst, Vorträge mit DJs. The Mall, SW1Y, U-Bahn: Charing Cross. Tickets und Information: Tel. 79 30 36 47, www.ica.org.uk

INFORMATION

Piccadilly Circus Travel Information Centre. Tgl. 9.15–19 Uhr, U-Bahn: Piccadilly-Circus

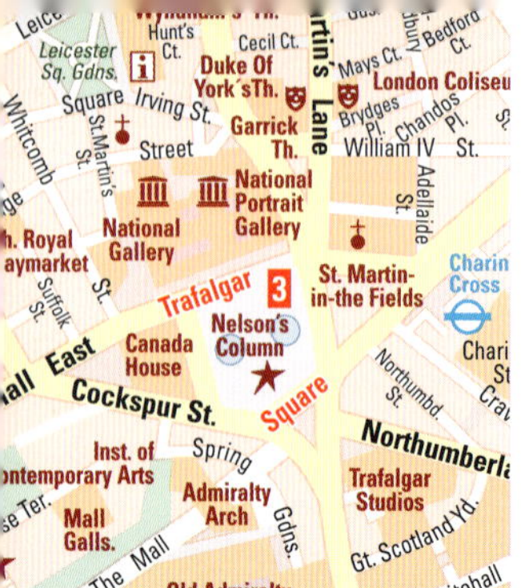

Trafalgar Square mit Blick auf St Martin-in-the-Fields

3 Trafalgar Square & The Strand

Kunst für das Volk

Die National Gallery am Trafalgar Square gehört zu den bedeutendsten Gemäldesammlungen der Welt und gehört gleichzeitig ganz und gar der Öffentlichkeit. Eintritt für die ständige Ausstellung ist frei, genauso wie die Fotomotive auf dem Platz im Zentrum der Stadt. Mit dem Somerset House wurde auf dem Strand ein bildschönes Gebäudeensemble aus dem 18. Jahrhundert in ein Zentrum für Kultur, Kulinarisches und Kunst verwandelt.

In regelmäßigen Abständen stellen sich Londoner die Frage: Was kommt wohl als Nächstes auf den vierten Sockel? Zur Erläuterung: Rund um den Trafalgar Square stehen vier Sockel. Auf dreien davon stehen Statuen von Georg IV. (1762–1830) zu Pferd sowie den britischen Generälen Henry Havelock (1759–1857) und Charles James Napier (1782–1853). Auf den vierten Sockel sollte eine Statue von Wilhelm IV. kommen. Da aber das Geld ausging, blieb der Platz leer. Seit 2005 schmücken den Sockel nun abwechselnd spezifisch für diesen Ort geschaffene Kunstwerke verschiedener Künstler – eine erfolgreiche Idee mit fantasievollen Ergebnissen. Großbritanniens derzeit bekanntester Bildhauer Antony Gormley bat z.B. die Öffentlichkeit um ihre Mithilfe: Jeweils 24 Stunden durfte ein x-beliebiger Bürger, der zuvor per Los ausgewählt worden war, als lebendes Monument den Trafalgar Square zieren. Ab September 2016 signalisierte ein riesiger, in die Luft gestreckter Daumen dann »Alles ist gut hier. Wir sind weiter offen für euch« als Post-Brexit-Nachricht an die Welt.

Trafalgar Square

Einstweilen bieten die modernen Kunstwerke zusammen mit den vier riesigen Bronzelöwen, die den Platz bewachen, ein perfektes weiteres Fotomotiv für Touristen. Der Trafalgar Square wurde zwischen 1829 und 1841 gebaut, im Gedenken an die Schlacht von Trafalgar und den Sieg von Admiral Lord Nelson (1758–1805). Die Nelson's Column dominiert entsprechend den Platz und ragt über 50 Meter in den Himmel. Die Lord-Nelson-Statue auf ihrer Spitze misst dann noch einmal knapp über fünf Meter. Trafalgar Square wird heute gern als Ort für Open-Air-Festlichkeiten und Demonstrationen genutzt. Jedes Jahr zu Weihnachten spendet das norwegische Volk als Dank für den Schutz, den Großbritannien der norwegischen Königsfamilie im Zweiten Weltkrieg bot, eine Riesentanne. Das Aufstellen des Baums wird im Dezember als öffentliches Ereignis auf dem Platz inszeniert.

National Gallery

Am Nordende des Platzes thront die National Gallery, eine Riesenschatztruhe, für die jeder Londoner und Besucher einfach nur dankbar sein kann. Wo sonst kann man eintrittsfrei über 2000 Kunstwerke sehen, die ab Mitte des 13. bis ins 19. Jahrhundert jede Kunstrichtung abdecken? Zu sehen sind u.a. Botticelli, Cézanne, Constable, Monet, Rembrandt, Renoir, Titian, Turner, van Gogh. Es ist natürlich viel zu viel für einen Besuch. Für wen weniger mehr ist, bietet sich als Einstieg die Teilnahme an einer der täglich stattfindenden einstündigen Führungen an. Der jeweilige Guide wählt nach eigenem Gutdünken fünf bis sechs repräsentative Werke aus und liefert beim Rundgang dann auch noch das Wichtigste zur Geschichte des Museums. Weitere Hilfestellung für den Besuch bietet die Webseite der National

Geheimtipp

MITTAGSMUSIK

Von den Stufen der Kirche St Martin-in-the-Fields hat man erstens einen fantastischen Blick auf den Trafalgar Square und das Treiben rund um den Platz. Zweitens finden in der Kirche, die 1726 fertiggestellt wurde und offiziell die Gemeindekirche des Buckingham Palace ist, *lunchtime*-Konzerte statt, Musik zur Mittagszeit also. Die Kirche hat es sich dabei zur Aufgabe gemacht, junge Talente zu fördern, die jeweils montags, dienstags und freitags um 13 Uhr aufspielen. Die Konzerte kosten nichts, Spenden sind willkommen. Die Kirche kümmert sich auch um das leibliche Wohl: Das Café in der Krypta ist sehr beliebt bei Londonern. Es gibt Snacks, freitags Fish & Chips und mittwochs Live-Jazzmusik.

St Martin-in-the-Fields. Trafalgar Square, WC2N, U-Bahn: Charing Cross, Tel. 77 66 11 00, www.smitf.org

St Martin's Lane nördlich vom Trafalgar Square

Oben: Ausruhen im Innenhof des Somerset House
Unten: Zum Kunstrundgang in die National Gallery
Rechts oben: Somerset House am Abend

Gallery, auf der 30 Gemälde aufgelistet sind, die man gesehen haben muss sowie Routen zu verschiedenen Künstlern und Kunstrichtungen. Tipp: Am besten besucht man die Espresso-Bar im Erdgeschoss der Galerie, wo man sich auf den dort aufgestellten ArtStart-Computern die Kollektion online anschauen und so seinen Besuch planen kann. Auf keinen Fall sollte man versäumen, sich auf eine der wunderbaren roten Lederbänke zu setzen, um ein Kunstwerk seiner Wahl in aller Ruhe auf sich wirken zu lassen!

Die National Gallery geht übrigens auf die Privatsammlung des deutschstämmigen, in Russland geborenen Kaufmanns und Bankiers John Julius Angerstein zurück, der 1749 nach England auswanderte. Die britische Regierung erwarb seine Sammlung 1824 und gründete die National Gallery. Zu dieser kamen 1826 die Gemälde des Landschaftsmalers Charles Beaumont, der seine Sammlung als Schenkung der Nation überließ. Die National Gallery wurde 1838 als endgültiges Zuhause für die wachsende Kunstsammlung eröffnet. 1991 wurde der Sainsbury-Flügel direkt neben der National Gallery eingeweiht, in dem Malerei der Renaissance ausgestellt ist.

GUT ZU WISSEN

AUGEN AUF, VERKEHR DROHT!

Vor dem Trafalgar Square brummt der Verkehr besonders heftig. Von fünf Seiten und zehn Straßen fahren Autos, Busse, Laster und Radler in- und aus dem Kreisverkehr vor dem Platz. Die Fußgängerampeln machen hier sehr viel Sinn. Nur hält sich, ganz grundsätzlich, kein Londoner an rote Männchen; sobald frei ist, wird marschiert. Daran erkennt man auch immer, ob jemand Londoner oder Gast ist. Hier aber bitte nicht den Einheimischen nachlaufen. Besser brav auf Grün warten.

Für eine bildliche Tour durch Großbritanniens Geschichte empfiehlt sich die direkt an die National Gallery anschließende National Portrait Gallery, die Porträts berühmter britischer Männer und Frauen vom 16. Jahrhundert bis heute sammelt. Sehenswert ist die jährlich über die Sommermonate ausgestellte Auswahl für den BP Portrait Award, die das Beste an internationaler zeitgenössischer Porträtmalerei versammelt und wo sich immer wieder – kostenlos – interessante neue Künstler entdecken lassen.

Somerset House

Sich vorzustellen, dass dieser Ort noch bis in die 1990er-Jahre vom Finanzamt als Parkplatz genutzt wurde, ist ein Skandal. Das spektakuläre neoklassizistische Gebäudeensemble des Somerset House hat eine wechselvolle Geschichte hinter sich und erstrahlt erst seit 2000 wieder in gebührendem Glanz. Ein Journalist der Londoner Zeitung *Evening Standard* hatte eine Kampagne gestartet, dieses Juwel am Strand, der Straße, die vom Trafalgar Square in Richtung Osten am Bahnhof Charing Cross vorbeiführt, neu zu beleben und der Öffentlichkeit zugänglich zu machen.

Einfach gut!

AFTERNOON TEA IM SAVOY

Irgendwas liegt im Savoy in der Luft, was den *afternoon tea* hier, der genauso stilvoll im Claridge's oder Ritz serviert wird, noch einen Tick spezieller macht. Sind die Scones noch besser, die Sandwiches feiner, die Törtchen leckerer? Oder wird der Tee anders aufgebrüht? Wahrscheinlich kommt im Thames Foyer, wo der ***afternoon tea*** in dem Traditionshotel am Strand serviert wird, einfach so einiges zusammen, was im Endergebnis das bestimmte Etwas ausmacht. Es ist die glanzvolle Geschichte des Hotels, das nach drei Jahren Renovierung im Herbst 2010 wieder eröffnet wurde, die stilvolle Umgebung, die gemütlichen Sessel, die zuvorkommende Bedienung. Sich für einen Moment aus dem 21. Jahrhundert zu verabschieden, funktioniert hier einfach perfekt.

The Savoy. Tee tgl. 13.30–17.45 Uhr, Strand, WC2R, Tel. 78 36 43 43, U-Bahn: Charing Cross, www.fairmont.com/savoy-london

Oben und unten: Ein Schatz mitten in der Stadt: der Innenhof des Somerset House

Erbaut wurde das Somerset House zwischen 1776 und 1786 vom Architekten William Chambers an der Stelle eines ehemaligen Tudorpalasts, um dort verschiedene Regierungsbehörden unter einem Dach zu versammeln. Marine- und Finanzministerium und auch die Royal Academy of Arts kamen hier zu verschiedenen Zeiten unter. Zuletzt wurde im Somerset House bis 1997 noch die enorme Sammlung aller Geburts-, Todes- und Heiratsurkunden des Landes aufbewahrt. Nach der Wiedergeburt Ende des letzten Jahrhunderts zieren den Innenhof im Sommer nun 55 Springbrunnen und im Winter eine Eisbahn, für die das Somerset House eine einmalige Kulisse bildet. Es gibt Cafés und ein Restaurant, eine tolle Terrasse mit schönem Blick auf die Themse und in den East Wing und Embankment Galleries wechselnde Kunstausstellungen. Im Sommer gehören die jährlich stattfindenden Klassik- und Popkonzerte zum festen Repertoire der Stadt genauso wie Open-Air-Kinoabende.

Courtauld Gallery

Die feinste Attraktion des Somerset House muss für Kunstliebhaber aber die Courtauld Gallery sein. Sie gehört zum Courtauld Institute of Art, das 1932 von dem Kunstsammler und Industriellen Samuel Courtauld gegründet wurde und weltweit zu den führenden Zentren für Kunstgeschichte zählt. Er vermachte seine Sammlung dem Institut und keiner könnte Herrn Courtauld vorwerfen, ein schlechtes Händchen bei der Auswahl der Gemälde bewiesen zu haben: Erlesenste europäische Gemälde und Zeichnungen, von der Renaissance bis ins 20. Jahrhundert, inklusive einer Gruppe impressionistischer und postimpressionistischer Gemälde mit Meisterwerken von Manet, Monet, Cézanne, van Gogh und Gauguin hängen in diesem kleinen, feinen Museum.

Infos und Adressen

SEHENSWÜRDIGKEITEN

National Gallery. Tgl. 10–18 Uhr, Fr 10–21 Uhr, kostenlose einstündige Touren tgl. 11.30 und 14.30 Uhr, Treffpunkt im Sainsbury Wing. Trafalgar Square, WC2N, U-Bahn: Charing Cross, Tel. 77 47 28 85, www.nationalgallery.org.uk

National Portrait Gallery. Mo–Mi, Sa–So 10–18 Uhr, Do, Fr 10–21 Uhr, 2 St Martin's Place, WC2H, www.npg.org.uk

Somerset House. Innenhof: tgl. 7.30–23 Uhr, Terrasse 8–23 Uhr, Do & Sa kostenfreie Touren für Besucher, Embankment Galleries: tgl. 10–18 Uhr, Courtauld Gallery: tgl. 10–18 Uhr, £ 7, Strand, WC2R, U-Bahn: Temple, www.somerset house.org.uk, www.courtauld.ac.uk/gallery

St Martin-in the Fields im Blick

ESSEN UND TRINKEN

Dishoom. Originell: im Stil eines persischen Cafés im alten Bombay, leckeres Essen und Cocktails. 12 Upper St Martin's Lane, WC2, U-Bahn: Leicester Square, Tel. 74 20 93 20, www.dishoom.com

Notes. Sehr guter Kaffee, Kleinigkeiten zum Essen und abends ein Glas Wein in entspanntem Ambiente. 31 St Martin's Lane, WC2N, U-Bahn: Charing Cross, Tel. 72 40 04 24, www.notesmusiccoffee.com

Tom's Kitchen. Moderne britische Küche im Südflügel des Somerset House. In Tom's Deli gibt es Kleinigkeiten, Strand, WC2R, Tel. 78 45 46 46, www.tomskitchen.co.uk/somerset-house

Über den Dächern von London

ÜBERNACHTEN

Citadines Prestige Trafalgar Square. Moderne Selbstversorger-Appartments für bis zu 6 Personen. 8–21 Northumberland Avenue, WC2N, U-Bahn: Embankment/Charing Cross, Tel. 77 66 37 00, www.citadines.com

The Grand. Von hier geht ganz viel zu Fuß: ordentliches Hotel in perfekter Lage am Trafalgar Square. 8 Northumberland Avenue, WC2N, U-Bahn: Embankment/Charing Cross, Tel. 78 39 88 77, www.thegrandattrafalgarsquare.com

The Trafalgar. Boutiquehotel. »Vista Bar« auf dem Dach mit toller Aussicht. 2 Spring Gardens, Trafalgar Square, SW1A, U-Bahn: Embankment/Charing Cross, Tel. 78 70 29 00, www.thetrafalgar.com

Café in der Krypta von St Martin-in-the-Fields

4 Covent Garden

Theatreland

Zwischen St Martin's Lane und Drury Lane ist immer etwas los. Die Gegend um den berühmten ehemaligen Obst- und Gemüsemarkt Covent Garden ist heute eine trubelige Ecke voller Geschäfte, Restaurants, Pubs und Bars. Und dann gibt es hier auch noch mehr als nur eine Handvoll Theater. Das bedeutet beste Unterhaltung im Londoner West End.

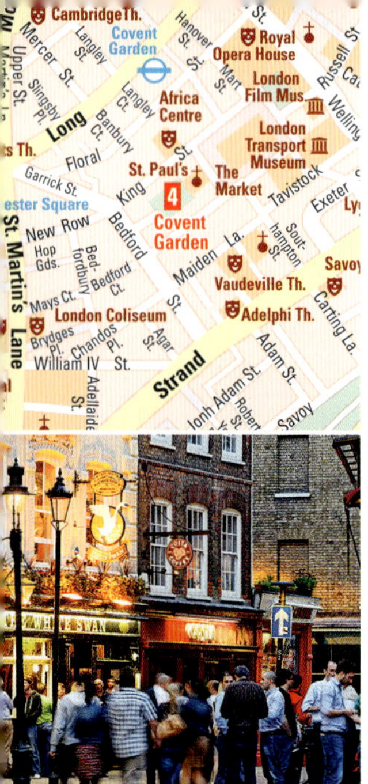

Abgebrühte Londoner äußern sich gerne mal abfällig über die Piazza und die ehemaligen Markthallen, die das Zentrum Covent Gardens bilden, sowie über das ganze Drumherum mit Straßenmusikern, Spaßmachern und touristischer Unterhaltung. Dabei übersehen sie, welch schlimmem Schicksal Covent Garden entgangen ist. Nachdem der Markt 1973 aus logistischen Gründen aus dem Zentrum an den Stadtrand gezogen war, klaffte im Stadtzentrum plötzlich eine Lücke. Niemand wusste, was sich mit den Markthallen und dazu-

Mitte: Straßenleben auf der Garrick Street in Covent Garden
Unten: Londoner Symbole: Rotes Telefonhäuschen und das Royal Opera House im Hintergrund

GUT ZU WISSEN

COVENT-GARDEN-STAU

Die Covent-Garden-U-Bahn-Station gehört zu den meistfrequentierten in London und muss leider ohne Rolltreppen auskommen. Zugang zu den Gleisen gibt es nur per Fahrstuhl. Vor allem am Wochenende, wenn der Besucherstrom am größten ist, staut es sich hier gerne mal. Von daher: Ausweichmöglichkeiten nutzen. Die U-Bahn-Stationen Charing Cross, Embankment, Leicester Square, Holborn oder Tottenham Court Road, die Covent Garden auf allen Seiten umringen, bedeuten ein paar Minuten mehr Fußweg, aber das ist in London nie von Nachteil.

gehörigen leer stehenden Gebäuden mitten im West End anfangen ließ? Stadtplaner hatten Vorstellungen von Durchgangsstraßen, Hotels und Konferenzzentren. Anwohner protestierten zum Glück heftig gegen diese Bausünden. Die historischen Gebäude wurden erhalten und ein Einkaufsmekka geschaffen. Es ist das kleinere Übel. Man darf nur nicht vergessen, ausgiebig in den Seitenstraßen herumzustreifen und den Trubel der Piazza hinter sich zu lassen.

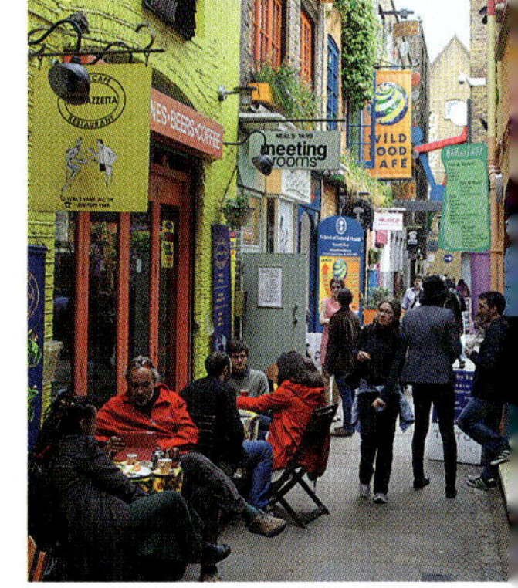

Oben: Skulptur einer Balletttänzerin gegenüber dem Royal Opera House
Unten: Neal's Yard in Covent Garden

Piazza in London

Die Piazza wurde als erster öffentlicher Platz des Landes in den 30er-Jahren des 17. Jahrhunderts von Inigo Jones entworfen. Das klassische Design öffentlicher Plätze in Italien, das er damit nach London brachte, inklusive eines Netzes gerader Straßen, war zum damaligen Zeitpunkt ein stadt-

Oben: Die alten Covent-Garden-Markthallen sind heute ein Einkaufsparadies.
Mitte: Buchshops auf dem Cecil Court in Covent Garden
Unten: Auch mitten im Stadtzentrum überrascht London mit Grün: auf der Kemble Street.

planerisches Experiment. London war chaotisch angeordnete, sich windende Straßen gewöhnt. Sobald sich kurz darauf der zunächst noch kleine Obst-, Gemüse- und Blumenmarkt hier ansiedelte, war es allerdings vorbei mit der klassischen Ordnung. Händler kamen und die vornehmen Anwohner verließen den Platz in Richtung St James's – bis heute die feinere Ecke. Um die zentrale Markthalle, die im 19. Jahrhundert gebaut wurde, und was heute als Piazza bezeichnet wird, sind weitere Hallen gruppiert, z.B. die Jubilee Hall zum Strand hin. Die Floral Hall wurde vor einigen Jahren im Rahmen einer Renovierung in das spektakuläre Royal Opera House an der Ostecke der Piazza integriert. Da zu den Anfangszeiten des Marktes auch die ersten Ananasfrüchte in Gewächshäusern in Großbritannien angebaut wurden, ist die Frucht zum Symbol für Covent Garden geworden. Wer genau hin- und nach oben schaut, wird sie dort heute noch finden. Für einen Überblick über das ganze Ensemble sollte man unbedingt auf die Terrasse des Royal Opera House gehen, die Teil eines Restaurants ist. Am Abend hat man daher nur Zutritt, wenn man gleichzeitig Karten für die Opern oder das Ballett hat. Tagsüber kann man den Blick aber ohne Probleme genießen.

Einkaufen

In Covent Garden macht der Einkaufsbummel Spaß, weil es hier so viele bunte und vielfältige Geschäfte gibt und die Umgebung voller Charakter und interessanter Ecken ist. Direkt am Piazza in der großen Covent-Garden-Markthalle sind viele kleine Läden (inzwischen viele Ketten bekannter Kleidermarken) sowie ein Markt, auf dem Kunsthandwerk, Schmuck und Antikes verkauft werden. Im Jubilee Markt daneben ist die Atmosphäre traditioneller, mit schmiedeeisernen Ständen, die dicht an dicht stehen. An jedem Wochentag gibt es einen anderen Schwerpunkt, von Antiquitäten über Mode bis zu Kunsthandwerk. In Richtung Norden liegen die Haupteinkaufsstraßen Long Acre, Neal Street und Floral Street. Die Geschäfte hier ziehen mit Trendmarken, hippen Schuh- und Modeboutiquen ein junges und jung gebliebenes Publikum an.

Floral Street

Floral Street ist eine hübsche Kopfsteinpflastergasse, die in westlicher und östlicher Richtung verläuft. Die witzig dekorierten Schaufenster der Läden des britischen Designers Paul Smith sind immer einen Blick wert. Einen Block weiter nördlich durchschneidet Long Acre als Haupteinkaufsstraße Covent Garden vom Leicester Square im Westen bis zu Long Acre im Osten. Man sollte unbedingt auch die Neal Street nördlich von hier entlangspazieren, in der alte viktorianische Lagerhäuser umfunktioniert wurden. Im alternativ angehauchten Neal's Yard gruppieren sich um einen kleinen Innenhof bunt angestrichene Lädchen mit New-Age-Touch, außerdem Naturkosmetik-Geschäfte und vegetarische Cafés.

Theater

Covent Garden befindet sich mitten im sogenannten Theatreland des West End, wo sich hier und im benachbarten Soho zwischen Strand, Oxford Street, Regent Street und Kingsway Dutzende von Spielstätten befinden. Im Blickfeld der Öffentlichkeit stehen meist die populären Musicals, allerdings bieten hier genauso viele Theater Weltklasseinszenierungen klassischer und neuer Stücke. Um auf die Musicals zurückzukommen: Die Qualität in London ist einfach erstklassig. Wer einmal in einem Londoner Musical war, wird die deutschen Versionen danach mit anderen Augen se-

Geheimtipp

ST PAUL'S CHURCH

Tänzer der Royal Ballett School in ihren Jogginganzügen, Büroangestellte im Anzug, ein paar Obdachlose – im Garten der St Paul's Church treffen sie alle aufeinander. Auf der geschäftigen Bedford Street, die den Covent Garden am Westende einschließt, eilen viele Passanten am Eingangstor der als Actor's Church bekannten Kirche vorbei. Dabei versteckt sich dahinter ein idyllischer Garten, der bei schönem Wetter der perfekte Ort für eine Mittagspause auf einer der Bänke ist. Empfehlenswert ist auch ein kleiner Rundgang durch die Kirche, die ihren Namen aufgrund der Nähe zum Royal Opera House und dem Theatre Royal in der Drury Lane bekam. Charlie Chaplin und Vivien Leigh werden hier mit Gedenkplaketten geehrt.

St Paul's Church. Mo–Fr 9.30–17 Uhr, Sa abhängig von Veranstaltungen, So 9–13 Uhr, 29 Bedford St, WC2E, Tel. 78 36 52 21, www.actorschurch.org

Geheimtipp

LONDON TRANSPORT MUSEUM

Die London Underground, *tube* genannt, wird in London gerne verflucht. Aber ohne sie wäre London nicht London. Deutlich wird das im Transport Museum in der ehemaligen Halle des Covent-Garden-Blumenmarktes. Hier lässt sich die Geschichte des ältesten U-Bahn-Netzes der Welt auf unterhaltsame Weise verfolgen. Und mehr: Unmengen an Exponaten zum Thema Verkehr in London, ob Bus, Bahn oder Tram, führen sowohl in die Vergangenheit als auch in die Zukunft des öffentlichen Nahverkehrs. Im Museumsshop gibt es ganz wunderbare Dinge zum Thema *tube* und die geniale Streckenkarte als kultiges Designelement zu kaufen. Besonders schön sind die nostalgischen Poster.

London Transport Museum. Mo–Do, Sa, So 10–18 Uhr, letzter Eintritt 17.15 Uhr, Fr 11–18 Uhr, £ 17, Covent Garden Piazza, WC2E, www.ltmuseum.co.uk

hen. Die Theater sind alt (Ende viktorianisches Zeitalter und Folgejahre), oft eng, ein wenig renovierungsbedürftig und wenn man weit oben sitzt, muss man schwindelfrei sein. Dafür haben sie aber mehr Charakter als die speziell gebauten Musicalhallen in Deutschland. Der Trend zum Musicalbesuch ist ungebrochen und pro Abend besuchen mehr Menschen in London eine solche Show als alle anderen Theaterarten zusammen. Am längsten hält sich bisher *Les Misérables*, das seit 1985 läuft. Ähnlich populär ist *The Phantom of the Opera*, seit 1986 am Start.

Karten sowohl für Musicals als auch Theaterstücke bekommt man am besten direkt im jeweiligen Theater vom sogenannten *box office*, dann fällt die Buchungsgebühr weg, die online oder telefonisch erhoben wird. Im Durchschnitt muss man £ 20 bis £ 30 ausgeben, teurere Karten kosten zwischen £ 50 bis £ 70. Tickets für die populären Musicals sind natürlich immer sehr gefragt, aber einige Theater halten jeden Tag einige Tickets zurück, sodass man auch kurzfristig Glück haben kann. Seit über 20 Jahren Topadresse für Tickets ist der Half Price Ticket Booth, genannt »tkts«, der am Leicester Square von der Society of London Theatre betrieben wird. Hier werden Tickets zum halben Preis (plus Servicegebühr) für denselben Tag und bis zu einer Woche im Voraus verkauft. An dem kleinen Kiosk wird täglich angeschlagen, was erhältlich ist. Die Schlange ist oft lang. Man sollte auf keinen Fall eines der Ticketlädchen oder Schwarzhändler nutzen, die im West End an vielen Ecken zu finden sind. Sonst könnte der Theaterbesuch am Einlass unter Umständen schnell zu Ende sein. Ins Theater gehen ist in London übrigens eine erfreulich unkomplizierte Sache. Gerade zu den Nachmittagsvorstellungen sieht man viele Zuschauer mit ihren Einkaufstüten.

Infos und Adressen

ESSEN UND TRINKEN

J. Sheekey. Meeresfrüchte (seit 1896). 28–32 St Martin's Court, WC2N, Tel. 72 40 25 65, U-Bahn: Leicester Square, www.j-sheekey.co.uk

Nell of Old Drury. Eines der ältesten Pubs in Covent Garden. 29 Catherine St, WC2B, Tel. 78 36 53 28, U-Bahn: Covent Garden

Opera Tavern. Bar und innovative Tapasgerichte, perfekt für einen Aperol Spritz und Happen vor dem Oper- oder Musicalbesuch (reservieren). 23 Catherine St, WC2B, U-Bahn: Covent Garden, Tel. 78 36 36 80, www.operatavern.co.uk

Scoop. Leckeres italienisches Gelato in Covent Garden. 40 Short's Gardens, WC2H, U-Bahn: Covent Garden, Tel. 72 40 70 86, www.scoopgelato.com

Wild Food Café. Vegetarisch. Geöffnet So–Mi 12–17 Uhr, Do–Sa 12–21.30 Uhr. 1. Stock, 14 Neal's Yard, WC2H, Tel. 74 19 20 14, U-Bahn: Covent Garden, www.wildfoodcafe.com

ÜBERNACHTEN

One Aldwych. Designhotel; alles vom Feinsten. 1 Aldwych, WC2, Tel. 73 00 10 00, U-Bahn: Covent Garden, www.onealdwych.com

Radisson Blu Edwardian, Mercer Street Hotel. Boutiquehotel in sehr guter Lage. 20 Mercer St, WC2H, Tel. 78 36 43 00, U-Bahn: Covent Garden, www.radissonblu-edwardian.com

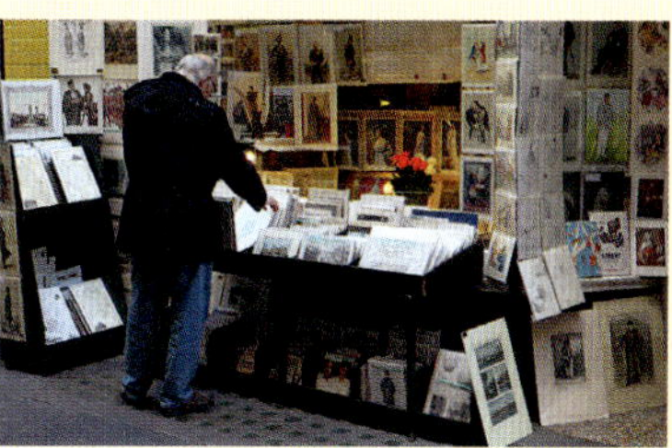

Buch- und Kunstfreunde werden in Covent Garden fündig.

Seven Dials Hotel. Einfaches Hotel in Covent Garden (steile Treppe, kein Fahrstuhl). 7 Monmouth St, WC2, Tel. 76 81 07 91, www.sevendialshotellondon.com

AUSGEHEN

Royal Opera House. Bow St, WC2E, U-Bahn: Covent Garden, Tel. 73 04 40 00, www.roh.org.uk

EINKAUFEN

Blackout II Vintage. Kleider aus den 1920er–1980ern. Geöffnet Mo–Fr 11–19 Uhr, Sa 11.30–18.30 Uhr. 51 Endell St, WC2H, U-Bahn: Covent Garden, www.blackout2.com

Penhaligon's. Traditionelle britische Parfümerie. 41 Wellington St, WC2E, U-Bahn: Covent Garden, www.penhaligons.com

Tagesausklang in Covent Garden

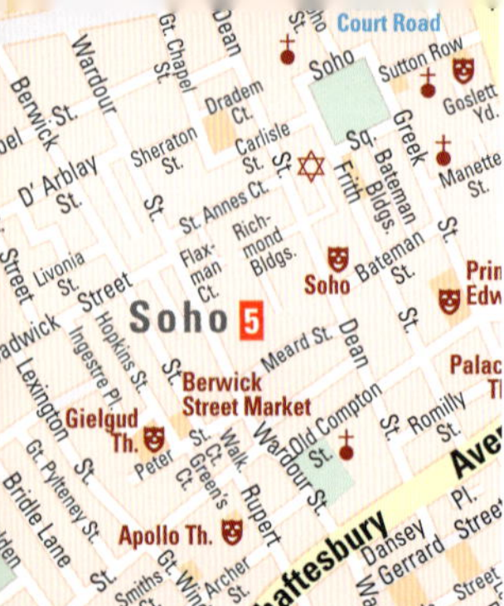

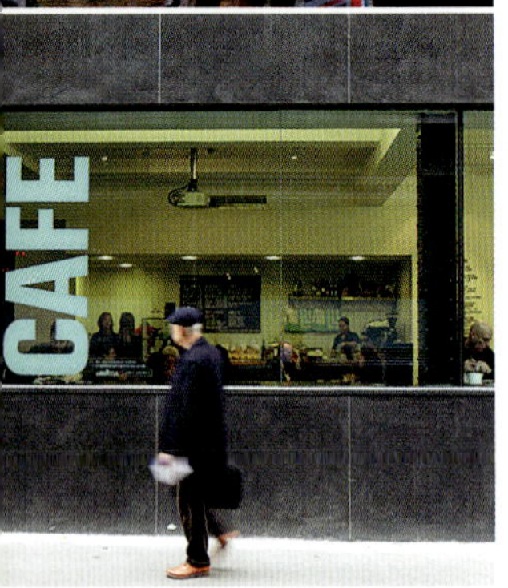

Mitte: Wardour Street von Richtung Chinatown nach Soho
Unten: Café der Photographers' Gallery

5 Soho

Londons beste Freiluftbühne

In Soho ist London schön lebhaft. Diese beliebte Ausgehecke liegt im Herzen des West End zwischen Regent Street, Oxford Street und Charing Cross Road. Rotlichtviertel und Künstlertreff gleichermaßen, schwebt über Soho immer etwas leicht Anrüchiges, und gleichzeitig gibt es kaum eine entspanntere Ecke, um tagsüber in einem der vielen Cafés das Leben an sich vorbeiziehen zu lassen.

An Soho wurde in den letzten Jahren gerne mal gezweifelt: Die Ecke habe ihren Reiz verloren; die Szene wandere ins East End; hier sei bald nichts mehr los. Von wegen! Bis in Soho Ruhe einkehrt, muss noch einiges mehr passieren. Derweil eröffnen hier weiterhin hippe Restaurants und Bars, sitzen Hollywoodschauspieler vor dem Dean Street Townhouse mit Zigarre beim Kaffee, arbeiten junge IT-Kräfte in den Kreativagenturen und stehen Abend für Abend Menschentrauben vor der »Bar Italia« mit ihrem Cappuccino auf der Straße. Der Charme von Soho liegt in seiner gewissen schmutzigen Gemütlichkeit; das Leben spielt sich

GUT ZU WISSEN

SCHMUDDELECKE

Nachts kann es in Soho schmuddelig werden, inklusive betrunkener Menschen, die auf den Straßen in irgendwelche Ecken urinieren. Die Mülleimer auf den Bürgersteigen quellen über; Flaschen, Dosen, Überbleibsel aller Art werden einfach obendrauf gestellt oder daneben abgeworfen. Verantwortung für seinen Müll zu übernehmen, ist in London leider nicht selbstverständlich.

auf der Straße ab, Halbwelt trifft auf Trendsetter, und dazwischen blinken die Schilder der Musicaltheater genauso wie die von Stripteasebars.

Londoner Jagdrevier

Der Name Soho kommt angeblich von dem Jagdruf »so ho«, der hier im 16. Jahrhundert erklang, als das Gelände ein Jagdrevier war. Ab dem frühen 18. Jahrhundert wurde Soho zu einer beliebten Wohngegend für die damalige High Society, einige der schönen Häuser in den Straßen des Viertels erinnern noch an diese Zeit. Auf diese Periode der Respektabilität folgte der gesellschaftliche Abstieg. Mitte des 19. Jahrhunderts war Soho Londons am engsten besiedelter Stadtteil; Immigranten aus Italien, Irland und französische Hugenotten fanden hier genauso eine Heimat wie Kleinkriminelle – eine Umgebung, in der sich die Bohème sehr wohl fühlte. Schriftsteller und Intellektuelle gehörten damals zum Soho-Stammpersonal. Thomas De Quincey (1784–1859) und Arthur Rimbaud (1854–1891) drehten hier ihre Runden; Karl Marx lebte einige Zeit hier, nachdem 1848 die Revolution gescheitert war, auch Richard Wagner landete 1839 verarmt in Soho. Beim Spaziergang durch das Viertel sollte man daher ganz besonders nach den blauen Schildern an Häuserwänden Ausschau halten, die über illustre Bewohner informieren.

Einfach gut!

BAR ITALIA

Soho ohne »Bar Italia«? Unvorstellbar. 1949 öffnete auf der Frith Street diese italienische Kaffeebar, an der keiner vorbeikommt. Eine echte Institution mit einer uralten Gaggia-Maschine, in der alle wichtigen italienischen Fußballspiele gezeigt werden und die, außer einer kleinen Pause am frühen Morgen, immer offen hat. Vor allem am späten Abend, wenn Sohos Feiervolk eine Koffeindosis nötig hat, muss man sich in die kleine Bar quetschen. Oder man bleibt mit dem Cappuccino in der Hand, der angeblich der beste in London sein soll, draußen auf dem Bürgersteig stehen, wo Heizstrahler und ein paar Tische stehen. Hier gibt es immer etwas zu sehen: z.B. ein Mod Scooter Club, der sich hier sonntagabends trifft, oder das bunte Straßenpersonal, das Soho rund um die Uhr bevölkert.

Bar Italia. 22 Frith St, W1D, U-Bahn: Leicester Square, Tel. 74 37 45 20, www.baritaliasoho.co.uk

Oben: Turm des Odeon Kinos am Leicester Square
Unten: Zeitungsladen in Soho

Tolerantes Soho

Im 20. Jahrhundert arbeitete Soho weiter fleißig an seinem halbseidenen Ruf und wurde zur Lasterhöhle. Gangs kontrollierten die Sexindustrie, und die Verwaltung des Stadtbezirks Westminster musste tüchtig aufräumen. Heute sind nur noch in einigen Straßen Stripbars und Sexclubs, und irgendwie gehören deren Retro-Schilder auch zum Straßenbild dazu. Keiner stört sich daran, keiner wird gestört. Soho hatte schon immer einen Ruf für Toleranz.

Seit den späten 50er-Jahren traf sich in Soho auch gerne die Musikszene der Stadt, erst Jazz und Folk, dann in den 60er-Jahren Swinging London mit den Rolling Stones im Mittelpunkt, und im Folgejahrzehnt war Punk ganz groß. Die bunt gemischte Menschenschar, die heute das Straßenbild Sohos ausmacht, wird von der Medien-, Film und Werbeindustrie bestimmt, die hier stark vertreten ist. Und seit den 90er-Jahren blüht vor allem auf der Old Compton Street im Zentrum des Viertels die Schwulenszene.

Illustre Vergangenheit

Auch wenn Soho allgemein für Nachtleben steht, muss man hier tagsüber unterwegs sein, um wirklich einen Eindruck von diesem schrägen Quadrat mit all seinen kleinen Gassen zu bekommen. Außerdem gibt es dann auch mehr Platz in den Cafés, Pubs und Restaurants. Im Zentrum verläuft quer die Old Compton Street. Sie wird von einer Reihe von Straßen durchschnitten; wer diese auf und ab geht, kommt an einer Vielzahl von Soho-Institutionen vorbei. Von Ost nach West ein paar Beispiele: Auf der Greek Street wurde 1871 Londons älteste französische Patisserie eröffnet (Nummer 28): »Maison Bertaux« serviert noch immer auf engem Raum Kaffee und Kuchen.

Rundgang

Um in Soho einen Spaziergang von Platz zu Platz zu machen, startet man am besten im Nordosten des Viertels, am Soho Square mit seinem windschiefen Fachwerkhäuschen.

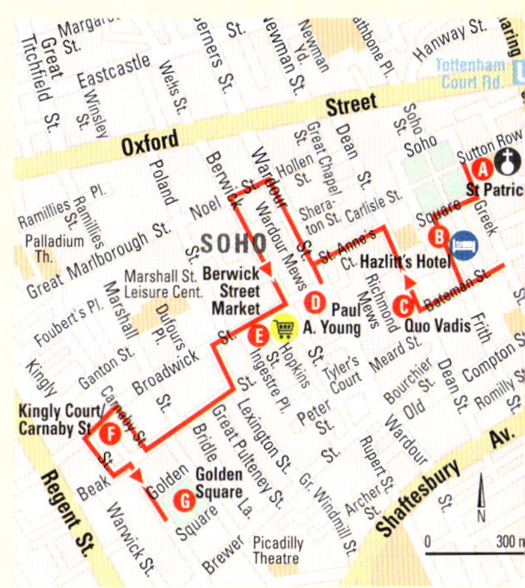

A **St Patrick's** – An der Ostseite steht die St-Patrick's-Kirche, eine Oase der Ruhe mit viel Gold und Marmor und zwei wunderbaren Weihwasserengeln. Geöffnet tgl. 7–19 Uhr, Soho Square, W1D, Tel. 74 37 20 10, www.stpatricksoho.org

B **Hazlitt's Hotel** – Am Südende des Platzes geht es in die Frith Street, vorbei an Nummer 6, wo der Essayist William Hazlitt bis zu seinem Tod 1830 wohnte. Heute ist das Gebäude ein Hotel. Weiter bis zur Bateman Street und dann rechts und wieder rechts auf die Dean Street. 6 Frith St, W1D, Tel. 74 34 17 71, www.hazlittshotel.com

C **Quo Vadis** – Von 1851 bis 1856 war 28 Dean Street die Adresse von Karl Marx. Seit 1926 ist das Restaurant »Quo Vadis« an dieser Stelle eine Institution in Soho. 26–29 Dean St, W1D, Tel. 74 37 95 85, www.quovadissoho.co.uk

D **Paul A. Young** – Weiter und links durch den St Anne's Court zur Wardour Street. An der Ecke gegenüber gibt es bei Paul A. Young feinste Pralinen. Geöffnet Mo–Mi, Fr, Sa 10–20 Uhr, Do 10–21 Uhr, So 12–19 Uhr, 143 Wardour St, W1F, Tel. 74 37 00 11, www.paulayoung.co.uk

E **Berwick Street Market** – Weiter auf der Wardour Street nach Norden in Richtung BT Tower, dann links in die Noel Street zur Berwick Street, wo jeden Tag ein Obst- und Gemüsemarkt stattfindet, billig und mit Cockneyflair. Geöffnet Mo–Sa ab 9 Uhr bis in den Nachmittag.

F **Kingly Court** – Von hier rechts in die Broadwick Street, links in die Lexington Street, rechts in die Beak Street bis zum Kingly Court. Ein sehr hübscher Innenhof mit tollen Geschäften. Geöffnet Mo–Sa 10–19, So 12–18 Uhr, Nähe Carnaby Street, W1B, www.carnaby.co.uk

G **Golden Square** – Wenn man Kingly Court in Richtung Beak Street verlässt, kommt man über die Upper John Street zum Golden Square.

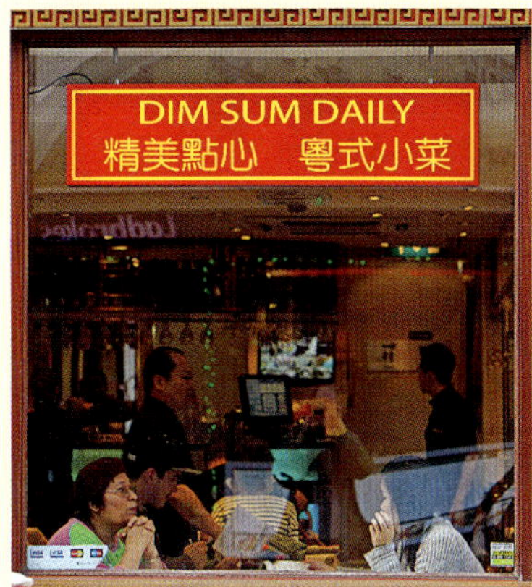

In Chinatown

Daneben im »Coach and Horses« hielten jahrelang der Schriftsteller Jeffrey Bernard (1932–1997), der Maler Francis Bacon (1909–1992) und der Jazzsänger George Melly (1926–2007) mit viel Alkohol Hof. Parallel dazu in der Frith Street kennt jeder den berühmten Jazzclub »Ronnie Scott's«; weniger bekannt ist vielleicht, dass auf der anderen Straßenseite einst der 8-jährige Mozart residierte.

Südlich der Shaftesbury Avenue in Richtung Leicester Square gehört zu Soho auch Londons kleine Chinatown. Auf der Gerrard und Listle Street eröffneten chinesische Emigranten seit den 50ern Restaurants und Shops. Londoner kommen nach Chinatown meist nur zum Essen, aber ein kleiner Bummel lohnt sich.

Sohos ruhiger Nachbar

Insbesondere für alle Freunde von Gaumenfreuden muss Fitzrovia, Sohos Nachbar nördlich der Oxford Street, erwähnt werden: Hier gibt es mit der Charlotte Street eine kleine, kulinarisch sehr ergiebige Straße, auf der sich Restaurants reihen, die unterschiedlichste Geschmacksrichtungen bedienen. Die Bar und Straßenterrasse des Charlotte Street Hotel eignet sich bestens für Szenebeobachtungen bei einem Kaffee oder Glas Pimm's. Der Ausflug in die Straßenzüge von Fitzrovia bietet nach dem geschäftigen Soho auch ein wenig willkommene Ruhe. Ein Spaziergang lohnt sich z.B. zum Fitzroy Square, an dem Ford Madox Brown (1821–1893) oder Virginia Woolf (1882–1941) residierten. Wenige Fußgänger lenken ihre Schritte hierher, sodass man das elegante georgianische Ensemble mit Häuserreihen aus hellem Portland-Stein, die einen zentralen Garten säumen, oft für sich allein hat und auf einer der Sitzbänke pausieren kann.

Geheimtipp

THE PHOTOGRAPHERS' GALLERY
London überzeugt auch deshalb, weil es Orte wie die Photographer's Gallery gibt. Die größte öffentliche Galerie Londons zum Thema Fotografie wurde 1971 in der Nähe des Leicester Square gegründet und zog 2008 in ein Gebäude beim Oxford Circus. Im Mai 2012 öffnete die Photographer's Gallery nach einer Renovierung des alten Lagerhauses wieder ihre Pforten. Reinschauen! Nicht nur weil in Wechselausstellungen die internationale Fotografenelite präsentiert wird, sondern weil junge Talente hier eine Bühne finden, die Archive der Galerie Schätze bereithalten und interessante Fotoreportagen zu sehen sind. Ein nettes Café und einen Buchladen gibt es auch.

The Photographers' Gallery. Mo–Sa 10–18, Do 10–20, So 11.30–18 Uhr, 16–18 Ramillies St, W1F, U-Bahn: Oxford Circus, www.thephotographersgallery.org.uk

Infos und Adressen

SEHENSWÜRDIGKEITEN

Notre Dame Church. Hier versteckt sich ein Jean-Cocteau-Wandgemälde. 5 Leicester Place, WC2H, U-Bahn: Leicester Square, www.ndfchurch.org

ESSEN UND TRINKEN

Bar Termini. Gute Kombi: Kaffee- und Cocktailbar; abends reservieren. 7 Old Compton St, W1D, Tel. 78 60 94 50 18, U-Bahn: Leicester Square, www.bar-termini.com

Busaba Eathai. Seit Jahren ein Dauerbrenner: Leckere Thaiküche an Gemeinschaftstischen. 106–110 Wardour St, W1F, Tel. 72 55 86 86, U-Bahn: Leicester Square, Piccadilly Circus, www.busaba.com

Dog and Duck. Viktorianisches Pub. 18 Bateman St, W1D, Piccadilly Circus, Tel. 74 94 06 97, U-Bahn: Leicester Square, www.nicholsonspubs.co.uk

Fernandez & Wells. Frisch zubereitete Suppen, Salate und Bocadillos. 43 Lexington St, W1F, Tel. 77 34 15 46, U-Bahn: Piccadilly Circus, www.fernandezandwells.com

Graphic. Bar mit großer Ginauswahl. 4 Golden Square, W1F, Tel. 72 87 92 41, U-Bahn: Piccadilly Circus, www.graphicbar.com

L'Eto Caffe. Kuchenauslage anschauen, dann reingehen, man hat gar keine Wahl. 155 Wardour St, W1F, Tel. 74 94 49 91, U-Bahn: Piccadilly Circus, www.letocaffe.co.uk

Typische Pubszene – Soho ist voll davon.

Princi. Italienische Leckereien für den Zwischenstopp mit Aperol Spritz. 135 Wardour St, W1F, Tel. 74 78 88 88, U-Bahn: Piccadilly Circus, www.princi.com

Spuntino. Cool und grungy; man isst an der Bar. 61 Rupert St, W1D, U-Bahn: Piccadilly Circus, www.spuntino.co.uk

The Coach and Horses. 29 Greek Street, W1D, Tel. 74 37 59 20

ÜBERNACHTEN

Dean Street Townhouse. Schick. 69–71 Dean St, W1D, Tel. 74 34 17 75, U-Bahn: Leicester Square, www.deanstreettownhouse.com

The Nadler Soho. Modernes Hotel, mittendrin und doch abseits vom Rummel am Ende einer kleinen Straße in Soho. 10 Carlisle St, W1D, Tel. 36 97 36 97, U-Bahn: Tottenham Court Rd, www.thenadler.com

Z Hotel Soho. Minizimmer, aber modern ausgestattet. 17 Moore St, W1D, Tel. 35 51 37 00, U-Bahn: Leicester Square, www.thezhotels.com

AUSGEHEN

Ronnie Scott's. Legendärer Jazzclub. 47 Frith St, W1D, Tel. 74 39 07 47, U-Bahn: Leicester Square, www.ronniescotts.co.uk

EINKAUFEN

Liberty. Wunderschönes Kaufhaus im Pseudo-Tudorstil. Great Marlborough St, W1B, U-Bahn: Oxford Circus, www.liberty.co.uk

Sister Ray. Plattenladen für Liebhaber. 34–35 Berwick St, W1F, U-Bahn: Tottenham Court Rd, www.sisterray.co.uk

AKTIVITÄTEN

Prince Charles Cinema. Originelles Independent-Kino. 7 Leicester Place, WC2H, U-Bahn: Leicester Square, www.princecharlescinema.com

The Arts Theatre Club. Kellerclub im Flüsterkneipenstil. 50 Frith St, W1D, Tel. 72 87 92 36, U-Bahn: Leicester Square, www.theartstheatreclub.com

6 Marylebone & Regent's Park

Anregende Ruhe in der Stadt

Gott sei Dank gibt es nur wenige Minuten nördlich der Oxford Street eine ruhige Ecke. Das ehemalige Dorf Marylebone ist heute ein elegantes Wohnviertel und die Marylebone High Street eine Wohltat, die zum Flanieren und Einkaufen einlädt und von den Hörern des Radiosendern BBC4 zur besten Straße in London gewählt wurde. Stilvoller Abschluss des Bummels: der Regent's Park am Nordende.

Noch im 17. Jahrhundert war Marylebone ein Dorf am Nordrand der Stadt, dessen Name auf die Kirche St Mary by the Bourne zurückgeht. Im 18. Jahrhundert wurde das Dorf von London verschluckt und erhielt sein heutiges Gesicht mit im georgianischen Stil bebauten Straßen und Plätzen.

Auf Beatles' Spuren

Marylebone war immer ein beliebtes Wohnviertel für betuchte Londoner. Im 19. Jahrhundert eröffneten viele Ärzte in den geräumigen Häusern Praxen für wohlhabende Patienten. In der Harley Street im Osten des Viertels residieren heute Londons teuerste Arzte und Privatkliniken. Wer auf den Spuren der Beatles wandeln möchte, muss zu 34 Montague Square, wo Ringo Starr in den 1960ern wohnte, Paul McCartney Demos aufnahm und John Lennon und Yoko Ono für einige Monate lebten. Neben der Marylebone High Street als Einkaufsstraße kann Marylebone erstklassige Kultur bieten: z.B. die Wallace Collection und die Wigmore Hall, einen der besten Konzertsäle weltweit, plus beliebte Touristenziele wie das Sherlock

Mitte: Elegante Häuser am Outer Circle des Regent's Park
Unten: Beatles Store in der Baker Street

Holmes Museum auf der Baker Street und den Dauerbrenner und Publikumsmagneten Madame Tussauds.

Marylebone High Street

Ein Spaziergang über die Marylebone High Street mit Abstechern in die umliegenden Straßen ist so angenehm, da sich hier ein wenig Dorfflair mitten im Zentrum erhalten hat. Wer vorher auf der Oxford Street unterwegs war, kann nun Durchatmen. Über die Marylebone Lane, die beim Kaufhaus Debenhams von der Oxford Street abgeht, kommt man zur Marylebone High Street. Schon auf dem Weg durch die kleine Gasse mit ihren originellen Geschäften spürt man den Unterschied. Alles ist eine Nummer kleiner und ruhiger. Die Geschäfte sind individueller. Neben Mode findet sich auf der Marylebone High Street viel zum Thema Design und Delikatessen. Gute Restaurants gibt es noch dazu.

Besonders erwähnenswert ist der Daunt Bookshop. Das elegante Geschäft von 1910 mit einem Glasdach über Büchergalerien gilt als die schönste Buchhandlung Londons. Perfekt zum Stöbern. Zur Präsentation des Stadtteils als Marylebone Village passt es auch, dass hier jeden Sonntag der Maryle-

Nicht verpassen

WALLACE COLLECTION

Am Manchester Square nördlich der Oxford Street: In einem Anwesen aus dem 18. Jahrhundert zeigt die Wallace Collection eine der erlesensten europäischen Kunstsammlungen, die im 18. und 19. Jahrhundert von den vier Marquesses of Hertford und Sir Richard Wallace, Sohn des vierten Marquess, zusammengetragen wurde. Nach dessen Tod 1897 wurden Gemälde, Möbel, Porzellan, Waffen und Rüstungen dem Staat überlassen. In der herrschaftlichen Umgebung des ehemaligen Stadtpalasts der Hertfords ist alles eintrittsfrei zu sehen: Meisterwerke von Tizian, Rembrandt, Hals (*Der lachende Kavalier*), Rubens oder Turner, eine exquisite Sammlung von Sèvres-Porzellan und großartige Rüstungen. Auch nicht zu verachten: Das »Café Bagatelle« im überdachten Innenhof.

Wallace Collection. Tgl. 10–17 Uhr, Hertford House, Manchester Square, W1U, U-Bahn: Bond St, www.wallacecollection.org

bone Farmers' Market stattfindet, einer der größten Bauernmärkte Londons. Auf dem Parkplatz der Cramer Street hinter der High Street hat man mit ca. 40 Ständen eine riesige Auswahl an Produkten.

Regent's Park

Am Nordende stößt die Marylebone High Street auf die Marylebone Road und den angrenzenden Regent's Park, der wie fast alle königlichen Parks in London einst als Jagdgebiet für Heinrich VIII. (1491–1547) diente. Gemeinsam mit Primrose Hill, dem kleinen Annex im Norden, erstreckt er sich über 197 Hektar mit viel Rasenfläche und ist weitaus eleganter als der Hyde Park. Das liegt auch an der Umgebung mit klassizistischen Häuserreihen, die den Park einfassen.

John Nash (1752–1835), Lieblingsarchitekt des Prinzregenten und späteren Königs Georg IV. (1762–1830), legte 1811 ein Konzept für ein feines Wohnviertel vor: 56 Villen sollten im Park gebaut werden, inklusive eines Palasts für den Prinzen selbst und einer Reihe prächtiger Regency-Hausreihen um den Park, *terraces* genannt. Dem Prinzregenten gefiel der Plan für diesen Regent's Park, wie er fortan hieß, realisiert wurde er allerdings nur in Teilen. Das liebe Geld. Gereicht hat es für die Stuckfassaden der Chester Terrace und Cumberland Terrace an der Ostseite des Parks. Die cremefarbenen Häuserreihen mit Säulen und Portalvorbauten sind eine Augenweide. Ebenso wie die Queen Mary's Gardens im Inner Circle des Regent's Park mit traumhaften Rosenbeeten. Hier gibt es zudem ein Freilufttheater und einen See mit Ruderbootverleih. Auf dem Outer Circle kann man den Park, zu dem im Norden auch der London Zoo gehört, auf rund drei Kilometern einmal komplett umgehen.

Oben: Marylebone-Straßenszene auf Mandeville Place
Mitte: Ready-Money-Trinkbrunnen im Regent's Park
Unten: Pinguine im Londoner Zoo

Infos und Adressen

SEHENSWÜRDIGKEITEN

All Souls Church. John-Nash-Kirche. Mo–Sa 9.30–17.30 Uhr, So 9–14 Uhr, 17.30–20.30 Uhr, 2 All Souls Place, W1B, U-Bahn: Oxford Circus, www.allsouls.org

Madame Tussauds. Teurer Dauerbrenner. Mo–Fr 9–17.30, Sa, So 9–18 Uhr, online ab £ 29, vor Ort £ 35, Marylebone Road, NW1, U-Bahn: Baker St, www.madametussauds.com

Regent's Park. Tgl. ab 5 Uhr, U-Bahn: Regent's Park, www.royalparks.co.uk, www.openairtheatre.org

Royal Institute of British Architects. Gebäude aus den 30ern mit kostenlosen Ausstellungen, Buchgeschäft und Café. Ausstellungen: Mo–Sa 10–17 Uhr, 66 Portland Place, W1B, U-Bahn: Regent's Park, www.architecture.com

ESSEN UND TRINKEN

Golden Hind. Fish & Chips. 73 Marylebone Lane, W1U, Tel. 74 86 36 44, U-Bahn: Bond Street

La Fromagerie. Käsehimmel und kleines Deli. 2–6 Moxon St, W1U, Tel. 79 35 03 41, U-Bahn: Bond Street, www.lafromagerie.co.uk

Patogh. Leckeres persisches Minirestaurant. 8 Crawford Place, W1H, Tel. 72 62 40 15, U-Bahn: Edgware

Paul Rothe & Son. Herrlich altmodischer Delikatessenladen (deutsche Einwandererfamilie), Suppen und Sandwiches. 35 Marylebone Lane, W1U, Tel. 79 35 67 83, U-Bahn: Bond Street

ÜBERNACHTEN

Dorset Square Hotel. Schickes Boutiquehotel. 39–40 Dorset Square, NW1, Tel. 77 23 78 74, U-Bahn: Baker Street, www.firmdalehotels.com

EINKAUFEN

Daunt Books. 83 Marylebone High Street, Tel. 72 24 22 95

Selfridges. Innovativer Kaufhausklassiker. 400 Oxford St, W1D, U-Bahn: Bond St, www.selfridges.com

The Conran Shop. 1A-Designkaufhaus. 55–57 Marylebone High St, W1U, U-Bahn: Regent's Park, www.conranshop.co.uk

The White Company. Nur weiß: Bettwäsche, Kleider, Kerzen. 12 Marylebone High St, W1U, U-Bahn: Bond St, www.thewhitecompany.com

Mit der Royal Family im Madame Tussauds

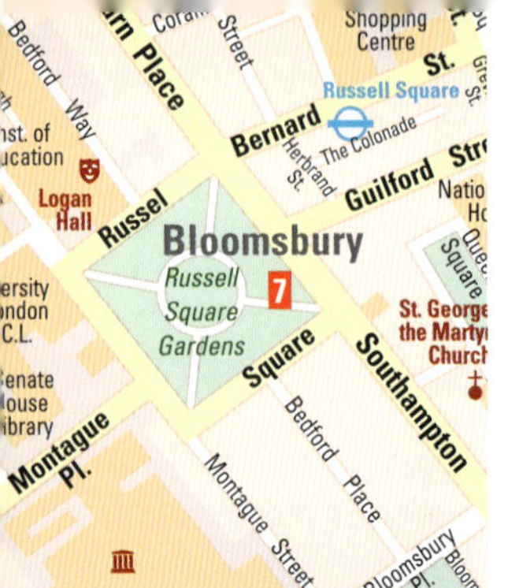

Mitte: Bedford Place
Unten: Quasi über Nacht erschien das Beatles-Graffiti in Holborn. Wer steckt dahinter?

7 Holborn & Bloomsbury
Von Anwälten, Schriftstellern & Gelehrten

Kuriose Museen, elegante Plätze und Fassaden, Zentrum der englischen Juristerei und der Gelehrsamkeit – Holborn und Bloomsbury haben einiges zu bieten, nicht zuletzt das British Museum. Am Außenrand des geschäftigen West End gelegen, ist die Atmosphäre hier weniger vergnügungs- und einkaufsorientiert, sondern mehr literarisch-londonerisch.

Holborn schließt in Richtung Osten an Covent Garden an und falls einen die Füße noch tragen, lohnt es sich, die Schritte zum Kingsway zu lenken. Hinter der lauten Straße, die bei der Station Holborn auf High Holborn trifft, liegt Lincoln's Inn Fields. Londons größter öffentlicher Platz wurde im 17. Jahrhundert angelegt; die weitläufige Rasenfläche im Zentrum ist beliebt für Verschnauf- und Mittagspausen. Das kann man hier in ehrenwerter Gesellschaft tun, denn der Platz ist

GUT ZU WISSEN

ACHTUNG, RADROWDIES!

Die Beziehung zwischen Fußgängern und Fahrradfahrern ist in London nicht immer die beste. Viele Radler sind der Meinung, dass Fußgänger einfach auf die Straße treten, ohne zu schauen, rote Fußgängerampeln missachten und so dem Fahrradfahrer im Weg sind. Der Stadtmarschierer findet, dass die Radler nicht rechts und links schauen und mit Schmackes über Zebrastreifen donnern. Die Wahrheit liegt wahrscheinlich irgendwo dazwischen. Auf jeden Fall gilt für alle, gut aufzupassen und sich nicht zu wundern, wenn man von Radlern auch mal angepöbelt wird.

nach dem östlich angrenzenden Lincoln's Inn benannt, eine der vier englischen Anwaltskammern für Anwälte, sogenannte *barrister*, die vor Gericht plädieren dürfen. Die Inns sind gleichzeitig Gebäudekomplexe, die sich in der Nachbarschaft der Royal Courts of Justice am Strand gruppieren und in denen die jeweiligen Kammern seit dem 14. Jahrhundert residieren. Südlich davon und verwaltungstechnisch zur City of London gehörend sind dies Inner und Middle Temple (s. S. 81), nördlich liegen Lincoln's Inn und Gray's Inn in Holborn.

Inns of Court

Wie bei so vielen britischen Institutionen mischen sich auch bei den Inns of Court moderne Aufgaben mit alten Traditionen. Um die Qualifikation als *barrister* zu erhalten, müssen die Aspiranten beispielsweise an formellen Abendessen teilnehmen, für die eine strikte Kleiderordnung gilt. Was das mit der fachlichen Qualifikation zu hat, sei dahingestellt. Tradition ist eben Tradition. Dem Londonbesucher des 21. Jahrhunderts bieten die Inns of Court einen kleinen Ausflug in eine archaische Umgebung mit einem Touch von Oxford und Cambridge. Im Zentrum gelegen, aber trotzdem versteckt, kann man hier die Stadt für einen Moment hinter sich lassen. Lincoln's Inn ist nicht nur der eleganteste der vier Inns, sondern kann auch mit bekannten Alumni wie Margaret Thatcher (*1925) aufwarten. Das älteste Gebäude des Komplexes ist die Old Hall (15. Jahrhundert), an die sich die Chapel von 1620 anschließt. Das beeindruckende Gatehouse, einer der Zugänge zum Inn, sieht man am besten von der Chancery Lane aus. Ein Spaziergang über das Gelände, dessen Haupteingang am Südende von Lincoln's Inn Field liegt, gehört zu den etwas anderen Dingen, die man in London, und nur hier, machen kann.

Geheimtipp

FRYER'S DELIGHT

Zu den weitverbreiteten Klischees über London gehört, dass überall und permanent Fish & Chips gegessen werden. Stimmt nicht. Was nicht heißt, dass es nicht noch einige richtig traditionelle Fish & Chips-Shops gibt. »Fryer's Delight« zum Beispiel. Zehn Minuten zu Fuß vom British Museum isst es sich hier an Resopal-Tischen noch genauso wie zur Eröffnung 1962. Zur Mittagszeit wird es wochentags schon mal eng an den wenigen Tischen, an denen man auf Bänken sitzt. Aber auf die Hand geht natürlich auch. Die Portionen sind großzügig und die Chips, wie es sich gehört, schön dick. Es lohnt sich auch für das Ladenschild (muss auch noch von 1962 sein): ein blauäugiger Kabeljau, der keck eine Melone auf dem Kopf trägt.

Fryer's Delight. 19 Theobald's Rd, WC1X, Tel. 74 05 41 14, U-Bahn: Holborn

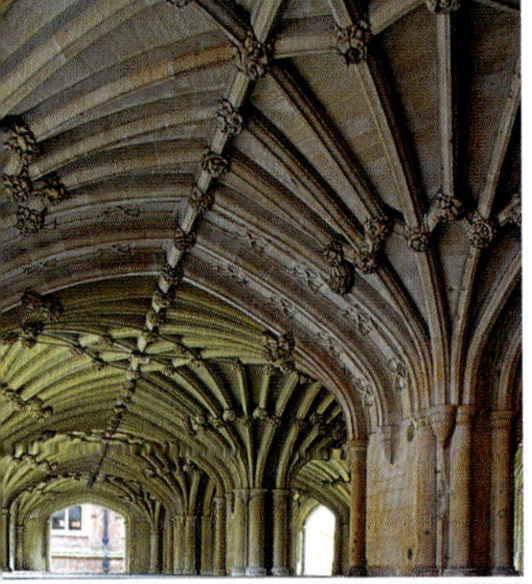

Oben: Lincoln's Inn
Unten: Kreuzgang Lincoln's Inn Chapel

Sir John Soane's Museum

In dieselbe Kategorie fällt auch der (eintrittsfreie) Besuch des Sir John Soane's Museum nördlich von Lincoln's Inn Field, das ohne Zweifel einzigartig ist: Der Architekt John Soane (1753–1837) kaufte drei georgianische Häuser, die er nicht nur in sein Wohnhaus, sondern gleichzeitig auch in ein Museum für seine umfangreiche Sammlung von Kunst und Antiquitäten verwandelte. Die Darbietungsweise der Objekte, zu denen auch ein ägyptischer Sarkophag gehört, ist höchst originell; die ausgefallene Architektur mit Spiegeln, Kuppeln und Oberlichtern tut ihr Übriges, den Eindruck von Exzentrizität zu unterstreichen. Der Besucher taucht in eine bunt gefüllte Schatzkiste ein.

Bloomsbury

Nördlich von Holborn Station geht es nach Bloomsbury, das vom British Museum dominiert wird (s. S. 78). Traditionell wird das Viertel mit Wissen und Worten assoziiert: Die berühmte Bloomsbury Group um die Schriftstellerin Virginia Woolf, deren Mitglieder in der ersten Hälfte des 20. Jahrhunderts an den diversen Squares in Bloomsbury wohnten, war die damals einflussreichste Gruppe von Intellektuellen in Großbritannien. Einige der angesehensten Verlage des Landes hatten ihre Büros in Bloomsbury. Die University of London (1826) beherrscht mit diversen Gebäuden weite Teile von Bloomsbury, am auffälligsten östlich der Gower Street mit dem University College und Senate House.

Beim Gang durch Bloomsbury, das im Norden von der Euston Road begrenzt wird, fallen die eleganten Plätze auf, wie Bloomsbury, Bedford, Gordon, Tavistock oder Russell Square – Überbleibsel der Bebauung im georgianischen Stil. Westlich vom British Museum liegt mit dem Bedford Square ei-

ner der schönsten Plätze und in perfekter Symmetrie eingerahmt von georgianischen Häusern, deren Bewohner Zugang zum Garten im Zentrum des Platzes haben. Der kleine, ruhige Gordon Square direkt hinter dem University College war das Zentrum der Bloomsbury Group; sowohl der Autor Lytton Strachey (1880–1932) als auch der Ökonom John Maynard Keynes (1883–1946) lebten hier.

Foundling Museum

Östlich vom Russell Square, wo der Schriftsteller T. S. Eliot (1888–1965) für den Verlag Faber & Faber arbeitete, versteckt sich an der Nordecke des Brunswick Square ein besonderes Museum: Das Foundling Museum erzählt die Geschichte des Foundling Hospital, das 1756 in der Nähe von dem pensionierten Schiffskapitän Thomas Coram (1668–1751) als Heim für Findelkinder gegründet worden war. Zu der Zeit war solch eine Einrichtung bitter notwendig und wurde zur Zuflucht für ledige Mütter, deren Babys ansonsten im wahrsten Sinne des Wortes auf der Straße gelandet wären. Zu den anrührenden Ausstellungsstücken ge-

Geheimtipp

CARTOON MUSEUM

Um Enttäuschungen zu vermeiden: Wer in dem kleinen Cartoon Museum Comics ohne Ende erwartet, ist hier falsch. Hier geht es in erster Linie um Karikaturen (und auch um Comics) von 1700 bis heute. In dem äußerlich und ausstellungstechnisch unspektakulären Museum wird das Beste gezeigt, was Großbritannien an Karikaturisten und Comic-Künstlern zu bieten hat; über 200 Werke, u.a. aus dem Stall der satirischen Magazine *Punch* und *Private Eye*, sind ausgestellt. Wer auf unterhaltsame und scharf gezeichnete Art und Weise etwas darüber erfahren will, was die britische Gesellschaft in den letzten 300 Jahren bewegt hat, ist hier richtig. Und für Comic-Freunde: Dennis the Menace und Viz sind auch vertreten.

Cartoon Museum. Di–So 10.30–17.30 Uhr, £ 7, 35 Little Russell St, W1CA, U-Bahn: Tottenham Court Rd, www.cartoonmuseum.org

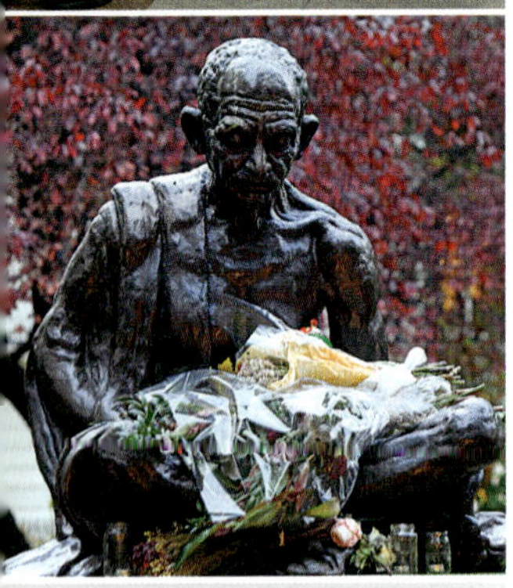

Oben: Originelle Londoner Street-Art-Szene: die Queen auf der High Holborn Street
Unten: Mahatma-Gandhi-Statue auf dem Tavistock Square in Bloomsbury

hören die Gegenstände, die jede Mutter zur Identifizierung ihres Kindes zurücklassen musste, sollte sie jemals in der Lage sein, es zurückzuholen. Einfache Dinge, z.B. ein Fingerhut, ein Knopf, ein Stück Stoff oder ein kleines Gedicht, veranschaulichen so menschliche Schicksale.

Es befinden sich in den Räumlichkeiten des Museums auch Gemälde bedeutender Künstler der Zeit. Grund: Der Maler William Hogarth (1697–1764), einer der Direktoren des Foundling Hospital, etablierte hier Londons erste öffentliche Kunstgalerie, um finanzielle Mittel für das Heim aufzubringen. Gemeinsam mit seinen Künstlerfreunden organisierte er in dem Heim Ausstellungen, in der Hoffnung, dass wohlhabende Besucher dann für die Kinder in die Tasche greifen würden. Und dann läuft einem hier auch wieder der Wahllondoner Händel über den Weg, der jährlich Wohltätigkeitskonzerte seines *Messias* gab und eine Orgel für die Kapelle spendete: Auf dem obersten Stockwerk ist die Gerald Coke Handel Collection untergebracht, eine der international bedeutendsten privaten Sammlungen von »Handeliana«, zu der Manuskripte, Noten, Bücher und auch Händels Testament gehören.

Ebenfalls eine enge Beziehung mit dem Foundling Hospital hatte Charles Dickens, Verfasser so bekannter Romane wie *David Copperfield* und *Oliver Twist*, der zwischen 1837 und 1839 neben dem Gelände des Heims auf der Doughty Street wohnte, wo heute das Charles Dickens Museum untergebracht ist. Er unterstützte das Findelhaus finanziell und erwähnte es in seinen Büchern. Das Museum ist, kaum verwunderlich, sehr beliebt. Dickens ist nicht nur der bedeutendste englische Autor nach Shakespeare, er ist auch wie kein anderer Schriftsteller mit der Stadt verbunden, die er in seinen Büchern so lebendig werden ließ.

Infos und Adressen

SEHENSWÜRDIGKEITEN

Architectural Association School of Architecture. Buchladen, Café, wechselnde Ausstellungen. Semesterzeiten: Mo–Fr 10–19 Uhr, Sa 11–17 Uhr, 36 Bedford Square, WC1B, U-Bahn: Tottenham Court Rd, www.aaschool.ac.uk

Dickens Museum. Nicht verpassen hier: das eintrittsfrei zugängliche Café mit seinem charmanten Innenhofgarten. Tgl. 10–17 Uhr, Eintritt £ 9, 48 Doughty St, WC1N, U-Bahn: Russell Square, www.dickensmuseum.com

Foundling Museum. Di–Sa 10–17 Uhr, So 11–17 Uhr, £ 7.50, 40 Brunswick Square, WC1N, U-Bahn: Russell Square, www.foundlingmuseum.org.uk

Lincoln's Inn. Mo–Fr 7–19 Uhr, Chapel: Mo–Fr 12–14.30 Uhr, U-Bahn: Holborn, www.lincolnsinn.org.uk

ESSEN UND TRINKEN

Dabbous. Gehört zu den jungen Kochstars in Londons Gastroszene, Reservieren ist angesagt. 39 Whitfield St, W1T, Tel. 73 23 15 44, U-Bahn: Goodge Street, www.dabbous.co.uk

Hakassan. Moderne chinesische Küche, tolles Dekor, recht teuer. 8 Hanway Place, W1T, Tel. 79 27 70 00, U-Bahn: Tottenham Court Rd, www.hakkasan.com

Salt Yard. Spanisch, mediterran, gut. 54 Goodge St, W1T, Tel. 76 37 06 57, U-Bahn: Goodge St, www.saltyard.co.uk

ÜBERNACHTEN

Harlingford Hotel. Beste Kombination von Preis und Lage (Einzel ab £ 90), familiengeführt, sehr ordentlich. 61–63 Cartwright Gardens, W1CH, Tel. 73 87 15 51, U-Bahn: Russell Square, www.harlingfordhotel.com

myhotel Bloomsbury. Gute Lage und gute Preise, wenn man früh bucht. 11–13 Bayley St, WC1B, Tel. 30 04 60 00, U-Bahn: Tottenham Court Rd, www.myhotels.com

EINKAUFEN

James Smith & Sons. Den Schirmshop gibt es bereits seit 1830, absolut britisch. 53 New Oxford St, WC1A, U-Bahn: Tottenham Court Rd, www.james-smith.co.uk

Willkommen im myhotel Bloomsbury

8 British Museum

Kulturhistorischer Knaller

1759 öffnete in London das erste nationale öffentliche Museum der Welt seine Pforten »für alle lernbegierigen und neugierigen Personen«. Eintrittsfrei. So hält es das größte und bedeutendste kulturgeschichtliche Museum weltweit mit einer Sammlung von acht Millionen auch heute noch für seine ständige Ausstellung. Sechs Millionen Besucher pro Jahr beweisen ihre Wissbegierde, wenn sie das British Museum besuchen.

Mitte: Treffpunkt Great Court
Unten: Löwe aus der Stadt Nimrud

Das British Museum muss man gesehen haben. Selbst wenn man sich kein einziges der 80 000 Exponate angesehen hat. Denn das von außen an einen griechischen Tempel erinnernde Museum wurde im Innenbereich spektakulär modernisiert. Seitdem ist das Gebäude selbst auch eine Sehenswürdigkeit. Direkt nach dem Eingangsbereich wurde im Jahr 2000 Europas größter überdachter öffentlicher Platz eröffnet. Der von Stararchitekt Norman Foster (*1935) geplante Great Court ist atemberaubend. Dafür sorgen fast 8000 Quadratmeter Hoffläche, ganz zu schweigen von dem Dach, einer Stahl-Glas-Konstruktion aus über 1600 Paar Stahlglasplatten. Die Dimension dieses harmonischen Raums einfach genießen und auf sich wirken zu lassen, sollte daher Teil jeden Besuchs sein.

Arzt mit Sammelleidenschaft

Der Innenhof nimmt den Platz der ehemaligen Bibliothek ein, die 1973 Teil der British Library wurde. Seit 1997 befindet sich diese in einem eigenen Gebäude bei King's Cross. In der Mitte wurde hier der bekannte Reading Room der Bibliothek, wo sich Karl Marx zu seinen Londoner Zeiten besonders gerne aufhielt, erhöht wieder aufgebaut. Er wird für wechselnde Sonderausstellungen genutzt und ist daher nicht eintrittsfrei zugänglich. Zu sehen gibt es in den riesigen Ausstellungsgalerien rings um den Innenhof aber auch so mehr als genug.

Den Grundstein für das Riesenmuseum legte ein Mann, der dem Londonbesucher immer wieder begegnet, ob als Namensgeber für Straßen oder als Statue: Hans Sloane (1660–1753), der eifrige Arzt und Wissenschafter, der seine Literatur- und Kunstschätze, die den Kern des British Museum bilden, dem Staat überließ. Im Laufe der Jahrhunderte wurde fleißig weitergesammelt und erworben (oder gestohlen, aus Sicht einiger Nationen): Artefakte aus Afrika, dem amerikanischen Kontinent, Asien, Europa und dem Pazifik, prähistorische und zeitgenössische Objekte. »Starobjekte« sind der Rosetta-Stein und die Elgin Marbles, um deren Rückgabe die griechische Regierung sich bis heute müht.

Beeindruckend sind die Sammlung ägyptischer Mumien und die assyrische Kollektion mit dem grandiosen Eingangstor zum Palast von König Sargon oder die Portlandvase aus dem 5. Jahrhundert v. Chr., eines der frühesten Beispiele der Glasbläserkunst. Tipp: Die King's Library, die für die 1823 dem Museum überlassene Bibliothek von George III. gebaut wurde. Der älteste Raum des Museums wurde wunderschön renoviert und 2003 mit der neuen permanenten Ausstellung »Enlightenment: Discovering the world in the eighteenth century« eröffnet. Das British Museum ruht sich nicht auf den Schätzen der Vergangenheit aus, sondern möchte mit interessanten Neuerwerbungen und sehr geschickt gemachten Sonderausstellungen aktuell bleiben.

Infos und Adressen

SEHENSWÜRDIGKEITEN

British Museum. Am Vormittag kommen und Sonntage meiden! Tgl. 10–17.30 Uhr, Fr 10–20.30 Uhr, Great Russell St, WC1B, U-Bahn: Tottenham Court Rd, www.britishmuseum.org

ESSEN UND TRINKEN

Bi Won. Koreanisch. 24 Coptic St, WC1A, Tel. 75 80 26 60, U-Bahn: Tottenham Court Rd

London Review Cake Shop. Café für Bücherwürmer. 14 Bury Place, WC1A, U-Bahn: Holborn, www.lrbshop.co.uk

Wild & Wood Coffee. Guter Kaffee und Snacks. 1 New Oxford St, Unit 19, WC1A, U-Bahn: Holborn, www.wildandwoodcoffee.co.uk

ÜBERNACHTEN

Grange Blooms Hotel. Plüschig. 7 Montague St, WC1B, Tel. 73 23 17 17, U-Bahn: Holborn, www.grangehotels.com

High Holborn Residence. Studentenwohnheim, einfaches B&B im Sommer. 178 High Holborn, WC1V, Tel. 71 07 57 37, U-Bahn: Tottenham Court Rd, www.lsevacations.co.uk

The Academy. Charmant, hat seinen Preis. 21 Gower St, WC1E, Tel. 76 31 41 15, U-Bahn: Goodge St, www.theetoncollection.co.uk

EINKAUFEN

Arthur Probsthain. Buchladen. 41 Great Russell St, WC1B

Jarndyce. Antiquarischer Buchladen am Museum. 46 Great Russell St, WC1B, www.jarndyce.co.uk

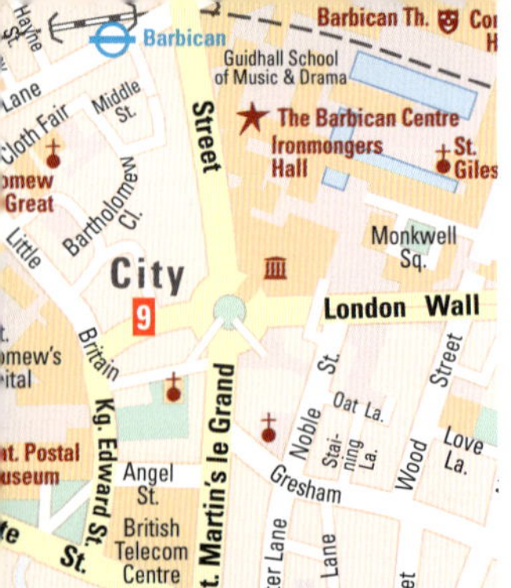

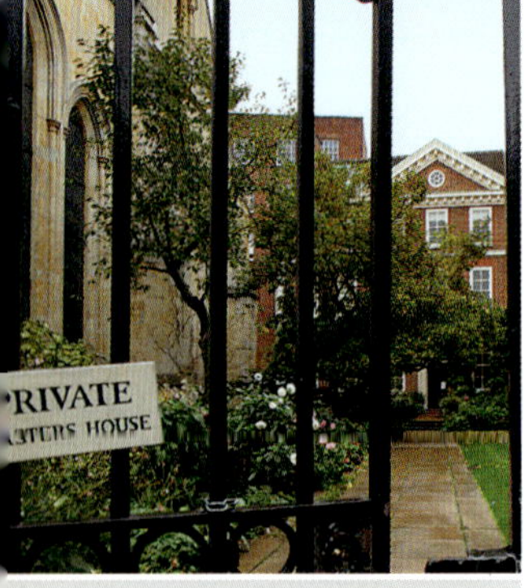

Mitte: Blick von der Waterloo-Brücke auf die City of London
Unten: Im Middle Temple

9 City of London

Wo alles begann

Wo der Strand an seinem Ostende in die Fleet Street übergeht, beginnt die City, das historische Zentrum Londons. Der alte Stadtkern umfasst eine Quadratmeile. Noch heute wird die Wiege der Stadt, wo sich die Römer um 50 n. Chr. ansiedelten, Square Mile genannt. Von Montag bis Freitag pulsiert hier die internationale Finanzszene. Dann wird es still. Der Ausflug in die Vergangenheit kann beginnen.

Wer die City zwischen Themse im Süden, Barbican Centre im Norden, Fleet Street im Westen und Aldgate und Liverpool Street im Osten betritt, verlässt streng genommen nicht nur den Stadtbezirk Westminster, sondern auch London. Das Handelszentrum der Stadt hat seit Wilhelm dem Eroberer (1027–1087) einen Sonderstatus mit einer separaten Verwaltung, der City of London Corporation.

Stadt in der Stadt

Temple Bar, wo der Strand zur Fleet Street wird, markiert die Grenze, früher ein echtes Tor, heute eine Säule in der Straßenmitte. Auf der Fleet Street, dem ehemaligen Zentrum der Londoner Zeitungsindustrie, mit dem Blick auf die grandiose St Paul's Cathedral in Richtung Osten beginnt auch gleich die Reise in die Vergangenheit – aber nur für Menschen, die genau hinschauen, denn die Minigasse, die von der Fleet Street zum Haus von Dr Johnson führt, wird schnell übersehen. In einem Gewirr aus Innenhöfen versteckt sich eines der wenigen in der City noch erhaltenen Stadthäuser aus dem 18. Jahrhundert, in dem der Autor

Dr Samuel Johnson (1709–1784) lebte. Von ihm stammt der Spruch: »If a man is tired of London, he is tired of life.« Der Verfasser des ersten englischen Wörterbuchs soll angeblich in dem sich ebenfalls hier versteckenden urigen »Ye Olde Cheshire Cheese«-Pub verkehrt haben, das nach dem Großen Brand von London wieder aufgebaut wurde. In dem Feuer wurden 1666 75 Prozent der City zerstört. Das heutige Gesicht des Stadtteils verdankt London dem Bauboom zur Zeit Queen Victorias, die von 1837 bis 1901 regierte sowie dem Wiederaufbau nach dem Zweiten Weltkrieg-plus dem Drang zu spektakulären Wolkenkratzern und modernen Stahl- und Glasgebilden, der in den 1980er-Jahren einsetzte.

Schön, stark und nützlich

Die Jahrhunderte unversehrt überstanden hat die St Paul's Cathedral (fertiggestellt 1710), deren grandiose Kuppel die Kulisse Londons inmitten moderner Strukturen immer noch beherrscht. Sollte irgendein Bauvorhaben dies zu verhindern drohen, wird es erst gar nicht genehmigt. Damit wird in London nicht gespaßt. Die von Christoper Wren (1632–1723) gebaute Kathedrale nimmt einen besonderen Platz im kollektiven Gedächtnis

Geheimtipp

THE TEMPLE

Noch so ein Überbleibsel aus vergangenen Zeiten: Gegenüber dem Royal Court of Justice und südlich der Fleet Street befindet sich ein Zentrum der Londoner Juristerei (Zugang von Fleet Street über Middle Temple Lane), wo Anwälte im Inner und Middle Temple, zwei der insgesamt vier Inns of Court, in einem Labyrinth aus Innenhöfen, Gärten und kleinen Gassen in historischen Gebäuden ihre Büros haben. Empfehlenswert: die runde Temple Church, die vom Templerorden im 12. Jahrhundert gebaut wurde, und die Middle Temple Hall, ein Meisterwerk der Renaissancearchitektur. Ansonsten kann man einfach flanieren, sich vom archaischen Charme einfangen lassen und sich ein wenig wie in einem alten College in Oxford oder Cambridge fühlen.

Temple Church. Zugang über Fleet St, Middle Temple Lane oder Devereux Court; am Wochenende über Tudor St; Temple Church: £ 5, U-Bahn: Temple, www.templechurch.com

Geheimtipp

ERINNERUNG AN ALLTAGSHELDEN
Der ehemalige Kirchhof der St Botolph's Church ist eine kuriose und, abgesehen von Büroangestellen in der Mittagspause, wenig besuchte Ecke. Der Maler G. F. Watts ließ in dem öffentlichen Park im Jahr 1900 ein Denkmal für Alltagshelden errichten: Auf Majolikakacheln sind die Namen von Menschen eingraviert, die ihr Leben für andere gaben. Das gibt faszinierendes, zum Teil skurriles Lesematerial. Auch im Film *Hautnah* mit Jude Law und Natalie Portman ist der Park ein Schauplatz: Portmans Charakter »klaut« sich ihr Pseudonym von einer der Alltagsheldinnen. Trotz des Moments im Rampenlicht bleibt der Postman's Park ein kleines Londoner Geheimnis. Zum Glück.

Postman's Park. Nördlich von St Paul, zwischen Edward St, Little Britain und Angel St, EC1A, U-Bahn: St Paul's

der Stadt ein. Dem Blitz, den Angriffen durch die Deutsche Luftwaffe im Zweiten Weltkrieg, gab sie sich nicht geschlagen und wurde so zum Symbol des Widerstands. Der geniale Baumeister und Astronom Wren wollte an dieser Stelle nach dem Großen Brand, in dem die Vorgängerkathedrale aus dem 14. Jahrhundert zerstört worden war, eine Kirche bauen, die »schön, stark und nützlich« ist.

St Paul's Cathedral

Die St Paul's Cathedral ist ein architektonisches Meisterwerk mit einer 110 Meter hohen Kuppel, die nach dem Petersdom in Rom die größte der Welt ist. Der Altarraum ist mit exquisiten Mosaiken im byzantinischen Stil geschmückt, die Kuppel mit wunderschönen Fresken, und dann gibt es da noch ein Gemälde, das auf den Betrachter eine eigentümliche Wirkung ausübt: in der Middlesex Chapel im nördlichen Querschiff hängt *Das Licht der Welt* des Präraffaeliten Holman Hunt (1827–1910), in dem Jesus – symbolisch – an die Tür der menschlichen Seele klopft. Das sollte man nicht verpassen – genauso wenig wie die drei Galerien, die jede der insgesamt 530 Stufen wert sind. Die erste, sogenannte Flüstergalerie erreicht man nach 259 Treppen: Wer hier leise an die Wand spricht, wird auf der gegenüberliegenden Seite gehört. Weiter geht es zur Steingalerie, die im Freien rund um den Fuß der Kuppel führt. Ganz nach oben leitet der Weg zur Goldenen Galerie (die letzten 152 Stufen) schließlich in das Innere der Kuppel, bevor man direkt unter der goldenen Kugel und dem Kreuz auf der Spitze der Kathedrale landet. Als Belohnung gibt es atemberaubende Blicke auf die Stadt, wie zur Südseite der Themse auf die Tate Modern, das Globe Theatre und das 2012 fertiggestellte höchste Gebäude Westeuropas, das The Shard (Scherbe) genannt

Rundgang

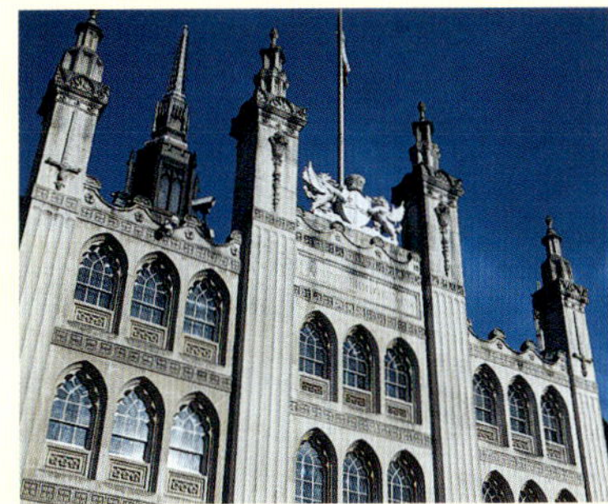

Die Guildhall

Dieser Rundgang zeigt alte Kirchen und neue Wolkenkratzer. Am besten beginnt man mit dem Kirchenmeister der City, Christopher Wren.

Ⓐ St Mary-le-Bow – Die Wren-Kirche St Mary-le-Bow beherbergt Repliken der Bow Bells, die jahrhundertelang jeden Abend um 21 Uhr die Sperrstunde anläuteten. Mo–Mi 7.30–18 Uhr, Do 7.30–18.30 Uhr, Fr 7.30–16 Uhr, Cheapside, EC2V

Ⓑ St Mary Aldermary – In Richtung Süden auf der hübschen Bow Lane gelangt man zu St Mary Aldermary, deren Inneres einen der wenigen Ausflüge Wrens in den gotischen Stil zeigt. Geöffnet Mo–Fr 11–15 Uhr, Watling St, EC4M

Ⓒ St Stephen Walbrook – In Richtung Bank zeigt sich St Stephen Walbrook, Wrens Hauptprobe für die St Paul's Cathedral. Die offizielle Kirche des Lord Mayors beeindruckt mit ihrer Kuppel und Holzschnitzereien. Geöffnet Mo–Fr 10–16 Uhr, 39 Walbrook, EC4N

Innenraum der St Paul's Cathedral

Ⓓ Monument – Das ebenfalls von Wren errichtete Monument gedenkt dem Großen Feuer (331 Stufen). Okt–März bis 17.30 Uhr, Eintritt £ 4, Fish Street Hill, EC3R

Ⓔ Leadenhall Market – Im Norden folgt ein Beispiel viktorianischer Architektur: Der Leadenhall Market, ehemals Lebensmittelgroßmarkt, beherbergt Cafés, Restaurants und Shops unter Glasdächern. Mo–Fr 7–16 Uhr, 1a Leadenhall Market, Gracechurch St, EC3V

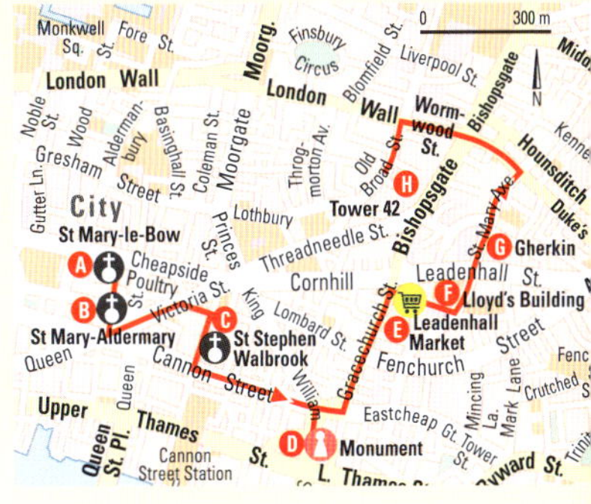

Ⓕ Lloyd's Building – In direkter Nachbarschaft liegt das Lloyd's Building (1986), ein auffallender Bürokomplex von Richard Rogers. One Lime St, EC3M

Ⓖ Gherkin – Ein paar Schritte weiter nördlich der in Glas gepackte Gherkin, berühmtester Citybau, von Norman Foster. 30 St Mary Axe, EC3A

Ⓗ Tower 42 – Auf der anderen Seite von Bishopsgate stand 30 Jahre lang das höchste Gebäude der Stadt. Heute ist es das »Vertigo 42«, eine Cocktailbar mit Aussicht. 25 Old Broad St, EC2N. Reservierung: reservations@vertigo42.co.uk

Einfach gut!

BARBICAN CENTRE
Ein Paradebeispiel brutalistischer Architektur. Hört sich nicht schön an, oder? Ist es auch nicht. Dennoch ein Ort an der nördlichen Grenze der City, für den man immer wieder eine Lanze brechen sollte. Das Kultur- und Wohnzentrum Barbican wurde nach der heftigen Zerstörung der Stadt im Zweiten Weltkrieg in den 1960er-Jahren gebaut. Die meisten der nur rund 7000 Menschen, die in der City wohnen (tagsüber sind über 300 000 hier), haben Appartements in diesem labyrinthischen Komplex bezogen. Das Barbican Arts Centre ist Europas größtes Kultur- und Veranstaltungszentrum, Zuhause des London Symphony Orchestra, zweier Konzerthallen, eines Kinos, eines Dachgartens und zweier Galerien. Hier gibt es immer irgendetwas (Gutes) zu sehen oder zu hören, oft kostenfrei.

Barbican Centre. Mo–Sa 9–23, So, feiertags 12–23 Uhr, Silk St, EC2, U-Bahn: Barbican, www.barbican.org.uk

wird. Von den Strapazen des Treppensteigens kann man sich dann im idyllischen Kirchgarten ausruhen.

Wer sich den Eintrittspreis von £ 18 für die Kathedrale sparen möchte, kann an Sonntagen einen Gottesdienst besuchen. Die Kirche ist dann zwar offiziell nicht zur Besichtigung offen, zwischen den Messen kann man sich Kathedrale und Krypta aber (bedingt) anschauen; die Galerien sind allerdings geschlossen. Mehr hat man auf jeden Fall von einem regulären Besuch. In von Freiwilligen durchgeführten kostenfreien Touren steckt viel Enthusiasmus und sie bieten auch den ein oder anderen Blick hinter die Kulissen wie die Treppe des Dekans, Dean's Stair, die schon in einem *Harry-Potter*-Film Verwendung fand. Neu seit September 2016: eine Filminstallation des führenden US-Videokünstlers Bill Viola, die erste ihrer Art in einer britischen Kathedrale (eintrittsfreie Besichtigungszeiten, s. Webseite).

Wo das Geld regiert

Hinter St Paul's Cathedral liegt das Herz des Finanzzentrums, passenderweise Bank genannt. Hier treffen sich acht Straßen an einem architektonischen Ensemble, in dem die Royal Exchange mit ihrer Kolonnadenfront am elegantesten daher kommt. Als Treffpunkt für Händler im 16. Jahrhundert gebaut, stammt der heutige Bau aus dem 19. Jahrhundert. Der Innenhof mit dem schicken »Grand Café«, dem schön gefliesten Boden, Glasdach und Säulen ist einen Blick wert. Nachbar ist »die große alte Lady der Threadneedle Street«, die Bank von England. Das Gebäude wurde 1734 errichtet, die Bank schon 1694 gegründet, als Wilhelm III. Geld für seinen Krieg gegen Frankreich benötigte. Noch heute werden hier die Goldreserven vieler nationaler Zentralbanken aufbewahrt.

Im Gebäude befindet sich auch ein Museum (eintrittsfrei), in dem man sehen kann, wie die Bank ursprünglich aussah und einen guten Einblick in deren Geschichte bekommt.

Um zu den römischen Anfängen Londons und dem Sonderstatus der City zurückzukommen, sollte man unbedingt noch einen Halt bei der Guildhall machen, dem Sitz der lokalen Verwaltung, wo einst die wichtigsten Zünfte der Stadt *(guilds)* ihren Sitz hatten. Um einen Platz gruppiert sich hier ein etwas zusammengestückelt wirkendes Ensemble aus 20.-Jahrhundert-Bauten und einer prächtigen Fassade aus dem 18. Jahrhundert, ein Mix aus gotischen, griechischen und indischen Einflüssen. Die Great Hall – im Inneren aus dem 15. Jahrhundert –, die das Große Feuer überlebt hat, wird immer noch für die Amtseinführung des Lord Mayors genutzt. An der Ostseite des Platzes steht die Guildhall Art Gallery (eintrittsfrei), in der sich die Kunstsammlung der City befindet, die seit dem 17. Jahrhundert zusammenkauft wurde. Besondere Schmuckstücke: Einige präraffaelitische Gemälde mit Rossettis *La Ghirlandata* und Millais' Porträts seiner Tochter Effie. Zum Schluss geht's in den Keller: Beim Bau der Galerie in den 90er-Jahren wurde ein römisches Amphitheater (ca. 120 v. Chr.) entdeckt. Die Grundsteine des Osteingangs sind erhalten geblieben, die Überreste sind sehr atmosphärisch im Untergeschoss der Galerie ausgestellt.

Oben: Im Innenhof der Royal Exchange
Mitte: Die Royal Exchange war die erste Börse der Stadt.
Unten: Leadenhall Market: Auch (oder gerade) Banker gönnen sich gerne mal ein Bier.

Infos und Adressen

SEHENSWÜRDIGKEITEN

Bank of England Museum. Mo–Fr 10–17 Uhr, letzter Eintritt 16.45 Uhr, Threadneedle St, EC2R, U-Bahn: Bank, www.bankofengland.co.uk

Dr Johnson's House. Okt.–Apr. Mo–Sa 11–17 Uhr, Mai–Sept. Mo–Sa 11–17.30 Uhr, £ 6, 17 Gough Square, EC4A, Tel. 73 53 37 45, U-Bahn: Temple, www.drjohnsonshouse.org

Guildhall. Mo–Sa 10–16.30 Uhr, Mai–Sept. So 12–16.30 Uhr, geschlossen bei Veranstaltungen, Eingang zur Great Hall von der Westseite des Innenhofs. Gresham Street, EC2V, U-Bahn: St Paul's, www.guildhall.cityoflondon.gov.uk

St Paul's Cathedral

Guildhall Art Gallery. Mo–Sa 10–17 Uhr, So 12–16 Uhr, Guildhall Yard (geht von Gresham Street ab), EC2V 5AE

Old Bailey. Im wohl berühmtesten Criminal Court der Welt wurde einst Oscar Wilde zu Zuchthaus verurteilt; Gerichtssitzungen sind öffentlich, Mindestalter: 14 Jahre. Mo–Fr 10–13 Uhr, 14–17 Uhr, Old Bailey, EC4M, U-Bahn: St Paul's

Sky Garden. Toller Panoramablick von der Aussichtsterrasse im 35. Stock des »Walkie-Talkie«-Büroturms: Von den Docklands im Südosten bis zum Wembley Stadium liegt London im Blick und der Shard direkt gegenüber. Perfekt: Anders als dort kostet die Sicht vom Sky Garden nichts, man muss sich nur vorher online anmelden (einstündige Zeitfenster). Mo–Fr 10–18, Sa, So 11–21 Uhr, 1 Sky Garden Walk, EC3M, U-Bahn: Monument, www.skygarden.london

St Bride's Church. Christoper-Wren-Kirche direkt hinter der Fleet Street. Bekannt als Kirche der Journalisten und Drucker; eine Ausstellung in der Krypta zeigt die Geschichte der Straße, die seit dem 16. Jahrhundert mit der Zeitungs- und Druckindustrie verwoben ist. Mo–Fr 8–18 Uhr, Sa variierende Öffnungszeiten, So 10–18.30 Uhr, Fleet St, EC4Y, U-Bahn: St Paul's, www.stbrides.com

St Paul's Cathedral. Guter Audioguide! Mo–Sa 8.30–16 Uhr, £ 18, Zeiten für Gottesdienste und Orgelkonzerte an Sonntagen auf Webseite, St. Paul's Churchyard, EC4M, U-Bahn: St Paul's, www.stpauls.co.uk

ESSEN UND TRINKEN

Angler. Michelinprämiertes Restaurant im schicken South Place Hotel, mit Terrasse und viel Fisch im Angebot. 3-Gang-Lunchmenü £ 35. South Place Hotel, 3 South Place, EC2M, Tel. 32 15 12 60, U-Bahn: Moorgate, www.anglerrestaurant.com

Café Below. In der Krypta von St Mary-le-Bow, frisch zubereitete Speisen zu sehr guten Preisen, nur bis 14.30 Uhr geöffnet. Cheapside, EC2V, Tel. 73 29 07 89, U-Bahn: Bank, www.cafebelow.co.uk

Duck & Waffle. 24-Stunden-Restaurant im 40. Stock eines City-Hochhauses; das Essen wirft einen nur bedingt vom Hocker, dafür aber das Panorama. Heron Tower, 110 Bishopsgate, EC2N, Tel. 36 40 73 10, U-Bahn: Liverpool St, www.duckandwaffle.com

Sushisamba. Sushi-Südamerika-Restaurantkombo im Heron Tower. Die Bar im 38. und 39. Stock bietet ein geniales Londonpanorama. Heron Tower, 110 Bishopsgate, EC2N, Tel. 36 40 73 30, U-Bahn: Liverpool St, www.sushisamba.com/location/london

The Jugged Hare. Originelles Restaurant/Pub mit klassisch Britischem (Wild, Lachs, Muscheln) in modernem Gewand. 49 Chiswell St, EC1Y,

Leadenhall Market

Tel. 76 14 01 34, U-Bahn: Moorgate, www.thejuggedhare.com

Ye Olde Cheshire Cheese. 145 Fleet Street EC4A, Tel. 73 53 61 70

ÜBERNACHTEN

Apex City of London Hotel. Gutes Mittelklassehotel in günstiger Lage. 1 Seething Lane, EC3N, Tel. 77 02 20 20, U-Bahn: Tower Hill, www.apexhotels.co.uk

South Place Hotel. Schickes City-Hotel, das sich der Kunstförderung widmet (Kunstprojekte mit Londoner Galerien, jährlicher Kunstpreis). 3 South Place, EC2M, Tel. 35 03 00 00, U-Bahn: Moorgate, www.southplacehotel.com

The King's Wardrobe. Appartements in ruhigem Innenhof hinter St Paul's Cathedral, Gebäude aus dem 14. Jahrhundert, modernes Interieur. 6 Wardrobe Place, EC4V, Tel. 77 92 22 22, U-Bahn: St Paul's, www.bridgestreet.com

EINKAUFEN

One New Change. Die City ist keine Einkaufsgegend; vor einigen Jahren wurde aber direkt bei der St Paul's Cathedral ein modernes Einkaufzentrum eröffnet mit den üblichen Ketten. Gute Alternative zum West End und weg vom Trubel. Auch am Wochenende geöffnet. Tipp: Bar/Dachterrasse im 6. Stock mit Blick über die Stadt. 1 New Change, EC4M, U-Bahn: St Paul's, www.onenewchange.com

VERANSTALTUNGEN

Lord Mayor's Show. Uralte Tradition mit Ursprüngen im 13. Jahrhundert und Riesenparade zur Einführung des neuen Lord Mayors (Bürgermeisters) der City of London; immer am 2. Samstag im Nov., www.lordmayorsshow.org

St Bride Foundation Lunchbox Theatre. Um 13 Uhr geht es los, 45 Minuten später ist es vorbei: Theater für die Mittagspause. Essen kann man mitbringen oder in der Bar kaufen. St Bride Foundation, 14 Bride Lane, Fleet St, EC4Y, U-Bahn: Blackfriars, www.stbridefoundation.org

INFORMATION

City of London Information Centre. Mo–Sa 9.30–17 Uhr, So 10–16 Uhr, St Paul's Churchyard, www.visitthecity.co.uk

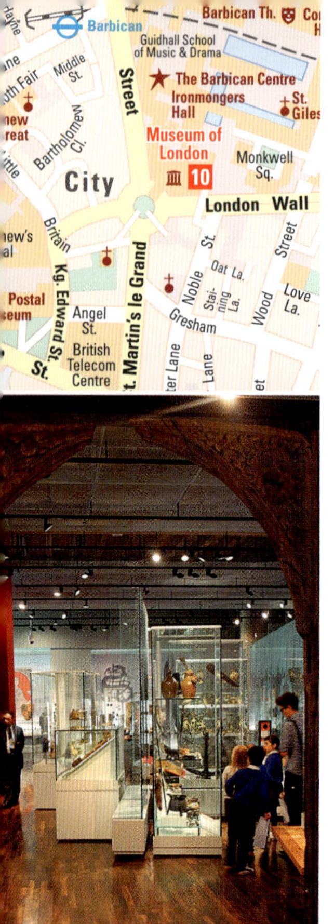

Museum of London: Einblick in die Geschichte der Stadt

10 Museum of London

Von prähistorisch bis innovativ

Der Besuch ist eine Tour de Force durch die Geschichte Londons und reicht bis in die Gegenwart. Viele »echte« Londoner haben diese im Zweifelsfall noch vor sich. Der Eingang zum größten Stadtmuseum der Welt liegt versteckt in der Betonwelt des Barbican Centre an einem Abschnitt der alten römischen Stadtmauer. Man sollte sich nicht von der Umgebung abschrecken lassen, sonst entgehen einem faszinierende Einblicke und unterhaltsame Stunden.

Im Museum of London beginnt die Geschichte der Stadt London wirklich ganz am Anfang, als es eigentlich noch gar keine Stadt gab: Die »London before London«-Galerie des Museums führt durch die prähistorische Geschichte des Themsetals von 450 000 v. Chr. bis zur Ankunft der Römer 50 n. Chr. Eine sehr animalische Geschichte ist das, denn zu den Exponaten gehört der Schädel einer ausgestorbenen Wildochsenart, die London zwischen 245 000 und 186 000 v. Chr. unsicher machte, der Zahn eines Nilpferds oder der Fuß eines Elefanten. Menschliches gibt es auch: Die Überbleibsel der Shepperton Woman, einer der frühesten Funde menschlicher Existenz in der Region London, die auf zwischen 5660 und 5100 Jahre geschätzt wird.

Viel Stadt, viel Geschichte

Danach geht es chronologisch weiter durch die Jahrhunderte und Entwicklungsstufen der Stadt: römisches London, mittelalterliches London, die Zeit der Pest und des Großen Feuers von 1666, die Ausdehnung der Stadt zwischen 1666 und 1850, gefolgt von der Periode bis in die 1940er-Jahre und die Entwicklung zum modernen London nach dem Krieg. Und dann gibt es noch die »City Gallery«, die 2010 als Teil einer Erweiterung der Ausstellungsräumlichkeiten eröffnet wurde und mit ihren großen Glasfenstern auf Straßenhöhe zum ersten Mal den Einblick von außen in das Museum ermöglicht. Hier drückt sich durchaus der eine oder andere die Nase platt, denn im Zentrum der Galerie steht das spektakulärste der Ausstellungsstücke: der üppig mit Gold dekorierte Lord Mayor's State Coach, der 1757 gebaut wurde und immer noch jedes Jahr genutzt wird, um den neu vereidigten Bürgermeister der City of London bei der Lord Mayor's Show durch die Straßen zu fahren.

Die Liste der sehenswerten Exponate und Elemente der ständigen Ausstellung ist lang: Original römische Mosaike, die in einem nachgebauten römischen Esszimmer gezeigt werden, ein Modell der alten St Paul's Cathedral, Funde elisabethanischer und jakobinischer Schmuckstücke, der Victorian Walk als Rekonstruktion von Geschäften aus dem viktorianischen Zeitalter, Sektionen, die sich mit der ethnischen Vielfalt Londons beschäftigen, ein riesiges Modell, das besetzte Häuser in Hackney in den 1990er-Jahren zeigt und und und.

Die Geschichte der Stadt wird anschaulich, bunt und interaktiv erzählt und aus verschiedensten Blickwinkeln betrachtet. Dadurch, aber vor allem mit den ständig wechselnden Ausstellungen, Vorträgen und Initiativen, die vor allem Jugendliche ansprechen und die das ganze Jahr über organisiert werden, zeigt sich das Museum of London als Ort der Innovation. Einen Besuch solte man unbedingt einplanen.

Infos und Adressen

SEHENSWÜRDIGKEITEN

Museum of London. Eintritt frei, Sonderausstellungen sind zum Teil eintrittsfrei, zum Teil gegen Gebühr. Tipp: Die Streetmuseum-App, mit dem historische Fotografien aus der Sammlung des Museums an rund 200 Stellen in London über die heutige Ansicht »gelegt« werden können: App aktivieren, das jeweilige Gebäude/den jeweiligen Platz durch das Smartphone anschauen und die Vergangenheit tritt ins Bild. Mo–So 10–18 Uhr, 150 London Wall, EC2Y, U-Bahn: Barbican, www.museumoflondon.org.uk

Oben: Nicht dran vorbeifahren!
Unten: König Stephan

11 Clerkenwell
Modernes Designzentrum

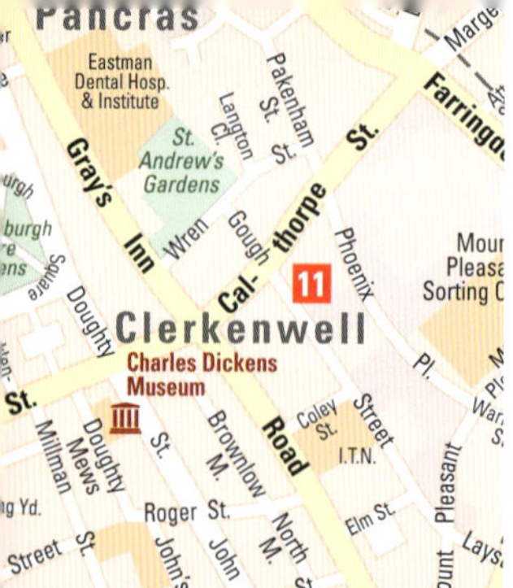

Clerkenwell am Nordrand der City ist cool, ohne prätentiös zu sein. Hier arbeiten Architekten, Designer und Medienleute, Fleischhändler auf einem der größten Meat Markets in Europa und orthodoxe Juden im Diamanten- und Schmuckzentrum in Hatton Garden. Hier finden sich auch einige der angesagtesten Restaurants der Stadt, tolle Pubs und historisches Gemäuer. Die Ecke ist ziemlich perfekt.

Mitte: Busse, Taxen und Fahrradfahrer im täglichen Straßenkampf
Unten: Am Smithfield Market

Clerkenwell ist zwar genau wie Shoreditch nebenan ein Trendviertel, aber trotzdem anders. Es ist souveräner, weniger hip, mehr erwachsen und, weil es abseits der Touristenpfade liegt, ruhiger – ein Ort, wo man normales Londoner Leben beobachten kann. Auch hier liegen die Wurzeln im Dörflichen mit einer interessanten Geschichte und klösterlichen Ursprüngen: Im 12. Jahrhundert gründete der Johanniterorden eine Priorei, weitere Klöster folgten, und das Dorf Clerkenwell entwickelte sich als Annex.

Der Quell von Clerkenwell

Der Name Clerkenwell – ausgesprochen »Clarkenwell« – leitet sich von der Quelle Clerk's Well ab, die 1174 zum ersten Mal erwähnt wurde. Sie lag innerhalb der Mauern des Klosters St Mary's, wo sich heute die von Nord nach Süd durch das Viertel laufende Farringdon Street befindet. 1800 wurde auf Straßenhöhe für die Bevölkerung eine Pumpe installiert, die Mitte des 19. Jahrhunderts geschlossen wurde. An Nummer 14–16 Farringdon Lane ist sie durch ein Fenster zu sehen und nach Vereinbarung auch zu besichtigen.

Clerkenwell

Aus dem Dorf Clerkenwell wurde nach dem Großen Feuer in der City 1666 ein geschäftiges Handwerkerviertel, da Schreiner, Uhrmacher und Juweliere hier eine neue Bleibe fanden. Hugenotten, die im späten 17. Jahrhundert aus Frankreich fliehen mussten, brachten weiteren wirtschaftlichen Aufschwung. In der naheliegenden City erlaubten ihnen die Zünfte nicht, ihre Gewerbe auszuüben, anders in Clerkenwell. In dieser Zeit wurde Clerkenwell auch zu einem eleganten Wohnviertel. Dann verwandelte die Industrialisierung das alte Dorf in einen übervölkerten Slum. Clerkenwell wurde zu einem Zentrum für Brauereien, Destillerien und Druckereien. Europas älteste Druckerei Witherby's etwa wurde 1740 in Clerkenwell gegründet.

In der ersten Hälfte des 20. Jahrhunderts etablierte sich Clerkenwell politisch gesehen als ein Ort des Radikalismus: 1900 wurde die Labour Party hier gegründet, 1902 verlegte Lenin die Publikation der politischen Zeitung *Spark* nach Clerkenwell und soll sich 1903 hier mit Stalin in einem Pub getroffen haben; die kommunistische Partei hatte ihre Zentrale in Clerkenwell, und die Parteizeitung *Daily Worker* wurde genauso auf der Farringdon Road gedruckt wie lange Jahre die liberalen Zeitungen *Guardian* und *Observer.*

Gastrorevolution

Nach dem 2. Weltkrieg setzte der Verfall ein, das traditionelle Handwerk verschwand aus Clerkenwell, bis ab den 90er-Jahren neue Gruppen die alten Fabrikgebäude wiederentdeckten und diese in Lofts verwandelten. Clerkenwell wurde schick. Was früher Uhrmacher und Drucker waren, sind heute Grafiker, Werber und Architekten. Clerkenwell war auch ein wichtiger Ort in der Revolution der Londoner Restaurantszene der letzten Jahrzehnten, an

Geheimtipp

SMITHFIELD MARKET

Im Süden wird Clerkenwell vom Smithfield Market begrenzt, einziger Londoner Großmarkt, der noch im Zentrum verblieben ist. Um 3 Uhr geht es los mit der Anlieferung, das Fleisch wird zerlegt, Metzgereien und Restaurants kaufen ein. Gegen zehn ist alles vorbei. Die Pubs in der Ecke haben für die Händler extrafrüh auf. Frühaufsteher und Nichtvegetarier können an einer Tour teilnehmen, die einen Einblick in das Geschehen in dem aus drei denkmalgeschützten Gebäuden bestehenden viktorianischen Markthallenkomplex ermöglicht. Es gibt Spezialhändler für alle Geschmäcker, von Anbietern für die brasilianische Gemeinde bis hin zu Experten für Schafsköpfe.

Smithfield Market. Treffpunkt: 6.45 Uhr bei der Barbican-U-Bahn-Station, £ 12.50, 225 Central Markets, EC1A, smithfileld@cityoflondonguides.com, www.cityoflondonguides.com/tours/smithfield-market

Oben: Auf dem St John's Square
Mitte: Lebhafter Austausch bei der Clerkenwell Design Week
Unten: Garten der Church of St John

dem Trends geboren wurden: »The Eagle« gilt als erstes Gastropub, eine inzwischen im ganzen Land etablierte Mischung aus Pub und Restaurant. 1994 eröffnete Fergus Henderson sein Restaurant »St John«, das einen neuen Kochstil prägte und als eines der einflussreichsten Restaurants der letzten Jahre gilt. Das Motto: Zurück zur ehrlichen Küche, und wenn ein Tier geschlachtet wird, dann soll auch gefälligst alles davon gegessen werden.

Beim Clerkenwell-Rundgang offenbart sich der anziehende Charakter dieser Ecke: Urbanes mischt sich mit heimeligen Plätzen und engen Straßen rund um die Nord-Süd-Achse Farringdon Road und West-Ost-Route Clerkenwell Road. Auf der Leather Lane westlich der Farringdon Road wird täglich ein echter Londoner Markt abgehalten, ohne Lifestyle-Schnickschnack, wo die Angestellten der umliegenden Büros sich ihr Mittagessen besorgen. Parallel auf Hatton Garden befindet sich schon seit dem Mittelalter das Zentrum der Diamanten- und Schmuckindustrie der Stadt. Über die Kreuzung von Clerkenwell und Farringdon Road nach Osten liegt das Zentrum des Stadtviertels. Hier finden sich Restaurants, Bars und das St John's Gate auf der St John's Lane, das 1502 gebaute Südeingangstor zur alten Johanniterpriorei.

Kirche als Filmstar

Nur wenige Minuten südlich auf Cloth Fair versteckt sich die Kirche St Bartholomew the Great, im 12. Jahrhundert als Teil einer Augustiner-Priorei gebaut und beliebte Szenerie für Filme, u.a. zu sehen in *Vier Hochzeiten und ein Todesfall.* Auf der Cloth Fair stehen neben den Resten der Priorei Lagerhäuser aus dem späten 19. und frühen 20. Jahrhundert und gegenüber der Kirche das älteste Haus (1644) aus der Zeit vor dem Großen Brand, das die Katastrophe überlebt hat.

Infos und Adressen

SEHENSWÜRDIGKEITEN

Museum of the Order of St John. Mo–Sa 10–17 Uhr, nur Juli, Aug., Sep. So 10–17 Uhr, Führungen Di, Fr, Sa 11 und 14.30 Uhr, St John's Gate, St John's Lane, EC1M, U-Bahn: Farringdon, www.museumstjohn.org.uk

St Bartholomew the Great. Mo–Fr 8.30–17 Uhr, Sa 10.30–16 Uhr, So 8.30–20 Uhr, £ 5, Cloth Fair, West Smithfield, EC1A, U-Bahn: Barbican, www.greatstbarts.com

St Peter's Italian Church. 136 Clerkenwell Road, EC1R, Tel. 78 37 15 28

Orgel von St Bartholomew the Great

ESSEN UND TRINKEN

Bird of Smithfield. Sympathische Ganztagslocation für Frühstück, Lunch, Dinner und Cocktail am Abend plus Dachterrasse! 26 Smithfield St, EC1A, Tel. 75 59 51 00, U-Bahn: Barbican, Farringdon, www.birdofsmithfield.com

Café Kick. Café/Bar & Tischkicker. 43 Exmouth Market, EC1, Tel. 78 37 80 77, U-Bahn: Farringdon, www.cafekick.co.uk

Fox & Anchor. Schönes Gastropub mit sechs schicken Zimmern im Obergeschoss. 115 Charterhouse St, EC1M, U-Bahn: Farringdon, Barbican, www.foxandanchor.com

Jerusalem Tavern. Bekannt für die Ales der St Peter's Brewery. 555 Britton St, EC1M, U-Bahn: Farringdon, www.stpetersbrewery.co.uk

Look Mum No Hands. Café/Bar/Radreparaturwerkstatt. 49 Old St, EC1V, Tel. 72 53 10 25, U-Bahn: Old Street, www.lookmumnohands.com

Modern Pantry. Super Fusion Food. 47–48 St John's Square, EC1V, Tel. 75 53 92 10, U-Bahn: Farringdon, www.themodernpantry.co.uk

St John. Beste britische Küche. 26 Saint John St, EC1M, U-Bahn: Farringdon, Tel. 33 01 80 69, www.stjohnrestaurant.com

The Eagle. 159 Farringdon Road, EC1R, Tel. 78 37 13 53

Ye Olde Mitre. Uraltpub. 1 Ely Court, EC1N, U-Bahn: Farringdon, www.yeoldemitreholburn.co.uk

ÜBERNACHTEN

The Rookery. Peter's Lane, Cowcross St, EC1M, Tel. 73 36 09 31, U-Bahn: Farringdon, www.rookeryhotel.com

The Zetter Townhouse. 49–50 St John's Square, EC1V, Tel. 73 24 44 44, U-Bahn: Farringdon, www.thezettertownhouse.com

Britisch-patriotisch: das Zetter Townhouse

STREETFOOD

London isst mobil

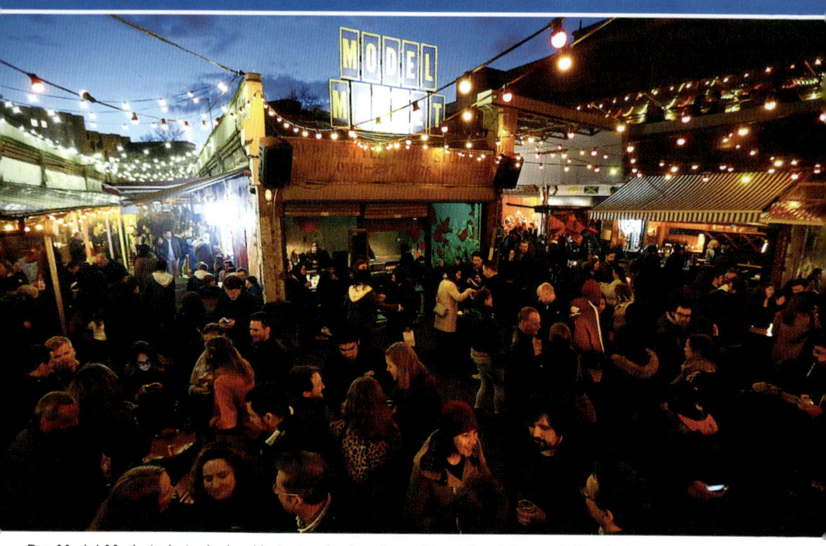

Der Model Market als typischer Vertreter der Londoner Street Food Szene: kulinarische Party in charmant-abgewrackter Umgebung

Wo isst London am liebsten? Auf der Straße! Okay, das mag etwas übertrieben sein, unbestritten ist allerdings, dass der Siegeszug, den Streetfood in vielen europäischen Ländern angetreten hat, in London startete. Die Auswahl an Food Trucks und die Möglichkeiten, in urbanen Strukturen zu essen und zu trinken, sind an der Themse extrem vielfältig, und jedes Jahr werden neue Streetfood-Trends geboren.

Lewisham im Süden Londons ist kein schöner Stadtteil. Keine Frage. Trotzdem pilgern seit einigen Jahren immer mehr junge und hippe – ebenso wie normale – Menschen über die Themse, um dort einen netten Abend in entspannter Atmosphäre zu verbringen. Ihr Ziel: der Model Market in einer schäbigen, überdachten Markthalle aus den 50ern, ein Paradebeispiel für Londons Streetfood-Szene, die von den Platzhirschen Kerb und Street Feast dominiert wird.

Während Kerb (www.kerbfood.com) meist tagsüber an unterschiedlichen Wochentagen in verschiedenen Ecken der Stadt wie King's Cross, Paddington oder Camden mit seinen Händlern die

Zelte aufschlägt, konzentriert sich Street Feast (www.streetfeast.com) seit 2012 mit seinen Night Markets auf Schicht am späteren Abend. Auf Parkplätzen oder in alten Lagerhäusern entstehen mit DJs kulinarische Party-Venues, die mit Ausnahme des erwähnten Model Markets meist im Osten der Stadt zu finden sind.

Neben den traditionellen Lebensmittelmärkten wie Borough Market und den vielen Straßenzügen, entlang derer jeden Tag überall in der Stadt Essensstände aufgebaut werden, wurde dem Thema »Essen auf der Straße« noch eine weitere Dimension hinzugefügt: Urbane, gerne auch heruntergekommene und industrielle Locations dienen als Sammelort für Food Trucks und sind zu neuen Ausgehdestinationen und Treffpunkten geworden. Die kulinarischen Anbieter spezialisieren sich jeweils auf eine Spezialität, sind international und experimentell unterwegs. Wer auf einem Londoner Street Food Market »essen geht«, bekommt eine globale Entdeckungsreise serviert: Hier eine Portion Asiatisches, ein paar Meter weiter einer der landestypischen *cheese toasties*, dann am Cocktailstand eine süffige Ginmischung. Die Vielfalt und Flexibilität beim Konsum machen diese Orte so populär. Sie verkörpern das, was London ausmacht, perfekt: international, ein Durcheinander im besten Sinne und immer eher improvisiert statt durchorganisiert.

Die Szene hat inzwischen ihre Stars hervorgebracht, die als Geschmacksinnovatoren gelten. Fans reisen den mobilen »Streetfoodlern« durch die Stadt zu ihren verschiedenen Einsatzorten – und das sind nicht nur die hier genannten Märkte – hinterher. Zu den Lieblingen – und auch das ist wohlgemerkt nur eine kleine Auswahl aus einem Riesenangebot – gehören der Donostia Social Club, wo baskischen *pintxos* ein britischer Touch verpasst wird, Sorbitiums phantasievolle Eiskreationen, gedämpfte asiatische Knödelchen mit unterschiedlichen Füllungen von Yum Buns oder variantenreiches Grillgut von Smokestak. Letztere, die sich seit 2013 in der Londoner Streetfood-Szene einen Namen gemacht haben, eröffneten 2016 ihr erstes Restaurant in Shoreditch. Street Food Markets sind somit auch eine Brutstätte für junge Gastronomen, die in diesem Umfeld ihr Angebot testen können.

Grundsätzlich gilt: Wer sich für Streetfood interessiert, muss genauso flexibel wie die Szene sein und am besten aktuell online recherchieren. Denn was es letztes Jahr gab, mag nächstes Jahr schon wieder ganz anders sein. Was allerdings sicher bleibt, ist Londons Vorliebe für mobiles Essen aller Art.

WESTEN

Latimer Road
Museum of Brands
Biscuiteers
Casa Nova
New Linden Hotel
Bayswater
Queensway
Notting Hill
18
Nothing Hill Gate
Café Diana
The Laslett
Notting Hill Arts Club
Holland Park
Churchill Arms
The Windsor Castle
Kensington Church Street
Kensington Palace
Shepherd's Bush
Shepherd's Bush Green
K West Hotel & Spa
Holland Park
Holland
Park
Maggie Jones's
Uniqlo
Piano Bar
Locanda Ottomezzo
High Street Kensington
Roof Gardens
Leighton House
Kensington (Olympia)
The Abingdon
Devonshire Arms
Brook Green
The Grand Hall Olympia
West
Kensington
Cromwell Road
The Nadler Kensington
K&K Hotel George
Earl's Court
Hammersmith
Hammersmith Riviera
Hammersmith Flyover
Talgarth Road
Barons Court
West Kensington
Earl's Court Exhibition Bldg.
Earl's Court Square
Hammersmith Cemetery
Barons Court
West Brompton
Brompton Cemetery
Kelmscott House Museum
River Café
Harwood Arms
Stamford Bridge Stadium
17
7 Hammersmith Terrace (Emery Walker House), London Wetland Centre
Del' Aziz
Fulham Brodway
Ice & Slice
Barclay House
Lots Road
Megan's
Fulham
16
Riva, Sonny's Kitchen
Bed & Breakfast Barnes
Local Hero
Nomad Books
Eel Brook Common
Amuse Bouche
Parsons Green
Parsons Green
The Fulham Wine Rooms
Fulham Palace
Douple Tree by Hilton London Chelsea
West Cross Route
Holland Park Av.
Holland Road
Kensington High St.
Kensington Rd.
Earl's Court Rd.
Warwick Rd.
North End Rd.
Lillie Rd.
Fulham Palace Rd.
Fulham Road
Dawes Road
New King's Rd.
Wandsworth Bridge Rd.
Old Brompton Rd.
Redcliffe Gardens
Finborough Rd.
Shepherd's Bush Road
Notting Hill Gate
Ladbroke Grove
Pembridge Rd.
Portobello Rd.
Kensington Park Rd.
Bayswater
Lexham Gardens
Pembroke Rd.
Warwick Gardens
Addison Rd.
Holland Villas Rd.
Abbotsbury Rd.
Munster Road
Harwood Rd.
Imperial Rd.

Sehenswürdigkeit, Museum
Aktivitäten, Ausgehen
Information
Kirche, Synagoge, Moschee
Theater
Shopping
Restaurant, Bar, Café
Übernachtungsmöglichkeit
0
200 m
N
Hyde Park
The Long Water
The Serpentine
Bayswater Rd.
North Carriage Dr.
Lancaster Gate
Park Lane
Boat Houses
Serpentine Road
The Serpentine Bar & Kitchen
Serpentine Gallery
West Carriage Drive
Rotten Row
Dinner
Carriage Drive
Knightsbridge
Hyde Park Corner
Harvey Nichols
Zuma
Royal Geographical Society
Royal Albert Hall
Royal College of Music
South Kensington Road
Knightsbridge
Buckingham Palace Gardens
Buckingham Palace
The Royal Mews
Grosvenor Place
Halkin St.
Belgrave Square
Victoria and Albert Museum
Brompton Square
Harrods
Science Museum
Natural History Museum
Brompton Oratory
Divertimenti
Skandium
Rembrandt Hotel
Ciné Lumière
South Kensington
Walton Street
Brompton
Barclay Cycle Hire Station
Cubitt House
Tomtom Coffee House
Peggy Porschen
Belgravia
Victoria
Victoria Station
Oddono's
Bibendum
Peter Jonas
Royal Court Theatre
Sloane Square
Farmers' Market
Christie's
L'Eto Caffee
Myhotel
Joseph
Pimlico Rd.
Saatchi Gallery
The Orange
Chelsea
Chelsea Barracks
Pimlico
Phat Phuc Noodle Bar
Anthropologie
Proud Chelsea
Royal Hospital
Ranelagh Gardens
Cath Kidston
Green & Stone
Designers Guild
Brora
Bluebird
Limelight Movie Art
Chelsea Physic Garden
Grosvenor Rd.
Chelsea Bridge
Embankment
Themse
Pig's Ear
Rococo Choclates
Cheyne Walk Brasserie
Chelsea
Mona Lisa
Chelsea Old Church
Cheyne Walk
Battersea Bridge
606 Club
Wyndham Grand London Chelsea Harbour
Westbridge Rd.
Kensal Town
Raoul's
Café Laville
Alfie's Antique Market
The Colonnade
Warwick Av.
Warwick Castle
Puppet Theater Barge
The Summerhouse
Jason's Trip
Lisson Grove
Westbourne Park
Westbourne Green
Edgware Road
Westway
Paddington
Royal Oak
Goode & Wight
Bumpkin
The Cow Pub
Portobello Rd. Market
Ledbury
Paddington Station
Paddington
Bayswater
Caesar Hotel
Osteria Basilico
202
Granger & Co
Westbourne Grove
Walmer Castle
12
13
14
15
19

12 Knightsbridge & South Kensingten

Schick und schön

Einkaufsparadies und Museumshimmel gleichermaßen: Wer sich von Knightsbridge Station in Richtung Westen bewegt, wird im Royal Borough of Kensington and Chelsea in vielerlei Hinsicht fündig. Das weltberühmte Kaufhaus Harrods wird geknipst und bestaunt wie kaum ein anderes Londoner Gebäude. Und das Ensemble an Weltklassemuseen in South Kensington bietet Material genug für diverse Londonbesuche.

Seit der Kensington Palace in Kensington Gardens im späten 17. Jahrhundert königliche Residenz wurde, ist dies eine feine Ecke, in die es den Adel bzw. heute den Geldadel zog. Vornehm ist es in Kensington, das sieht man schon an den Häusern, die zu den teuersten Immobilien der Stadt gehören. Die Sloane Street, die von Knightsbridge aus in Richtung Süden zum Sloane Square führt, ist die Hauptstraße der teuren Designer: Chanel, Prada, Louis Vuitton, Dolce & Gabbana, Chanel, Hermès usw. Knightsbridge, womit die Straßenzüge südlich des Hyde Park zwischen Sloane Street und Exhibition Road gemeint sind, ist fest in Händen reicher Scheichs von der Arabischen Halbinsel und im Juli und August beliebte Sommerfrische. Harrods, das 1985 von dem Ägypter Mohammed Al-Fayed gekauft worden war, wurde 2010 von der katarischen königlichen Familie übernommen.

Märchenhaftes Harrods

Der bombastische Terrakottabau des größten Kaufhauses in Großbritannien, der abends mär-

Seite 96/97: Wenn die Magnolien blühen, lohnt sich der Bummel durch Chelsea besonders.
Mitte: Die Kensington High Street bietet eine große Auswahl an Einkaufsmöglichkeiten.
Unten: Typische Häuserreihe in Kensington

chenhaft beleuchtet ist, beherrscht die Einkaufsmeile Brompton Road. Harrods – das bedeutet Kaufvergnügen auf 20 000 Quadratmetern, sieben Stockwerken und in mehr als 330 Abteilungen. An den Eingängen achten Angestellte darauf, dass die Besucher ordentlich gekleidet sind und keine Rucksäcke mit sich herumtragen. Solch unerwünschtes Gepäck muss entweder in der Hand getragen oder abgegeben werden. Harrods wurde 1849 als bescheidenes Lebensmittelgeschäft von Henry Edward Harrod gegründet. Die *food halls* im Erdgeschoss sind immer noch die schönste Abteilung des Kaufhauses. Sie sind alles andere als bescheiden, sondern voller feiner Köstlichkeiten und wunderschön gekachelt. Das macht das Gourmetparadies sehr sehenswert. Ansonsten ist Harrods einfach zu groß und labyrinthisch für nutzerfreundliches Einkaufen.

Abseits der Hauptstraße

Weiter in Richtung Westen führt die Brompton Road an Filialen beliebter Modeketten und -marken vorbei inklusive H&M, Massimo Dutti, L.K.Bennett, Gant, Ted Baker, Tommy Hilfiger oder Zara. Sich vollkommen von den Konsumtempeln vereinnahmen zu lassen, wäre ein Fehler, denn wie so oft in London liegen die charmanten Ecken abseits der Hauptstraße. Knightsbridge ist voller *mews* und die hinteren Häuser großer Stadthäuser, die oft als Stallungen genutzt wurden, sind heute putzige kleine Häuschen mit jedoch weniger niedlichen Preisen. Über die Montpelier Street gelangt man beispielsweise in den Cheval Place. Das ist solch eine Wohlstandsecke. Auf dem Montpelier Walk versteckt sich hier auch die German Christ Church, die zum evangelischen Pfarramtsbereich London-West gehört. Falls jemand sonntags um 11 Uhr Lust auf einen deutschsprachigen Gottesdienst hat, ist er oder sie hier willkommen.

Einfach gut!

WALTON STREET

Ob man in der Walton Street, die sich hinter Harrods versteckt, nun einkauft, sei dahingestellt. Das Sträßchen ist im wahrsten Sinne des Wortes klein, aber fein. Knightsbridge eben. Um den Rummel rund um Harrods zu entkommen, ist es perfekt. Strahlend weiße Wohnhäuser mit Eisenbalkongeländern, gediegene Pubs, kleine Galerien, Boutiquen, schicke Cafés und Bars. Sehr hübsch ist das alles. Und bis zum Ende bummeln ist unbedingt empfehlenswert. Denn dann stößt man an der Ecke zur Fulham Road auf das fabulöse Art-déco-Michelin-House, dessen Steingutfassade mit Reifen- und Automotiven verziert ist. Es gibt hier eine »Oyster Bar« für den kleinen Hunger sowie ein feines Restaurant.

Einkaufen auf der Brompton Road

Oben: Kensington High Street
Mitte: Fünf Schlafzimmer im Melbury House Nähe Holland Park gibt es für £ 15 Millionen.
Unten: Kunst des Mittelalters und der Renaissance im Victoria & Albert Museum

Londoner Museenland

An der Ecke zum Thurloe Place zweigt die Brompton Road in Richtung Süden ab, geradeaus geht es weiter in die Cromwell Road und das Londoner Museenland. Victoria & Albert Museum, Natural History Museum und Science Museum bilden das Zentrum von Albertopolis: Der Name geht auf Prinz Albert von Sachsen-Coburg und Gotha (1819-1861) zurück. Der deutschstämmige Gemahl von Königin Victoria legte den Grundstein für dieses Museenland.

Mit den Erlösen der Weltausstellung von 1851 im Hyde Park, die er ebenfalls initiiert hatte, wurden 35 Hektar Land in South Kensington gekauft, um dort akademische Institutionen und Museen zu etablieren. Albert, der große Förderer von Kunst, Wissenschaft und Handwerk, starb mit nur 41 Jahren an Typhus. Der Kensingtoner Kulturkomplex, zu dem auch die Royal Albert Hall, die Royal Geographical Society, das Imperial College of Science und das Royal College of Art gehören, ist sein beeindruckendes Erbe. Mit der Ansiedlung von Kunst und Wissenschaft wurde South Kensington zum begehrten Wohnviertel, was sich bis heute nicht geändert hat. Die Straßen um die U-Bahn-Station South Kensington sind z.B. sehr beliebt bei der französischen Londoner Gemeinde. Das Lycée Français, eine französische Schule, findet sich hier genauso wie das Kulturinstitut Institut Français.

Victoria & Albert Museum

Jedes der Museen, die alle eintrittsfrei sind, ist für seinen Themenbereich herausragend und einen Besuch wert. Das 1852 eröffnete Victoria & Albert Museum, kurz: V&A, ist sicherlich das großartigste Kunstgewerbemuseum der Welt mit

einem Riesenspektrum an Exponaten. Skulpturen, Zeichnungen, Gemälde, Glas, Schmuck, Porzellan, Möbel, Stoffe und Fotografien aus jeder Epoche und jedem Winkel der Welt werden auf mehreren Stockwerken ausgestellt. Erster und wichtigster Schritt ist daher, sich einen Übersichtsplan zu schnappen und zu entscheiden, auf was man sich konzentriert.

Zu den Highlights gehören die Raphael Cartoons. Die Gemälde wurden im Auftrag von Papst Leo X. (1475–1521) als Vorlage für Wandteppiche der Sixtinischen Kapelle angefertigt. Wunderbare Exponate finden sich auch in der Nehru Gallery of Indian Art sowie in den Räumen für islamische, japanische und chinesische Kunst. Zwei Räume, die Plaster Courts, sind mit imposanten Nachbildungen gefüllt, z.B. von Michelangelos *David* oder der römischen Trajanssäule. Neu und beispielhaft gestaltet wurden vor einigen Jahren die Mittelalter- und Renaissancegalerien. Klein, aber fein ist auch die Sammlung aus dem 20. Jahrhundert mit Möbeln und Inneneinrichtung von Charles Rennie Macintosh (1868–1928) oder Alvar Aalto (1898–1976). Unbedingt besuchen sollte man das V&A-Café in den prachtvoll gekachelten Morris, Gamble & Poynter Rooms aus dem späten 19. Jahrhundert,

Geheimtipp

BROMPTON ORATORY

Nur wenige Meter neben dem V&A steht Londons auffälligste katholische Kirche. 1880 wurde sie nach dem Vorbild der Kirche Il Gesù in Rom als erste große katholische Kirche nach der Reformation gebaut. Das Innere ist kunstvoll-italienisch mit Mosaik und Skulpturen. Hier geht es noch richtig katholisch zu; täglich wird eine lateinische Messe gelesen. Taufen oder Hochzeiten von Society-Familien gehören auch zum Programm. Am wertvollsten sind die Momente der Ruhe, die man in der Brompton Oratory hat: Durch das Eingangsportal treten, den Straßenlärm hinter sich lassen, auf eine Bank setzen und überlegen, was der Herr in Anzug und mit Aktenkoffer, der eilig aus dem Beichtstuhl tritt, dem Pfarrer wohl gerade anvertraut hat ...

Brompton Oratory. Mo–Fr 6.30–20 Uhr, Sa 6.30–19.45 Uhr, So 7.30–20 Uhr, Brompton Rd, SW3, U-Bahn: South Kensington/Knightsbridge, www.bromptonoratory.com

Nicht verpassen

TRAUMHAUS EINES KÜNSTLERFÜRSTEN

Beim Holland Park entstand im 19. Jahrhundert eine Künstlerkolonie, in deren Mittelpunkt der Maler und Präsident der Royal Academy Frederic Leighton (1830–1896) stand. In Kensington schuf er sich ein Haus als besondere Schatzkiste für seine Juwelen. Hauptschmuckstück ist die Arab Hall, die nach dem Vorbild eines maurischen Palasts in Italien gestaltet wurde, mit arabischen Kacheln, Mosaiken und einem Marmorbrunnen in der Mitte. In seinem großen Studio schmücken Gemälde – seine eigenen und die seiner präraffaelitischen Freunde – die Wände. Über dem Eingang zum *dining room* hängt ein Prosit-Schild als Erinnerung an Leightons Lehrjahre in Deutschland. Der Garten ist ein Geheimtipp und für jeden offen.

Leighton House. Tgl. außer Di 10–17.30 Uhr, £ 7, Führung Mi & So 15 Uhr, 12 Holland Park Rd, W14, U-Bahn: High Street Kensington, www.rbkc.gov.uk

die das erste Museumsrestaurant weltweit waren. Empfehlenswert sind der John-Madjeski-Garten hinter dem Museum und die *Friday-Late*-Abende. Am letzten Freitag des Monats wird das V&A zu einem Ausgeherlebnis mit Bar, DJs, speziellen Ausstellungen und Veranstaltungen.

Natural History Museum

Das Natural History Museum sowie das um die Ecke liegende Science Museum sind besonders – aber nicht nur – für Kinder und Jugendliche geeignet. Beide bieten viel Interaktives und spektakuläre Exponate, die auf spannende Weise präsentiert werden. Das Natural History Museum, das genauso wie das British Museum aus der Sammlung des Arztes Hans Sloane (1660–1753) hervorging, beeindruckt schon äußerlich mit seiner romanisch-byzantinischen Architektur und der Terrakottafassade.

Das Museum ist in vier Zonen (*Red, Green, Blue, Orange*) aufgeteilt. Im roten Bereich wird in den Earth Galleries die Entstehungsgeschichte der Welt dargestellt inklusive der Nachbildung von Erdbeben und Vulkanausbrüchen. Im blauen Bereich, dem populärsten, dreht sich alles um Dinosaurier und Riesenmodelle anderer Tiere; in der grünen Zone haben vor allem Kinder im Creepy-Crawlies-Raum viel Freude an den großen Modellen von Käfern oder Spinnentieren; in der orangefarbenen Zone beherbergt das Darwin Centre über 20 Millionen Spezies.

Science Museum

Das benachbarte Science Museum wurde in den letzten Jahrzehnten kontinuierlich renoviert und erweitert. Seit 2000 präsentiert es sich mit einem neuen Flügel so modern, wie es sich für ein Museum zum Thema Wissenschaft und Technik gehört. Exponate wie die älteste Lokomotive der Welt oder eine Nachbildung der Apollo-11-Landekapsel begeistern Technikfreunde. Aber in erster Linie ist das Science Museum etwas für Neugierige; egal zu welchem Thema, ob Psychologie, Mathematik, Medizin, Computer, Telekommunikation oder Energie – alles wird erläutert und mit Experimentiermöglichkeiten erklärt.

Über den Dächern der Stadt

Nicht zu vernachlässigen auf dem Kensington-Rundgang ist die Kensington High Street nördlich der Cromwell Road. Hier kann man bestens einkaufen, essen, trinken und außerdem unerwartete Entdeckungen machen: Auf dem Dach des ehemaligen Derry & Toms-Kaufhauses versteckt sich ein phänomenaler Dachgarten, der Teil eines Restaurants und Clubs ist (»Roof Gardens«). Das Dachgrün ist in einen Spanish, Tudor und English Woodland Garden aufgeteilt, charmant sind die Brunnen, Torbögen und Flamingos. Absolut surreal! Der Ausblick von hier ist fantastisch und auf der Terrasse des Restaurants lässt sich stilvoll der Tag beenden.

Eine schöne Ecke, um das Flair von Kensington als Wohngegend mitzunehmen, ist der Kensington Square, der hinter der Kensington High Street liegt. Und ein kleiner Lieblingspark der Londoner Bevölkerung liegt am anderen Ende der Kensington High Street im Westen: Der Holland Park mit den Resten des Holland House aus dem 17. Jahrhundert gehört mit seinen perfekten, formvolländeten Gärten zu den hübschesten Grünanlagen der Stadt. Besonders exquisit ist der romantische Kyoto-Garten, in dem Pfauen umherspazieren.

Oben: Victoria & Albert Museum
Mitte: Im Natural History Museum
Unten: Iranische Fliesenarbeit im Victoria & Albert Museum

Infos und Adressen

SEHENSWÜRDIGKEITEN

Christie's. Galeriebesuch der anderen Art: Präsentation der Versteigerungsobjekte im berühmten Auktionshaus. Mo 9–19.30 Uhr, Di-Fr 9–17 Uhr, Sa, So 11–17 Uhr, 85 Old Brompton Road, SW7, U-Bahn: South Kensington, www.christies.com

Holland Park. Öffentlicher Park im Royal Borough of Kensington und Chelsea. Tgl. 7.30 Uhr bis Dämmerung, im Sommer Open-Air-Oper, W8, U-Bahn: Kensington High Street, www.rbkc.gov.uk

Natural History Museum. Bei langen Schlangen Eingang auf Exhibition Rd nutzen. Tgl. 10–17.50 Uhr, Cromwell Rd, SW7, U-Bahn: South Kensington, www.nhm.ac.uk

Roof Gardens. Entweder nur umschauen und staunen oder im Babylon Restaurant essen. Besichtigung: Mo–Fr 9–17 Uhr, geschlossen bei Veranstaltungen, 99 Kensington High St (Eingang auf Derry St), W8, Tel. 79 37 79 94, U-Bahn: High Street Kensington, www.virginlimitededition.com

Royal College of Music. Zur Musikhochschule bei der Royal Albert Hall gehört ein Museum of Instruments mit Instrumenten ab dem 15. Jahrhundert. Di–Fr 11.30–16.30 Uhr, Prince Consort Rd, SW7, U-Bahn: South Kensington, www.rcm.ac.uk

Royal Geographical Society. Die ehrenwerte Gesellschaft der Reisenden und Forschenden organisiert regelmäßig interessante Ausstellungen, die frei zugänglich sind. Mo–Fr 10–17 Uhr, 1 Kensington Gore (Eingang: Exhibition Rd), SW7, U-Bahn: South Kensington, www.rgs.org

Dampfmaschine im Science Museum

Kyoto Garden im Holland Park

Science Museum. Tgl. 10–18 Uhr, letzter Eintritt 17.15 Uhr, IMAX Kino & Flugsimulatoren kostenpflichtig, Exhibition Rd, SW7, U-Bahn: South Kensington, www.sciencemuseum.org.uk

Victoria & Albert Museum. Tgl. 10–17.45 Uhr, Fr bis 22 Uhr (nicht alle Galerien), Eintritt für Sonderausstellungen, Cromwell Rd, SW7, U-Bahn: South Kensington, www.vam.ac.uk

ESSEN UND TRINKEN

Bibendum. Elegantes Restaurant und feine Küche. Michelin House, 81 Fulham Rd, SW3, U-Bahn: South Kensington, Tel. 75 81 58 17, www.bibendum.co.uk

Devonshire Arms. Gemütliches Pub. 37 Marloes Rd, W8, Tel. 79 37 07 10, U-Bahn: Earl's Court, www.thedevonshirearmskensington.co.uk

Dinner. Superkoch Heston Blumenthal interpretiert im Mandarin Oriental Hotel auf geniale Weise historische britische Rezepte; teuer. 66 Knightsbridge, SW1X, Tel. 72 01 38 33, U-Bahn: Knightsbridge, www.dinnerbyheston.com

L'Eto Caffe. Kleine, feine Patisserie für den Kaffee- und Kuchenstopp in South Kensington. 125 Fulham Rd, SW3, U-Bahn: South Kensington, www.letocaffe.co.uk

Locanda Ottoemezzo. Originelles Restaurant mit angenehmer Atmosphäre: Inmitten von Filmpostern wird gehobene italienische Küche serviert, 2–4 Thackeray St, W8, Tel. 79 37 22 00, U-Bahn: High Street Kensington, www.locandaottoemezzo.co.uk

Oddono's. Eine der besten Eisdielen Londons. 14 Bute St, SW7, Tel. 70 52 07 32, U-Bahn: South Kensington, www.oddonos.com

The Abingdon. Bar/Pub mit gutem Restaurant in schick-lässiger Umgebung. 54 Abingdon Rd, W8, Tel. 79 37 33 39, U-Bahn: High Street Kensington, www.theabingdon.co.uk

The Troubadour. 1950er-Café/Club/Bar & Live Music (Folk, Blues), originell und gemütlich, mit Gästeappartement im Obergeschoss. 265 Old Brompton Rd, SW5, Tel. 73 70 14 34, U-Bahn: Earl's Court, www.troubadourlondon.com

Zuma. Sehr gute moderne japanische Küche, wenn das Knightsbridge-Schickimicki-Publikum und der Preis nicht stören. 5 Raphael St, SW7, Tel. 75 84 10 10, U-Bahn: Knightsbridge, www.zumarestaurant.com

ÜBERNACHTEN

K+K Hotel George. Sehr gutes Mittelklassehotel, wunderschöner versteckter Garten hinterm Haus. 1–15 Templeton Place, SW5, Tel. 75 98 87 00, U-Bahn: Earl's Court, www.kkhotels.com

Rembrandt Hotel. Verlässliches Mittelklassehotel, sehr gute Lage. 11 Thurloe Place, SW7, Tel. 75 89 81 00, U-Bahn: South Kensington, www.sarova-rembrandthotel.com

The Nadler Kensington. Kleine, moderne Zimmer inkl. Miniküche und WLAN. Das Hotel wurde 2013 komplett renoviert, 25 Courtfield Gardens, SW5, Tel. 72 44 22 55, U-Bahn: Earl's Court, www.thenadler.com

AUSGEHEN

Piano Bar. Fabelhafte kleine Piano-Bar mit guten Cocktails; reservieren! 106 Kensington High St, W8, Tel. 79 38 46 64, U-Bahn: High Street Kensington, www.pianokensington.com

Schaufensterdeko des Kaufhauses Harvey Nichols

EINKAUFEN

Divertimenti. Das ultimative Geschäft für alles rund um Kochen, Küche und Essen. 227 – 229 Brompton Rd, SW3, U-Bahn: Knightsbridge, www.divertimenti.co.uk

Harrods. 87–135 Brompton Rd, SW1X, U-Bahn: Knightsbridge, www.harrods.com

Harvey Nichols. Schickes Kaufhaus mit den ausgefallensten Schaufensterdekos in London; Bar/Restaurant & ausgewählte Lebensmittelabteilung im 5. Stock. 109–125 Knightsbridge, SW1X, U-Bahn: Knightsbridge, www.harveynichols.com

Skandium. Schöne skandinavische Dinge. 245–249 Brompton Rd, SW3, U-Bahn: South Kensington, www.skandium.com

Uniqlo. Japanische Modekette, beste Adresse für Pullover und T-Shirts in allen Farben. 54–58 Kensington High St, W8, U-Bahn: High Street Kensington, www.uniqlo.com

AKTIVITÄTEN

Ciné Lumière. Kino im Institut Français. 17 Queensberry Place, SW7, U-Bahn: South Kensington, www.institut-francais.org

Mitte: Statue von Wilhelm III. am Kensington Palace
Unten: Serpentine Gallery in den Kensington Gardens

13 Hyde Park & Kensington Gardens

Grüne Lunge mit königlichem Einschlag

Londons Riesenspielwiese mitten in der Stadt: Hier kann man skaten, joggen, schwimmen, reiten, Boot fahren, radeln oder einfach spazieren gehen. Nebenbei gibt es moderne Kunst, ein bombastisch-fantastisches Monument, einen exquisiten Palast und einen der charmantesten Orte in London für einen *afternoon tea*. Los geht die königliche Parkerkundung durch Hyde Park und Kensington Gardens.

Die meisten Besucher starten ihre Tour durch den Hyde Park am Ostende, entweder im Süden bei Hyde Park Corner oder im Norden bei Marble Arch. Beides sind Verkehrsknotenpunkte und entsprechend hektisch und voll. Entspannter ist der Einstieg im Westen an der Kensington High Street, wo Kensington Gardens die 111 Hektar große westliche Ausdehnung des Parks bildet. Hyde Park, den man nach dem Überqueren des West Carriage Drive betritt, erstreckt sich über 142 Hektar. Beim Spazier-

GUT ZU WISSEN

SPEAKERS' CORNER

Den berühmten Speakers' Corner im Norden des Hyde Park aufzusuchen, macht nur an einem Sonntag Sinn. Ab der Mittagszeit und bis zum frühen Abend schlägt dann die Stunde der freien Rede, und jeder kann – über was auch immer – sprechen. Wochentags gibt es hier nichts außer einer Imbissbude. Selbst an einem Sonntag kann man Pech haben, und das Angebot an Rednern kann dürftig sein.

gang in Richtung Osten hat man immer wieder gute Ausblicke auf Londons Skyline mit dem London Eye, auch ein Grund, die Sache »von hinten« anzugehen.

Kensington Palace

Weltbekannt wurden die Tore des Kensington Palace, als nach Prinzessin Dianas (1961–1997) Unfalltod an ihrem Londoner Wohnsitz Massen an Blumen und Beileidsbekundungen dort niedergelegt wurden. Nicht zuletzt deswegen ist diese Stelle ein sehr beliebtes Fotomotiv bei Touristen und Blumen für Diana finden sich dort immer noch. Der öffentlich zugängliche Teil des Palasts wurde nach einer Renovierung 2012 wieder eröffnet (im Privatteil leben Prinz William und seine Frau Catherine) und ist ein echtes Schmuckstück geworden. Im späten 17. Jahrhundert waren Wilhelm III. und seine Frau Maria die ersten Monarchen, die hier einzogen. Bis 1837 lebten dort alle britischen Könige und Königinnen. Victoria (1819–1901), die im Palast geboren wurde und dort ihre Kindheit und Jugend verbrachte, war die Letzte in der Reihe, bis sie Königin wurde. Ihre Person steht im Mittelpunkt der interessantesten der insgesamt vier Besucherrouten, die durch den Palast führen.

Einfach gut!

TRETBOOTFAHREN

Eigentlich braucht es für das Tretbootfahren doch eher Meer, Sonne und Strand. Eine Runde mit dem *pedalo*, wie das Tretboot im Englischen heißt, geht aber auch auf dem Serpentine Lake im Hyde Park sehr gut. Gerade weil die Umgebung so ganz anders ist als die übliche Strandszenerie, macht es Spaß, hier auf dem Wasser herumzugondeln. In ein Boot passen sechs Leute. Wenn man dann noch ein paar Picknickzutaten dabei hat und die Sonne scheint, ist die kleine Wasserpartie perfekt. Gutes Wetter ist natürlich Voraussetzung, und auch wenn der Volksglaube zu wissen meint, dass es in London laufend regnet, ist das nicht der Fall. Es sind schon einige mit Sonnenbrand aus London wiedergekommen, sogar im Frühling.

Bootsverleih. Am Nordufer des Serpentine Lakes von Ostern bis 31. Okt., www.royalparks.org.uk

Oben: Ganz London gönnt sich gerne eine Auszeit im Hyde Park. **Mitte:** Bitte eintreten: Tür zur Serpentine Gallery für moderne Kunst **Unten:** Royal Albert Hall mit Albert Memorial im Vordergrund

Im Verlauf von zehn Räumen tritt hinter der am längsten amtierenden Königin des Landes die Privatperson Victoria hervor. Mit vielen persönlichen Ausstellungsstücken, Musik, Tagebuchauszügen und Briefen wird vor allem die große Liebesgeschichte zu Prinz Albert (1819–1861) erzählt. Unerwartet ist das, charmant, alles andere als konventionell und auf jeden Fall eine sehr moderne Art, einen historischen Ort zugänglich zu machen. In neuem Glanz erstrahlen nach der Renovierung auch die prächtigen Appartements von Wilhelm und Maria, die man über einen eindrucksvollen Treppenaufgang erreicht. Von der Queen's Gallery hat man einen schönen Blick auf Kensington Gardens und das hier ausgestellte japanische und chinesische Porzellan, Teil einer insgesamt 154 Stücke umfassenden Sammlung, ist einfach exquisit.

Ähnlich wie die zum Palast gehörende Orangery, die 1704 für Königin Maria gebaut wurde. Heute kann man hier inmitten korinthischer Säulen seinen *afternoon tea* einnehmen. Und keine Angst: Trotz der grandiosen Kulisse ist die Orangery vollkommen leger und ein sehr entspannter Ort.

Albert Memorial

Den Palast hinter sich lassend geht es in Richtung Osten. Unausweichlich kommt man am Albert Memorial vorbei. Die goldene Pracht und schiere Übertriebenheit dieses Denkmals ist einfach unglaublich, obwohl dem damit Geehrten dieser Bombast überhaupt nicht gefallen hätte. Als Prinz Albert 1861 an Typhus starb, ließ die trauernde Witwe Victoria ein Denkmal an der Südseite der Kensington Gardens und direkt gegenüber der Royal Albert Hall bauen. Dieser hatte allerdings noch zu seinen Lebzeiten deutlich gemacht, dass er keine Statue wolle. Die Wahrscheinlichkeit, dass es eine *artistic monstrosity* werde, sei zu groß.

Viele werden nun sagen, dass genau das passiert ist. Denn das Albert Memorial ist über 54 Meter hoch mit einem goldüberzogenen Albert in der Mitte, von 169 Marmorfiguren umringt, voller Mosaike und allerlei Figürchen – zu viel des Guten? Egal, das Albert Memorial im Sonnenschein ist einfach herrlich, und wenn man aus dem Grün der Kensington Gardens darauf zutritt, ist das ein wichtiger Teil des Spaziergangs.

Kunstpavillon

Ein weiteres Muss ist ein Halt in der Serpentine Gallery, die kurz vor dem Übergang in den Hyde Park liegt: Als absolutes Kontrastprogramm zum Albert Memorial befindet sich hier in einem ehemaligen, schlichten Teepavillon seit 1970 eine der besten Kunstgalerien der Stadt für zeitgenössische Kunst. Seit Herbst 2013 gehört mit der neuen Serpentine Sackler Gallery inklusive einem spektakulären Restaurant in unmittelbarer Nachbarschaft eine zweite Galerie zu dem Ensemble. Das Museum ist klein, aber mit Vorträgen und diversen Veranstaltungen hochklassig und ein extrem beliebtes Londoner Ziel für Kulturinteressierte. Jedes Jahr im Sommer wird der Serpentine Gallery Pavilion mit Spannung erwartet, denn weltbekannte Architekten werden damit beauftragt, einen vorübergehenden Außenbereich zu entwerfen, der als Café dient. Und für Freunde von Bildbänden und Büchern zum Thema moderne Kunst ist der kleine Buchladen direkt am Eingang ein Paradies.

Hyde Park

Hyde Park ist im Gegensatz zu den Kensington Gardens geschäftiger, hier brummt das Leben. Seine Geschichte geht auf Heinrich VIII. zurück, der

Nicht verpassen

PROMS

Die Royal Albert Hall gegenüber vom Albert Memorial ist eine von Londons bekanntesten Konzerthallen. Das imposante Gebäude mit seinem kuppelbedeckten Zuschauerraum hat keine Standesdünkel: Egal, ob Klassik, Rock, Rop oder Flamenco-Shows – alles findet seine Zuschauer. Am bekanntesten ist die Royal Albert Hall für die jährlich von Juli bis September stattfindenden Henry Wood Promenade Concerts, besser und weltweit bekannt als »Proms«. Die Auswahl ist fantastisch und ein paar Klassik-Weltstars sind immer dabei. Wer es »richtig« machen will, stellt sich für eines der rund 1400 Stehtickets an, die £ 5 kosten und täglich verkauft werden. »Promming« nennt man das. Wer lieber sitzt, sollte mutig im *box office* nachfragen, auch wenn das gewünschte Konzert ausverkauft ist.

Royal Albert Hall. Kensington Gore, SW7, www.royalalberthall.com, Infos zu den Proms: www.bbc.co.uk/proms

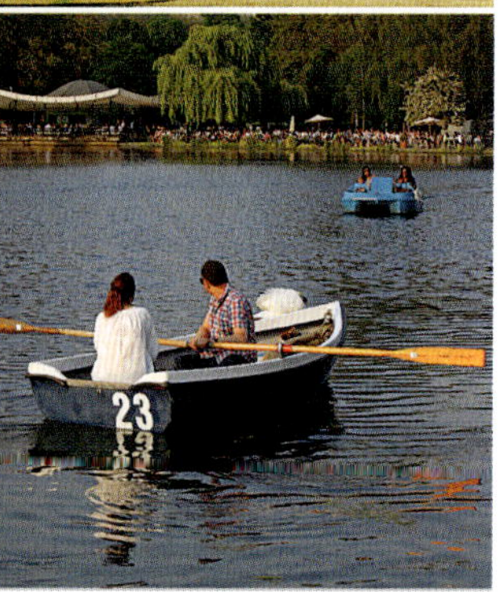

Oben: Albert Memorial in Kensington Gardens
Unten: Rudern auf dem Serpentine Lake im Hyde Park

1536 das Land von den Mönchen in Westminster Abbey kaufte und dort königliche Jagden veranstaltete. Jakob I. gestaltete den Park um und öffnete ihn 1637 für die Öffentlichkeit. London ohne Hyde Park wäre undenkbar. Hier – und in den Kensington Gardens – kann man (fast) komplett vergessen, dass rundherum eine Millionenstadt braust.

Im Sprachgebrauch wird Hyde Park oft synonym genutzt für beide Teile der Anlage, obwohl Kensington Gardens offiziell ein eigener Park ist, der erst 1841 für die Öffentlichkeit zugänglich gemacht wurde. Der Übergang ist aber fließend und wird durch den Serpentine Lake bestimmt, der sich vom West Carriage Drive aus über elf Hektar erstreckt. Auf Seite der Kensington Gardens heißt er »The Long Water«. Rund um den Serpentine Lake konzentrieren sich viele der Aktivitäten im Hyde Park: Am Südufer gibt es ein Lido, wo Schwimmer auf rund 100 Meter Länge im See kraulen können, plus Café mit beliebtem Außenbereich, am Nordende kann man Boote mieten und am Ostende ist die »Serpentine Bar & Kitchen« seit einigen Jahren beliebter Treffpunkt, vor allem wegen der Terrasse und Liegestühle dort.

Südlich von hier am Rand des Parks galoppieren oft Reiter entlang: Die sogenannte Rotten Row, die vom Hyde Park Corner in Richtung Kensington Palace führt, ist die »Pferdespur« im Hyde Park. Am frühen Morgen kann man hier die Household Cavalry beim Exerzieren sehen, die in den am Park liegenden Hyde Park Barracks stationiert ist. Gegen 10.30 Uhr machen sich die Herren dann auf den Weg nach Whitehall zum Horse-Guard-Parade-Gebäude für die Changing-of the-Guard-Zeremonie. Rotten Row ist übrigens eine Verballhornung von »Route de Roi«, denn als Wilhelm III. seinen Hof nach Kensington Palace verlegte, nutzte er diese Strecke für den Weg nach St James's.

Infos und Adressen

SEHENSWÜRDIGKEITEN

Kensington Palace. Tgl. März–Okt 10–18 Uhr, letzter Eintritt 17 Uhr, Nov.–Feb. 10–16 Uhr, letzter Eintritt 15 Uhr, £ 16.90 Onlinebuchung, £ 18 vor Ort, Kensington Gardens, W8, U-Bahn: High Street Kensington, www.hrp.org.uk

Serpentine Galleries. Tgl. 10–18 Uhr, Kensington Gardens, W2, www.serpentinegalleries.org

ESSEN UND TRINKEN

Café Diana. Ein paar Hundert Meter nördlich des Kensington Palace und nicht weit vom Diana Memorial Playground. Ein Schrein für die verstorbene Prinzessin, die hier Kundin war; schön schräg; günstige, einfache Gerichte. 5 Wellington Terrace, W2, U-Bahn: Notting Hill Gate

Churchill Arms. Einmalig dekoriertes Pub (die Blumen!) mit gutem Thairestaurant. 119 Kensington Church St, W8, Tel. 77 27 42 42, U-Bahn: High Street Kensington, www.churchillarmskensington.co.uk

Maggie Jones's. Originelles Nachbarschaftsrestaurant im Farmhausstil, 6 Old Court Place, Kensington Church St, W8, Tel. 79 37 64 62, U-Bahn: High Street Kensington, www.maggie-jones.co.uk

Straßenszene in Kensington

Ein Blick nach oben lohnt sich in London immer; hier auf der Kensington High Street.

The Serpentine Bar & Kitchen. Serpentine Road, Hyde Park, W2, U-Bahn: Knightsbridge, www.serpentinebarandkitchen.com

ÜBERNACHTEN

Caesar Hotel. Nördlich vom Hyde Park gelegenes modernes Vier-Sterne-Hotel, gutes Preis-Leistungs-Verhältnis, 26–33 Queens Gardens, W2, U-Bahn: Bayswater, www.caesar-hotel.co.uk

Meininger Hotel Hyde Park. Budget-Hotelkette mit modernen Zimmern; kann manchmal laut werden, wenn Schülergruppen zu Gast sind. 65–67 Queen's Gate, SW7, Tel. 33 18 14 07, U-Bahn: Gloucester Rd, www.meininger-hotels.com

INFORMATION

Alles zu Hyde Park & Kensington Gardens auf www.royalparks.org.uk

GRÜNES LONDON

Londons Liebe zu Parks & Gärten

Londoner sitzen bei jeder Gelegenheit im Grünen, wie hier im Kleinod St James's Park.

London ist Europas grünste Metropole. Hätten Sie das gedacht? Grünflächen jeglicher Art und in allen Ausmaßen gehören zur DNA der Stadt. Die bekannten Parks im Zentrum sind da nur ein und der für Besucher offensichtlichste Teil eines großen, grünen Puzzles, das in einer nicht minder großen Ambition mündete: London soll die weltweit erste »Nationalparkstadt« werden.

Eine 8,6-Millionen-Stadt als Nationalpark. Kann das sein? Eine Gruppe engagierter Aktivisten dachte sich vor einigen Jahren »Warum nicht?«, und die Fakten lassen ihr ehrgeiziges Vorhaben, London offiziell als urbanen Nationalpark zu positionieren, gar nicht so weit hergeholt aussehen: Mit über 141 Millionen Quadratmetern an öffentlichen Grünflächen ist London nicht nur

Europas grünste Großstadt, sondern auch in den Top Drei ihrer Größenordnung weltweit. Die Themsestadt hat damit rund 40 Prozent öffentliche Grünanlagen mit 8,3 Millionen Bäumen. In dieser »Wildnis«, wozu auch die Magnificent Seven genannten viktorianischen Parkfriedhöfe gehören, tummeln sich 13 000 verschiedene Tierarten.

In einer Londonkarte der Organisation Greenspace Information, auf der alle Gebäude und Straßen quasi ausradiert wurden, manifestiert sich dies in vielen grünen Inseln, die von den Royal Parks im Zentrum bis zu den vorstädtischen Gärten hinterm Haus deutlich zu erkennen sind. Die Organisatoren der Initiative National Park City London verfolgen also keineswegs eine Schnapsidee. Die grünen Tatsachen sind vorhanden, und London hat eine lange Tradition, nicht nur sein Kultur-, sondern auch das Naturerbe zu schützen und zu fördern.

Wer in London lebt, weiß, wie wichtig das ist: Die Stadt ist anstrengend und ein Ort, an dem Menschen unbedingt grüne Rückzugsflächen zum Ausgleich brauchen. Londoner schätzen ihre lokalen Parks und begrünten Plätze daher besonders. Oft sind das nicht die Anlagen im Zentrum, die Touristen meist kennen. Londons grüne Flecken, und das ist das Besondere, sind von Zone 1 bis 6 über die gesamte Stadtfläche verteilt, an unerwarteten Stellen und in versteckten Ecken.

Ein paar Beispiele: In Chelsea führt an der Ecke King's Road und Milman's Street eine unauffällige Holztür in eine friedliche Gartenecke, die seit dem 18. Jahrhundert der Friedhof der Londoner Gemeinde der Moravian Church ist, in Deutschland bekannt als Herrnhuter Brüdergemeinde. Circa 25 Minuten weiter westlich gehört ein feiner Garten der Sinne direkt an der Themse zu einer eher groben Luxuswohnanlage namens Imperial Wharf: Die Parkland Sensory Gardens sind ein Kleinod mit um kleine Rasenflächen angeordneten Pflanzen zum Riechen, Fühlen und Schauen. Auf einer Bank sitzen und dem Rauschen der Birken im Wind zuhören, in Laufnähe zur lauten Shoppingmeile King's Road – einfach schön. Und auf der anderen Seite der Stadt gibt es im Südosten auf einer Mole in Greenwich ein besonderes neues Gartenparadies: Farmopolis, eine schwimmende Urban-farming-Initiative. Hier fanden im Sommer 2016 Tausende von Pflanzen, die von der Chelsea Flower Show übrig geblieben waren, eine neue Heimat, als Grundstock für einen Community Space mit Hydroanbau, Garten, Restaurant und Aktivitäten für die Anwohner. London, ein Asphaltdschungel? Von wegen.

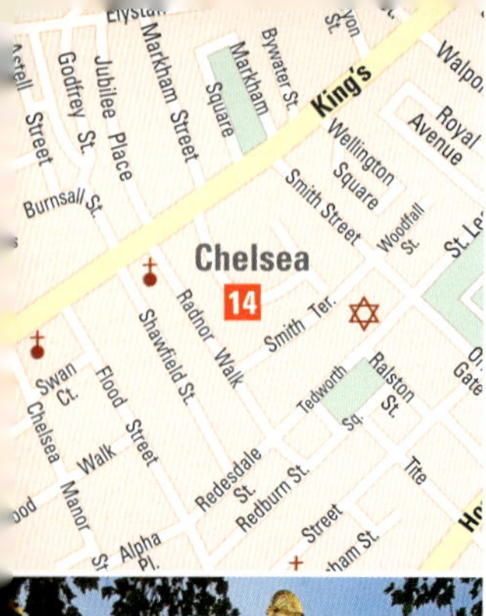

14 Chelsea

Lifestyle an der Themse

Der Royal Borough of Kensington and Chelsea ist in Chelsea weniger königlich und einen Tick unkonventioneller. Auch wenn die Sixties hier nicht mehr swingen und der Punk Vergangenheit ist, kann man auf der legendären King's Road zwischen den schicken Müttern noch den ein oder anderen exzentrischen Charakter sehen und bestens einkaufen. Zeitgenössische Kunst gibt es in der Saatchi Gallery.

Bis ins 16. Jahrhundert war Chelsea ein kleines Fischerdorf an der Themse, das sich um die Chelsea Old Church (s. S. 125) gruppierte. Dann ließ sich 1520 der Staatsmann und Humanist Thomas Morus (1478–1535) hier nieder und der Aufstieg des Viertels begann. Seinem Beispiel folgend richteten sich Heinrich VIII. (1491–1547) und der Adel in prächtigen Herrenhäusern in Themsenähe ein. Mit der Blütezeit im 19. Jahrhundert wurde der Cheyne Walk am Fluss mit seinen eleganten Anwesen zu einer Lieblingsstraße für Schriftstel-

Mitte: Am Sloane Square
Unten: Great Hall im Royal Hospital Chelsea

GUT ZU WISSEN

HOPPLA, DER BÜRGERSTEIG GIBT NACH

Vieles in London ist reparaturbedürftig. Zum Beispiel Bürgersteige. Oft sehr uneben, schief und krumm, sind sie immer wieder für Überraschungen gut. Ein besonderes Phänomen sind wacklige Pflastersteine, die beim Auftritt nach unten nachgeben und den forschen Spaziergänger unerwartet ins Wanken kommen lassen. Und besonders schön ist das, wenn es regnet und dann eine Ladung Wasser mit nach oben schwappt. Ja, das Großstadtleben steckt voller unerwarteter Tücken ...

ler und Intellektuelle. Henry James (1843–1916), George Eliot (1819–1880) und der Komponist Ralph Vaughan Williams (1872–1958) lebten hier, genauso wie später Mick Jagger und Keith Richards, Stars einer neuen Generation. Zur Chelsea-Künstlergemeinde gehörten weitere illustre Namen wie Dante Gabriel Rossetti (1828–1882), William Turner (1789–1862), John Singer Sargent (1856–1925) und Oscar Wilde (1854–1900), der in der Tite Street *Das Bildnis des Dorian Gray* schrieb.

Minirock-Meile

Im 20. Jahrhundert erlangte Chelsea Berühmtheit, als in den Swinging Sixties das sogenannte Chelsea Set, zu dem der Fotograf David Bailey, Mick Jagger und George Best gehörten, auf der King's Road quasi ihr Wohnzimmer einrichteten. Auf der Szenestraße, wo die Designerin Mary Quant 1955 ihre Boutique Bazaar eröffnete, wurde auch der Minirock geboren. In den 70er-Jahren explodierte in Chelsea die Punkszene und die King's Road wurde zum Modenirwana für alles Zerfetzte. Das ist heute anders. Vivienne Westwood eröffnete mit Malcolm McLaren, damals Manager der Sex Pistols, auf der King's Road ein Geschäft, in dem sie ihre exzentrischen Kreationen verkaufte. Das Geschäft, ironischerweise direkt neben dem Chelsea Conservative Club, gibt es noch immer und ist nicht zu verfehlen mit seiner Riesenuhr, auf der die Zeiger rückwärts laufen.

Eine Avantgardeszene gibt es in Chelsea heute nicht mehr; die teuren Immobilien kann sich nur leisten, wer das nötige Kleingeld hat, und das sind in London dann eher Investmentbanker und andere nichtkünstlerische Berufe.

Einfach gut!

EINE RUNDE RADELN

Um die Ecke von der Sloane Square Station steht am Cadogan Place eine der vielen Londoner Fahrradleihstationen. Wie wäre es, auf einem der *Boris bikes* – die Räder sind nach dem Bürgermeister benannt, während dessen Amtszeit sie eingeführt wurden – eine Runde durch Chelsea zu drehen? Der Verkehr ist zwar in London nicht fahrradfahrerfreundlich und es gibt kaum Fahrradwege. Aber Chelsea liegt zum Glück an der Themse. Man kann also auf dem Chelsea Embankment am Fluss entlangradeln und gelangt über die Albert Bridge zum Battersea Park auf der Südseite, wo ein Fahrradweg um den Park führt und ein schönes Promenadenstück Blicke auf die andere Uferseite gewährt. Man sollte nur nie die Sache mit dem Linksverkehr vergessen.

Santander Cycles. Grundgebühr £ 2, erste halbe Stunde kostenfrei, jede zusätzliche halbe Stunde (oder weniger) £ 2. Bezahlt wird per Karte. Weitere Infos unter www.tfl.gov.uk

Geheimtipp

PROUD CHELSEA
Zwischen einem Café und einem Schuhgeschäft hat es sich auf der King's Road eine der populärsten privaten Fotogalerien in Europa gemütlich gemacht. Die Proud Galleries konzentrieren sich in diversen Zweigstellen seit 1998 auf Fotokunst, die Momente der Populärkultur festhält. Musik, Film, Mode und Sport sind die Themen, und in der Minigalerie in Chelsea wird regelmäßig die Crème de la Crème der Fotoriege von David Bailey bis Rankin gezeigt. Die Swinging Sixties werden wieder wach, wenn die Kultbilder von Fotografen wie beispielsweise Terry O'Neill auf dem Programm stehen. Mick Jacker, Twiggy, David Bowie – sie alle haben schon aus dem Schaufenster geblickt. Sammler könnten hier durchaus auch verführt werden, ein paar Pfund zu lassen.

Proud Chelsea. Geöffnet Mo–So 10–19 Uhr, 161 King's Rd, SW3, U-Bahn: Sloane Square, www.proudonline.co.uk

Saatchi Gallery

Elizabeth Street

Bevor man vom Sloane Square aus am Ostende der Straße die King's Road in Richtung Westen aufrollt, empfiehlt sich ein kleiner Ausflug in Richtung Belgravia: Nur wenige Minuten hinter der U-Bahn-Station Sloane Square liegt die fast dörflich anmutende Elizabeth Street mit exklusiven Läden und einem mondänen und gleichzeitig entspannten Charakter. Die viktorianische Straße hat extrem hübsche Geschäftsfassaden und lädt mit breiten Bürgersteigen zu einem entspannten Bummel und einer Tasse Kaffee abseits vom Trubel ein.

Saatchi Gallery

Zurück auf der King's Road, die von Karl II. (1630–1685) als nur dem König vorbehaltene Exklusivstraße eingerichtet wurde, wird der einkaufswillige Fußgänger schon nach wenigen Metern am Duke of York Square gestoppt. Hier liegt neben der Straße ein attraktiver Fußgängerbereich, wo sich Geschäfte, Cafés und Restaurants mischen. Und Kunst: Im imposanten ehemaligen Hauptquartier des Duke-of-York-Regiments von 1801 hat die Saatchi Gallery ihre Heimat gefunden und zeigt – eintrittsfrei – in 15 Räumen regelmäßig wechselnde Ausstellungen moderner Kunst. Dahinter steht der Kunstsammler und ehemalige Werbeguru Charles Saatchi, der 1985 eine Galerie eröffnete, um seine Sammlung der Öffentlichkeit zu zeigen. 2008 fand sie schließlich in Chelsea ein Zuhause. Als Kontrastprogramm zur manchmal wenig greifbaren zeitgenössischen Kunst kann man sich auch um das leibliche Wohl kümmern: Auf dem Duke of York Square findet jeden Samstag ein *food market* statt. Und die zur Galerie gehörende Brasserie »Gallery Mess« hat eine tolle Terrasse und ist eine gute Adresse für Leckereien und andere Snacks.

Rundgang

A Sloane Square – Vom Platz auf die Lower Sloane Street, rechts auf die Royal Hospital Road, vorbei am Royal Hospital und dem Chelsea Physic Garden, bis die Straße an der Themse eine leichte Rechtsbiegung in den Cheyne (»Tscheini«) Walk macht. Links liegt die Themse mit dem Battersea Park am Südufer. SW1W, U-Bahn: Sloane Square

B Wohnhaus von Dante Gabriel Rossetti – Am Haus 16 Cheyne Walk markiert eine blaue Plakette das Wohnhaus von Dante Gabriel Rossetti.

C Herrenhaus von Heinrich VIII. – Nur wenige Meter weiter führt ein Weg in die Cheyne Mews. Hier stand das Herrenhaus von Heinrich VIII., woran ein Informationsschild an der Mauer erinnert.

D Skulptur von David Wynne – Geradeaus weiter und an der Albert Bridge über die Oakley Street geht es vorbei an der herrlichen Skulptur *The Boy with a Dolphin* von David Wynne.

E Carlyle's House – Rechts abbiegen in die Cheyne Row, wo in Nummer 24 der Historiker Thomas Carlyle lebte und u.a. Dickens und Chopin empfing. Das Haus ermöglicht einen Einblick in das Leben der intellektuellen Elite des 19. Jahrhunderts. Geöffnet März–Okt. Mi–So 11–17 Uhr, £ 6, 24 Cheyne Row, SW3, www.nationaltrust.org.uk/carlyles-house

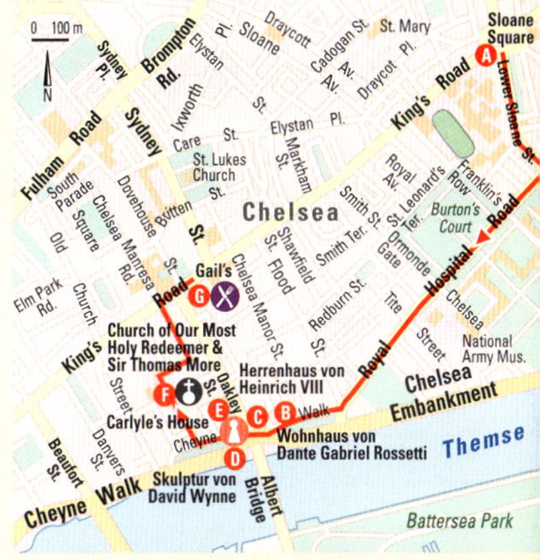

F Church of Our Most Holy Redeemer & St Thomas More – Einige Meter weiter biegt die Straße nach rechts. Hier steht die Church of Our Most Holy Redemeer & St Thomas More, deren Namenspatron Thomas Morus bis zu seiner Exekution in Chelsea lebte.

G Gail's – Die Cheyne Row geht in den Glebe Place über. Rechts auf die King's Road abbiegen und an der nächsten Ecke zur Oakley Street bei »Gail's« den Spaziergang mit einem Stück Kuchen ausklingen lassen. 209 King's Rd, SW3

Idylle inmitten der Großstadt am Sloane Square

Oben: Ecke Ebury Street/Elizabeth Street: Auch Regen hält Londoner nicht vom Draußensitzen ab.
Mitte: Hier lässt es sich (teuer) residieren: Cliveden Place Nähe Sloane Square.
Unten: Ein Royal Hospital Pensioner in Uniform

Einige Minuten weiter in Richtung Westen und vorbei am bunten King's-Road-Mix kleinerer und größerer Konsumtempel, die alles von Mode bis Parfüm abdecken, kommt man rechter Hand an die Sydney Street, wo sich der Chelsea Farmers Market versteckt. Der Name ist irreführend, denn es handelt sich nicht um einen Bauernmarkt, sondern eine Ansammlung kleiner Geschäfte und Restaurants um einen kleinen Platz. Sehr nett ist das vor allem im Sommer, wenn das kleine Quadrat zu einem Freiluftrestaurant mutiert und Einheimische wie Besucher die unerwartet charmant-unschicke Atmosphäre in Chelsea genießen.

Nächster Hingucker auf der King's Road ist das wunderbare »Bluebird«-Ensemble: In einer alten Art-déco-Autowerkstatt eröffnete Design- und Restaurantguru Terence Conran 1997 ein kleines Gastro- und Einkaufskönigreich mit Restaurant, Café, Deli und einem ausgefallenen Geschäft für Mode, Bücher, Musik und Design.

Am World's End geht's weiter

An der Kreuzung zur Beaufort Street endet meist der King's-Road-Spaziergang. Noch ein Stück weitergehen lohnt sich allerdings, denn auf dem World's-End-Abschnitt der King's Road ist die Straße zwar weniger schick, dafür aber authentischer und ruhiger. Kleinere Geschäfte, u.a. Vivienne Westwood's berühmte Boutique, mischen sich mit Bars und Restaurants. Letztere sind durchaus angesagt. Sowohl Bob Geldof als auch Boris Becker oder königliches Jungvolk wurden hier schon gesichtet. Wer etwas für Kontraste übrig hat, sollte noch bis zum World's End Estate gehen, einem Komplex von Sozialbauten: Das fast romantisch anmutende Gartencenter World's End Nurseries kauert hier vor einer braun-brutalen Kulisse von Hochhausbauten. Typisch London.

Royal Hospital Chelsea

Auf dem Weg über die King's Road könnten einem durchaus ältere Herren in Uniformen aufgefallen sein. Diese sogenannten Chelsea Pensioners verbringen im Royal Hospital Chelsea, einem Veteranenheim auf der Royal Hospital Road (südlich der King's Road), ihren Lebensabend. Gegründet wurde das Royal Hospital 1682 von Karl II. Noch heute leben hier rund 400 Pensionäre, die in ihren Uniformen (gerne auch mal flott mit Mobility Scooter unterwegs) zum Straßenbild gehören. Das Gelände des Royal Hospital, eine wunderbare, von Christopher Wren (1632–1723) entworfene Anlage (Tipp: die Ranelagh Gardens in der Südostecke!), ist einen Spaziergang wert: Vom Südende des Figure Court hat man tolle Ansichten in Richtung Themse, z.B. auf die alte Battersea Power Station, wo gerade ein Mega-Bauprojekt im Gange ist. Besichtigen kann man die sehenswerte Kapelle und den grandiosen Speisesaal, wo die Pensionäre ihre Mahlzeiten zwischen Porträts von Königen einnehmen. Auf dem Gelände findet auch jedes Jahr die berühmte Chelsea Flower Show statt, ein gesellschaftliches Großereignis in London.

Einfach gut!

RUND UM DEN ORANGE SQUARE

Manche Ecken einer Stadt sind eigentlich mittendrin, aber trotzdem versteckt. Wo die Pimlico Road von der Lower Sloane Street nach links abzweigt, beginnt eine solche in London. Man landet in einem Stadtidyll mit Dorfanklängen. Vorbei an Möbel-, Design- und Antiquitätengeschäften führt die Pimlico Road zum Orange Square, in dessen Mitte eine Mozart-Statue steht. Grund: In der Ebury Street (Nummer 180), die hier abzweigt, komponierte Mozart mit acht Jahren seine ersten Symphonien. Samstags findet am Square ein kleiner Bauernmarkt statt, sicher einer der entspanntesten in London. Und dazu kommt am Ostende des Platzes mit dem Wild at Heart eines der garantiert schönsten Blumengeschäfte in London.

Pimlico Road Farmers' Market. Sa 9–13 Uhr, Ecke Pimlico Rd/Ebury St, www.lfm.org.uk

Infos und Adressen

SEHENSWÜRDIGKEITEN

Royal Hospital Chelsea. Gelände tgl. ab 10 Uhr offen, Kapelle und Speisesaal (Great Hall) tgl. 10–16.30 Uhr, Great Hall geschl. 12–14 Uhr, Royal Hospital Rd, SW3, U-Bahn: Sloane Square, www.chelsea-pensioners.co.uk

Saatchi Gallery. Tgl. 10–18 Uhr geöffnet. Das Restaurant ist Mo–Sa 10–23.30, So 10–19 Uhr geöffnet. Reservieren unter: 77 30 81 35, Duke of York's HQ, King's Rd, SW3, U-Bahn: Sloane Square, www.saatchi-gallery.co.uk

ESSEN UND TRINKEN

Bluebird. Toll eingerichtetes Restaurant mit sehr guter moderner britischer Küche; legerer ist es im Bluebird Café direkt an der Straße; schöne Straßenterrasse. 350 King's Rd, SW3, Tel. 75 59 10 10, U-Bahn: Sloane Square, www.bluebird-restaurant.co.uk

Cubitt House. Gastropub unten, Dining Room oben (Sa mittags und abends, So nur mittags geöffnet). 44 Elizabeth St, SW1W, Tel. 77 30 60 60, U-Bahn: Sloane Square, www.thethomascubitt.co.uk

Mona Lisa. Chelsea-Institution und typisches Londoner Café: Bauarbeiter und Chelsea-Typen sitzen gemeinsam beim Frühstück, später gibt's einfache italienische Küche. 417 King's Rd, SW10, U-Bahn: Sloane Square

Peggy Porschen. Zuckerbäckerladen in pink, wo Promis und Royals ihre Torten backen lassen; im kleinen Café gibt es Cupcakes und Kuchen. 116 Ebury St, SW1W, U-Bahn: Sloane Square, www.peggyporschen.com

Phat Puc Noodle Bar. Vietnamesischer Streetfood-Stand, ein paar Tische, ein günstiger Mittagstisch. 151 Sydney St (Chelsea Courtyard), SW3, Tel. 73 51 38 43, U-Bahn: Sloane Square, www.phatphucnoodlebar.com

Pig's Ear. Schönes Gastropub und Restaurant, französisch-britische Küche. Mo–Fr 12.30–15, 18–22, Sa 12.30–22.30, So 12.30–21 Uhr, 35 Old Church Street, SW3, Tel. 73 52 29 08, U-Bahn: Sloane Square, www.thepigsear.info

Sporting Page. Beliebtes Pub nicht nur zum Sportschauen; ordentliches Pubessen und toll gelegen in einer hübschen Ecke zwischen King's Rd und Fulham Rd. 6 Camera Place, SW10, Tel. 73 49 04 55, U-Bahn: South Kensington, www.thesportingpagechelsea.co.uk

The Orange. Angenehmes Pub/Restaurant am Orange Square mit sehr guter Küche & Zimmern. 37–39 Pimlico Rd, SW1W, Tel. 78 81 98 44, U-Bahn: Sloane Square, www.theorange.co.uk

Tomtom Coffee House. Gemütliche Minikaffeebar, erstklassiger Kaffee, Frühstück und Panini. 114 Ebury St, SW1W, U-Bahn: Sloane Square, www.tomtom.co.uk

Chelsea Harbour und das Wyndham Grand Hotel

ÜBERNACHTEN

myhotel Chelsea. In Laufnähe zur King's Road, freundlicher Service, gemütliche Zimmer, gute Mittelpreislage. 35 Ixworth Place, SW3, Tel. 72 25 75 00, U-Bahn: South Kensington, www.myhotels.com

Onefinestay. Nach dem Motto »Live like a local« vermittelt die Agentur Wohnungen, deren Besitzer nicht zu Hause sind; große Auswahl in Chelsea; wirkt auf den ersten Blick teuer, kann sich aber für kleine Gruppen und Familien rechnen; 24-Stunden-Service vor Ort, www.onefinestay.com

Wyndham Grand London Chelsea Harbour. Fünf-Sterne-Luxus in maritimer Lage im exklusiven Chelsea-Harbour-Jachthafen, zu Fuß zur King's Road in ca. 15 Minuten. Chelsea Harbour, SW10, Tel. 78 23 30 00, Overground: Imperial Wharf, www.wyndhamgrandlondon.co.uk

AUSGEHEN

Royal Court Theatre. Eine Bastion für zeitgenössisches Drama. Erstklassige Produktionen; viel von jungen Autoren. Sloane Square, SW1W, Tel. 75 65 50 50, U-Bahn: Sloane Square, www.royalcourttheatre.com

EINKAUFEN

Anthropologie. Kleider, Inneneinrichtung und Accessoires in einer der schönsten Ladenlokalitäten in London. 131–141 King's Rd, SW3, U-Bahn: Sloane Square, www.anthropologie.eu

Brora. Kleines, feines Kaschmir-Label. 344 King's Rd, SW3, U-Bahn: Sloane Square, www.brora.co.uk

Cath Kidston. Taschen, Tassen, Handtücher & vieles mehr – geblümt, gestreift und getupft. 322 King's Rd, SW3, U-Bahn: Sloane Square, www.cathkidston.co.uk

Designers Guild. Herrliche Stoffe und Einrichtungsgegenstände von Designgöttin Tricia Guild. 267–277 King's Rd, SW3, U-Bahn: Sloane Square, www.designersguild.com

French Sole. Ballerina-Schuhe in allen Farben, Variationen, recht teuer. 323 King's Rd, SW3, U-Bahn: Sloane Square, www.frenchsole.com

Green & Stone. Traditioneller Laden für Künstlerzubehör. 259 Kings Rd, SW3, U-Bahn: Sloane Square, www.greenandstone.com

Joseph. Designer Joseph Ettedgui gründete 1972 eine der erfolgreichsten High-Street-Marken der gehobenen Preisklasse; schicke, sehr gute Schnitte mit dem gewissen Etwas. 76 Duke Of York Square, SW3, U-Bahn: Sloane Square, www.joseph.co.uk

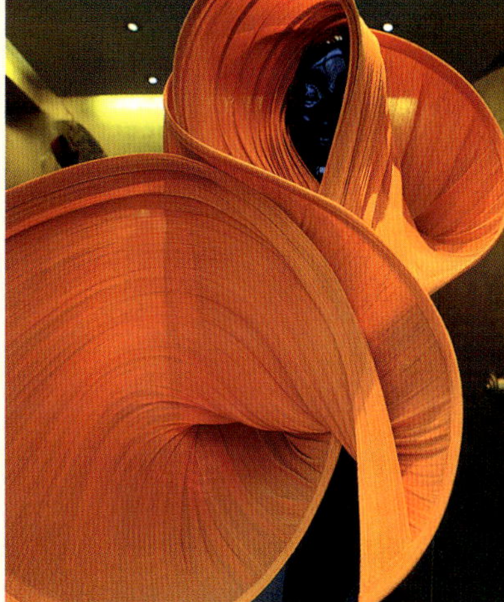

Hutmacher Philip Treacy auf der Elizabeth Street

Limelight Movie Art. Tolle Vintage-Filmposter. 313 King's Rd, SW3, U-Bahn: Sloane Square, www.limelightmovieart.com

Peter Jones. Gut sortiertes, klassisches Kaufhaus; Londoner Institution. Sloane Square, SW1W, U-Bahn: Sloane Square, www.johnlewis.com

Rococo Chocolates. Wunderschönes Schokoladengeschäft. 321 King's Rd, SW3, U-Bahn: Sloane Square, www.rococochocolates.com

Vivienne Westwood. 430 King's Road, SW10

VERANSTALTUNGEN

Chelsea Flower Show. Ende Mai organisiert die Royal Horticultural Society auf dem Gelände des Chelsea Royal Hospital die berühmteste Gartenschau der Welt; die Queen kommt, die High Society auch. Tickets sind begehrt (und teuer), daher rechtzeitig online buchen, www.rhs.org.uk.

INFORMATION

Hinweis für hohe Hausnummern. Die Buslinien 22 und 11 fahren die King's Road entlang.

15 Chelsea Physic Garden
Romantisch und nützlich

1673 gründete die Society of Apothecaries einen Heilkräutergarten in Chelsea. Apothekerlehrlinge sollten hier medizinische Pflanzen studieren. Auf 1,5 Hektar zwischen Chelsea Embankment und Royal Hospital Road finden sich heute rund 5000 Gemüse-, Kräuter- und Früchtearten. Ein Besuch des zweitältesten botanischen Gartens des Landes ist eine idyllische Lehrstunde, angereichert mit einem Schuss Romantik.

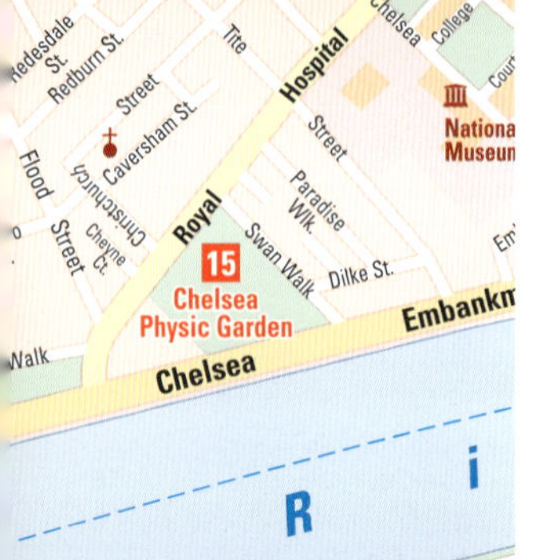

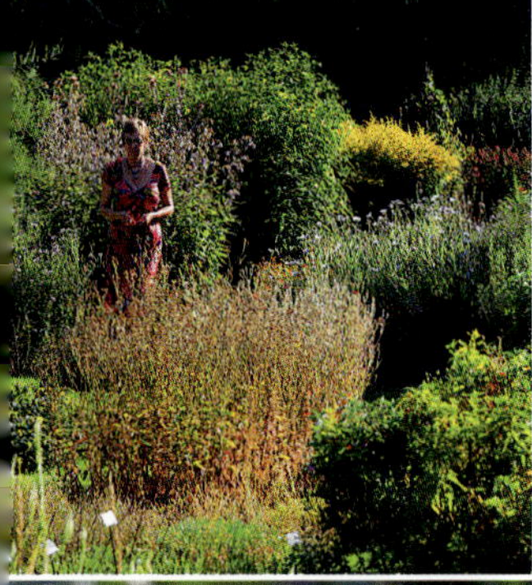

Mitte: Der Chelsea Physic Garden lädt zum Verweilen ein.
Unten: Pflanzen aus aller Welt

Oft ist uns gar nicht bewusst, wie ressourcenreich die Natur ist und wie hilflos wir ohne die vielen Zutaten wären, die uns Pflanzen für das tägliche Leben zur Verfügung stellen. Solche Gedanken gehen einem durch den Kopf, wenn man auf den ordentlich angelegten Wegen des Chelsea Physic Garden wandelt und in die Beete späht. Alles, was hier wächst, hat irgendeinen Sinn, in medizinischer Hinsicht oder für die Herstellung von Produkten.

Hinter Mauern in Chelsea

Im Zentrum des Gartens steht die Statue eines Mannes, ohne den es den Chelsea Physic Garden in seiner heutigen Form nicht gäbe. Hans Sloane (1660–1753), dessen Kollektion an Kuriositäten den Kern des British Museum bildet, erwarb 1713 ein Anwesen, das an das Gartengrundstück angrenzte und überließ dieses der Apothekergesellschaft für eine jährliche Miete von £ 5, die heute noch an seine Erben gezahlt wird. Als Gegenleistung verlangte er, dass jedes Jahr 50 Pflanzenarten an die Royal Society, deren Präsident er war, geliefert werden. Die Statue blickt auf den ältesten von Menschenhand geschaffenen Steingarten in Europa, der unter Denkmalschutz steht. Kein Wunder, enthält er doch sowohl gemeißelte Steine aus dem Tower of London als auch Lavasteine, die 1772 bei einer Islandexpedition als Schiffsbeschwerer dienten.

Es gibt noch mehr: Man kann hier den größten früchtetragenden Olivenbaum Großbritanniens und den weltweit nördlichsten, im Freien wachsenden Grapefruitbaum bestaunen. Zurückzuführen ist das Mikroklima, welches sich so förderlich auswirkt, auf die hitzespeichernden Steinmauern rund um den Garten und dessen Südlage. Neu im Garten ist eine in Form eines kleinen Amphitheaters gestaltete Anlage, die sich dem Thema der Nutzpflanzen widmet, inklusive Mini-Weingarten. So wird die Arbeit weitergeführt, die im 17. Jahrhundert begann, als Pflanzen aus aller Welt hierhergebracht wurden, u.a. die ersten Zedern und Baumwolle aus der Südsee, welche später die Grundlage für die Baumwollplantagen in den amerikanischen Kolonien bildete.

So, und jetzt kommt das Wichtigste, denn ganz abgesehen von der wissenschaftlichen Bedeutung des Gartens, ist er ein romantischer und idyllischer Ort mit versteckten Ecken, Bänken und schönen Ausblicken. Er ist eine grüne Oase, die sich hinter Mauern versteckt und irgendwie etwas Verwunschenes hat. Am Nordende fügt sich harmonisch ein Gebäude in die Anlage, in dem sich neben Büros ein Café und Restaurant mit dem passenden Namen »Tangerine Dream Café« (Mandarinentraumcafé) befindet. Wenn im Sommer die Gäste an den auf dem Rasen vor dem Café verteilten Tischen sitzen, fragt man sich, warum diese Szenerie noch nicht für eine Rosamunde-Pilcher-Produktion entdeckt wurde. Wobei, besser nicht. Der Zauber des Chelsea Physic Garden soll ja erhalten bleiben.

Infos und Adressen

SEHENSWÜRDIGKEITEN

Chelsea Old Church. Kirche aus dem 12. Jahrhundert; im Zweiten Weltkrieg zerstört, originalgetreu restauriert. Thomas Morus hatte hier seine Privatkapelle. Geöffnet zu Gottesdiensten und Di, Mi, Do 14–16 Uhr, So von 13.10–17.30 Uhr. 2 Old Church St, SW3, U-Bahn: Sloane Square, www.chelseaoldchurch.org.uk

Chelsea Physic Garden. April–Ende Okt. Di–Fr, So 11–18 Uhr, Nov–März Mo–Fr 11–15 Uhr, Daten variieren, £ 9.50, tgl. freie Gartentouren, Zugang zum Café nur mit Eintritt in den Garten. 66 Royal Hospital Rd (Eingang auf Swan Walk), SW3, U-Bahn: Sloane Square, www.chelseaphysicgarden.co.uk

ESSEN UND TRINKEN

Cheyne Walk Brasserie. Französisch-schick, Bar mit Superaussicht auf Albert Bridge. 50 Cheyne Walk, SW3, Tel. 73 76 87 87, U-Bahn: Sloane Square, www.cheynewalkbrasserie.com

Statue von Hans Sloane

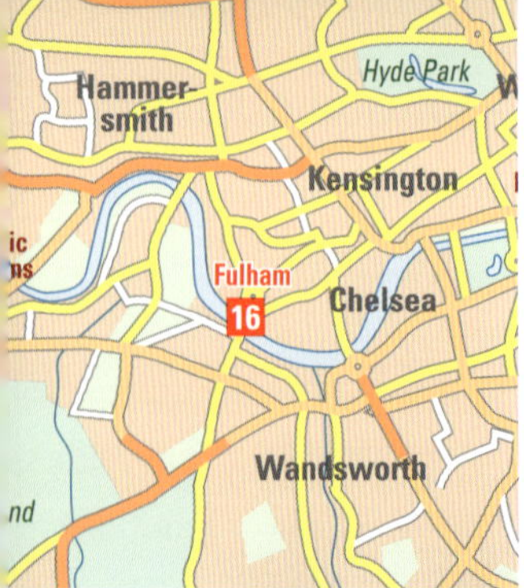

Mitte: Hammersmith Bridge
Unten: Wer in der U-Bahn auffallen möchte, sollte bunte Accessoires mit sich führen.

16 Fulham

Fußballbegeistertes Viertel

Immobilieninvestoren haben schon lange ein Auge auf Fulham geworfen. Das Viertel liegt direkt neben den noblen Nachbarn Kensington und Chelsea am Nordufer der Themse rund sechs Kilometer vom Zentrum entfernt, ist gut angebunden und bietet alles, was der Mittelklassebürger so braucht. Für den Besucher gibt es einen Mix aus etwas Historie, viel Fußball, gutem Essen, Einkaufen und Themsespaziergängen.

Fulham – bitte ohne h aussprechen – war einst der Sitz der Diözese von Fulham und Gibraltar und Fulham Palace die Hauptresidenz des Bischofs von London. Aber dazu später mehr. Je nach Zeit- und Interessenlage kann man Fulham auf verschiedene Art und Weise erkunden. Für Stadtschlenderer bietet sich ein Einstieg über die parallel zur Fulham Road verlaufende King's Road an. Am Ostende der Straße an der Brompton Road mit dem beeindruckenden Michelin Building heißt die Fulham Road zwar schon so, befindet sich aber noch im Bezirk Kensington and Chelsea. Sowohl Fulham Road als auch King's Road gehen dann in ihrem Verlauf in Richtung Osten in den Stadtteil Fulham über.

Schlendern und Einkaufen

Bei der großen Konkurrenz der Einkaufsmeilen King's Road und Brompton Road wird die Fulham Road oft vernachlässigt. Hier lässt es sich also entsprechend ruhig schlendern, genauso gibt es eine gute Auswahl an Haltemöglichkeiten zum Essen und Trinken. Wer sich für feine Antiquitäten,

Einrichtungsbedarf und Antiquariate interessiert, wird im oberen Teil der Straße bedient. Am altehrwürdigen Royal Marsden Hospital vorbei passiert man grüne Ecken mit eleganten Wohnblocks, kleine Modeboutiquen, Brasserien und Pubs. Am Park Walk sollten Freunde der Fotokunst einen kurzen Abstecher zur Little Black Gallery machen. Diese Boutique-Fotogalerie ist seit 2008 Sitz der Bob-Carlos-Clarke-Stiftung und zeigt die Werke des Fotografen Clarke (1950–2006) gemeinsam mit ständig wechselnden Ausstellungen bekannter Namen.

Fußballhochburg Fulham

Spätestens nach Passieren des Chelsea and Westminster Hospital verliert die Fulham Road ihre lässige Vornehmheit. Es geht am Brompton Cemetery vorbei, und nach weiteren ca. 30 Minuten Fußweg steht man vor Stamford Bridge, dem Stadion des Chelsea FC, und mitten in Fulham. Gleich zwei Premier-League-Clubs gibt es in dem Viertel, den Chelsea FC und den Fulham Football Club, letzterer kickt weiter südwestlich an der Themse. Chelsea wird gerne als Club der Millionäre kritisiert, seit der russische Milliardär Roman Abramovich den Club 2003 gekauft und Unsummen in Spieler investiert hat. Die Chelsea-Fans in Blau bleiben ihrem Club dennoch treu, und an Spieltagen – oft unter der Woche zum Feierabend – sind die Zufahrtsstraßen um das Stadion und die U-Bahn-Station Fulham Broadway dicht. Wer hier wohnt, ist das gewohnt. Wenn der Bus dann nicht mehr weiterfährt oder irgendwelche unpassenden Umleitungen ansteuert, steigt man einfach aus und geht zu Fuß. Stamford Bridge ist ein beeindruckendes Stadion mit Platz für rund 42 000 Menschen, und täglich – außer an Heimspieltagen – bieten Besuchertouren einen unterhaltsamen Blick

Geheimtipp

BROMPTON CEMETERY

Wer hätte gedacht, dass die sogenannten *Magnificent-Seven*-Friedhöfe aus dem 19. Jahrhundert heute solch verwunschene und ruhige Londonecken sind. Zwischen Old Brompton und Fulham Road befindet sich Brompton Cemetery, ein herrliches Exemplar eines solch viktorianischen, parkähnlichen Friedhofs. Im Zentrum steht eine überkuppelte Kapelle, zu der Säulengänge führen. Hier sitzt es sich gut, ob mit oder ohne morbide Gedanken. Die 200 000 Gräber auf dem Gelände sind je nach Status des Verblichenen unterschiedlich aufwändig verziert. Der Zahn der Zeit nagt an allen. Herrlich zum Umherstreifen. Im Sommer ist der Friedhof ein Wildblumenparadies. Und immer ein Ort der Ruhe.

Brompton Cemetery. Tgl. 8–18 Uhr geöffnet, U-Bahn: West Brompton für Nordeingang Old Brompton Rd, Fulham Brodway für Südeingang Fulham Rd, www.royalparks.org

hinter die Kulissen. Für große und kleine Fußballfans ist das eine schöne (wenn auch mit einem Ticketpreis von £ 19 bzw. £ 22, recht kostspielige) Sache.

Wer sich nur für Fußball interessiert, nimmt einfach direkt den Wimbledon-Zweig der District Line bis Fulham Broadway (zwei Stationen von Earl's Court entfernt). Auf derselben Linie liegen eine bzw. zwei Stationen weiter Parsons Green und Putney Bridge, womit die in Richtung Themse liegenden Fulham-Gebiete bedient werden. Für alle Hungrigen: Um die Ecke von Fulham Broadway hat sich um den Jerdan und Vanston Place eine kleine Café- und Restaurantecke gebildet. Bei schönem Wetter stehen die Bürgersteige und kleinen Fußgängerzonen voller Tische. Tipp: Bei »Del'Aziz«, einem marokkanisch-mediterranen Restaurant, gibt es im angeschlossenen Café Mega-Kuchenstücke (die einen stolzen Preis haben, aber eins für zwei reicht hier im Zweifelsfall auch).

Wer Lust auf Bummeln abseits des Mainstreams hat, ist auf dem letzten Abschnitt der Fulham Road bis zur Fulham Palace Road richtig. Sobald man die U-Bahn-Station Fulham Broadway hinter sich gelassen hat und am Kreisverkehr links auf der Fulham Road weitergeht, trifft man nach einigen Metern auf eine bunte Mischung von klei-

Einfach gut!

HAMMERSMITH RIVIERA – PUB-PROMENADE

Es ist ein lauer Sommerabend und lange hell in London. Was nun? Vorschlag: dem Zentrum den Rücken kehren und mit der U-Bahn nach Hammersmith fahren. An der Themse reihen sich entlang der Lower and Upper Mall an der sogenannten Hammersmith Riviera wunderbare Pubs für ein entspanntes Bier oder Glas Wein direkt am Wasser. Da wären »The Rutland Arms«, »The Blue Anchor«, »The Dove« und mehr. »The Dove« ist das originellste in der Runde: Ein ehemaliges Kaffeehaus aus dem 17. Jahrhundert, holzig und eng mit einer Bar, die als kleinste im Guinnessbuch der Rekorde steht. Der überdachte Minibalkon ist begehrt. Wer hier einen Platz bekommt, hat Glück!

Hammersmith Riviera. U-Bahn: Hammersmith, entlang der Themse Richtung Westen kommt man automatisch an den Pubs vorbei (Upper & Lower Mall), Informationen auf www.visithammersmith.co.uk

nen Läden. Hier findet man Bücher, Geschenkwaren, Kinderläden, Mode, und sogar ein richtig schön altmodischer Metzger hat hier überlebt. Das gemütliche Café »Local Hero« trägt die Idee einer kleinen Stadtteilgemeinde mit lokalen Händlern quasi im Namen.

Alter Bischofssitz

An ihrem Ende stößt die Fulham Road auf die Fulham Palace Road; von hier aus sind es nur wenige Minuten zum Fulham Palace. Wer in Fulham nur Historie und Grün mitnehmen und auf direktem Weg hierher möchte, fährt mit der U-Bahn bis zur Putney Bridge Station und geht dann auf dem Thames Path in Richtung Westen durch den Bishop's Park, auf halber Strecke durch das Bishop's-Avenue-Tor, das Gelände von Fulham Palace liegt dann zur Rechten. Ein Besuch macht nur bei gutem Wetter Sinn, denn hier geht es nicht um die Besichtigung eines großartigen Palasts; die Anlage an sich ist einfach schön. Die Gärten sind als bedeutende historische Landschaft geschützt: Die ursprünglich 14 Hektar, von denen noch fünf übrig sind, waren einst von Englands längstem Schlossgraben umgeben. Neben einem schönen Kräutergarten und *walled garden* finden sich hier viele seltene Bäume. Fulham Palace selbst war bis 1975 Sitz des Bischofs von London und besteht aus einem Tudorherrenhaus mit einigen georgianischen Ergänzungen und einer viktorianischen Kapelle, die nur mit einer geführten Tour zu besichtigen sind. Einen guten Einblick in das Anwesen bekommt man aber auch so, wenn man über das Gelände und durch die zugänglichen Räume streift. Das charmante »Drawing Room Café« in einem der Flügel des Anwesens liegt direkt am Garten. In dem kleinen Tudorinnenhof kann man auf einer Bank einfach mal einen Moment lang nichts tun.

Oben: Auf der Fulham Road nicht weit von der U-Bahn-Station Fulham Broadway
Mitte: Fast idyllisch-kleinstädtisch: Geschäfte auf der New King's Road
Unten: FC Chelsea – Teamfoto mit Fan im Stamford Bridge Stadion

Oben: Das Themseufer in Hammersmith bei Ebbe
Mitte: Blick in das »Harwood Arms«
Unten: Abendstimmung kurz vor der Hammersmith Bridge

An der Themse

Für einen Abstecher über die Themse führt die Putney Bridge zum südlichen Stadtteil Putney, wo am Ufer über 20 Rudervereine ihre Bootshäuser haben: Putney ist Londons Ruderhochburg; hier startet jedes Jahr das berühmte Oxford and Cambridge Boat Race. Der Thames Path führt auf der Südseite von hier bis nach Kew Gardens und weiter nach Richmond; ein toller Spaziergang, für den man aber Zeit mitbringen muss. Schöne Themsemomente gibt es auch im Fulham-Nachbarnviertel Hammersmith am Nordufer: Mit der District Line (Richmond- und Ealing-Broadway-Linie) oder der Piccadilly Line kommt man aus dem Zentrum gut hierher oder von Fulham Broadway aus mit dem Bus 295. Von der Bus- und U-Bahn-Station geht es dann über die Queen Caroline Street in Richtung Fluss zur Hammersmith Riviera und weiter nach Westen zur Lower und Upper Mall. Hier steht das Kelmscott House, wo William Morris (1834–1896) lebte, Dichter, Gründer des Arts and Crafts Movement und der sozialistischen Bewegung in Großbritannien. Ein Stück weiter wohnte, der Drucker Emery Walker (1851–1933). Das georgianische Haus hat ein gut erhaltenes »Arts and Crafts«-Interieur und kann nach Voranmeldung besichtigt werden. Und dann kommt man zur Chiswick Mall, auf der sich einige Traumhäuser reihen, strahlend weiß oder kleine, fast komplett zugewachsene Backsteinschlösschen mit Eisengeländern. Einfach schön.

Infos und Adressen

SEHENSWÜRDIGKEITEN

Fulham Palace. Zeiten für geführte historische Tour auf Webseite, £ 6, Museum (eintrittsfrei): Sommer Mo–Do 12.30–16.30 Uhr, So 12–17 Uhr, Winter Mo–Do 12–15.30 Uhr, So 12–16 Uhr, Café im Sommer tgl. 9.30–17 Uhr, Winter 10–16 Uhr, Bishop's Avenue, SW6, U-Bahn: Putney Bridge, www.fulhampalace.org

Kelmscott House. Do und Sa 14–17 Uhr geöffnet, 26 Upper Mall, W6, Tel. 87 48 52 07, U-Bahn: Ravenscourt Park, www.williammorrissociety.org

Stamford Bridge Stadium. Besuchertour & Museum: Mo–So 10–16 Uhr, zweimal pro Stunde, £ 19/£ 22 (online/vor Ort), Kinder 5–15 Jahre: £ 13/£ 15; Museum: Mo–So 9.30–17.30 Uhr, letzter Eintritt 16.30 Uhr, £ 11, Kinder 5–15 Jahre: £ 9, Chelsea Football Club, Stamford Bridge, Fulham Rd, SW6, U-Bahn: Fulham Broadway, www.chelseafc.com

The Little Black Gallery. 13A Park Walk, SW10, Tel. 73 49 93 32

7 Hammersmith Terrace (Emery Walker House). Details für Besuchertouren auf Webseite, Anmeldung erforderlich, U-Bahn: Stamford Brook, www.emerywalker.org.uk

ESSEN UND TRINKEN

Amuse Bouche. Nette Champagnerbar mit Restaurant im Obergeschoss. 51 Parsons Green Lane, SW6, Tel. 73 71 85 17, U-Bahn: Parsons Green, www.abcb.co.uk

Del'Aziz. 24–31 Vanston Place, SW6, U-Bahn: Fulham Broadway, Tel. 73 86 00 86, www.delaziz.co.uk

Ice & Slice. Hier gibt es selbst gemachtes italienisches Eis und Pizzastücke. 24 Jerdan Place, SW6, U-Bahn: Fulham Broadway, www.iceandslice.co.uk

Local Hero. 640 Fulham Rd, SW6, Tel. 73 48 79 94, U-Bahn: Parsons Green

Megan's. Nett und gemütlich mit kleinem Hinterhof zum Draußensitzen. 571 King's Rd, SW6, Tel. 73 71 78 37, U-Bahn: Fulham Broadway, www.megansrestaurant.com

The Fulham Wine Rooms. Gute Weinbar mit Brasserie. Geöffnet 12–24 Uhr, 871–873 Fulham Rd, SW6, Tel. 70 42 94 40, U-Bahn: Parsons Green, www.greatwinesbytheglass.com

The Harwood Arms. Londons einziges Pub mit Michelin-Stern liegt in einer Seitenstraße in Fulham, hier kann man auch ganz entspannt etwas an der Bar essen. Walham Grove, SW6, Tel. 73 86 18 47, U-Bahn: Fulham Broadway, www.harwoodarms.com

The River Café. Ein britisch-amerikanisches Freundinnenpaar brachte vor 25 Jahren den Geschmack Italiens nach London; sehr gut und teuer. Thames Wharf, Rainville Road, W6, Tel. 73 86 42 00, U-Bahn: Hammersmith, dann Bus 295, www.rivercafe.co.uk

Vingt Quatre. 24-Stunden-Café & Diner, Frühstück gibt es zu jeder Tageszeit. 325 Fulham Rd, SW10, Tel. 73 76 72 24, U-Bahn: South Kensington, www.vq24hours.com

ÜBERNACHTEN

Barclay House London. Boutique-B&B mit drei Zimmern. Gastgeberin Charlotte, die in Stuttgart gelebt hat, gibt Londontipps auch auf Deutsch. 21 Barclay Rd, SW6, Tel. 73 84 33 90, U-Bahn: Fulham Broadway, www.barclayhouselondon.com

Double Tree by Hilton London Chelsea. Gute Preise, prima Lage direkt neben Overground-Station. Imperial Road, SW6, Tel. 74 11 22 00, Overground: Imperial Wharf (angebunden an U-Bahn via West Brompton), www.doubletree3.hilton.com

AUSGEHEN

606 Club. Versteckter Jazzclub im Keller mit sehr gutem Programm. Vorbuchen. 90 Lots Rd, SW10, Tel. 73 52 59 53, Overground: Imperial Wharf, www.606club.co.uk

EINKAUFEN

Nomad Books. Tolles Buchgeschäft mit guter Auswahl an Reiseliteratur. 781 Fulham Rd, SW6, U-Bahn: Parsons Green, www.nomadbooks.co.uk

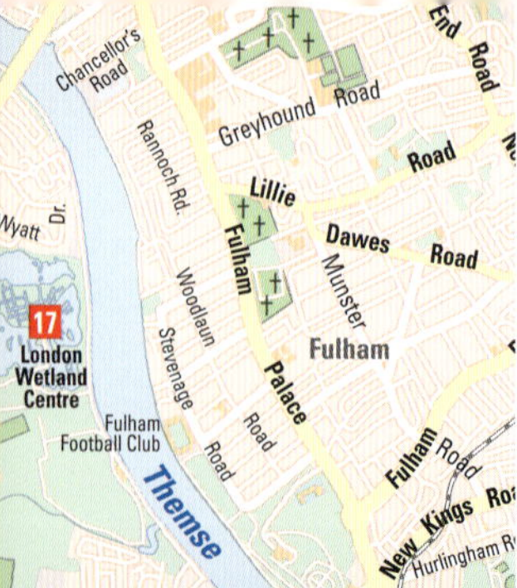

Mitte: Ein Otter bei der Dusche
Unten: Statue von Peter Scott

17 London Wetland Centre

Urbanes Naturreservat

Abseits der Touristenpfade erreicht man mit der Piccadilly Line einen besonderen Ort in London. Vier nicht mehr genutzte viktorianische Bassins wurden im Stadtteil Barnes zu einem Feuchtbiotop umfunktioniert. Der Wildfowl and Wetland Trust, Betreiber des London Wetland Centre, leistet hier nicht nur einen Beitrag zum Erhalt von Wildgeflügel, sondern hält damit auch eine echte Londoner Überraschung bereit.

Ist das noch London? Eine berechtigte Frage, denn das London Wetland Centre liegt inmitten einer Wasserlandschaft, umringt von Schilf, Gras und Vogelbeachtungsstationen. Der Blick auf charakteristische Londoner Gebäude wie den BT Tower erinnert daran, dass das Zentrum Londons gar nicht so weit entfernt ist. Das London Wetland Centre, das größte urbane Feuchtgebiet in Europa, wurde 2000 am Südufer der Themse im Stadtteil Barnes eröffnet. Von Hammersmith Station aus führt eine kurze Busfahrt zur Anlage. Die kleine Hauptstraße von Barnes mit vielen Cafés und Restaurants ist nur wenige Minuten entfernt. Alternativ kann man einen Spaziergang entlang des Thames Path machen. Das dauert etwas länger.

Vogelbeobachtungen

Für Vogelfreunde ist der Besuch besonders lohnenswert: Über 200 Vogelarten wurden hier schon gesichtet; Kiebitze, Sperber, Eisvögel, Zwergtaucher und vieles mehr. Aber übermäßiges Interesse an Wildvögeln ist keine Voraussetzung für einen

Besuch des Wetland Centre, das auch einfach ein wunderbarer Ort für einen entspannten Spaziergang ist. Malerische Pfade durchziehen die Seen und Wiesen. Abschalten und Luftholen funktioniert hier sehr gut. Nebenbei bekommt man eben noch einiges über Flora und Fauna mit, was ja auch nicht verkehrt ist.

Sehenswertes

Das Gelände kann über zwei Rundgänge erkundet werden. Auf der Südroute gelangt man am Ende zum Peacock Tower mit einer guten Aussicht über den *grazing marsh*, Marschland mit Vieh; am Horizont sieht man die Silhouette der Stadt. Zu Beginn der Route gibt es einige sehr schön angelegte kleine Gärten. Auf der Westroute bieten sich idyllische Ecken für ein Picknick an. Und in der *wildside* kann man wunderbar ziellos auf sich windenden Pfaden oder zwischen Schilf und kleinen Seen umherschlendern. Seit Sommer 2012 gibt es mit einer Lebenswelt für Otter eine neue Attraktion, die man auf keinen Fall verpassen sollte.

Das Zentrum bietet täglich Touren über das Gelände an. Sehr beliebt sind auch die Vögelfütterungszeiten. Enten und Gänse tauchen dann plötzlich wie auf Kommando aus dem Wasser aus und marschieren in Richtung Futtereimer. Am Eingang zum Besucherzentrum kann man noch einen Blick auf die Statue von Peter Scott (1909–1989) werfen. Der Sohn des Antarktisforschers Robert Scott war Ornithologe und Mitbegründer des World Wildlife Funds. Er rief den Wildfowl and Wetland Trust ins Leben, der heute im ganzen Land insgesamt neun Wetland Centre unterhält. Das London Wetland Centre wurde 2012 in einer Umfrage des *BBC Countryfile*-Magazines zum beliebtesten Naturreservat in Großbritannien gewählt.

Infos und Adressen

SEHENSWÜRDIGKEITEN

London Wetland Centre. Wintersaison tgl. 9.30–17 Uhr, Sommersaison tgl. 9.30–18 Uhr (genaue Daten auf Webseite), £ 11.91, Queen Elizabeth's Walk, SW13, U-Bahn: Hammersmith, dann Bus 283, www.wwt.org.uk

ESSEN UND TRINKEN

Riva. Angeblich eines der Lieblingsrestaurants von Jamie Oliver; sehr gute norditalienische Küche. 169 Church Rd, SW13, Tel. 87 48 04 34

Sonny's Kitchen. Moderne europäische Küche. 94 Church Rd, SW13, Tel. 87 48 03 93, www.sonnyskitchen.co.uk

ÜBERNACHTEN

Bed and Breakfast in Barnes. Wohnen bei Einheimischen, sehr gut geführtes B&B, kostenloses WLAN. 12 Leconfield Avenue, SW13, U-Bahn: Hammersmith, dann Bus 33, www.bandbinbarnes.com

INFORMATIONEN

Informationen zu Barnes: www.barnesvillage.com

Im London Wetland Centre

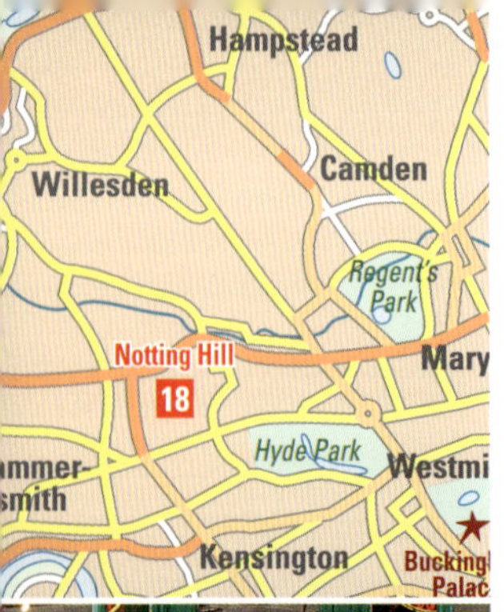

Mitte: Notting Hills Westbourne Grove: eine charmante Straße zum Einkaufen und Essen
Unten: Typisch für Notting Hill sind bunte Häuser wie dieses blaue in der Pembridge Road.

18 Notting Hill
Charmanter geht's nicht

Spätestens seit dem gleichnamigen Filmhit mit Hugh Grant und Julia Roberts ist der Stadtteil Notting Hill zu einem Londoner Star geworden. Schon zuvor waren der Portobello Road Market und Notting Hill Carnival Hauptdarsteller auf der Stadtbühne und die Straßenzüge nordwestlich von Kensington Gardens gehören zum Standardprogramm für Londonbesucher. Zu Recht.

Notting Hill, das im Süden von Notting Hill Gate und Holland Park Avenue und im Norden von der Harrow Road begrenzt wird, ist eine sehr beliebte und wohlhabende Wohngegend, was einem bei einem Blick auf die stolzen Preise für die viktorianischen Stadtvillen und umgebauten Stallungen (*mews*) schnell klar wird. Zu den bekannten Anwohnern, die sich ein Anwesen in einer der baumgesäumten Straßen geleistet haben, gehört auch Claudia Schiffer. Und die Liste der Promis, die sich gerne in dieser Ecke der Stadt herumtreiben, ist so oder so lang; Notting Hills lebhafte Bar- und Restaurantszene zieht an. In den 1950ern sah das noch ganz anders aus, der Aufstieg Notting Hills zum Szeneviertel begann erst ab Ende der 80er-Jahre.

Karibisches London

Nach dem Zweiten Weltkrieg war Notting Hill zur Heimat vieler Arbeitsimmigranten aus der Karibik geworden. Der skrupellose Miethai Peter Rachman (1919–1962), der sich in Notting Hill zahlreiche Immobilien zusammengekauft hatte, nutzte die Lage der Neu-Londoner aus, verlangte hohe Mieten für »Wohnungen«, die eigentlich nur primitive

Zimmer waren, und kümmerte sich nicht um den Erhalt der Häuser. Ein Ort »voller Mehrparteienhäuser, in denen es vor Ratten und Abfall wimmelt«, so wurde Notting Hill in den 50er-Jahren beschrieben. Die Einwanderer sahen sich auch Anfeindungen vonseiten der weißen Bevölkerung ausgesetzt. 1958 kam es zu den Notting Hill Race Riots, den ersten Rassenunruhen in der Stadt, nachdem sogenannte »Teddy Boys« Immigranten angegriffen hatten. Sieben Jahre später erwuchs daraus als eine friedliche Antwort der erste Notting Hill Carnival. Jedes Jahr Ende August zum Bank-Holiday-Wochenende zieht der Straßenkarneval rund eine Million Besucher an. Farbenfrohe Umzüge, viel Musik und Tanz bestimmen die zweitägige Straßenparty. Ein Wort zur Warnung: Wer Probleme mit Menschenmassen und sehr lauter Musik hat, sollte Notting Hill dann weiträumig umgehen.

Antikes London

Auch jeden Samstag wälzen sich viele Menschen über die Portobello Road, um den gleichnamigen Markt zu besuchen, der sich fast über ihre gesamte Länge erstreckt, vom Ende des Notting Hill Gate im Süden bis über den Westway hinaus im Norden. Der Markt findet täglich außer sonntags

Geheimtipp

KURIOSES MUSEUM

Wozu Sammelleidenschaft so führen kann: Um die Ecke von Portobello Market finden Besucher das Museum of Brands, Packaging and Advertising. 12 000 Gegenstände, die ein Privatmann über Jahrzehnte angehäuft hat und die Großbritanniens Verbraucherkultur vom viktorianischen Zeitalter bis heute zeigen, werden chronologisch präsentiert. Beim Gang durch die Zeit zieht jedes erdenkliche Alltagsprodukt an einem vorbei: Kosmetikartikel, Keksdosen, Süßigkeiten, Waschmittel, Medikamente, aber auch Werbeposter und Spielzeug – ein großer, bunter, nostalgischer Anschlag auf die Sinne.

Museum of Brands, Packaging and Advertising. Di–Sa 10–18 Uhr, So 11–17 Uhr, £ 9, 111–117 Lancaster Gate, W11, U-Bahn: Ladbroke Grove, www.museumofbrands.com

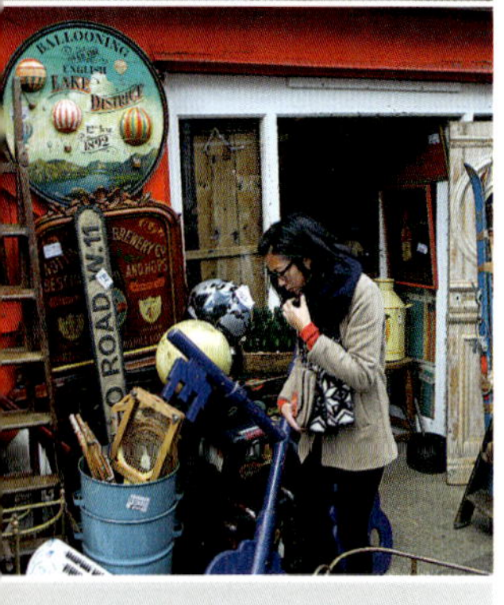

Oben: Fantasievolles Gefährt für die kleine Ausfahrt
Mitte: Bilder- und Rahmengeschäft auf Westbourne Grove
Unten: Auf dem Portobello Road Market kann bestens gestöbert werden.

statt, trotzdem ist Samstag traditionell Portobello-Road-Market-Tag, denn dann sind auch Antikstände da. Sie zentrieren sich im südlichen Bereich zwischen Chepstow Villas und Elgin Crescent. Weiter nördlich bis Talbot Road dominiert ein Obst- und Gemüsemarkt das Geschehen. Unter der Straßenüberführung des Westway konzentriert sich freitags, samstags und sonntags der Portobello Green Market auf Mode (plus Trödel und Musik) und ist vor allem bei Freunden von Vintage und Retro beliebt. Die meisten Portobello-Road-Spaziergänger, die von Notting Hill Gate aus gestartet sind, halten spätestens hier, auch weil die Umgebung dann nicht mehr so pastellfarben und charmant wie im südlichen Teil ist, und der nicht wohlhabende Teil des Viertels mit mehr Sozialbauten beginnt.

Kosmopolitischer Charakter

Dabei bietet gerade die Golborne Road, die nördlich des Westway von der Portobello Road abgeht, attraktive Antik- und Retro-Möbel. Auf dem Weg zeigt sich außerdem der kosmopolitische Charakter von Notting Hill durch die von den unterschiedlichen Immigrantengruppen geführten Geschäfte und Restaurants. Hier findet man auf der Golborne Road marokkanische Grillstände (günstige Fischgerichte!) und fabelhafte portugiesische Cafés für die besten *pasteis de nata* der Stadt. Nicht zu übersehen von hier ist der Trellick Tower, ein beeindruckendes Beispiel brutalistischer Architektur, der 1973 von dem Architekten Ernö Goldfinger (1902–1987) gebaut wurde.

Natürlich soll keiner trotz der Menschenmassen davon abgehalten werden, samstags zum Portobello Road Market zu gehen, vor allem, wenn man Antikes mag und auch ausgiebig in den zum Markt gehörenden Antikarkaden wühlen möchte. Einige der Antikläden haben auch unter der Woche geöffnet, aber eben nur einige. Trotzdem sei angemerkt: Wer wirklich etwas von der Portobello Road sehen und sich nicht nur vom Menschenstrom mitdrücken lassen möchte, sollte einen anderen Tag wählen. Die allgemeine Marktatmosphäre hat man auch von Montag bis Freitag und es schlendert sich entspannter. Rechts und links der Portobello Road liegen diverse Straßen mit netten Boutiquen, Restaurants und Cafés. Freunde des Films sei insbesondere der Blenheim Crescent ans Herz gelegt. Hier findet sich der Travel Bookshop, der als Vorbild für Hugh Grants Buchladen im Film diente (gefilmt wurde allerdings nicht hier). Der ohne Zweifel meist fotografierte Bookshop in London ist ganz abgesehen vom Filmruhm eine gute Adresse für Reiseliteratur, Bildbände und Karten. Blenheim Crescent lohnt sich auch ansonsten für seine originellen Geschäfte: Bei Books for Cooks werden nicht nur Kochbücher verkauft, sondern in der integrierten Küche auch täglich Rezepte getestet. Serviert wird an einigen kleinen Tischen zwischen Bücherregalen. Im Spice Shop, der einer Deutschen gehört, gibt es eine Riesenauswahl an Gewürzmischungen und um die Ecke bei Biscuiteers originelle Keks- und Kuchenvariationen.

Einfach gut!

WESTBOURNE GROVE

Einkaufen mit Stil und in charmanter Umgebung geht in Notting Hill am besten auf der Westbourne Grove. Die Straße zieht sich west-östlich durch das Viertel, und die Boutiquen hier sind eine Mischung aus gehobenen Modeketten und individuellen Designern, dazwischen Läden für schöne Dinge von Parfüm bis Schmuck. In dieser Ecke gibt es außerdem einiges an Restaurants, Pubs und Brasserien. Wenn samstags ein paar Meter weiter auf der Portobello Road das Leben manchmal zu laut brummt, kann man hier in der Atmosphäre eines exklusiven Dorfes einkaufen, essen und trinken.

Westbourne Grove. U-Bahn: Notting Hill Gate, von hier über Pembrodge Rd und Pembrodge Crescent bis Westbourne Grove

Viele Restaurants, viele Pubs

Hungrige finden um die Ecke auf der Kensington Park Road eine gute Auswahl an Restaurants. Am Abend ist die Westbourne Park Road, die weiter nördlich auf die Portobello Road trifft, der richtige Ort für angesagte Pubs. Parallel in Richtung Süden lohnt sich ein Stopp auf der Talbot Road beim Tabernacle. Eine Backsteinkirche beherbergt hier ein Musik- und Kulturzentrum, in dem man auch einiges über die Geschichte des Viertels erfahren kann. Im Eingangsbereich wird mit einer Plakette der »Mutter des Notting Hill Carnivals« gedacht: Die Journalistin und politische Aktivistin Claudia Jones (1915–1964) organisierte kurz nach den Unruhen 1958 den ersten Caribbean Carnival in Großbritannien als Vorläufer zum heutigen Festival. Schwarz-Weiß-Fotografien geben einen interessanten Eindruck vom Notting Hill der 50er- und 60er-Jahre. Auch ein Blick in das Programm lohnt sich: Livemusik, Tanz, Theater und Ausstellungen. Die dazu gehörende Bar ist ein entspannter Ort für eine Pause. Noch ein Tipp für Kinofreunde: Mit dem Gate Picturehouse und Electric Cinema hat Notting Hill zwei der schönsten Kinos der Stadt, abseits vom Mainstream und mit viel Atmosphäre.

Oben: Häuser in der Pembridge Road.
Mitte: Portobello ist bunt, geblümt und lebhaft.
Unten: Notting Hills Bewohner – manchmal so farbenfroh wie die Häuser

Infos und Adressen

ESSEN UND TRINKEN

Bumpkin Restaurant. Saisonale Küche. 209 Westbourne Park Rd, W11, Tel. 72 43 98 18, U-Bahn: Westbourne Park

Goode & Wright. Originelles Bistro. 271 Portobello Rd, W11, Tel. 77 27 55 52, U-Bahn: Ladbroke Grove, www.goodeandwright.co.uk

The Cow Pub & Restaurant. Viel Seafood, immer was los. 89 Westbourne Park Rd, W2, Tel. 72 21 00 21, U-Bahn: Royal Oak, www.thecowlondon.co.uk

The Ledbury. Zwei Michelin-Sterne, Vier-Gang Lunchmenü für £ 60. 127 Ledbury Rd, W11, U-Bahn: Notting Hill Gate, Tel. 77 92 90 90, www.theledbury.com

Walmer Castle. Oben Thairestaurant, unten Pub/Bar. 58 Ledbury Rd, W11, Tel. 72 29 46 20, U-Bahn: Notting Hill Gate, www.walmercastle.co.uk

The Windsor Castle. Uriges Pub. 114 Campden Hill Rd, W8, Tel. 72 43 87 97, U-Bahn: Notting Hill Gate

202. Brunch-Liebling der Notting-Hill-Szene. 202 Westbourne Grove, W11, Tel. 77 27 27 22, U-Bahn: Notting Hill, www.202london.com

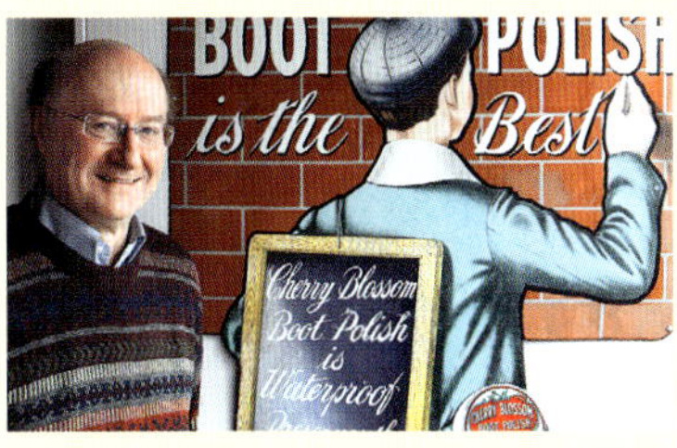

Robert Opie, Besitzer des Museum of Brands

ÜBERNACHTEN

K West Hotel & Spa. Modernes Hotel, gute Anbindung. Richmond Way, W14, Tel. 80 08 66 00, U-Bahn: Shepherd's Bush, www.k-west.co.uk

New Linden Hotel. Hübsches kleines Hotel (kleine Zimmer!) in renoviertem Stadthaus in praktischer Lage und mit guten Preisen. 58-60 Leinster Square, W2, U-Bahn: Bayswater, www.newlinden.com

The Laslett. Sehr schickes Boutiquehotel in perfekter Lage; das hat seinen Preis. 8 Pembridge Gardens, W2, Tel. 77 92 66 88, U-Bahn: Notting Hill, www.living-rooms.co.uk

Joseph-Shop auf Westbourne Grove

AUSGEHEN

Notting Hill Arts Club. Klassiker des entspannten Nachtlebens. 21 Notting Hill Gate, W11, U-Bahn: Notting Hill Gate, www.newlinden.mayflower collection.com

EINKAUFEN

Biscuiteers. 194 Kensington Park Rd, W11, U-Bahn: Notting Hill Gate, www.biscuiteers.com

Books for Cooks. 4 Blenheim Crescent, W11, Tel. 72 21 19 92

Paul Smith. Wunderschönes Geschäft in umgebauter Villa. 122 Kensington Park Rd, W11, U-Bahn: Notting Hill Gate

Spice Shop. 1 Blenheim Crescent, W11, Tel. 72 21 44 48

INFORMATION

Notting Hill Guide. www.thehill.co.uk

Portobello Road Market. Mo–Sa 8–18.30 Uhr, Sa Antikmarkt, U-Bahn: Notting Hill Gate (Süd-Nord), Ladbroke Grove (Nord-Süd), www.portobelloroad.co.uk

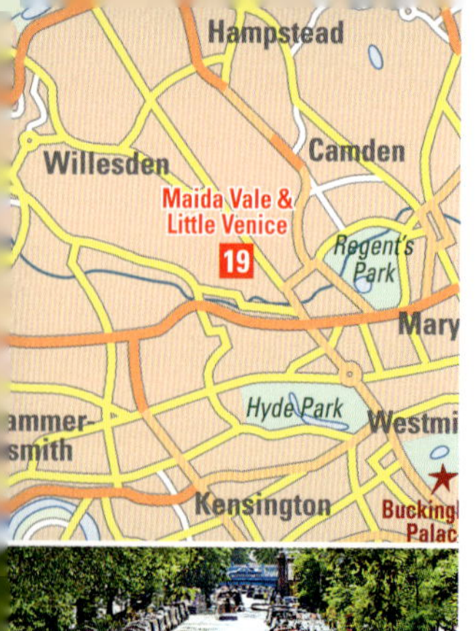

19 Maida Vale & Little Venice

Idyllische Überbleibsel der Transportindustrie

Baumgesäumte Straßen, cremefarbene Villen und rote Backsteinmietshäuser aus viktorianischen Zeiten – Maida Vale ist einfach eine schöne Wohngegend am nördlichen Rand von Westminster nahe des Paddington-Bahnhofs. Teuer sind die Wohnungen hier natürlich, auf dem Kanalsystem von Little Venice haben sich deshalb einige Lebenskünstler schwimmende Heime eingerichtet.

Mitte: Little Venice mit seinen Hausbooten
Unten: Alternatives Leben am Kanal

Der junge Mann sitzt auf dem Vorderdeck seines Hausboots, vor ihm auf dem Tisch steht der Laptop. Croissant, Kaffee, ein Glas Orangensaft in Reichweite. So lässt es sich leben in Little Venice. Gut, der Name Little Venice mag ein wenig übertrieben sein für das kleine Kanalsystem im Stadtteil Maida Vale, wo der Grand Union Canal den Regent's Canal trifft. Aber die Ecke hat schon ein besonderes Flair, mit den bunt bemalten Booten, üppigen Blumendekorationen und der kleinen, trauerbeweideten Browning-Insel auf dem Regent's Canal. Der Dichter Robert Browning (1812–1889), der hier einst lebte, gab der Gegend ihren Spitznamen Little Venice und die italienischen Verbindungen gehen noch weiter.

Noch ein Londoner Dorf

Noch im 17. Jahrhundert war Maida Vale ein Dorf mit Bauernhöfen, Feldern und Wäldern. Das Gebiet gehörte dem Bischof von London. Häuser wurden hier erst ab dem frühen 19. Jahrhundert

Besonders bei schönem Wetter macht Little Venice mit den Kanälen und Hausbooten Spaß.

gebaut. Sie ziehen sich heute entlang der Edgware Road, die vom Nordende des Hyde Park hoch nach Maida Vale verläuft, sowie entlang der Maida Avenue. Dass der Name Maida so gar nicht englisch klingt, hat einen Grund: Maida ist ein Ort in Kalabrien, wo ein englischer General während der Napoleonischen Kriege die Franzosen besiegte. Er wurde zum Count of Maida ernannt; 1809 wurde das Gasthaus »Hero of Maida« in der Edgware Road eröffnet. Und 70 Jahre später war die Gegend im Volksmund als Maida Vale bekannt. Der Bereich zwischen Maida Avenue und Regent's Canal im Süden, Maida Vale Road im Nordosten, Kilburn Park Road im Nordwesten, Shirland Road und Blomfield Road im Südwesten wird heute als Maida Vale bezeichnet.

Rundgang durch das Viertel

Bester Startpunkt für einen kleinen Rundgang ist die U-Bahn-Station Warwick Avenue. Beim Auftauchen aus dem Untergrund merkt man sofort, dass man in einer ruhigen Ecke Londons gelandet ist. Hier kann man durchatmen. Man geht einfach in Richtung Süden und folgt der Beschilderung bis Little Venice. Entlang Blomfield Road und Maida Avenue liegen die hübschesten Boote. Eines ist

Nicht verpassen

SPAZIERGANG VON LITTLE VENICE BIS CAMDEN LOCK

Es gibt Boote, aber wie wäre es mit einem Spaziergang, sofern das Wetter mitspielt? Von Little Venice führt ein drei Kilometer langer Abschnitt des Jubilee Greenway Walk in Richtung Nordosten zum Camden Lock. Er ist Teil eines 60 Kilometer langen Rundwegs durch die Stadt, der zu Ehren des Diamantenen Thronjubiläums der Queen 2012 eröffnet wurde. Von der Beschaulichkeit in Little Venice geht's auf dem Treidelpfad des Regent's Canal direkt in den Trubel der Straßenmärkte in Camden. Der Weg ist von Little Venice aus gut beschildert; Einstieg ist am Ende des Aberdeen Place. Vorbei geht es dann an Hausbooten inklusive kompletter Uferbegrünung mit Gemüsegarten und Grillstation und grandiosen Villen, bis es in Richtung Zoo und Regent's Park immer grüner wird. Bei Camden Lock landet der Wanderer direkt an einem Food Market.

Jubilee Greenway Walk. Informationen: www.walklondon.org unter Jubilee Greenway Walk

Oben: In Richtung London Zoo und Regent's Park wird es entlang des Kanals immer grüner.
Mitte: Schwimmendes chinesisches Restaurant auf dem Regent's Canal
Unten: So ein Hausboot ist gemütlich.

Heimat eines Puppentheaters; eine Marionettentheater-Vorführung auf dem Puppet Theatre Barge ist ein besonderes Erlebnis. Ein zum Café umfunktioniertes Boot lädt zu einer malerischen Kaffeepause ein. Die heutige Idylle verdankt London den industriellen Anforderungen des 19. Jahrhunderts: 1820 wurde der neun Meilen lange Regent's Canal als Teil einer direkten Verbindung von Birmingham zu den Hafenanlagen an der Themse gebaut. Da der Schienentransport aber schnell die Aufgaben des Schifftransports übernahm, verlor der Kanal an Bedeutung, hat aber mit seinen 42 Brücken, zwölf Schleusen und zwei Tunneln überlebt und erinnert an eine vergangene Zeit. Von seinem westlichen Ausgangspunkt in Little Venice führt er in Richtung Osten bis nach Camden, entlang Regent's Park und dem Londoner Zoo und bietet besondere Ansichten auf die Stadt. Bootsunternehmen bieten Fahrten auf dem Kanal von Little Venice bis Camden und umgekehrt an.

Prominente Bewohner

Maida Vale war über die Jahrhunderte und ist bis heute mit einigen prominenten Bewohnern verbunden: Alec Guinness (1914–2000) wurde hier geboren, Joan Collins (*1933) wuchs hier auf. Zu den weiteren Promis, die hier lebten oder immer noch leben, gehören die Autorin Ruth Rendell, Pink-Floyd-Mann David Gilmore, Musiker Paul Weller oder Kate Moss. David Ben-Gurion (1886–1973), der erste Premierminister Israels, lebte im nördlichen Teil von Maida Vale, wo sich das Zentrum einer jüdischen Gemeinde befindet. Im späten 19. und frühen 20. Jahrhundert war Maida Vale ein überwiegend jüdischer Stadtteil. Auf der Lauderdale Road befindet sich in einem denkmalgeschützten Gebäude die spanische und portugiesische Synagoge von 1896, gleichzeitig die Zentrale der britischen sephardischen Gemeinde.

Infos und Adressen

ESSEN UND TRINKEN

Café Laville. Über dem Regent's Canal mit Blick auf Little Venice. Frühstück, Sandwiches und Pasta. 453 Edgware Rd, W2, Tel. 77 06 26 20, U-Bahn: Warwick Avenue, www.cafelaville.co.uk

Raoul's. Liebling der Einheimischen, besonders zum Frühstücken. 13a Clifton Rd, W9, Tel. 72 86 22 87, U-Bahn: Warwick Avenue, www.raoulsgourmet.com

The Summerhouse. Am Kanal gelegenes hübsches Restaurant im nautischen Stil, maritimes Menü. Gegenüber 60 Blomfield Rd, W9, Tel. 72 86 67 52, U-Bahn: Warwick Avenue, www.thesummerhouse.co

Warwick Castle. Gemütliches Pub und Anwohnertreff. Im Winter mit Feuer, im Sommer im Freien, gutes Pubessen. 6 Warwick Place, W9, www.warwickcastlemaidavale.com

ÜBERNACHTEN

The Colonnade. Vier-Sterne-Boutiquehotel, plüschig-gemütlich. 2 Warrington Crescent, W9, Tel. 72 86 10 52, U-Bahn: Warwick Avenue, rescolonnade@theetoncollection.co.uk, www.theetoncollection.co.uk

EINKAUFEN

Alfie's Antique Market. Londons größter überdachter Antikmarkt für Kuriositäten aller Art. Auf dem Dach versteckt sich ein kleines Café mit toller Aussicht. 13–25 Church St, NW8, U-Bahn: Edgware Rd, www.alfiesantiques.com

AKTIVITÄTEN

Puppet Theatre Barge. Blomfield Rd, W9, U-Bahn: Warwick Avenue, im Sommer liegt das Boot an der Themse in Richmond, www.puppetbarge.com

INFORMATIONEN

Jason's Trip. Stimmungsvolle Bootsfahrten von Little Venice nach Camden Jason's Wharf, 60 Blomfield Rd, W9, U-Bahn: Warwick Avenue, www.jasons.co.uk

Kanalparty: Auf einer Bootsfahrt von Little Venice nach Camden ist die Stimmung ausgelassen.

SÜDEN

Sehenswürdigkeit, Museum
Aktivitäten, Ausgehen
Information
Kirche, Synagoge, Moschee
Theater
Shopping
Restaurant, Bar, Café
Übernachtungsmöglichkeit
0
200 m
N
Strand
Aldwych
Drury La.
Bow St.
The Temple
Temple
Temple Pl.
Somerset House
Inner Temple Gardens
Tudor St.
Blackfriars
Carter Lane
Queen
Victoria Embankment
Lancaster Pl.
Savoy Place
Victoria Embankment Gardens
Embankment
Waterloo Bridge
Blackfriars Bridge
Founders Arms
Tate Modern
London Bicycle Tour Company
National Theatre
BFI South Bank
Golden Jubilee Bridge
Wagamama
Canteen
South Bank Centre
The Green Room
Upper Ground
Stamford St.
Hatfields
South Bank
21
Southbank Centre Food Market
Ev
Southwark
Anchor & Hope
Union
The Cut
Meson Don Felipe
Old Vic Theatre
Waterloo
Waterloo International Station
Cubana
London Eye
London Marriott Hotel
York Road
Westminster
Westminster Bridge
Whitehall
Whitehall Pl.
The Mall
Horse Guards Road
St. James's Park
Cabinet Office
Downing St.
Parliament St.
Bridge St.
Birdcage Walk
Lewisham St.
Tothill St.
Victoria St.
Westminster Abbey
Houses of Parliament
Abingdon St.
Scooter-caffe
Lower Marsh
Lambeth North
Pearman St.
Westminster Bridge Road
Borough Road
London Rd.
Royal St.
Lambeth Palace Road
Captain Bligh House
St. George's Road
Imperial War Museum
Elephant & Castle
Lambeth Palace
Garden Museum
Lambeth Road
Brook Drive
Walcot Square
Great Peter Street
Marsham
Tufton St.
Millbank
Monck St.
Horseferry Road
Lambeth Bridge
Page Street
Vincent St.
Regency Street
Lambeth Walk
Walnut Tree Walk
Lollard St.
Kennington Road
Newington Butts
Kennington Lane
Vauxhall
Kennington
Vauxhall Bridge Rd.
Vauxhall Bridge
Grosvenor Rd.
Vauxhall Station
Albert Embankment
Spring Gdns. City Farm
Kennington Lane
Harleyford Rd.
The Oval (Surrey County Cricket Ground)
Kennington Park
Kennington Park Road
Nine Elms Lane
Nine Elms
Wandsworth Rd.
South Lambeth Rd.
Bondway
Find of London
The Lost Angel & Gaslight Grill
Oval
Battersea Park Power Station, Battersea Park
Pestana Chelsea Bridge
20

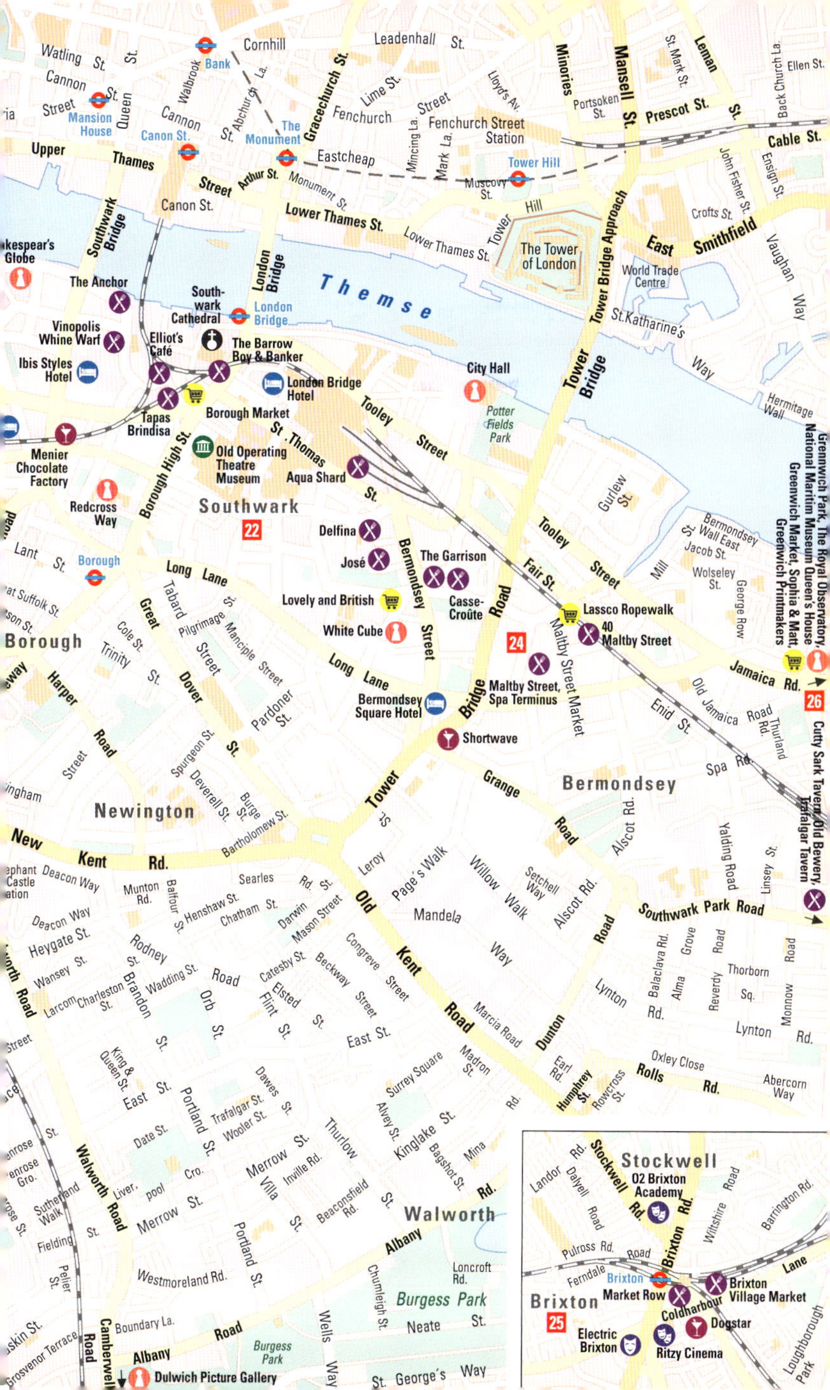

Themse
Southwark
Borough
Newington
Bermondsey
Walworth
Stockwell
Brixton
22
24
25
26
Bank
Mansion House
Canon St.
The Monument
Tower Hill
Fenchurch Street Station
London Bridge
Borough
Brixton
The Tower of London
World Trade Centre
Southwark Cathedral
The Anchor
Vinopolis Whine Warf
Ibis Styles Hotel
Elliot's Café
The Barrow Boy & Banker
London Bridge Hotel
Borough Market
Tapas Brindisa
Menier Chocolate Factory
Redcross Way
Old Operating Theatre Museum
Aqua Shard
City Hall
Potter Fields Park
Delfina
José
The Garrison
Casse-Croûte
Lovely and British
White Cube
Bermondsey Square Hotel
Shortwave
Lassco Ropewalk
40 Maltby Street
Maltby Street, Spa Terminus
Maltby Street Market
Greenwich Park, The Royal Observatory, National Maritim Museum Queen's House
Greenwich Market, Sophia & Matt, Greenwich Printmakers
Cutty Sark Tavern, Old Bewery, Trafalgar Tavern
Dulwich Picture Gallery
Burgess Park
02 Brixton Academy
Market Row
Brixton Village Market
Dogstar
Ritzy Cinema
Electric Brixton
Cornhill
Leadenhall St.
Watling St.
Cannon Street
Queen St.
Walbrook
Upper Thames Street
Canon St.
Southwark Bridge
London Bridge
Gracechurch St.
Fenchurch Street
Lime St.
Eastcheap
Monument St.
Lower Thames St.
Mincing La.
Mark La.
Muscovy St.
Tower Hill
Minories
Mansell St.
Leman St.
Prescot St.
Cable St.
East Smithfield
Tower Bridge Approach
Tower Bridge
St. Katharine's Way
Tooley Street
St Thomas St.
Borough High St.
Long Lane
Bermondsey Street
Tower Bridge Road
Great Dover St.
Grange Road
Jamaica Rd.
Old Kent Road
New Kent Rd.
Southwark Park Road
Walworth Road
Albany Road
Camberwell Road
Mandela Way
Willow Walk
Rolls Rd.
Lynton Rd.
Westmoreland Rd.
St. George's Way
Neate St.
Stockwell Rd.
Brixton Rd.
Coldharbour Lane

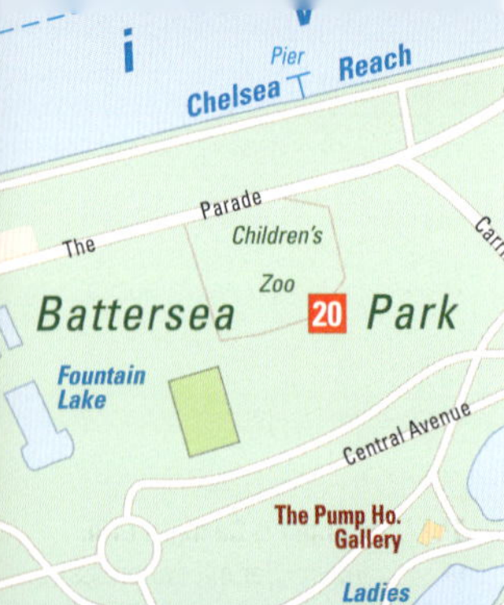

S. 144/145: Eine Fahrt mit dem London Eye ist nicht billig, aber beeindruckend.
Mitte: Der Battersea Park besticht mit seiner wunderbaren Lage direkt an der Themse.
Unten: Entspannen am kleinen See im Park

20 Battersea Park

Chelseas Gegenüber

Die große, grüne Fläche am Südufer der Themse gegenüber dem Chelsea Embankment ist kaum zu übersehen. Dennoch: Der wunderbare Battersea Park ist eine Grünanlage, die selbst viele Londoner nicht kennen – außer sie wohnen in dieser Ecke der Stadt. Direkt daneben wird die monumentale Battersea Power Station, ein Londoner Kultbau, gerade in eine Megawohn- und Büroanlage umgebaut. Am anderen Ende entzückt die Albert Bridge in Zuckerbäckermanier.

Die Battersea Power Station muss gerettet werden! Sehr lange wurde um den Erhalt des größten Backsteingebäudes Europas in seiner ursprünglichen Form gekämpft. Vielleicht muss man in London leben, um zu verstehen, warum diese Industriekathedrale solche Emotionen auslöst. Giles Gilbert Scott (1880–1960), von dem auch die roten Telefonzellen stammen, entwarf das Kraftwerk mit Art-déco-Elementen. Seit der Schließung 1983 stand es einfach nur da. Diverse Pläne von Stadtentwicklern verliefen alle im Sande, bis ein Immobilienkonsortium aus Malaysia erfolgreich war. Im September 2012 wurde verkündet: »Wir werden Tausende von neuen Wohnungen – quasi ein neues Stadtviertel mit neuer U-Bahn-Station – in und um die Power Station bauen.« Seitdem laufen die Bauarbeiten auf Hochtouren. Die kultigen Schornsteine sollen komplett saniert und in Form von Repliken erhalten bleiben. Im September 2016 wurde dann bekannt, dass Apple als Großmieter 2021 in das ehemalige Kesselhaus des Kraftwerks ziehen wird – mit einem neuen »Apple Campus« und Platz für 3000 Angestellte.

Ehemals ein Arbeiterviertel

Battersea selbst war über Jahrhunderte ein Arbeiterviertel, hat sich aber in den letzten Jahrzehnten zu einer beliebten Mittelklassewohngegend entwickelt. Dreh- und Angelpunkt für das Leben im Freien ist der Battersea Park, der von Königin Victoria 1858 als Geschenk für die arme Bevölkerung zwischen Chelsea Bridge und Albert Bridge eröffnet wurde. Bei all den Parks im Zentrum Londons wird er oft vergessen. Dabei ist er der einzige, der direkt an der Themse liegt und mit entsprechenden Aussichten aufwarten kann. Von der Uferpromenade hat man eine wunderbare Sicht auf das Chelsea Embankment am Nordufer. Nach Westen liegt die Albert Bridge im Blickfeld. Zu den hoch aufragenden braunen Wohnblöcken von World's End im Hintergrund bildet sie einen tollen Kontrast. Der Park ist auf rund 80 Hektar großzügig und abwechslungsreich mit Brunnen, Gärten, einem See mit Tretbootverleih, einem kleinen Zoo und der weithin sichtbaren Peace Pagoda mit ihren vergoldeten Buddhas angelegt. Genutzt wird er überwiegend von Anwohnern, ist sehr beliebt bei Joggern und bleibt aufgrund seiner Lage vom Touristenstrom verschont.

Albert Bridge

Die einzigartige Albert Bridge in rosa, pastellgrün und -blau wurde 1873 in Gedenken an Prinz Albert, Victorias Ehemann, benannt. Sie ist vor allem am Abend schön angestrahlt und ein tolles Fotomotiv. Kurios: Da die Hängebrücke im Laufe ihres Bestehens immer mal wieder vom Einsturz bedroht war, werden Soldaten, sollten denn welche vorbeikommen, mit Schildern gewarnt, nicht im Gleichschritt über die Hängebrücke zu marschieren – das würde Schwingungen erzeugen, die zum Einsturz führen könnten.

Infos und Adressen

SEHENSWÜRDIGKEITEN

Battersea Park. U-Bahn: Sloane Square, dann mit dem Bus 137 oder 452 bzw. zu Fuß 1 km, SW11, www.batterseapark.org

ESSEN UND TRINKEN

The Lost Angel & Gaslight Grill. Restaurant und Bar mit Garten; besonders beliebt für Brunch-Sessions. 339 Battersea Park Rd (hinter Battersea Park), SW11, Tel. 76 22 21 22, www.lostangel.co.uk

The Prince Albert. Nettes Gastropub am Park. 85 Albert Bridge Rd, SW11, Tel. 72 28 09 23

ÜBERNACHTEN

Pestana Chelsea Bridge. Modernes Vier-Sterne-Hotel an der Ostseite des Parks, gute Tarife. 354 Queenstown Rd, SW8, U-Bahn: Sloane Square, www.pestana.com/chelsea-bridge

EINKAUFEN

Find of London. Hochwertige Secondhand-Designermode, 228 Battersea Park Rd (hinter Battersea Park), SW11, www.findoflondon.com

So sieht es leider nicht mehr aus: Megawohnblocks wachsen rund um das alte Kraftwerk.

21 South Bank
Kultur an der Themse

Kaum vorstellbar, dass London jahrhundertelang in Richtung Süden an der Themse praktisch aufhörte. Auf der South Bank war unwirtliches Marschland. Dann kamen Werften und Industrie. Das war auch wenig attraktiv. Erst das Festival of Britain setzte 1951 den Startschuss für das Southbank Centre, Top-Kulturadresse der Stadt. Ein Hingucker ist außerdem das London Eye, die meistbesuchte Touristenattraktion.

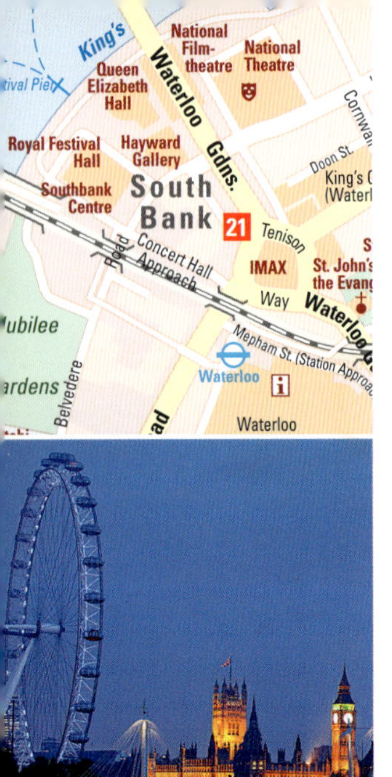

Mitte: Das London Eye auf der Südseite der Themse mit den Houses of Parliament gegenüber
Unten: Das National Theatre bekommt am Abend ein ganz anderes Gesicht.

Selbst wer schon lange in London lebt, verlangsamt auf der Hungerford Bridge den Schritt für die Aussicht. Die Fußgängerbrücke führt von der U-Bahn-Station Embankment aus rechts und links entlang der gleichnamigen Bahnbrücke zur South Bank. Sie bietet auf der Linksspur einen wunderbaren Blick auf das Südufer, und gen Osten behauptet die harmonische Kuppel der St Paul's Cathedral inmitten der Citykulisse ihren Platz. Wenn die Sonne scheint, strahlt London hier besonders

GUT ZU WISSEN

WARUM SO TEUER?

Eine halbe Stunde Gondelfahrt kostet ab £ 21.20. Die Aussicht ist toll, aber rechtfertigt das solch einen Preis? Das London Eye ist innerhalb von zehn Jahren zu einer Mega-Touristenattraktion geworden; die über 3,5 Millionen Besucher pro Jahr halten die Kosten also nicht ab. Zum Portfolio der Betreibergesellschaft des London Eye gehören auch Madame Tussauds und das Sea-Life-London-Aquarium – noch zwei Hochpreisattraktionen. Tipp: Wahnsinnsblicke für umsonst gibt es auch im Sky Garden (s. S. 86).

schön. Und am Abend, wenn die South Bank beleuchtet ist, sieht es noch einmal ganz anders aus. Auch wenn die Waterloo Station im Süden näher liegt, ist es daher quasi Pflicht, sich der South Bank vom Zentrum und Trafalgar Square aus zu nähern. Dann tritt auch direkt ihr Herzstück ins Blickfeld: das Southbank Centre mit der Royal Festival Hall, Queen Elizabeth Hall und Hayward Gallery.

Southbank Centre

Die Geschichte des Kulturensembles begann 1951, als mit dem Festival of Britain das 100-jährige Jubiläum der Weltausstellung gefeiert wurde. Im Zentrum stand die South Bank Exhibition mit einem Riesenrad (Vorgänger des London Eye), einem Dome of Discovery und der Royal Festival Hall. Die Konzerthalle hat als einziges der drei Elemente überlebt, wurde vor einigen Jahren renoviert und bietet nun mit einer Glasfront und großzügigem Terrassenbereich ein weitaus freundlicheres Bild als zuvor.

Wohnzimmer an der Themse

Das Southbank Centre ist ganz im Stil der Nachkriegszeit gebaut: betonig-brutal und schwer in Einklang zu bringen mit dem, was sich im Inneren des Komplexes abspielt. Insbesondere die Queen Elizabeth Hall als kleinere Konzerthalle neben der Royal Festival Hall und die dahinterstehende Hayward Gallery sind atemberaubend in ihrer Betonpracht. Macht aber nichts, denn auf den Inhalt kommt es an, und die South Bank ist ein extrem lebhafter, meist bunt dekorierter, freundlicher Ort mit einem unschlagbaren Angebot, nicht nur an kostenpflichtigen Kulturveranstaltungen, sondern auch an kostenlosen Konzerten und anderen Ereignissen.

Geheimtipp

GARDEN MUSEUM

Auf dem Friedhof der mittelalterlichen Kirche St Mary-at-Lambeth liegt John Tradescant (1570–1638) begraben. Der große Gärtner englischer Könige ist sehr wichtig für britische Gartenfreunde. Als die entweihte Kirche abgerissen werden sollte, gründete man 1977 das Garden Museum. Das Grabmal, ein kurios verzierter Steinsarkophag, musste gerettet werden. Die kleine Ausstellung im Kircheninnern bietet einen Blick in die britische Liebesaffäre mit dem Garten. Wirklich charmant ist aber das Ensemble an sich, das versteckt am südlichen Ende der Lambeth Bridge liegt: das Café in der Kirche und der Garten im alten Friedhof, der von der Präsidentin des Museums, der Dowager Marchioness of Salisbury, entworfen wurde.

Garden Museum. So–Fr 10.30–17 Uhr, Sa 10.30–16 Uhr, £ 7.50, 5 Lambeth Palace Rd, SE1, U-Bahn: Lambeth North, www.gardenmuseum.org.uk

Royal Festival Hall

Ihr Foyer ist Londons Wohnzimmer an der Themse – ein öffentlicher Raum zum Hinsetzen, Ausruhen, Essen und Trinken, Umschauen und Genießen der Aussicht. Die Terrasse ist im Sommer eine große Außenbar. Noch mehr Flussblick gibt es ein paar Stockwerke höher von einem großen Balkon. Zur Royal Festival Hall kommen daher nicht nur Konzertbesucher, sondern hier ist einfach immer etwas los. Ein Tipp sind die Mittagszeit-Konzerte, die meist unweit der Central Bar im Foyer stattfinden und jeden Freitag Künstler verschiedenster Genres – egal, ob Klassik, Jazz oder Folk – vorstellen. Ein weiterer guter Ort für Musik, Tanz und Theater ist die offene Tanzfläche des Clore Ball Room im hinteren Bereich des Foyers. Hier wird gesungen, gespielt, performt, und wenn ein Swingorchester loslegt, kann jeder das Tanzbein schwingen. Es lohnt sich also immer, einen Blick in die Rubrik der *free events* auf der Royal-Festival-Hall-Webseite zu werfen.

Oben: Von der Royal Festival Hall geht der Blick über die Themse auf den Bahnhof Charing Cross.
Unten: Pub-Abend im Sommer

Hayward Gallery

Schräg hinter der Royal Festival Hall steht das 1968 eröffnete Betonungetüm der Hayward Gallery, gleichermaßen geliebt und gehasst. Die Brutalarchitektur tut fast jedem weh, gleichzeitig möchte keiner auf die erstklassigen Ausstellungen moderner britischer und internationaler Kunst verzichten, die hier stattfinden und regelmäßig Publikumshits sind. Besucher können hier immer wieder Kunst zum Anschauen, Erleben und Mitmachen erwarten. Im September 2015 wurde das Museum für eine circa zweijährige Renovierungsphase geschlossen, genau wie die benachbarte Queen Elizabeth Hall. Was ist zu erwarten? Vor allem mehr Licht mit einem Glaspyramidendach für die Hayward Gallery und der Öffnung des Queen Elizabeth Hall Foyers zur Flußseite mit einer Glaswand.

Rundgang südlich der South Bank

Wenn es an der Themse voll wird, wird man von diesem Rundgang ins Hinterland der South Bank geleitet. Start ist die Royal Festival Hall.

Lambeth Palace, Residenz des Erzbischofs von Canterbury an der Lambeth Bridge

Ⓐ **Royal Festival Hall** – Themse im Rücken lassen und auf den Festivalterrassen vorbei an Geschäften und Restaurants gehen. Geöffnet tgl. 10–23 Uhr. Southbank Centre, Belvedere Road

Ⓑ **Southbank Centre Shop** – Hier gibt es ausgefallene Designobjekte. Geöffnet tgl. 10–18 Uhr. Festival Terrace, Tel. 79 60 52 11

Ⓒ **Topolski Bar** – Hier sind im ehemaligen Studio des Malers Feliks Topolski (1907–1989), der das 20. Jahrhundert in Wandgemälden festgehalten hat, Teile seiner *Topolski's Chronicles* im Gewölbe 1 und 2 dieser beliebten Bar unter den Bahnbögen zu sehen. 150–152 Hungerford Arches, SE1, www.bartopolski.co.uk

Ⓓ **St John's Church und Mosaikskulpturgarten** – Weiter zum Kreisel (BFI-Kino in der Mitte), rechts um den Kreisel, links über Zebrastreifen zur Kirche St John's, hinter der sich ein Mosaikskulpturgarten versteckt. Waterloo Rd, SE1, www.stjohnswaterloo.org

Ⓔ **Konditor & Cook** – Dann links in die Exton Street. An der Ecke zur Cornwall Street gibt es in dieser Bäckerei leckere Kuchen und Süßes. 22 Cornwall Rd, SE1, www.konditorandcook.com

Ⓕ **Old Vic Theatre** – Weiter in die hübsche Roupell Street, am King's Arms rechts in den Windmill Walk zum Cut, rechts zur Waterloo Road. Hier sollte man vor allem die tolle Theaterfassade der 1818 eröffneten Bühne bestaunen. 103 The Cut, SE1, U-Bahn: Waterloo, Tel. 79 28 26 51, www.oldvictheatre.com

Ⓖ **Gramex** – Über die Straße in die Lower Marsh mit netten Lädchen und Straßenmarkt; Plattenladen Gramex für Liebhaber. 25 Lower Marsh, SE1

Ⓗ **Old Vic Tunnels** – Weiter rechts bis Leake Street, Rampe hoch, gegenüber Treppen runter zum Graffiti Tunnel Old Vic Tunnels. Station Approach Road, SE1

Ⓘ **London Eye** – Durch den Tunnel, an dessen Ende man direkt beim Jubilee Garden und dem 135 Meter hohen Riesenrad landet. Minster Court, SE1

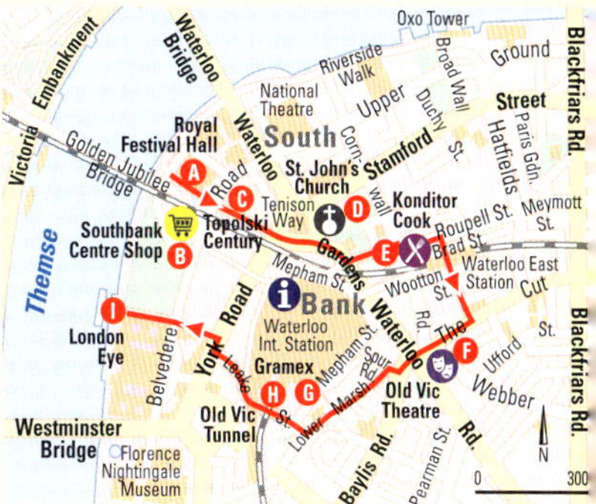

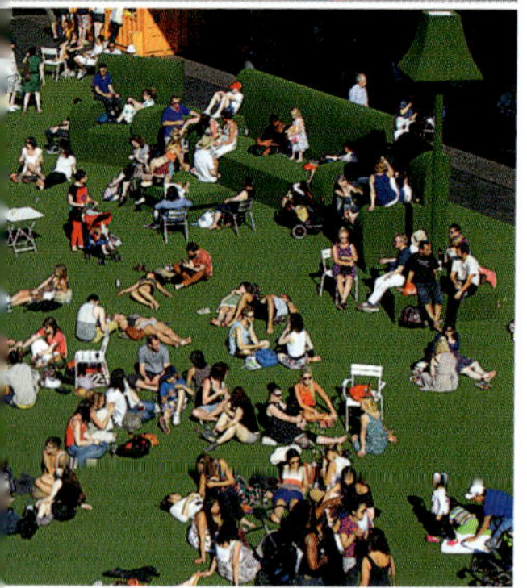

Oben: Vor der International Maritime Organization auf dem Albert Embankment
Unten: Die South Bank wandelt sich ständig und bietet saisonale Attraktionen.

Die Queen Elizabeth Hall wurde 1967 neben der Royal Festival Hall als kleiner Veranstaltungsort mit 900 Sitzen (die Royal Festival Hall hat Platz für 2900 Menschen) für Klassik, Jazz- und Avantgardemusik sowie Tanz eröffnet. Tipp: Auf dem Dach versteckt sich ein urbaner Garten, der in den Monaten April bis September öffnet (auch während der Renovierungsphase) und mit seiner Bar ein beliebter Treffpunkt für Londoner geworden ist.

Queen's Walk

Neben der Kultur ist die South Bank auch Londons bester Themsespaziergang. Der Queen's Walk zieht sich in seiner Gesamtheit als fabelhafter Promenadenweg von der Lambeth Bridge im Westen bis zur Tower Bridge. Wer alles abläuft, kommt an einem Großteil der Londoner Sehenswürdigkeiten vorbei inklusive Houses of Parliament, Big Ben, London Eye, Southbank Centre, Shakespeare's Globe und Tate Modern.

Ein Teilstück sollte es auf jeden Fall sein und der Weg ab Royal Festival Hall Richtung Osten ist ein guter Einstieg mit viel Unterhaltung: Ein paar Stufen vom Haupteingang der Konzerthalle, der sich auf Brückenniveau über der Themse befindet, bietet die Uferpromenade immer eine Show mit Straßenmusikern und anderen Darbietern. Nicht verpassen!

Urban und bunt ist der Skatepark unter dem Southbank Centre, seit rund 40 Jahren Zentrum der Londoner Skaterszene. Die jungen Rad- und Skateboardkünstler, die sich hier in einem Grafitigewölbe austoben können, bieten zum Teil Atemberaubendes – und das gratis. Unter der angrenzenden Waterloo Bridge werden Bücherwürmer auf einem Secondhand-Buchmarkt fündig.

BFI Southbank

Die Brücke markiert verwaltungstechnisch das Ende des Southbank Centre. Das National Theatre dahinter, ein weiterer Betonbau, ist eine eigenständige Kulturinstitution und eines der angesehensten Theater der Stadt. Das BFI (British Film Institute) liegt direkt unter der Waterloo Bridge und ist Londons Kinotempel – ein Ort für Retrospektiven, Vorträge und Filmfreunde. Es gibt auch eine Mediathek. In diesem Onlinearchiv britischer Kino- und Fernsehfilme und Dokumentationen könnte man sich z.B. auch die BBC-Übertragung des WM-Finales von 1966 anschauen.

Gabriel's Wharf

Ein paar Meter weiter bei Gabriel's Wharf legt die Themse ein Strandstück frei, das von Sandkünstlern kreativ bearbeitet wird. Einfach einmal runterschauen. Von Elefanten bis zu einem riesigen Bart Simpson wurde hier schon alles gesichtet. Gabriel's Wharf selbst ist eine charmante Ansammlung von Kunstgewerbelädchen, Galerien und Restaurants um einen kleinen Platz. Im Zentrum befinden sich Holzskulpturen des deutschen Künstlers Friedel Buecking, die gleichermaßen als Schaukeltiere für Kinder und Sitzgelegenheiten für Erwachsene dienen. Daneben und vom anderen Themseufer weithin sichtbar ist der Art-déco-Turm OXO Tower mit dem Logo des bekannten britischen Brühwürfels, der vom Hersteller Liebig Extract of Meat Company als Kühlhaus genutzt wurde. Heute befinden sich hier Wohnungen, Verkaufsstudios von Künstlern und ein schickes Restaurant mit Bar und toller Aussicht. Diese kann man übrigens auch kostenfrei von der Public Viewing Gallery im achten Stock haben. Und dann kann man, wie gesagt, einfach immer weiter laufen, bis zur Tate Modern und anderen Sehenswürdigkeiten auf der Bankside.

Einfach gut!

RESTAURANT-ALTERNATIVE SOUTHBANK CENTRE FOOD MARKET

Der Southbank Centre Food Market hinter der Royal Festival Hall ist ein Paradebeispiel für Londons kulinarische Haltung im 21. Jahrhundert: Kleine unabhängige Produzenten und Händler bekommen eine Plattform und Konsumenten Zugang zu hochwertigen Produkten. Rund 40 Stände mit immer wieder neuen Anbietern versammeln sich hier von freitags bis sonntags. Die Auswahl ist toll, beim Gang über den Markt kann man sich von einem Stand zum nächsten ein ganzes Menü von Vorspeise bis Dessert inklusive Wein und Cocktails (bei Honestfolk) zusammenstellen. Die Stufen hoch zur Hayward Gallery sind beliebter Sitzplatz, um sich mit der Leckerei der Wahl niederzulassen.

Southbank Centre Food Market. Fr 12–20 Uhr, Sa 11–20 Uhr, So 12–18 Uhr, im Sommer: Fr 12–21 Uhr, Sa 11–21 Uhr, So 12–18 Uhr. Hinter der Royal Festival Hall, Belvedere Rd, SE1, U-Bahn: Embankment, Waterloo, www.southbankcentre.co.uk

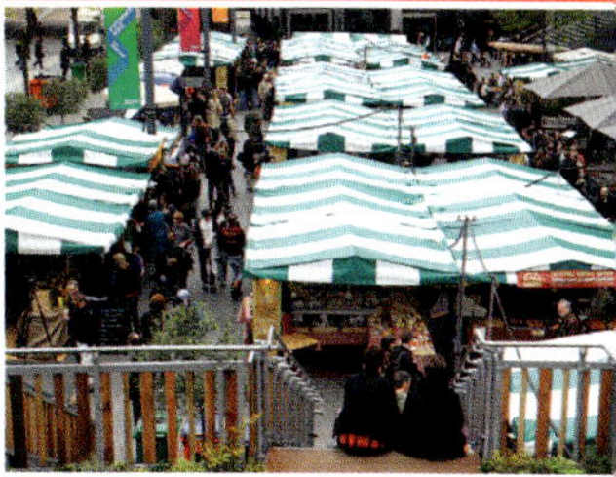

Infos und Adressen

SEHENSWÜRDIGKEITEN

Imperial War Museum. Eindrückliches zu den Auswirkungen von Krieg im 20. Jh. mit der einzigen Holocaust-Ausstellung des Landes; bis Anfang des 20. Jhs. war hier eine als Bedlam bekannte Irrenanstalt. Lambeth Rd, SE1, U-Bahn: Lambeth North, www.iwm.org.uk

Lambeth Palace. Seit dem 17. Jh. Residenz des Erzbischofs von Canterbury an der Lambeth Bridge. Sehr interessanter Komplex; Besuch nur mit geführter Tour und Vorbuchung, £ 12. Lambeth Palace Rd, SE1, U-Bahn: Lambeth North, Ticketbuchung & Info auf www.ticketmaster.co.uk

London Eye. Das für das Millennium gebaute Riesenrad ist schnell zur Besucherattraktion geworden. An klaren Tagen hat man aus den Glaskapseln einen 40 km weiten Blick. Eine Runde = 30 Minuten Fahrt. Vorher online buchen, sonst wird's teurer, ab £ 21.20, Tickets unter der Woche und am Abend sind günstiger. Tgl. 10–20.30 Uhr, Riverside Building, County Hall, SE1, U-Bahn: Waterloo, Embankment, www.londoneye.com

National Theatre. Sehr interessante Backstage-Touren. Kosten £ 9.50, Buchung auf Webseite. South Bank, SE1, U-Bahn: Embankment, www.nationaltheatre.org.uk

Southbank Centre. Tgl. 10–23 Uhr geöffnet, Programminformation für Royal Festival Hall und Queen Elizabeth Hall sowie Informationen zur Hayward Gallery auf Webseite. South Bank, SE1, U-Bahn: Embankment, www.southbankcentre.co.uk

ESSEN UND TRINKEN

Anchor & Hope. Beliebtes Gastropub, herzhafte Küche zu guten Preisen, keine Reservierung möglich. 36 The Cut, SE1, U-Bahn: Waterloo, Southwark

Canteen. In der Royal Festival Hall, Traditionelles auf moderne Art. Belvedere Rd, SE1, U-Bahn: Waterloo, www.canteen.co.uk

Cubana. Bar hinter Waterloo Station, bunt und fröhlich, südamerikanische Cocktails. 48 Lower Marsh, SE1, Tel. 79 28 87 78, cubana.co.uk

Ev. Gutes türkisches Restaurant in erstaunlich idyllischer Ecke unter Bahnbögen und mit Außenbereich. The Arches, 97–99 Isabella St, SE1, Tel. 76 20 61 91, U-Bahn: Southwark, www.tasrestaurants.co.uk

Meson Don Felipe. Populäres kleines, lebhaftes Tapasrestaurant. 53 The Cut, SE1, Tel. 79 28 32 37, U-Bahn: Waterloo, www.mesondonfelipe.com

Eingangshalle des Imperial War Museum

Scootercaffe. Originelles Minicafé, das abends zur Bar wird. Nur zu erkennen an der Vespa im Schaufenster, eingerichtet wie ein Trödelladen, zum Dekor gehört auch eine Katze. 132 Lower Marsh, SE1, Tel. 76 20 14 21, U-Bahn: Waterloo.
The Cut. Restaurant/Bar im Young Vic Theatre im Kantinenstil, modern und freundlich; einfache, frische Küche. 66 The Cut, SE1, Tel. 79 28 44 00, U-Bahn: Waterloo, www.thecutbar.com
The Green Room. Abseits vom South-Bank-Rummel hinter dem National Theatre; prima im Sommer zum Draußensitzen. 101 Upper Ground, SE1, Tel. 74 52 36 30, U-Bahn: Waterloo, www.greenroom.london
Wagamama. Seit 1992 versorgt Wagamama die Londoner mit japanischen Nudelgerichten und startete einen Trend: Essen an langen Gemeinschaftstischen. Unit 7, Riverside Level 1, Royal Festival Hall Belvedere Road, SE1, www.wagamama.com

ÜBERNACHTEN

Captain Bligh Guest House. Übernachten, wo Bounty-Kapitän Bligh gewohnt hat: georgianisches Reihenhaus, fünf Appartements; gemütlich und individuell; vom Filmstudio auf dem obersten Stockwerk sieht man das London Eye, min. vier Nächte. 100 Lambeth Rd, SE1, U-Bahn: North Lambeth, www.captainblighhouse.co.uk
London Marriott Hotel County Hall. Die Lage macht's: gegenüber den Houses of Parliament, viele Zimmer mit Flussblick. London County Hall, Westminster Bridge Rd, SE1, Tel. 79 28 52 00, U-Bahn: Westminster, www.marriott.co.uk

VERANSTALTUNGEN

Totally Thames. Festival entlang der Themse mit über 100 Veranstaltungen, 1.–30. September. www.totallythames.org

AKTIVITÄTEN

BFI Southbank. Klasseprogramm an Filmen und tolle Bar/Lounge mit Restaurant; Organisator des internationalen London Film Festival im Okt. Belvedere Rd, SE1, U-Bahn: Embankment, www.bfi.org.uk

»The Horniman Pub« in der Nähe der London Bridge

London Bicyle Tour Company. Londons erster Anbieter geführter Fahrradtouren (seit 1991) startet seine Classic Tour (£ 23.95/3 h) von Gabriel's Wharf; auch auf Deutsch (£ 24.95), Anmeldung erforderlich; auch individuelle Radausleihe möglich (£ 3.50/Std., £ 20/Tag). 1a Gabriels Wharf, 56 Upper Ground, SE1, Tel. 33 18 30 88, U-Bahn: Embankment, Waterloo, www.londonbicycle.com

INFORMATION

Informationen zur South Bank (inkl. Gabriel's Wharf & OXO Tower) auf der Webseite der Coinstreet Community Builders, einer Stiftung zur Förderung der Entwicklung der South Bank, die sich auch darum kümmert, dass die Uferpromenade am Abend beleuchtet ist: www.coinstreet.org

Informationen zu Events, Restaurants & Hotels auf der South Bank & den angrenzenden Stadtvierteln: www.london-se1.co.uk

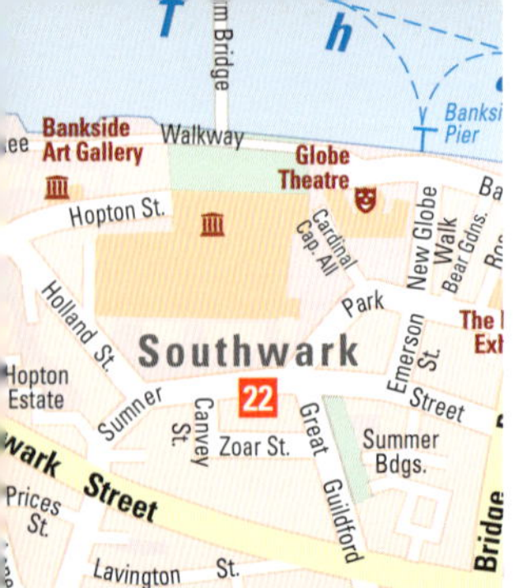

Mitte: Futuristische City Hall: Hier residiert die Greater London Authority mit dem Bürgermeister.
Unten: Fassade eines Bürogebäudes des More London Riverside Projekts

22 Southwark

Am Südufer tut sich was

Vor 400 Jahren überquerte man die Themse, um auf der Südseite Vergnügliches und Verbotenes zu tun: Auf der Bankside in Southwark versammelten sich die Theater der Stadt genauso wie Bordelle. Die Kirche von England, der das Land gehörte, verdiente viel Geld mit Mieteinahmen. Heute befinden sich hier einige der Hauptsehenswürdigkeiten der Stadt, und Großbauprojekte sorgen für neue Ansichten.

»Sathark« heißt dieser Bezirk, ohne Au- oder W-Laut, und ist einer der ältesten Teile Londons. Die Römer bauten von hier aus 50 n. Chr. die erste London Bridge, die diverse Nachfolger hatte und bis zum Bau der ersten Westminster Bridge 1750 die einzige Themsebrücke war. Die heutige London Bridge wurde 1973 eröffnet.

Einst Rotlichtviertel, jetzt hip

Der Stadtbezirk Southwark am Südende der London Bridge, zu dem auch das östlich der Brücke gelegene Viertel Bermondsey gehört, lag jahrhundertelang außerhalb der Jurisdiktion der City of London. In der sogenannten Liberty of Clink gediehen Glücksspiel, Theater und Bordelle. Das Sagen hatte der Bischof von Winchester, der Miete von den Bordellen kassierte und dessen Palast in wenigen Überresten in der Nähe der Southwark Cathedral zu sehen ist.

Im Laufe der Jahrhunderte wurde Southwark zu einem Londoner Stadtteil. Mit dem Eisenbahnbau und der Blütezeit der Hafenanlagen kam der Aufschwung, der mit der Schließung der Docks 1950 endete. Seit Ende der 80er-Jahre wurden die alten Werftanlagen restauriert, Geschäfts- und Wohnzentren entstanden, und eine Reihe von Sehenswürdigkeiten zieht sich heute an der Themse entlang, wie der 1997 auf der Bankside eingeweihte Nachbau des Globe Theatre und direkt daneben die im Jahr 2000 eröffnete Tate Modern. Zudem befindet sich mit dem Borough Market Londons beliebtester *food market* an der London Bridge. Der Thames Path führt an alldem vorbei.

Shakespeare's Globe

Das bekannteste der krawalligen Theater der Elisabethanischen Zeit wurde 1599 gebaut und brannte 1613 nieder: Im Globe Theatre führte William Shakespeare (1564–1616) seine Stücke auf. Von der Aussichtsgalerie der gegenüberliegenden St Paul's Cathedral ist das runde, dachlose Gebilde gut zu sehen. Der Initiative des amerikanischen Schauspielers Samuel Wanamaker (1919–1993) ist es zu verdanken, dass über 380 Jahre später ein neues Globe Theatre eingeweiht wurde – originalgetreu nachgebaut, mit englischer Eiche und einem Reetdach als erstes dieser Art in London seit dem Großen Feuer von 1666.

Die Besichtigungstouren (Teil der Globe-Ausstellung) sind die unterhaltsamste Art, alles Wichtige zu erfahren. Oder man besucht eine Theateraufführung. Davon gibt es täglich zwei, außer montags. Das Theater hat 900 Sitzplätze auf den überdachten Galerien sowie 700 Stehplätze vor der Bühne für die *groundlings*. Als solcher darf man essen, trinken und rausgehen, wann man will; das »Fußvolk« muss nur wenige Regeln beachten. Man zahlt £ 5, benötigt aber Stehvermögen. Die besten Sitzplätze mit guter Sicht sind seitlich der Bühne. Gespielt wird bei Wind und Wetter.

Einfach gut!

BERMONDSEY

Südöstlich der London Bridge ist Bermondsey ein Muss für urbane Stadtforscher. Was das Industriezeitalter übrig gelassen hat – Bahnbögen der ersten Londoner Bahnlinie von 1836, Gerbereien, Lagerhäuser –, wurde in hippe Veranstaltungsorte umfunktioniert. Epizentrum ist die Bermondsey Street mit Boutiquen, Cafés und einigen der angesagtesten Restaurants der Stadt. Auf dem Bermondsey Square findet jeden Freitag ein Flohmarkt statt und ein Boutiquehotel bietet schickste Zimmer. 2011 eröffnete die White Cube Gallery in einem Lagerhaus ihren dritten Ausstellungsort. Und mit dem Maltby Street Market hat Bermondsey sowieso einen festen Platz im Herzen aller *foodies* in London (s. S. 166).

Bermondsey.
www.bermondseyvillage.org.uk

Oben: Southwark Cathedral
Mitte: Fashion and Textile Museum in Bermondsey
Unten: Im »Theatersaal« des Globe Theatre

Southwark Cathedral

Weiter an der Themse entlang in Richtung Osten durch die sehr atmosphärische Clink Street und direkt am Borough Market (s. S. 166) liegt die Southwark Cathedral. Tipp: am Montague Close den Gang bis zum Ende entlanggehen (das Kircheninnere liegt zur rechten) und rechts hinten in der Ecke nach unten schauen. Bei Ausgrabungen wurde hier 1999 ein Fenster in die Vergangenheit entdeckt mit Überresten einer römischen Straße, einer Wasserleitung aus dem 19. Jahrhundert und vielem mehr.

Southwark Cathedral wurde im 13. Jahrhundert als Kirche eines Augustiner Priorats gebaut. Aus dieser Zeit ist nur der Chorraum übrig, wahrscheinlich die älteste gotische Struktur in London. Am interessantesten an Southwark Cathedral ist aber die Tatsache, dass die Kirche überhaupt noch steht. Als eine neuere Version der London Bridge im 19. Jahrhundert gebaut wurde, sollte sie aus Platzgründen erst komplett weichen. Außerdem sitzt ihr die Bahnlinie genau im Nacken, ein kurioses und typisches Beispiel für die Londoner Stadtentwicklung.

Wenn man der Borough High Street in Richtung Süden folgt und zudem einen Abstecher in die Southwark Street macht, kommt man an der Hop Exchange von 1868 vorbei, die daran erinnert, dass Southwark ab dem 17. Jahrhundert Zentrum der Londoner Brauereiindustrie war. Die Borough High Street war jahrhundertelang bekannt für ihre *coaching inns* – Unterkünfte für Fuhrleute. Allein übrig geblieben ist das »George Inn« von 1677, das noch immer als Pub betrieben wird. Auch von hier ist der mächtigste Zuwachs im Viertel nicht zu übersehen: Westeuropas größtes Gebäude, The Shard, ragt direkt neben der London Bridge Rail Station fast 310 Meter in die Höhe.

Infos und Adressen

SEHENSWÜRDIGKEITEN

City Hall. Die Verwaltung Londons und der Bürgermeister residieren in futuristischem Design. Geöffnet Mo–Do 8.30–18 Uhr, Queen's Walk, SE1, U-Bahn: London Bridge, www.london.gov.uk

Shakespeare's Globe. Ausstellung (tgl. 9–17 Uhr) und Theaterführungen das ganze Jahr über; Führungen während der Saison Ende April–Mitte Okt. Mo 9.30–17 Uhr, Di–Sa 9.30–12.30 Uhr, So 9.30–11.30 Uhr, £ 1521. 21 New Globe Walk, SE1, U-Bahn: Southwark, www.shakespearesglobe.com

Southwark Cathedral. Mo–Fr 8–18 Uhr, Sa, So 8.30–18 Uhr geöffnet, London Bridge, SE1, Tel. 73 67 67 00, cathedral.southwark.anglican.org

White Cube. Di–Sa 10–18 Uhr, So 12–18 Uhr, 144–152 Bermondsey St, SE1, U-Bahn: London Bridge, www.whitecube.com

ESSEN UND TRINKEN

Aqua Shard. Bar & Restaurant im 31. Stock des Shard mit toller Aussicht. The Shard, 31 St Thomas St, SE1, U-Bahn: London Bridge, www.aquashard.co.uk

Casse-Croûte. Charmantes Minibistro und eine kleine Ecke Frankreich in Südlondon. Unbedingt reservieren. 109 Bermondsey St, SE1, Tel. 74 07 21 40, U-Bahn: London Bridge, www.cassecroute.co.uk

José. Tolle Tapas. 104 Bermondsey St, SE1, U-Bahn: London Bridge, www.josepizarro.com

The Garrison. Gastropub im Shabby-Chic-Stil und mit saisonalem britischen Menü. Im kleinen Kellerkino werden sonntag abends kostenlos Filme gezeigt. 99–101 Bermondsey St, SE1, Tel. 70 89 93 55, U-Bahn: London Bridge, www.thegarrison.co.uk

The George Inn. 75–77 Borough High Street, SE1, Tel. 74 07 20 56

ÜBERNACHTEN

Bermondsey Square Hotel. Schickes Boutiquehotel. Bermondsey Square, Tower Bridge Rd, SE1, Tel. 73 78 24 65, U-Bahn: London Bridge, www.bermondseysquarehotel.co.uk

EINKAUFEN

Lovely & British. Originelle Souvenirs. 132 Bermondsey St, SE1, U-Bahn: London Bridge

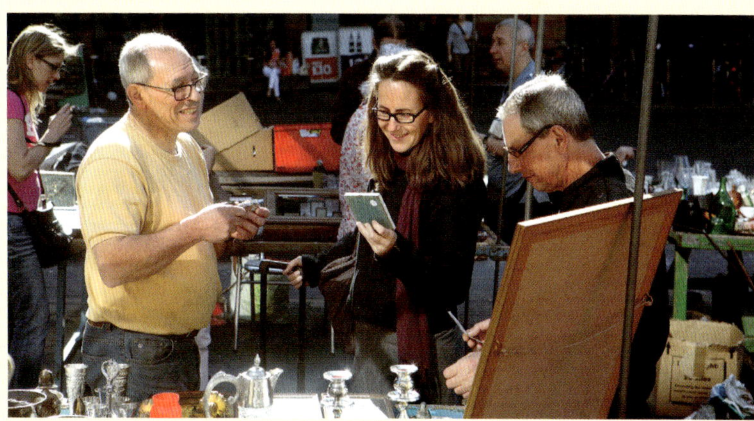

Antiquitätenhandel auf dem Bermondsey Square

Mitte: Die Millennium Bridge führt von der Tate Modern zur St Paul's Cathedral.
Unten: Ein Riesenraum – Tate-Modern-Turbinenhalle

23 Tate Modern

Besucherattraktion in Industriekathedrale

Das weltweit meistbesuchte Museum für moderne Kunst mit über fünf Millionen Besuchern im Jahr – welch eine Bilanz für ein altes Kraftwerk. Der Umbau des Industriebaus in einen Kunsttempel war ein Geniestreich: Seit die Tate Modern 2000 eröffnet wurde, ist London um eine Megaattraktion reicher. Ja, es geht natürlich um die einzigartige Sammlung moderner Kunst, die in der Tate Modern zu bewundern ist, aber genauso geht es um dieses großartige Gebäude, das 2016 um einen spektakulären Anbau erweitert wurde.

Folgendes ist sehr wichtig beim Besuch der Tate Modern: Für ein einmaliges Erlebnis von Größe und Raum in der ehemaligen Turbinenhalle des Kraftwerks sollte man das Gebäude über die Rampe am Westeingang betreten. Die Halle ist atemberaubende 35 Meter hoch und 152 Meter lang. Unbeeindruckt von diesen Ausmaßen, die von den Architekten Herzog & de Meuron ins Zentrum des Baus gestellt wurden, zeigen sich die kleinen Kinder, die hier gerne die Rampe runterrollen.

Kunstspielplatz

Ein Spielplatz für Kunst wurde die Halle jedes Jahr im Rahmen der Unilever Series, wenn ein internationaler Künstler den Raum für ein Projekt nutzen durfte. 2006/2007 verzauberte so der Deutsche Carsten Höller mit seinen Riesenrutschen die Stadt. 2011 sorgte der chinesische Künstler und Aktivist Ai Weiwei mit seinem Teppich aus handbemalten Keramiksonnenblumenkernen für Aufsehen. 2012 konnte es beim Umherschlendern in der Turbinenhalle passieren, dass um einen herum Menschen plötzlich in eine scheinbar spontane Choreografie ausbrachen, als Teil einer Live-Installation des deutsch-englischen Künstlers Tino Seghal.

Nachdem Unilever das Sponsoring für diese Serie eingestellt hatte und die Turbine Hall für einige Jahre ohne spektakuläre Installationen auskommen musste, wurde Hyundai 2015 neuer Sponsor, der bis 2025 besondere Kunstprojekte finanziert. Die ständige Ausstellung ist auf drei Stockwerke verteilt. Die Sammlung ist so reichhaltig, dass man in einem Besuch kaum alles schafft: Rund 60 000 Werke moderner Kunst ab 1900 sind in der ehemaligen Bankside Power Station (1952) in Rotation zu sehen, die wie die Battersea Power Station von Giles Gilbert Scott (1880–1960) entworfen wurde.

Thematisch angeordnet

Organisiert sind die Exponate nach Jahrzehnten, Themen und Kunstströmungen: Im sogenannten Boiler House, dem »alten Teil« der Tate Modern links der Turbine Hall, ist Kunst von 1900 bis heute zu sehen; im neu eröffneten Anbau, dem Switch House zur Rechten, liegt der Fokus auf Werken ab 1960 und Kunstformen wie Performance, Film und interaktiver Kunst. Tipp: sich zur Orientierung eine Karte im Clore Welcome Room besorgen und damit planen. Auf Level 2 im Boiler House stehen u.a. Mark Rothko und seine *Seagram Murals* (ein Highlight der Tate-Sammlung!), Bridget Riley, Gerhard Richter und Salvador Dalí im Mittelpunkt. Auf Level 4 gibt es Werke von Andy Warhol, Marcel Duchamp oder Picasso. Neben der ständigen Ausstellung – alles kostenlos – sind die Sonderausstellungen regelmäßig Publikumsrenner, für die dann auch Eintritt erhoben wird. 2012 wurden die alten Öltanks des

Einfach gut!

VON TATE ZU TATE

Eine gute Möglichkeit, die beiden beherrschenden Kunstmuseen am Themseufer zu sehen, ist das Tate Boat. Der Thames Clippers RB2 Tate to Tate Service verbindet die Tate Modern mit ihrer »Mutter«, der Tate Britain, und umgekehrt. Boote fahren täglich alle 40 Minuten zwischen dem Bankside-Pier im Südosten und Millbank-Pier im Nordwesten. £ 7.50 kostet eine einfache Fahrt, mit einer Travel- oder Oyster Card – und eines von beiden nutzen Besucher immer – gibt es Ermäßigung. London von der Themse aus zu sehen, ist immer eine schöne Sache. Diese rund 15-minütige Fahrt bietet den Blick auf einige der Hauptsehenswürdigkeiten im Zentrum: Shakespeare's Globe, Southbank mit der Royal Festival Hall, das London Eye und Big Ben sowie die Houses of Parliament.

Thames Clippers.
www.thamesclippers.com

Oben: Die schieren Dimensionen der Tate Modern sorgten bei der Eröffnung für Aufsehen.
Unten: Tate-Modern-Terrasse für besondere Ein- und Ausblicke

Kraftwerks auf dem Eingangslevel 0 neben der Turbinenhalle eröffnet, als neuer Ausstellungsraum ausschließlich für *live art*, was es in keinem anderen Museum der Welt gibt. Egal, was hier an abgedrehten Filminstallationen und Ähnlichem auch gezeigt wird, der Gang durch diesen gänzlich ungeschmückten industriellen Raum ist ein Erlebnis (und zum Teil recht dunkel). Über die Tanks wurden die zehn Stockwerke des im Sommer 2016 eröffneten Switch House gezogen. Auf vier Etagen, die durch harmonisch geschwungene Treppen verbunden sind, gibt es nun 60 Prozent mehr Platz für die Tate-Sammlung; der Rest wird von Büros, Veranstaltungsräumen, einem Restaurant und ganz oben im 10. Stock von einer Aussichtsterrasse belegt. Letztere wurde sofort zum neuen Highlight für 360-Grad-Blicke (inklusive in die Wohnungen der benachbarten Glastürme). Anschauen!

Den besten Blick auf die Tate Modern hat man von der Millennium Bridge, die als Fußgängerbrücke von St Paul's Cathedral zur Bankside führt. Hier sieht man sehr schön, wie es den Architekten gelungen ist, die Originalstruktur der Power Station zu erhalten und ihr mit einem Glasaufsatz auf dem Dach einen modernen Kick zu geben. Der hoch aufragende Schornstein ist abends beleuchtet; ein tolles Fotomotiv. Tipp für beste Blicke auf St Paul's und die gesamte Themseszenerie: die Cafés und Aussichtsterrassen auf den verschiedenen Stockwerken des Boiler House.

Infos und Adressen

SEHENSWÜRDIGKEITEN

Tate Modern. Nach oder vor der Kunst einen Blick in die beiden tollen Museumshops werfen! So–Do 10–18 Uhr, Fr, Sa 10–22 Uhr, Bankside, SE1, U-Bahn: Southwark, www.tate.org.uk

ESSEN UND TRINKEN

Founders Arms. Direkt bei der Tate Modern, sehr beliebtes Pub mit Themseaussicht. 52 Hopton St, Bankside, SE1, U-Bahn: Southwark, www.foundersarms.co.uk

Leon. Fast Food mit Niveau, vielfältiges Angebot, direkt hinter Tate Modern. 7 Canvey Street, The Blue Fin Building, SE1, U-Bahn: Southwark, www.leonrestaurants.co.uk

Tapas Brindisa. Beliebter Spanier beim Borough Market. 18–20 Southwark St, SE1, U-Bahn: London Bridge, www.brindisa.com

The Anchor. Historisches Themsepub (1615) beim *Golden Hinde*, einem Schiff aus dem 16. Jahrhundert. 34 Southwark Bridge Rd, SE1, U-Bahn: London Bridge, www.taylor-walker.co.uk

Vinopolis Wine Wharf. Bars & Restaurants in Londons größter Weinbar unter den Backsteinbögen eines alten Eisenbahnwerks. No. 1 Bank End, SE1, Tel. 79 40 83 00, U-Bahn: London Bridge, www.vinopolis.co.uk

Tate Modern Café

ÜBERNACHTEN

citizenM London Bankside. Cool, modern, stylish. 20 Lavington St, SE1, Tel. 35 19 16 80, U-Bahn: Southwark, www.citizenm.com

Ibis Styles Southwark Rose. Ordentliches Hotel. Preis inkl. Frühstück und WLAN. 43–47 Southwark Bridge Rd, SE1, Tel. 70 15 14 80, U-Bahn: London Bridge, www.all-seasons-hotels.com

AKTIVITÄTEN

Menier Chocolate Factory. Sehr gutes Fringe Theatre mit Bar und Restaurant in alter Schokoladenfabrik; Theater, Musicals, Livemusik und Stand-up-Comedy. 53 Southwark St, SE1, U-Bahn: London Bridge, www.menierchocolatefactory.com

Was will uns der Künstler, in diesem Fall Susumu Koshimizu, hier sagen ...

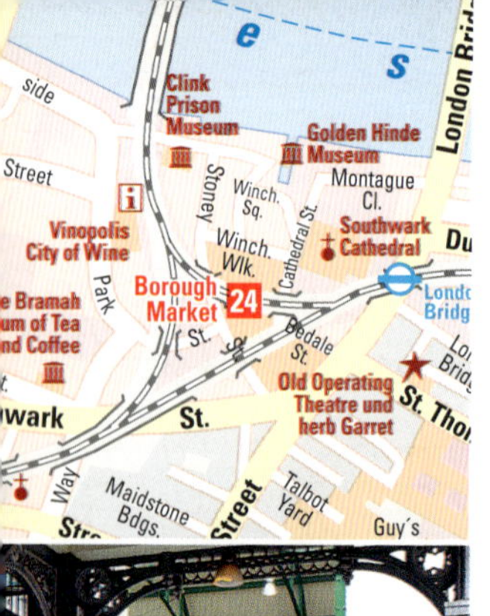

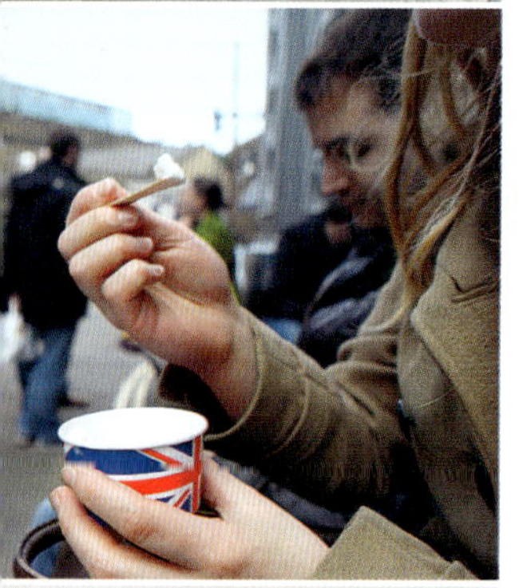

Mitte: Borough Market
Unten: Auch Eis lässt sich auf dem Borough Market bestens essen.

24 Borough Market & Maltby Street

Londons kulinarische Attraktionen

Unweit der Tate Modern ist der Borough Market, Londons *food market* Nummer 1, der Hauptgrund für die neue Attraktivität des Bankside-Viertels am südlichen Themseufer um die London Bridge. Wer kann schon Kulturerlebnissen und Gaumenfreuden widerstehen? Samstags ist hier die Hölle los. Aber seit einigen Jahren gibt es eine Alternative um die Ecke rund um die Maltby Street.

Darf man Borough Market und Maltby Street in einem Atemzug nennen? Die Beziehungen zwischen den beiden stehen nicht zum Besten: 2011 wurde eine Gruppe von Borough-Market-Händlern vom Marktmanagement rausgeworfen. Der Vorwurf: Sie hätten ihre Waren gleichzeitig auf der rund 15 Minuten östlich gelegenen Maltby Street verkauft und damit versucht, Kunden vom Borough Market wegzulocken. Von den Händlern wiederum hörte man von Problemen mit einer sehr unkooperativen Marktleitung.

Eisenbahnbögen mit Inhalt

Schon Jahre zuvor nutzten Händler die Eisenbahnbögen unter der Bahnlinie bei der Maltby Street und weiter südlich bis zum Spa Terminus als billige Lager- und Reifungshallen für ihre Produkte. 2009 begann dann einer damit, aus den Lagerbögen heraus zu verkaufen, andere folgten, Borough-Market-Verantwortliche wurden sauer und der Rauswurf folgte.

Auf dem Markt lauern überall kulinarische Versuchungen.

Gastronomieoase im Industriegebiet

Die »subversiven« Händler sind Liebling der Londoner *Foodie*-Szene. Wer frische biologische Waren möchte, kommt hierher. Besucher dürfen hier keinen klassischen Markt erwarten, eher eine kleine gastronomische Ecke mit Alternativtouch in Industrieumgebung. Rund 20 Händler verteilen sich rund um die Maltby Street, Druid Street und am Spa Terminus, einem ehemaligen Endbahnhof. Aus Bahnbögen heraus wird samstagmorgens Gemüse, Käse, Fleisch und Schinken verkauft. Besonders beliebt ist die St John's Bakery, wo das Brot für das gleichnamige Restaurant gebacken wird, während vorne Tische mit ofenwarmen Backwaren und mit Vanillecreme gefüllten Doughnuts bestückt werden. Für den Frühschoppen sorgt die lokale »Kernel Brewery« am Spa Terminus. Dann gibt es noch den wunderbaren Ropewalk, der von der Maltby Street abgeht und samstags und sonntags noch mehr Lebensmittel und *Streetfood*-Optionen bietet. Bei Lassco, einem Spezialshop für Architekturschrott, kann man sich außerdem durch Kuriositäten wühlen. Tipp: In einem der Bahnbögen mixt die Londoner Gin-Destillerie Little Bird Cocktails. Die Gäste sitzen hier zwischen allerlei altem Krams in einer der originellsten Bars in London.

Geheimtipp

REDCROSS WAY

Um die Ecke vom Borough Market verstecken sich auf dem Redcross Way (zweigt von der Southwark Street ab) Sehenswürdigkeiten, die kaum einer kennt: Cross Bones Cemetery auf der linken Straßenseite war jahrhundertelang Beerdigungsstätte für gesellschaftliche Außenseiter: Die im Bankside-Viertel arbeitenden Prostituierten wurden hier genauso beerdigt wie Mittellose. Das Stück Land wurde in den 90er-Jahren wiederentdeckt; am Tor des Friedhofs, jetzt ein kleiner Erinnerungsgarten, haben Anwohner einen bunten Schrein errichtet mit Symbolen für die Toten. Ein paar Schritte weiter wurde 1887 der Red Cross Garden von der Sozialreformerin Octavia Hill für die Arbeiter einer benachbarten Fabrik gebaut: kleine Cottages um einen Minipark mit Dorfwiese, Teich und einem Minimaibaum. Komplett unerwartet.

Cross Bones Graveyard. www.crossbones.org.uk
Red Cross Garden. Redcross Way zweigt von der Southwark Street ab. www.bost.org.uk (Infos unter Open Spaces)

Oben: Gemüse, Salat und Vitamine ohne Ende
Mitte: Nichtkaffeetrinker können sich auf dem Markt auch mit frischen Säften versorgen.
Unten: Bei »Monmouth Coffee« werden die Schlangen am Wochenende sehr lang.

Borough Market: Liebling am Wochenende

Einige Hundert Meter weiter in Richtung Themse wird dem Borough Market von Puristen inzwischen vorgeworfen, dass es kein richtiger Markt mehr sei: Touristen kommen zum Fotosmachen, Einheimische kaufen dort nicht mehr ein. Da ist etwas dran. Trotzdem: Borough Market muss sein. Der älteste Obst- und Gemüsemarkt in London – schon im 13. Jahrhundert wurde hier gehandelt – bietet eine Bandbreite und Qualität an Produkten, die ihresgleichen sucht: Händler aus dem ganzen Land verkaufen Käse, Schinken, Fleisch, Wild, Fisch, Gemüse, Backwaren, sowohl aus heimischer Produktion als auch internationale Delikatessen. Über 100 Stände gibt es in der schönen viktorianischen Halle, die sich zwischen Southwark Cathedral und London Bridge Station quetscht. Hauptöffnungszeiten sind Donnerstag bis Samstag und vor allem samstags wird es proppenvoll.

Am besten hungrig kommen, denn es werden immer irgendwo Probierhappen gereicht. Rund um den Markt findet sich zudem eine tolle Auswahl an Cafés, Restaurants und Pubs. Und wem es dann zu voll wird: Es gibt ja eine charmante Alternative mit Rebellentouch um die Ecke ...

Infos und Adressen

SEHENSWÜRDIGKEITEN

Old Operating Theatre Museum. Eines der seltsamsten Museen in London im Dachstuhl der Kirche St Thomas: Operationssaal des St Thomas' Hospital von 1822; zum Museum führt eine superenge Wendeltreppe! Tgl. 10.30–17 Uhr, £ 6.50, 9a St Thomas's Street, SE1, U-Bahn: London Bridge, www.thegarret.org.uk

ESSEN UND TRINKEN

Elliot's Café. Borough-Markt-Liebling, gekocht wird mit frischen Zutaten vom Markt. Guter Kaffee! 12 Stoney St, SE1, Tel. 74 03 74 36, www.elliotscafe.com

Gelateria 3Bis. Italienisches Eis zum Niederknien beim Borough Market. 4 Park St, Borough Market, SE1

The Barrowboy & Banker. Klassisches Pub. 6–8 Borough High St, SE1, U-Bahn: London Bridge, www.barrowboy-and-banker.co.uk

40 Maltby Street. Weinhändler/Weinbar für Ökoweine in einem der Maltby-Street-Bahnbögen; integriertes Restaurant. Geöffnet Mi, Do, Fr, Sa, 40 Maltby St, SE1, Tel. 72 37 92 47, www.40maltbystreet.com

Mal probieren? Das sind *meat pies.*

Ein süßer Turm aus Meringue

ÜBERNACHTEN

London Bridge Hotel. Borough Market ist praktisch vor der Haustür, trotzdem erstaunlich ruhig, modern, guter Service. 8–18 London Bridge St, SE1, U-Bahn: London Bridge, Tel. 78 55 22 00, www.londonbridgehotel.com

EINKAUFEN

Lassco Ropewalk. Alte Marmorbadewannen, Türklopfer, Kirchenfenster – teure Schatzgrube. 41 Maltby St, SE1, U-Bahn: London Bridge, www.lassco.co.uk

INFORMATION

Borough Market. Mi, Do 10–17 Uhr, Fr 10–18 Uhr, Sa 8–17 Uhr, Mo u. Di geöffnet mit weniger Händlern, 8 Southwark St, SE1, U-Bahn: London Bridge, www.boroughmarket.org.uk

Spa Terminus & Maltby Street Market. Spa Terminus Sa 9–14 Uhr, Maltby Street Market Sa 9–16 Uhr, So 11–16 Uhr, U-Bahn: London Bridge, www.spa-terminus.co.uk, www.maltby.st

Das Bon-Marché-Gebäude von 1877 im Zentrum von Brixton

25 Brixton
Kulinarisch um den Globus

Eine typische Londoner Geschichte: Brixton war mal ein viktorianischer Vorort, in dem seit der Einwandererwelle von den Westindischen Inseln in den 1950ern das afrikanisch-karibische Herz der Stadt schlug. In den 90er-Jahren setzte dann die Gentrifizierung ein. Heute ist der Stadtteil am Ende der Victoria Line außerdem ein Paradies für Leckermäuler. Glatt geleckt ist hier aber nichts, sondern London pur, mit Ecken und Kanten.

Electric Avenue, Eddy Grant, Brixton Riots – der Name Brixton weckt viele Assoziationen, nicht unbedingt nur positive. Denn das Multikulti-Viertel war in der Vergangenheit immer wieder Schauplatz von Unruhen. Es gibt definitiv Ecken, die man auch heute noch in der Dunkelheit meiden sollte. Gleichzeitig hat hier in den letzten Jahren ein Gentrifizierungsprozess eingesetzt. Brixton wurde zur beliebten Wohngegend für den Mittelstand. Und eine Gruppe hat Brixton seit spätestens 2011 fest in ihr Herz geschlossen: die Menschen, die gerne essen und sich für Essen interessieren, die sogenannten *foodies*.

Brixton Village

Was ist passiert? Führende Restaurantkritiker und Blogger überschlagen sich mit Lob für Brixton Village, eine der alten Arkaden des Brixton Market. Die ehemalige Granville Arcade an der Coldharbour Lane verfiel vor sich hin, als vor einigen Jahren eine lokale Initiative das Projekt Brixton Village ins Leben rief. Rund 20 Cafés, Restaurants und *Takeaway*-Stände gibt es nun hier. Man trifft kei-

Brixton Village mit seinen vielen kleinen Restaurants macht einfach Spaß.

ne Haute Cuisine an, sondern kleine Restaurants mit offenen Küchen und jungen Köchen am Herd. Streetfood ist angesagt und hat eine unglaubliche Bandbreite an Geschmacksrichtungen – italienisch, südamerikanisch, karibisch, Thai, chinesisch, japanisch, Backwaren aller Art, Eis und Süßes, Burger. Alles da. Gemeinsam mit der kleineren Market-Row-Arkade, die parallel zur Electric Avenue verläuft, hat sich Brixton Village zu einem Lieblingstreffpunkt rund um das Thema Essen entwickelt. Schlangestehen an den Restaurants, die oftmals auf Budengröße im Garagenstil mit ein paar Bierbänken oder kleinen Tischen geführt werden, ist keine Seltenheit. Denn reservieren kann man hier meist nicht. Die Atmosphäre ist vollkommen informell; wer fein speisen möchte, ist fehl am Platz. Hier kann man sich für wenig Geld (kaum ein Gericht über £ 10) lecker satt essen und auf eine kulinarische Entdeckungsreise gehen.

Brixton Market

Den Brixton Market gibt es schon seit Ende des 19. Jahrhunderts rund um Electric Avenue und

Geheimtipp

BRIXTON WINDMILL

Wie bitte, eine Windmühle in Brixton? Das hört sich seltsam an, ist aber Realität. 1816 wurde sie von einem lokalen Bauunternehmer errichtet und von einer Müllerfamilie unterhalten. Bis 1862 war die Mühle windbetrieben, dann per Dampf und Gas, bis sie schließlich 1934 geschlossen wurde. Seit 1951 denkmalgeschützt, ist es mal wieder einer lokalen Initiative zu verdanken, dass die Windmühle renoviert und 2011 wieder eröffnet wurde. Wenn man von Brixton Hill kommend in Blenheim Gardens einbiegt, sieht man den fast 13 Meter hohen Turm. Übers Jahr verteilt ist die Mühle an ausgewählten Wochenenden offen für Besucher.

Brixton Windmill. Öffnungszeiten auf Webseite, Anmeldung für Touren erforderlich. Windmill Gardens, Blenheim Gardens, SW2, U-Bahn: Brixton, www.brixtonwindmill.org

Oben: Café in Herne Hill zwischen Brixton und Dulwich
Mitte: In Brixton wird Obst und Gemüse aus aller Welt verkauft.
Unten: Brockwell-Lido-Freibad in Herne Hill

Coldharbour Lane, direkt bei der U-Bahn-Station Brixton. Drei Arkaden ringen sich hier um einen zentralen Straßenmarkt auf der Electric Avenue, wo es ein breites Angebot an Lebensmitteln gibt – Obst, Gemüse, Fleisch, Fisch und hauptsächlich afrikanische und karibische Produkte, aber auch viel Asiatisches. Auch wenn es ein Klischee ist, trifft es hier allemal zu: Die Atmosphäre ist authentisch. Man kommt sich vor wie in einem anderen Land. Verkauft werden Kleider, Haushaltswaren, afrikanische Stoffe und in den vielen afrikanischen Friseurshops gibt es eine gigantische Auswahl an Perücken und Haarteilen.

Exotisches und Ungewöhnliches

Zwischen die Restaurants in Brixton Village und Market Row mischen sich auch kleine Läden. Wer nach Vintage-Mode, chinesischer Kräutermedizin oder religiösen Artefakten aus Haiti Ausschau hält, könnte fündig werden. Nichts für schwache Mägen und Nasen sind die Geschäfte und Stände, an denen Meeresfrüchte und Fleischwaren verkauft werden (z.B. frischer Schweinefuß). An Wochenenden gibt es in der Station Road ein paar Straßen weiter zudem verschiedene themenbezogene Flohmärkte. Und Brixton wäre nicht Brixton, wenn über dieser bunten Welt nicht immer ein Hauch von Musik schweben würde.

Abgesehen vom Essen bietet Brixton auch anderweitig Unterhaltung. Das 1910 gebaute Ritzy Cinema ist beliebter Treffpunkt, nicht nur wegen der Filme, sondern auch für einen Drink in der dazugehörigen Bar. Bekannt sind die vielen Clubs und Veranstaltungsorte für Livemusik wie die »Brixton Academy«, das »Electric Brixton« oder kleinere Bars und Pubs wie »Dogstar« oder »Windmill«. Hört sich alles gar nicht mehr nach viktorianischer Vorstadt an, oder?

Infos und Adressen

SEHENSWÜRDIGKEIT

Dulwich Picture Gallery. Englands älteste öffentliche Kunstgalerie mit einem wunderbaren Garten wurde 1817 in Brixtons noblem südlichen Nachbarviertel Dulwich eröffnet. Tipp: ein ca. 45-minütiger Spaziergang von Brixton aus über Herne Hill für Einblicke in eine von Londons beliebtesten Wohngegenden südlich der Themse mit Dorfcharakter. Di–Sa 10–17 Uhr, letzter Eintritt 16.30 Uhr, £ 7, Gallery Rd, SE21, öffentliche Verkehrsmittel: Zug von Victoria nach West Dulwich oder Bus P4 von Brixton, www.dulwichpicturegallery.org.uk

ESSEN UND TRINKEN

ETTA's Seafood Kitchen. Karibische Fischgerichte. Chefin Etta Burrell hat eine treue Gefolgschaft. 85/86 Brixton Village Market, SW9, www.ettasseafoodkitchen.com

Franco Manca. Legendäre Sauerteigpizza neapolitanischer Art, die man vor Ort essen oder auch mitnehmen kann. 4 Market Row, SW9, www.francomanca.co.uk

Honest Burgers. Holztische, nackte Glühbirnen, saftige Burger. Unit 12, Brixton Village Market, SW9, www.honestburgers.co.uk

Kaosarn. Tolles Thaifood. 2 & 96 Brixton Village Market, SW9

Lab G. Eis vom Feinsten. 6 Brixton Village Market, SW9, www.lab-g.co.uk

Mama Lan's. Streetfood aus Peking; super und scharf. Unit 18, Brixton Village Market, SW9, www.mamalan.co.uk

Okan. Japanische Straßenküche aus Osaka, Pfannkuchen mit verschiedenen Füllungen. Unit 39, Brixton Village Market, SW9, www.okanbrixtonvillage.com

Rosie's Deli Café. Charmant eingerichtetes Café und Deli, gut für Snacks und Vegetarier. 14e Market Row, SW9, www.rosiesdelicafe.com

AUSGEHEN

Dogstar. Club mit DJs und Livemusik. 389 Coldharbour Lane, SW9, www.antic-ltd.com/dogstar

Electric Brixton. Town Hall Parade, SW2, www.electricbrixton.com

O2 Brixton Academy. 211 Stockwell Road, SW9, www.o2academybrixton.co.uk

Ritzy Cinema. Kino. Brixton Oval, Coldharbour Lane, SW2, www.picturehouses.co.uk

INFORMATION

Brixton Village & Market Row. Tgl. bis 23.30 Uhr, Mo nur bis 18 Uhr. Straßenmarkt tgl. außer So; Brixton ist mit der Victoria Line vom Zentrum aus in 10–15 Min. zu erreichen, www.brixtonmarket.net

Brixton Market

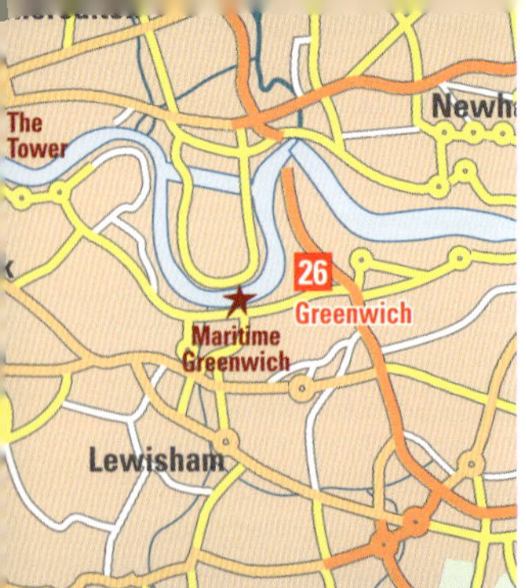

26 Greenwich
Großartige Ansichten

Greenwich im Südosten war einst ein Fischerdorf und ist heute ein Star an der Themse. Das National Maritime Greenwich mit dem Old Royal Naval College, der königlichen Sternwarte und dem Greenwich Park ist seit 1997 UNESCO-Weltkulturerbe. Der Gebäudekomplex des Old Royal Naval College an der Themse, der den Blick auf das dahinterliegende Queen's House freigibt, ist eine grandiose Schau im englischen Barockstil.

Schon die Anfahrt nach Greenwich ist ein Erlebnis. Mit dem Thames Clipper schippert es sich vom Zentrum aus gemütlich vorbei an vielen Sehenswürdigkeiten – oder schneller mit der Docklands Light Railway (DLR) bis zu Island Gardens, eine Station vor Greenwich, denn von hier hat man den besten Blick auf die Anlage am anderen Ufer. Dann läuft man durch den neu renovierten Fußgängertunnel von 1902 unter der Themse durch, 100 Stufen (oder Fahrstuhl) geht es nach oben und schließlich kommt man (wie auch bei der Bootsvariante) bei der ersten Sehenswürdigkeit Greenwichs an Land – der *Cutty Sark* (1869); wunderschöner Teeklipper und Letzter seiner Art.

Mitte: Cutty Sark, nach einem Feuer 2007 wieder renoviert
Unten: Sommerliches Greenwich
Rechte Seite oben: Blick auf die Stunde Null – das Royal Observatory mit dem Nullmeridian

Cutty Sark

Das Schiff wurde 2007 Opfer eines Brandes, was einer nationalen Katastrophe gleichkam. Nach aufwändiger Renovierung (Kosten: 45 Millionen Pfund) wurde es im Frühjahr 2012 wieder eröffnet, in alter Pracht und mit neuen Attraktionen: Das Schiff wurde in seinem Trockendock um drei Meter angehoben, sodass Besucher sich unter

dem Rumpf in einem Raum aus Glas bewegen können. Hier sieht man auch besonders gut das Design des Rumpfes, das die *Cutty Sark* zu einem der schnellsten Teeklipper machte. Originell: die Sammlung von Schiffsfiguren, die es hier zu sehen gibt. Auf Deck sind die Aussichten in Richtung Stadt und auf die Docklands gegenüber sehenswert.

Direkt neben *Cutty Sark* geht es in das Discover Greenwich Visitor Centre, ein guter Ausgangspunkt für die Erkundung der UNESCO-Welterbestätte mit einem 3D-Modell der Anlage. Zum schützenswerten Ensemble gehört das von Christopher Wren (1632–1723) und seinem Schüler Nicholas Hawksmoor (1661–1736) entworfene Old Royal Naval College (eine Marineakademie bis 1998), das Royal Observatory, wo der Nullmeridian gelegt wurde, sowie der Greenwich Park mit dem Queen's House. Der Komplex des Old Royal Naval College aus dem späten 17. Jahrhundert, der ursprünglich ein von Maria II. in Auftrag gegebenes Heim für pensionierte Seeleute war, verdient einen ausgedehnten Spaziergang: Wenn man das Visitor Centre in Richtung Themse verlässt und auf der Uferpromenade bis zum Water Gate läuft, hat man den besten Blick auf die prachtvolle Symmetrie von Wrens Design mit den

Einfach gut!

GREENWICH MARKET

Greenwich hat ein lebhaftes kleines Zentrum direkt neben dem Old Royal Naval College mit vielen Restaurants, Pubs, Boutiquen und Läden, die allerlei nautische Kuriositäten verkaufen. Schönstes Einkaufserlebnis in Greenwich bietet der Greenwich Market in einer alten überdachten Halle, um die herum sich das Straßenleben abspielt. Schmuck, Antiquitäten, Mode, Kunsthandwerk, Geschenkartikel und Kulinarisches gibt es von Dienstag bis Sonntag. Viele der Shops und Cafés im Markt haben die ganze Woche auf. Das Schöne: Keine Massenware, sondern individuelle Produkte werden von den Herstellern und Designern selbst verkauft. Am Wochenende wird es voll, aber das gehört ja auch dazu.

Greenwich Market. Di–So 10–17.30 Uhr, Mi, Sa, So: Kunst, Handwerk, Essen; Di, Do, Fr: Antiquitäten. Greenwich Church St, SE10, Station (DLR): Cutty Sark, www.shopgreenwich.co.uk

Oben: Old Royal Naval College mit Blick auf die Docklands
Mitte: Buddelschiff »Nelson's Ship in the Bottle«
Unten: Blick auf die City of London mit der Kuppel von St Paul's Cathedral

beiden Kuppelbauten. In diesen befinden sich die Painted Hall, ehemals Speisesaal für die Pensionäre, und die Kapelle. Beide sind eintrittsfrei zu besichtigen.

Das Deckengemälde der Painted Hall ist grandios; die Decke der Kapelle ist ein fein in Gips geschnitzter Traum in Blau und Crème. Das Old Royal Naval College wurde an der Stelle eines Tudorpalasts erbaut, der östlichste in der Reihe königlicher Paläste an der Themse. Nur das von Inigo Jones im 17. Jahrhundert gebaute Queen's House im Greenwich Park, der direkt an das Old Royal Naval College anschließt, ist als spätere Ergänzung des Komplexes noch übrig. Eine weitere Empfehlung ist das National Maritime Museum, in dem das Thema Seefahrt auf unterhaltsame Art aufbereitet wird. Fototipp: das riesige Buddelschiff »Nelson's Ship in the Bottle« hinter dem Gebäude. Von hier aus geht es direkt in den Greenwich Park, eine herrliche, 73 Hektar große Anlage, die 2012 Schauplatz der olympischen Reitwettbewerbe war. Auf dem höchsten Punkt des Parks ließ Karl II. für den ersten Hofastronomen John Flamsteed 1675 eine Sternwarte bauen, die zur berühmtesten der Welt wurde: Das Royal Observatory liegt auf dem Nullmeridian. Man steht dort mit einem Bein auf der östlichen und dem anderen auf der westlichen Halbkugel und hat eine prima Aussicht auf das Themsepanorama.

Infos und Adressen

SEHENSWÜRDIGKEITEN

Cutty Sark. Mo–So 10–17 Uhr, letzter Eintritt 16.15 Uhr, £ 13.50, Ticketvorbuchung, King William Walk, SE10, Tel. 83 12 66 08, www.rmg.co.uk

Fan Museum. Weltweit einziges Fächermuseum. Di–Sa 11–17 Uhr, So 12–17 Uhr, £ 4, 12 Croom's Hill, SE10, www.fan-museum.org

Greenwich Park. Beste Aussicht: vom (steilen) Hügel mit der Statue von General James Wolfe. www.royalparks.org.uk

National Maritime Museum. Tgl. 10–17 Uhr, letzter Eintritt 16.30 Uhr, Sammy Ofer Wing und Galerien im Erdgeschoss Do bis 20 Uhr, Park Row, SE10, www.rmg.co.uk

Old Royal Naval College. Tgl. 10–17 Uhr, Kapelle So ab 12.30 Uhr, King William Walk, SE10, www.ornc.org

Queen's House. Tgl. 10–17 Uhr, letzter Eintritt 16.30 Uhr, Park Row, SE 10, www.rmg.co.uk

Royal Observatory Greenwich. Tgl. 10–17 Uhr, letzter Eintritt 16.30 Uhr, Astronomy Centre eintrittsfrei, Flamsteed House & Meridian Courtyard: £ 9.50, Planetarium Shows: £ 7.50, Blackheath Av., SE10, www.rmg.co.uk

ESSEN UND TRINKEN

Old Brewery. Restaurant, Mikrobrauerei der lokalen Meantime Brewing Company; im Sommer Biergarten. Old Royal Naval College, SE10, Tel. 33 27 12 80, www.oldbrewerygreenwich.com

Trafalgar Tavern. Historisches Pub, tolle Themselage. 6 Park Row, SE10, Tel. 88 58 29 09, www.trafalgartavern.co.uk

EINKAUFEN

Greenwich Printmakers. Hochwertige Drucke, tolle Londonmotive. 1a Greenwich Market, SE10, www.greenwich-printmakers.co.uk

Sophia & Matt. Witzige bunte Taschen und Geldbeutel. 28 Greenwich Church St, SE10, www.sophiaandmatt.co.uk

INFORMATION

Discover Greenwich Visitor Centre. Tgl. 10–17 Uhr, The Pepys Building, King William Walk, Tel. 82 69 47 47. DLR-Station für Greenwich aus der Stadt: Cutty Sark for Maritime Greenwich

Schicker Appartementblock direkt an der Themse

OSTEN

Winns Ave.
William Morris Gallery
Forest Rd.
Higham Hill Rd.
Greensleaf Rd.
Hoe St.
Howard Rd.
Aubrey Rd.
The Drive
Vine St.
Hill Rd.
Palmerston Rd.
Erskine Rd.
Hatherley Rd.
36
Walthamstow
Church
Vestry House Museum
God's Own Junkyard
Eat 17
Northcote Rd.
Buxton Rd.
Walthamstow Market High St.
Selborne Rd.
St James St.
Walthamstow Queen's Rd.
Walthamstow Central
Stean St.
Clarissa St.
Hagerston Rd.
Brownlow Rd.
Broke Walk
Marlborough Av.
Rivington Walk
Welshpool St.
Broadway Market
Westgate St.
Buen Ayre
Duncan Rd.
Pownall Road
Regent's Row
Dunston Rd.
Kingsland Rd.
Laburnum St.
Whiston Rd.
Thurtle Rd.
Queensbridge Rd.
Dove Rd.
Haggerston
Sheep Lane
Ash Rd.
Andrew's Rd.
How's St.
Pearson St.
Appleby St.
Geffrye Museum
Dunloe Street
Weymouth Ter.
Goldsmith's Row
Maidstone St.
Boston St.
Teale St.
Pritchard's Rd.
Kay St.
Coate St.
Grove Passage
Hackney Rd.
Mansford St.
Temple St.
Cambridge St.
Centre St.
Murray Grove
Britannia Walk
32 Hoxton
Fanshaw St.
Royal Oak Ct.
Open Kitchen
Mien Tay
Long St.
Hackney Rd.
Pelter St.
Ravenscroft St.
Columbia Road Flower Market
Baroness Rd.
Columbia Rd.
Barnet St.
Durant St.
Quilter St.
Wellington Row
Old Bethnal Green Rd.
Middleton Rd.
Fifteen
Bevenden St.
Haberdasher St.
East Rd.
8 Hoxton Square
Circus Space
Brunswick Pl.
Pitfield London
Happiness Forgets
31
The Old Shoreditch Station
Breakfast Club
Columbia Rd.
Gosset St.
Pollard Row
Bethnal Green
City Rd.
Peerless St.
Bath St.
Old Street
Rivington Grill
Tramshed
Cargo
Boundary Hotel
Shoreditch House
Virginia Rd.
Swanfield St.
Chambord St.
Tatty Devine
Turin St.
Grove
Squirries St.
Voss St.
Bethnal Green Street
Green
Wilmot St.
Hoxton Hotel
Rivington Place
MAST London
Labour and Wait
Brick La.
Chilton St.
St. Matthew's Row
Hereford St.
Mape St.
Old St.
Pizza East
Aesop
Rich Mix
29
Brick Lane Market,
Three
Wesley's Chapel & House
City Rd.
Paul St.
New North Pl.
Eyre Brothers
House of Vintage
Bunhill Row
Dufferin St.
Wheler St.
Rokit
Shoreditch
Vallance Rd.
Brady St.
Granary Rd.
Selby St.
Worship St.
Hawksmoor
Commercial St.
Calvin St.
All Star Lanes
Buxton St.
Water Poet
Sutton's Way
Chiswell St.
Pindar St.
Dennis Severs' House
Libreria
Woodseer St.
Deal St.
Lomas St.
Durward St.
Whitechapel
Silk St.
Wilson St.
Sun St.
Finsbury Av.
Canteen
28
St John Bread & Wine
Princelet St.
Hanbury St.
Moorgate
Moor Lane
South Pl.
Eldon St.
Sun Street Passage
The English Restaurant
Spitalfields Market
Ten Bells
Brushfield St.
Fore St.
Liverpool Street Station
White's Row
Christ Church
Brick Lane
Hopetown St.
Old Montague St.
Whitechapel Rd.
Tayyabs
Stepney Way
Newark St.
Turner St.
Ashfield St.
London Wall
Liverpool Street
Andaz Liverpool Street
Middlesex St.
Goulston St.
Aldgate East
White Chapell Bell Foundry
30
Myrdle St.
Philpot St.
Coleman St.
Moorgate
Copthall Av.
Houndsditch
Whitechapel Art Gallery
Settles St.
Varden St.
Nelson St.
Gresham St.
Bevis Marks
Aldgate
Aldgate High St.
Braham St.
Commercial Rd.
Gower's Walk
Church Ln.
Hessel St.
Cannon St. Rd.
Threadneedle St.
Gracechurch St.
Undershaft
Bury St.
Mansell St.
Fairclough St.
Christian St.
Burslem St.
Golding St.
Bigland St.
Bank
Cornhill
Leadenhall St.
Motel One Tower Hill
St. Mark St.
Leman St.
Ellen St.
Mansion House
Walbrook
Jewry St.
Minories
W. Tenter St.
Back Church Ln.
Pinchin St.
Chapman St.
Lloyd's Av.
Portsoken St.
Prescot St.
Double Tree by Hilton Hotel
Shadwell
Mincing La.
Mark Lane
Tower Hill
Premier Inn Tower Hill
Cable St.
Wilton's Music Hall
The Kitchen at Tower
Tower Hill
The Highway
All Hallows-by-the-Tower
27
Tower of London
East Smithfield
Pennington Street
Wapping
Vaughan Way
Themse
St Katharine Docks
Kennet St.
Spirit Quay
St. Katharine's Way
Reardon St.
Tower Bridge
Wapping High St.
Tench St.
Green
Draft House Tower Bridge
Sehenswürdigkeit, Museum
Aktivitäten, Ausgehen
Information
Kirche, Synagoge, Moschee
Theater
Shopping
Restaurant, Bar, Café
Übernachtungsmöglichkeit
0
200 m
N

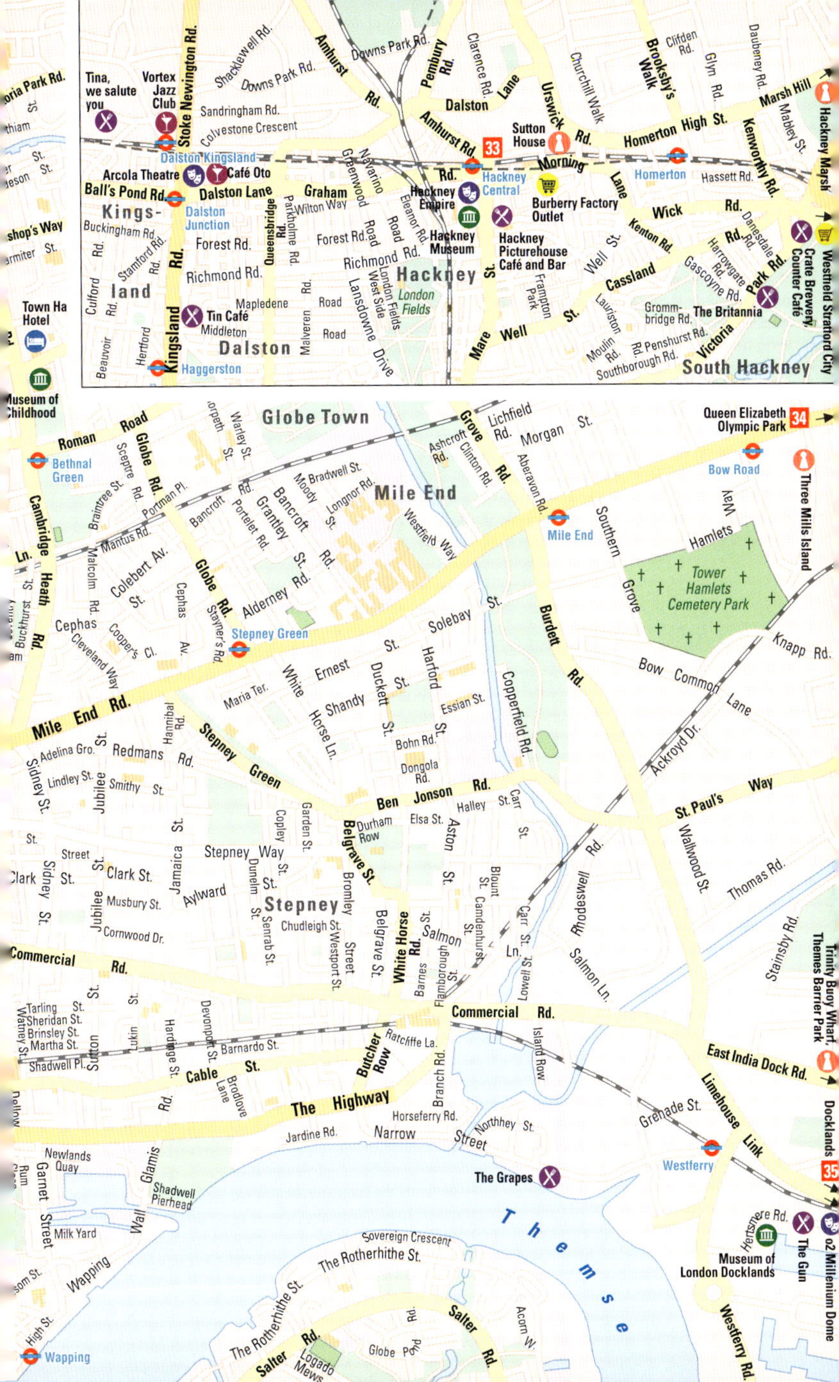

Hackney
Dalston
Kingsland
South Hackney
Globe Town
Mile End
Stepney
Wapping
Thames
Tina, we salute you
Vortex Jazz Club
Arcola Theatre
Café Oto
Dalston Kingsland
Dalston Junction
Haggerston
Tin Café
Hackney Central
Hackney Empire
Hackney Museum
Hackney Picturehouse Café and Bar
Sutton House
Burberry Factory Outlet
Homerton
Hackney Marsh
Westfield Stratford City
Crate Brewery, Counter Café
The Britannia
London Fields
33
Town Hall Hotel
Museum of Childhood
Bethnal Green
Queen Elizabeth Olympic Park
34
Bow Road
Three Mills Island
Mile End
Stepney Green
Tower Hamlets Cemetery Park
Trinity Buoy Wharf, Thames Barrier Park
East India Dock Rd.
Docklands
35
Westferry
The Grapes
Museum of London Docklands
The Gun
o2 Millenium Dome
Shadwell Pierhead
Wapping
Mile End Rd.
Commercial Rd.
The Highway
Cable St.
Roman Road
Globe Rd.
Cambridge Heath Rd.
Burdett Rd.
St. Paul's Way
Ben Jonson Rd.
Stepney Green
Limehouse Link
Narrow Street
The Rotherhithe St.
Salter Rd.
Kingsland Rd.
Stoke Newington Rd.
Mare St.
Amhurst Rd.
Dalston Lane
Graham Rd.
Homerton High St.
Wick Rd.
Well St.
Cassland Rd.
Victoria Park Rd.
Morning Lane
Urswick Rd.

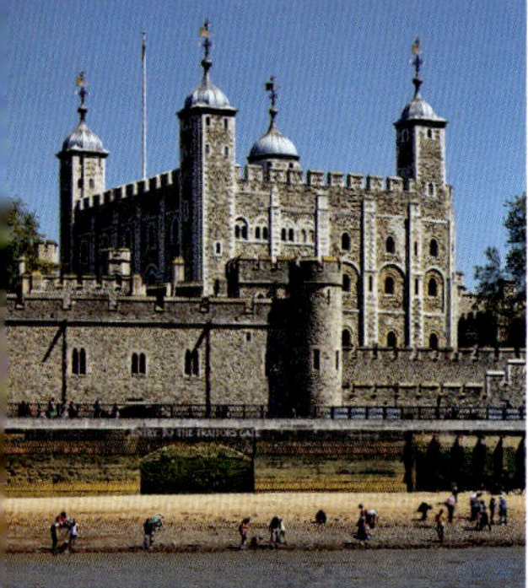

Seite 178/179: Alt und Neu: Bürotürme der City mit der Tower Bridge im Vordergrund.
Mitte: Der Tower of London – eine mittelalterliche Burganlage par excellence
Unten: Tower-Bridge-Details

27 Tower of London

Festung an der Themse

An der Themse und am Ostrand der City liegt eine Festung, die die Fantasie der Besucher Londons gefangen hält wie kaum eine andere Sehenswürdigkeit der Stadt. Ob es die vielen Hinrichtungen sind, die hier stattfanden, oder die dramatischen Geschichten von Verrätern, die in Kerkern schmorten? Seit seiner Errichtung im 11. Jahrhundert hat der Tower viel erlebt, war königlicher Palast, Gefängnis und Zoo.

Den Tower of London, die am besten erhaltene mittelalterliche Burganlage in Großbritannien und eine der vier Londoner UNESCO-Weltkulturerbestätten, erkundet man am besten, indem man sich von der Struktur des quadratisch um den White Tower im Zentrum herum angelegten Komplexes leiten lässt. Nachdem man den Besuchereingang passiert hat, geht man durch den Middle und Byward Tower und wählt den Eingang zum Medieval

GUT ZU WISSEN

TOWER BRIDGE MUSEUM

Die Tower Bridge ist ein Londoner Symbol und bietet mit ihren neugotischen Türmen seit 1894 eine einzigartige Kulisse. Man sollte den Blick auf das Bauwerk genießen und einen Spaziergang machen. Auf der Webseite ist vermerkt, wann die Baskülen für die Durchfahrt eines Schiffes geöffnet werden (beeindruckend). Das Tower Bridge Museum kann man sich aber sparen. Auf 42 Metern verbinden Gehwege die Brückentürme über die Themse: nett, aber Aussichten bekommt man auch anderswo. Und der alte Maschinenraum ist nur für Technikfreunde interessant.

Palace, der gleichzeitig Startpunkt für einen Rundgang auf den Mauern der Burg ist (Wall Walks). So kann man von einem Turm zum anderen rund um den Tower bis zur Nordseite gehen. Und wenn man hier »aussteigt«, kann man direkt die Kronjuwelen und den White Tower besuchen.

Touristennecker

Auf jeden Fall sollte eine der unterhaltsamen einstündigen Beefeater-Touren auf dem Programm stehen. Die Yeoman Warders, so der offizielle Name der persönliche Bodyguardgruppe, die Heinrich VII. 1485 gründete, sind bekannt für ihre direkte Art und eine gewisse Vorliebe, Touristen zu necken. Alle 37 Beefeater haben mindestens 22 Jahre in der Armee und eine strenge Ausbildung hinter sich, bevor sie ihren Dienst im Tower antreten.

Auf einer Beefeater-Tour bekommt man auch das Innere der Kirche St Peter ad Vincula zu sehen, die ansonsten nur eingeschränkt zugänglich ist. Die Überreste einiger der bekanntesten Gefangenen, die auf dem hübschen Tower Green vor der Kirche, der als Exekutionsplatz diente, ihre Köpfe verloren haben, liegen hier begraben: Anne Boleyn (1501–1536) und Catherine Howard (1521–1542), zwei der Ehefrauen von Heinrich VIII. (1491–1547) sowie der katholische Heilige Thomas Morus (1478–1535). Ein Muss ist der White Tower, Keimzelle der heutigen Anlage, die von Wilhelm dem Eroberer nach 1066 gebaut wurde, um sich vor möglichen Angriffen der feindlich gesinnten Bürger in der City zu schützen. Er gab dem Tower, der sich bis 1100 zu einer Palastfestung entwickelt hatte, seinen Namen. Heute befinden sich hier die Royal Armouries (königlichen Waffen und Rüstungen). Im ersten Stock des White Tower befindet sich ei-

Einfach gut!

ST KATHARINE DOCKS

Pause nötig? Dann einfach eine Wiedereintrittskarte für den Tower nutzen und die Mittagspause in den St Katharine Docks unterhalb der Tower Bridge verbringen, bevor es weitergeht. Der ehemalige Handelshafen war Teil des Londoner Hafens und ist heute ein exklusives Wohnviertel inklusive Jachthafen, Restaurants, Cafés und kleiner Shops. Einige der alten Hafenstrukturen aus dem 19. Jahrhundert, als die St Katharine Docks Umschlagsplatz für Güter aus aller Welt waren, stehen noch und wurden zu schicken Appartements umgebaut. Um zum Essen zurückzukommen: Jeden Freitag zwischen 11 und 15 Uhr findet hier ein Gourmet Food Market statt. Die Aussicht auf die Themse mit den einfahrenden Jachten zu genießen, ist auch eine feine Sache.

St Katharine Docks.
50 St Katharines Way, E1W,
www.skdocks.co.uk

Oben: Das Wahrzeichen: die Tower Bridge
Mitte: Wappen der City of London
Unten: Die traditionelle Beefeater-Uniform mit der Krone auf der Brust

nes der Schmuckstücke der Anlage. Die Chapel of St John ist eine wunderbare normannische Struktur von 1080 und das älteste erhaltene Kirchengebäude in London.

Die bekannteren Juwelen sind natürlich die Kronjuwelen im Jewel House. Auch wenn die Schlange hier meist lang ist, der Anblick ist es wert. Im Mittelpunkt stehen drei Kronen: St Edward's Crown, die seit der Restauration (Wiederherstellung der Monarchie 1660) bei jeder Krönung genutzt wurde; die Krone der Queen Mum von 1937 mit dem 105.6 Karat Koh-i-Noor-Diamanten und das Prachtstück der Imperial State Crown, die von der Queen jährlich zur Eröffnung des Parlaments getragen wird und mit 2686 Diamanten, 273 Perlen, 17 Saphiren, elf Smaragden und fünf Rubinen besetzt ist. Neben diesen großen Kostbarkeiten sind es aber auch die kleinen und unerwarteten Details, die den Towerspaziergang so faszinierend machen: Es gibt Graffitis, die Gefangene im Salt Tower hinterlassen haben. Man erhält Informationen zur Menagerie mit Löwen, Tigern und Elefanten, die seit dem frühen 13. Jahrhundert zur Ausstattung des Towers gehören. Beim Gang über die Mauern zeigen sich tolle Ausblicke auf die Tower Bridge und die modernen Hochhäuser, wie den Gherkin oder den Shard auf der Südseite der Themse.

Infos und Adressen

SEHENSWÜRDIGKEITEN

All Hallows-by-the-Tower. Älteste Kirche in der City aus der Zeit vor dem Großen Brand; Mo–Fr 8–18 Uhr, Sa, So 10–17 Uhr (außer zu Gottesdienstzeiten), Byward St, EC3R, www.ahbtt.org.uk

Tower Bridge. Tower Bridge Rd, SE1, U-Bahn: Tower Hill, www.towerbridge.org.uk (Infos zu Schiffsdurchfahrten unter Bridge Lift Times)

Tower of London. März–Okt. Di–Sa 9–17.30 Uhr, So, Mo 10–17.30 Uhr, Nov.–Feb. Di–Sa 9–16.30 Uhr, So, Mo 10–16.30 Uhr, Eintritt £ 21 (online), £ 22.50 (vor Ort). Zeiten für die Beefeater-Touren am Eingangstor. Tower of London, EC3N, www.hrp.org.uk/TowerOfLondon

ESSEN UND TRINKEN

Perkin Reveller. Modernes Restaurant in Eins-a-Themselage. The Wharf at the Tower of London, EC3N, Tel. 31 66 69 49, www.perkinreveller.co.uk

The Kitchen at Tower. Farbenfroh eingerichtetes Restaurant, einfache Gerichte. Byward St, EC3R, Tel. 74 81 35 33, www.thekitchenattower.com

ÜBERNACHTEN

Motel One Tower Hill. Hurra, London hat endlich auch ein Motel One, zwölf Min. zu Fuß zum Tower. 24–26 Minories, EC3N, U-Bahn: Aldgate, www.motel-one.com

INFORMATION

U-Bahn-Station für alle Adressen: Tower Hill

GRUNDRISS

- **A Medieval Palace**
- **B Traitor's Gate**
- **C Cradle Tower**
- **D Salt Tower**
- **E White Tower**
- **F Waterloo Block: Crown Jewels**
- **G Chapel Royal of St Peter ad Vincula**
- **H Exekutionsplatz**
- **I Bloody Tower**

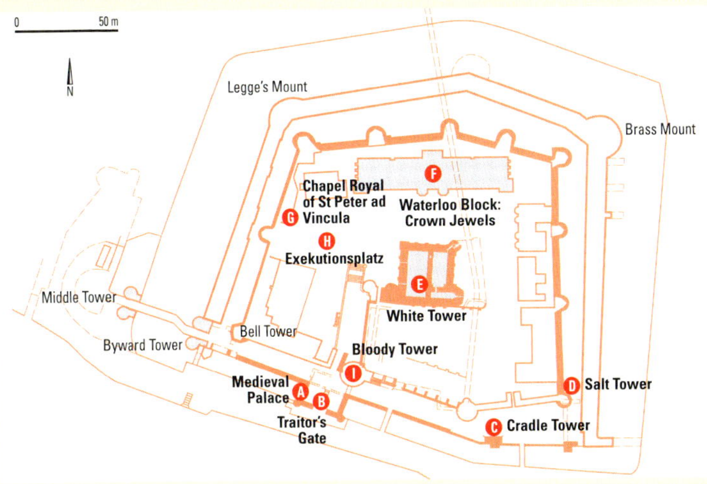

28 Spitalfields
Straßenmärkte & Immigrationsgeschichte

In Spitalfields beginnt das berühmte East End. Der Name stand jahrhundertelang für Slums, Armut und Immigration. London ist hier voller Ecken, Kanten und Narben. Gerade das macht die Gegend so interessant und seit einigen Jahren ist sie im Trend. Am Wochenende geht's auf einen der vielen Straßenmärkte, am Abend in eine hippe Bar, dazwischen kann man die faszinierende Geschichte in engen Gassen erspüren.

Immer wieder neue Immigrantengruppen haben das East End geprägt. Die erste große Immigrationswelle erreichte Spitalfields im 17. Jahrhundert, als Hugenotten vor der religiösen Verfolgung in Frankreich flohen und sich in Spitalfields als Seidenweber niederließen. Ihre Hinterlassenschaft sind elegante Villen, die von der Auferstehung des East Ends profitiert haben und renoviert wurden. Im 18. Jahrhundert folgten Iren und im späten 19. Jahrhundert wurde das East End nach den Pogromen in Osteuropa und Russland jüdisch.

Mitte: Commercial Street beim Spitalfields Market
Unten: Vintage-Kleider gibt es zur Genüge in Spitalfields.

Neue Zuwanderer

Die letzte große Einwanderergruppe waren Bangladescher, die die Brick Lane zum *Curry-house*-Zentrum Londons machten. Die aktuelle Immigration ist vom Einzug unterschiedlicher sozialer Schichten geprägt. Menschen mit schwarz umrandeten Brillen und künstlerischen Berufen suchen sich hier gerne eine Bleibe. Soziale Probleme gibt es nach wie vor. Typisch für London: Coolness und urbanes Elend existieren nebeneinander.

Spitalfields Market

Guter Ausgangspunkt für einen Rundgang ist die Liverpool Street Station. Von hier geht es in fünf Minuten nordöstlich zum Spitalfields Market, ein Hauptgrund für den Zug gen Osten am Wochenende. Schon im 17. Jahrhundert gab es hier Stände. Spitalfields war einst der größte Obst- und Gemüsemarkt der Stadt. Jetzt gibt es hier eine Mischung aus allem: Kleider, Antiquitäten, Trödel, Kunst. Durch die vielen Geschäfte in und um die viktorianische Markthalle herrscht hier die ganze Woche über Betrieb. Hauptmarkttage sind Donnerstag bis Sonntag, an Letzterem ist am meisten los. Donnerstags gibt es Antikes, freitags Mode und Kunst, samstags verschiedene Themen und sonntags alles. Nach einer Modernisierungsaktion hat die Umgebung in der historischen Markthalle leider an Charme verloren: Der westliche Teil besteht nun aus einem modernen Anbau mit Restaurantketten. Das sollte man ignorieren und sich dem alten östlichen Teil widmen, der an die Commercial Road grenzt. Hier herrscht noch Marktatmosphäre, es gibt leckere Essensstände und Nettes zum Thema Street-Art.

Geheimtipp

WILTON'S MUSIC HALL

Im East End hat die älteste Music Hall der Welt überlebt, gerade so. In einer Seitenstraße versteckt sich dieser einzigartige Ort, der Theater, Bar und Konzerthalle in einem ist. Die Music Hall mit Bühne aus dem 19. Jahrhundert wurde an einen Pub aus dem 18. Jahrhundert angebaut, der seit 1826 als »Mahogany Bar« bekannt war. Der ehemalige Treff für Seefahrer bietet heute bröckeligen Charme in Bestform. Außerdem gibt es Musik zum Nulltarif: An den Monday Music Nights spielen in der Kneipe Bands. Um das Piano kann es auch mal zu Mitsingrunden kommen; tagsüber trinkt man hier Kaffee. Um all das weiter erhalten zu können, wird fleißig Geld für notwendige Renovierungen gesammelt. Eine gute Investition.

Wilton's Music Hall. 1 Graces Alley (geht von Ensign St ab), E1, U-Bahn: Aldgate East, www.wiltons.org.uk

Oben: Straßenleben um den Spitalfields Market
Unten: Auf dem Markt

Synagoge

Während Spitalfields Market sich auf der Touristenroute etabliert hat, liegt südlich ein nahezu unbekanntes Gassengewirr, das nur wenige zu Gesicht bekommen, aber einen faszinierenden Einblick in das alte East End (und einiges an moderner Graffitikunst) bietet. Auf der Brune Street sind an der Fassade der Soup Kitchen for the Jewish Poor, heute befinden sich darin Wohnungen, noch die christlichen und jüdischen Jahreszahlen der Eröffnung zu sehen. Nur wenige Meter weiter findet sich in einer alten Hugenottenkapelle die Sandys Row Synagogue, die heute noch als eine der wenigen im East End in Betrieb ist. Auf der Artillery Lane um die Ecke ist eine herrliche hugenottische Ladenfront zu sehen (Nummer 56). Weniger hübsch, da im Blitz des Zweiten Weltkriegs schwer zerbombt, ist die Umgebung des Petticoat Lane Market, Hochburg für Billigklamotten, der in dieser Ecke jeden Sonntag verwirrenderweise nach einer Straßenumbenennung auf der Middlesex Street stattfindet.

Kunst in Spitalfields

Die Straßen des East End sind der Spielplatz von Graffitihelden wie Banksy und Ben Eine. Letzterer hat sogar schon den Weg ins Weiße Haus gefunden, da David Cameron Barack Obama eines seiner Werke als Geschenk überreichte. Spitalfields ist Heimat bekannter zeitgenössischer Künstler wie Gilbert & George und Tracey Emin. Ein weiterer, der Maler Dennis Severs, lebte bis zu seinem Tod 1999 in einem 18.-Jahrhundert-Haus ganz im Stil der Zeit, nur mit Kerzenlicht und alter Einrichtung. Besucher waren eingeladen, hier »durch einen Rahmen in ein Gemälde zu treten«. Das ist immer noch möglich. Im Haus entsteht der Eindruck, als hätte eine hugenottische Familie eben das Gebäude verlassen – sehr authentisch.

Infos und Adressen

SEHENSWÜRDIGKEITEN

Christ Church. Nicholas-Hawksmoor-Kirche von 1729. Mo–Fr 10–16 Uhr, So 13–16 Uhr, Di 10–16 Uhr geöffnet, Commercial St, E1, www.ccspitalfields.org

Dennis Severs' House. So 12–16 Uhr, letzter Eintritt 15.15 Uhr, Mo 12–14 Uhr, letzter Eintritt 13.15 Uhr, £ 10, Mo, Mi und Fr 17–21 Uhr, £ 15, Buchung auf Webseite. 18 Folgate St, E1, www.dennisseversho use.co.uk

Sandys Row Synagogue. 4a Sandys Row, E1, Tel. 73 77 61 96

ESSEN UND TRINKEN

St. John Bread & Wine. Bäckerei und Restaurant. 94–96 Commercial St, E1, www.stjohnbreadandwine.com

Tayyabs. Punjabi-Restaurant, die Einrichtung ist nicht sehr geschmackvoll, das Essen dafür umso mehr. 83–89 Fieldgate St, E1, U-Bahn: Whitechapel, www.tayyabs.co.uk

Ten Bells. Viktorianisches Pub mit Kachelinterieur. 84 Commercial St, E1

Süße Versuchung vom Markt

Spitalfields Market

The English Restaurant. Englische Küche (Seezunge, Austern, Brotpudding). 50–52 Brushfield St, E1, www.theenglishrestaurant.com

Water Poet. Lebhaftes Pub, bunte Räume, Retro Einrichtung; Filmabende und mehr. 9–11 Folgate St, E1, www.waterpoet.co.uk

ÜBERNACHTEN

Andaz Liverpool Street. Schickes Designhotel. 40 Liverpool St, EC2M, Tel. 79 61 12 34, www.andaz.com

EINKAUFEN

Spitalfields Market. Markt: Mo, Di, Mi, Fr 10–17 Uhr, Do 9–17 Uhr, Fr 10–16 Uhr, Sa 11–17 Uhr, So 9–17 Uhr, Geschäfte: 11–19 Uhr, Horner Square, E1, www.oldspitalfieldsmarket.com

AKTIVITÄTEN

Jack the Ripper Walk. Tgl. 19 Uhr, £ 10, U-Bahn: Aldgate East, www.jack-the-ripper-walks.com

INFORMATION

Liverpool Street Travel Information Centre. Sa–Do 8.15–19.15 Uhr, Fr 8.15–20.15 Uhr.

U-Bahn: Liverpool Street wenn nicht anders angegeben

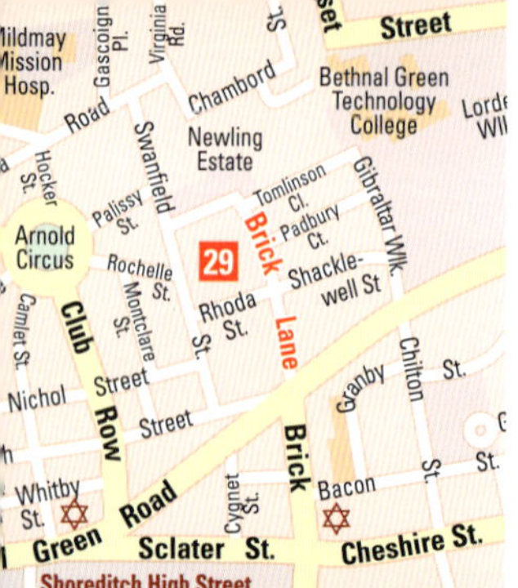

Mitte: Blick in die Brick Lane
Unten: Wie an vielen Stellen im East End gehören Graffitis zum Straßenbild der Brick Lane.

29 Brick Lane

Saris und Schallplatten

Londons beste Bagelbäckereien, viele indische Restaurants und Vintage-Geschäfte zum Niederknien finden sich in Brick Lane und drumherum. Hier ist es chaotisch, bunt, ein wenig durchgeknallt, nie langweilig und man kann hervorragend Leute beobachten. All das, was das East End ausmacht, findet sich hier geballt: eine Mischung aus Kulturen und Stilen, alternativ und mit Szenecharakter eben.

Ein paar Schritte östlich vom Spitalfields Market kann man sich verlieren. Die Brick Lane zieht sich von Whitechapel im Süden bis zur Bethnal Green Road im Norden und hält auf dieser Strecke einen Anschlag auf die Sinne bereit. So viele Läden, so viele Cafés, so viel zu Essen. Hochbetrieb ist sonntags, wenn der Brick Lane Market sich auf dem nördlichen Teil und einigen angrenzenden Straßen ausbreitet. Londoner und Touristen aus aller Welt treffen sich hier zur Erkundung eines Megaflohmarkts, auf dem es z.B. Haushaltswaren, Werkzeug, Kleider, Schallplatten und Brillen gibt.

Immer der Nase nach

Wer keinen Stand hat, breitet die Kostbarkeiten auf dem Boden aus. Zwischen Unbrauchbarem und Schrott kann man hier Kuriositäten und originelle Dinge finden. Ein Gang über den Brick Lane Market hebt die Laune und ist unterhaltsam. Marktstände, Geschäfte und alte Lagerhäuser bilden ein großes Durcheinander, es gibt keinen vorgeschriebenen Weg, man geht immer der Nase nach. Für Vintage-Kleidung ist die Brick Lane auch unter der Woche eine beliebte Adresse mit einigen der besten Läden der Stadt für Accessoires vergangener Zeiten. Sich hier komplett im Stil der 50er- oder 60er-Jahre auszustaffieren, ist kein Problem. Auffallen würde man damit auch nicht. Retro ist in.

Old Truman Brewery

Ein Ort, an dem sich die Aktivitäten besonders konzentrieren, ist die Old Truman Brewery auf halber Höhe der Brick Lane mit ihrem roten Backsteinschornstein. Gegründet wurde die Brauerei 1666 und war einst die größte der Welt. Das Gelände zu beiden Seiten der Straße mit Innenhöfen und verschiedenen Hallen ist nun ein Kreativzentrum. Bioladen, Vespa-Geschäft, Friseur, Büros und Galerien haben hier alle ihren Platz. Die Innenhöfe sind beliebte Treffpunkte und auch die Barszene in Spitalfields bündelt sich hier: »Big Chill Bar« oder der Livemusik-Club »93 Feet East« sind nicht nur Lieblingsorte für Feierfreudige am Abend, sondern auch beliebt für lange Nachmittage im Freien oder auf alten Ledersofas.

Die Truman Brewery hat auf ihrem Gelände in den letzten Jahren ihren Teil dazu beigetragen, dass die Marktexplosion am Wochenende noch zugenommen hat: Der Sunday Upmarket für Mode junger Designer, Accessoires, Kunsthandwerk und Musik ist schnell zum Liebling der Szene geworden. Auch wieder toll zum Leutebeobachten: Studenten, East-End-Volk und Besucher drängen sich hier auf der Suche nach einem Schnäppchen. Kulinarisches ohne Ende gibt es samstags und sonntags in der alten Boiler Hall der Brauerei. Das multikulturelle London präsentiert sich hier an über 30 Ständen. Man findet hier asiatisch, mediterran, karibisch, polnisch, marrokkanisch, äthiopisch. Eines der ganz typischen Brick-Lane-Bilder sind daher auch Menschen, die am Straßenrand

Nicht verpassen

BAGELS ESSEN

Ende des 19. Jahrhunderts wurde die Brick Lane zur Hauptstraße der jüdischen Gemeinde Londons. Noch immer gibt es hier Bagelbäckereien, eine von ihnen muss unbedingt angesteuert werden: Am Nordende verkauft Beigel Bake rund um die Uhr die runden Teigkringel. Morgens um vier stehen Nachtschwärmer Schlange, sonntagnachmittags Marktbesucher. Der Laden wurde 1977 eröffnet und genauso sieht er auch noch aus. Auch die Preise haben sich nur wenig geändert. Für ungefähr £ 2.50 bekommt man einen Bagel mit Cream Cheese und Lachs, der Klassiker, sowie ein Stück Kuchen. Hinter der Theke stehen die immer gleichen unfreundlichen Verkäuferinnen. Es muss schnell gehen hier, bei der Masse an Menschen, die bedient werden will. Beim Blick in die offene Backstube am Ende des Shops werden sich empfindliche Gemüter Sorgen um die Hygiene machen. Sei's drum. Der Laden läuft.

Beigel Bake Brick Lane. 159 Brick Lane, E1

Oben: Die Brick Lane ist hip, jung und multikulturell.
Mitte: In und um die Truman Brewery gibt es viele Märkte. Essen spielt eine große Rolle.
Unten: Brick-Lane-Atmosphäre

sitzen und essen. Ein Vintage Market und der Backyard Market in einem weiteren Innenhof für Kitsch und Kunst komplettieren das Angebot.

Multikulturelles Leben

Noch ein Blick auf die Brick Lane als Mikrokosmos der Immigration: Nach den Hugenotten und jüdischen Einwanderern ist die Straße seit den 1960er-Jahren Zentrum der Bengali-Gemeinde Londons. Straßenschilder sind zweisprachig und im Süden gibt es unzählige *curry houses* und Stoffläden für Saris. Die Great Mosque verkörpert die flexible Multikulti-Haltung der Stadt und war in der Vergangenheit sowohl Hugenottenkirche, methodistische Kapelle als auch die Spitalfields Great Synagogue und jetzt eben eine Moschee mit Metallminarett.

In der Princelet Street steht neben der Brick Lane ein Gebäude mit einer typisch vielschichtigen East-End-Vergangenheit: Das Seidenweberhaus mit der Nummer 19 aus dem frühen 18. Jahrhundert wurde Heimat für eine Hugenottenfamilie aus Frankreich. Hinter der georgianischen Fassade versteckt sich im Garten eine Synagoge, die von polnischen Juden in den 1860er-Jahren gebaut wurde. Das Haus ist sehr renovierungsbedürftig und daher nur an rund zehn Tagen im Jahr geöffnet.

Infos und Adressen

ESSEN UND TRINKEN

Big Chill Bar. Bar, Burgers und Club am Abend. Dray Walk, E1, www.bigchill.net

ÜBERNACHTEN

Hugenottenanwesen in der Princelet Street. Vom Landmark Trust verwaltet, für sechs Personen, www.landmarktrust.org.uk

AUSGEHEN

All Star Lanes. Bowlen, Essen, Trinken und Karaokekabinen. 95 Brick Lane, E1, www.allstarlanes.co.uk

93 Feet East. 150 Brick Lane, E1, www.93feeteast.co.uk

EINKAUFEN

House of Vintage. Der Name ist Programm. 4 Cheshire St, E2, www.houseofvintagelondon.blogspot.com

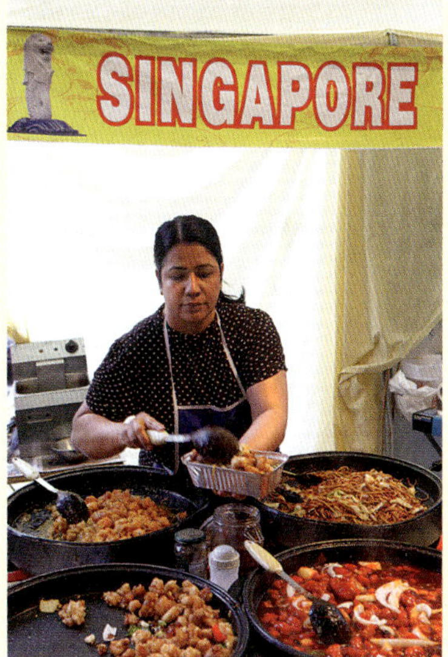

Internationale Köstlichkeiten auf der Brick Lane

Ausgefallene Mode auf der Brick Lane

Libreria. »Analoger« Buchladen von den Machern des coolen Coworking-Space Second Home gegenüber: Handies haben hier keinen Platz. 65 Hanbury St, E1, www.libreria.io

Rokit. Noch eine Secondhand-Schatzkiste. 101/107 Brick Lane, E1, www.rokit.co.uk

Rough Trade. Für Vinylfreunde und CD-Sammler. Old Truman Brewery, 91 Brick Lane, E1, www.roughtrade.com

Tatty Devine. Bunter, verspielter Laden für Schmuck und Accessoires. 236 Brick Lane, E2, www.tattydevine.com

INFORMATION

Brick Lane Market. So 9–17 Uhr, E1, www.visitbricklane.org

Weitere Märkte. Backyard Market: Sa 11–18 Uhr, So 10–17 Uhr, U Block/146 Brick Lane; Sunday Upmarket: So 10–17 Uhr, Elys Yard, Hanbury Street, Brick Lane; Vintage Market: Fr, Sa 11–18 Uhr, So 10–17 Uhr, F Block, 85 Brick Lane; Boiler House Food Hall: Sa 11–18 Uhr, So 10–17 Uhr, 152 Brick Lane. Alle Infos zu den Märkten auf www.trumanbrewery.com

U-Bahn-Stationen: Liverpool Street/Aldgate East

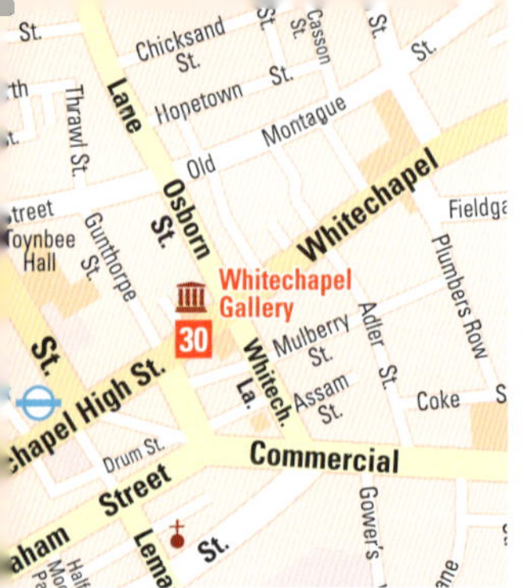

30 Whitechapel Gallery

Kunstpionier

Die Mutter aller Galerien im East End und eines der Top-Museen für zeitgenössische Kunst in London eröffnete 1901. Die Whitechapel Gallery war im Laufe ihrer Geschichte immer innovativ und bahnbrechend. In einer der ärmsten Gegenden Londons wurde sie von dem Philanthropen Samuel Barnett (1844–1913) gegründet, um damit den Menschen im East End Zugang zu großer Kunst zu ermöglichen.

Die Olympischen Spiele 2012 haben einiges verändert in London – auch das Aussehen der Whitechapel High Street, Teil einer alten römischen Straße. Sie war eine typische Straße im East End, recht heruntergekommen, wenig reizvoll. Dann wurde im Osten der Stadt der Stadtteil Stratford für die Olympischen Spiele umgebaut. Dies hatte Auswirkungen auf die umliegenden Gegenden und so wurde auch ein Abschnitt der Whitechapel High Street restauriert. Die sich einst in Richtung Verfall bewegenden Häuser wirken nun lebensfroher. Schon immer fiel die Whitechapel Art Gallery in der Nachbarschaft besonders auf: Sie befindet sich in einem schönen, von Zinnen gekrönten Gebäude, das 1899 im Arts-and-Craftstil errichtet wurde.

Auch das Museum hat sich in den letzten Jahren herausgeputzt: 2009 wurde eine Erweiterung der Galerie mit einem Budget von 13 Millionen Pfund fertiggestellt. Im Rahmen der Umbauarbeiten wurde die benachbarte ehemalige Whitechapel Library in das Gebäude integriert, sodass das Museum nun fast doppelt so groß ist wie zuvor. Neue Räumlichkeiten und ein Café kamen dazu.

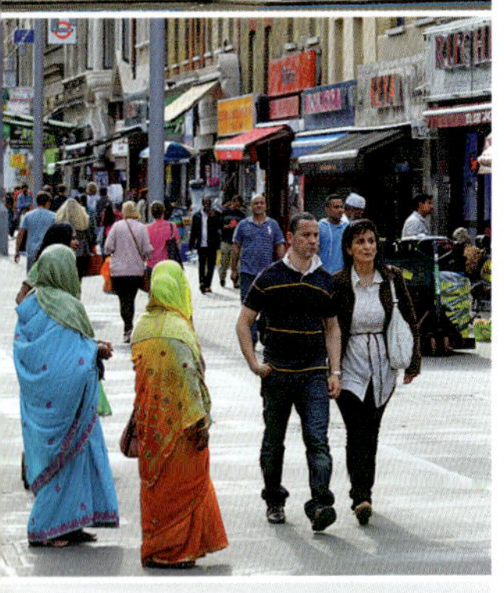

Mitte: Die Whitechapel Gallery wurde in den letzten Jahren herausgeputzt und renoviert.
Unten: Whitechapel war immer Anlaufstelle für Einwanderer aus aller Welt.

Whitechapel Gallery

Mit ihren hohen Decken, eleganten Säulen, Parkettböden und viel natürlichem Licht gehört die Whitechapel Gallery zu den schönsten Ausstellungsorten für Kunst in London. Als Wegweiser für zeitgenössische Kunst ist die Whitechapel Gallery ein Ort der Premieren: 1939 wurde hier zum ersten und einzigen Mal Picassos *Guernica* gezeigt. Die abstrakte Kunst von Jackson Pollock (1912–1956) hatte 1958 ihre UK-Premiere im Londoner East End, genauso wie die Werke von Mark Rothko (1903–1970) drei Jahre später. 1970 und 1971 folgten die ersten Ausstellungen der britischen Künstler David Hockney und Gilbert & George. 1982 wurde die damals noch wenig bekannte mexikanische Malerin Frida Kahlo (1097–1954) dem Londoner Publikum vorgestellt. 2001 und 2002 hatten Liam Gillick (*1964) und Nancy Goldin (*1953) hier ihre ersten großen Einzelausstellungen in Großbritannien. Daneben machte sich die Whitechapel Gallery einen Namen mit einigen aufsehenerregenden Gruppenausstellungen wie der Pop-Art-Show »This is Tomorrow« von 1956 oder der Ausstellung zum Modernismus »Faces in the Crowd« im Jahr 2004.

Das Schöne an der Whitechapel Gallery ist, dass es in den neun Galerien in wechselnden Ausstellungen das ganze Jahr über immer irgendetwas Interessantes und Ungewöhnliches zu sehen gibt. Wohlgemerkt, ohne dass man dafür Eintritt zahlen muss. Das Museum ist – mit wenigen Ausnahmen - kostenfrei. Wie jeder gute Ort für Kunst begnügt man sich hier nicht damit, Bilder an die Wand zu hängen. Vielmehr möchte die Whitechapel Gallery im Zentrum einer lebendigen Kunstszene stehen und erreicht dies mit diversen Projekten zur Kunstförderung und einem sehr abwechslungsreichen Rahmenprogramm. Eine Londoner Kulturszene ohne Whitechapel Gallery ist nicht vorstellbar.

Infos und Adressen

SEHENSWÜRDIGKEITEN

Whitechapel Bell Foundry. 1570 gegründete Glockengießerei, älteste Fabrik des Landes. Hier wurden sowohl die Big-Ben-Glocke als auch die Glocken der Westminster Abbey gegossen. Kleines Museum & Shop: Mo–Fr 9–16.30 Uhr, Gießereitouren nach Voranmeldung online, £ 15, 32–34 Whitechapel Rd, E1, U-Bahn: Aldgate East, www.whitechapelbellfoundry.co.uk

Whitechapel Gallery. Di, Mi, Fr–So 11–18 Uhr, Do 11–21 Uhr. 77–82 Whitechapel High St, E1, U-Bahn: Aldgate East, www.whitechapelgallery.org

VERANSTALTUNGEN

First Thursdays. Jeden ersten Donnerstag im Monat öffnen über 150 Galerien im East End bis 21 Uhr. Bei der Whitechapel Art Gallery gibt es dazu jeweils eine spezielle Karte, mit der man sich zu Fuß auf die Kunst-Tour machen kann. Alternativ: Art Bus Tour mit Stopps bei verschiedenen aktuellen Ausstellungen und Touren von Künstlern und Kuratoren. Bus Tour: 19–21 Uhr, £ 9.50, Start bei Whitechapel Gallery, www.firstthursdays.co.uk

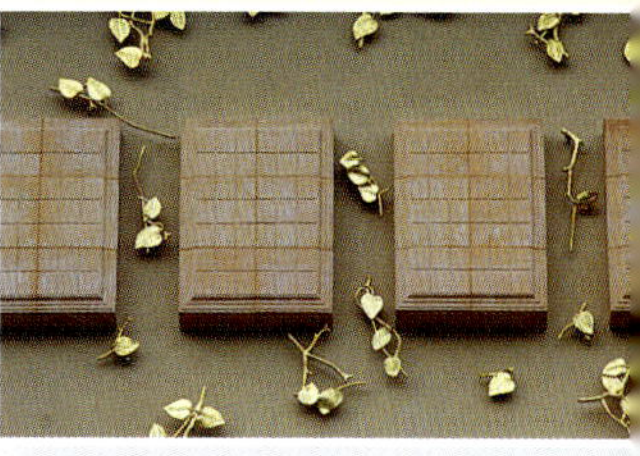

Detail der Fassade der Whitechapel Gallery

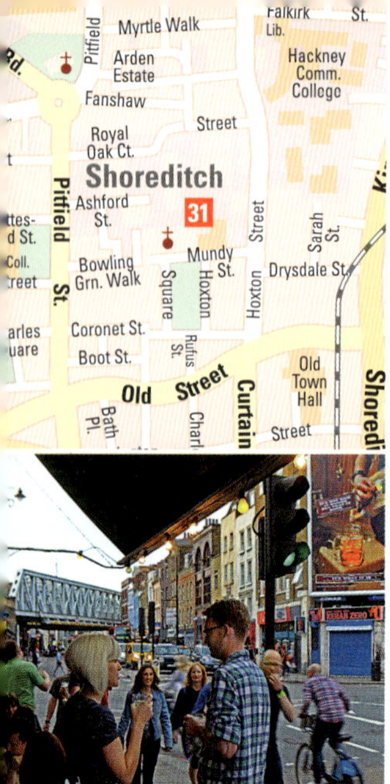

Mitte: Shoreditch High Street wurde in den letzten Jahren zum In-Spot.
Unten: Warten auf den Bus in der Shoreditch High Street

31 Shoreditch

Kunst, Design & Hightech

Erstaunlich, wie sich die Dinge verändern. Es ist noch gar nicht so lange her, da verirrte sich kein Tourist nach Shoreditch. Jetzt ist man fast schon verpflichtet, dieses Herzstück des East-End-Revivals zu erkunden. Man kann hier einkaufen, gut essen und natürlich ausgehen. Es macht einfach Spaß, durch die Straßen dieses angesagten Viertels zu streifen.

Die Straßenzüge des nördlich von Spitalfields gelegenen Shoreditch wurden geradezu kolonisiert von Künstlern, Designern – und Hipstern. Das Viertel gewinnt keinen Schönheitswettbewerb, aber gerade das zog die Jungen und Kreativen wohl an. Inzwischen sind auch hier die einst erschwinglichen Studios und Wohnungen sehr teuer geworden. Shoreditch ist in.
Der Shoreditch-Spaziergänger bewegt sich im Wesentlichen südlich der Old Street und rund um die Shoreditch High Street, zwischen der City Road im Westen und Brick Lane im Osten. Shoreditch schließt nördlich direkt an die City an und ist daher gemeinsam mit Spitalfields (echte Grenzen gibt es zwischen diesen Nachbarschaften sowieso nicht) das zugänglichste East-End-Viertel: Von der U-Bahn-Station Liverpool Street in Richtung Norden kommt man direkt zur Shoreditch High Street. Wer von der Old Street aus startet, geht zehn Minuten in Richtung Osten oder fährt mit der Overground zur Station Shoreditch High Street und ist mittendrin.

Londons Hipster haben es sich in einer historischen Ecke mit uralten Wurzeln bequem gemacht: An der Kreuzung von Shoreditch High Street und Hackney

Road trafen einst römische Straßen aus verschiedenen Teilen Englands aufeinander. Zu viktorianischen Zeiten ein Slum und zerstört im Zweiten Weltkrieg, setzte dann Ende des 20. Jahrhunderts Shoreditchs Wiederbelebung ein. Künstler entdeckten die alten Industriegebäude und Lagerhäuser hier und im benachbarten Hoxton (s. S. 204) und füllten sie mit Leben. Im Zuge des zweiten »Dotcom-Booms« siedelten sich in den letzten knapp Jahren zudem Massen an Technikunternehmen um die Old Street an. Die Ecke heißt inzwischen offiziell Tech City, und Londons Start-up-Szene, die sich in der ganzen Stadt ausgebreitet hat, ist führend in Europa.

St Leonard's Church

Historische Sehenswürdigkeiten gibt es nur wenige; Shoreditch ist Lifestyle, Bars, Restaurants, Galerien und Straßenleben. Die St Leonard's Church steht im Herzen des historischen Shoreditch an der Shoreditch High Street. Die neoklassizistische Kirche wurde 1740 gebaut und ist das älteste Gebäude im Viertel. Tipp: Um die Ecke auf der Calvert Avenue bei »Leila's« vorbeischauen, einem kleinen Lebensmittelladen für Waren vom Land mit Café, wo in rustikal-gemütlicher Umgebung Spiegeleier in der Pfanne serviert werden.

Konsum in Shoreditch

Vom Arnold Circus, zu dem die Calvert Avenue führt, leitet die Club Row auf die Redchurch Street. Diese Straße mit ihren schäbigen georgianischen Fassaden hat eine Riesenkarriere hingelegt und steht symbolisch für Shoreditch als In-Viertel. In direkter Nachbarschaft zu Nagelstudios und Minicab-Büros locken neue Boutiquen angesagter Marken und Galerien. Und wenn japanische Touristen mit ihren Reiseführern hier vor Graffiti-

Geheimtipp

RICH MIX

Der Name ist Programm: Das Kulturzentrum Rich Mix versammelt unter einem Dach Livemusik, Film, Tanz, Theater, Comedy und ist nebenbei ein sehr praktischer öffentlicher Raum an der Bethnal Green Road. Falls es mal regnet, kann ja sein, findet man hier Unterschlupf. Völlig ungezwungen kann man sich im Hauptraum im Erdgeschoss niederlassen, im Programm blättern, den weiteren Tagesverlauf planen oder an der Bar oder im Café etwas trinken. Mittwochs- und sonntagabends gibt es kostenlos Livemusik und andere Veranstaltungen. Für Cineasten empfiehlt sich das kleine Kino im ersten Stock – vollkommen frei von Multiplexcharakter.

Rich Mix. 35–47 Bethnal Green Rd, E1, U-Bahn: Old St, Overground: Shoreditch High St, www.richmix.org.uk

Nahe der Bethnal Green Road

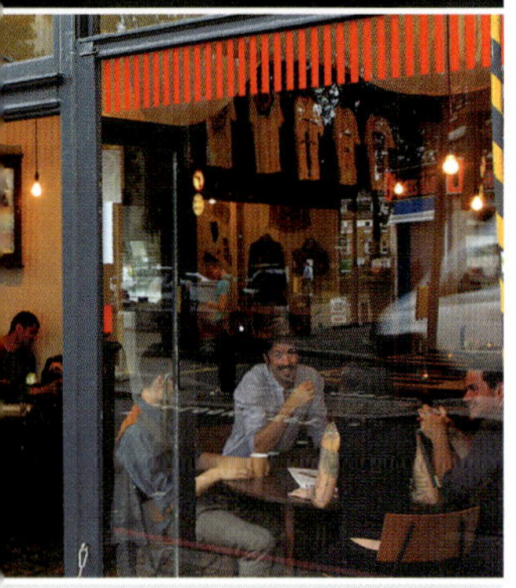

Oben: Tolle Sommerdestination: die Dachterrasse des Boundary Hotels
Mitte: Schuhe auf Augenhöhe bei Tracey Neuls in der Redchurch Street
Unten: Hier kann man gut ein wenig Zeit vertrödeln: »The Old Shoreditch Station«.

mauern stehen, dann weiß man, warum die Vergleiche mit dem Meatpacking District in New York nicht allzu weit hergeholt sind. Direkt um die Ecke liegt der angesagte »Boundary«-Komplex aus Café/Deli, Restaurant, Hotel und Dachterrasse in einem umgebauten viktorianischen Lagerhaus, der 2008 von Londons Top-Restaurateur und Designer Terence Conran eröffnet wurde. Die Ausbreitung des bis dato fest im Westen der Stadt verwurzelten Conran-Empire gen Osten verpasste dem East End quasi den finalen »Gütestempel«. Shoreditch-Bewohnern der ersten Stunde passte das natürlich nicht: Das West End wird doch um Himmels willen nicht im gerne schäbigen East End ankommen! Und dann eröffnete 2011 doch glatt auch noch ein Einkaufszentrum an der Ecke Shoreditch High Street und Bethnal Green Road. Aber: Shoppingmall in Shoreditch ist nicht Shoppingmall anderswo. Der Boxpark nannte sich großmundig eine *retail revolution* und das erste Pop-up-Einkaufs zentrum der Welt, das an sich nach vier Jahren wieder verschwinden sollte. Die auf- und aneinandergebauten Schiffscontainer sind inzwischen allerdings fester Bestandteil von Shoreditch, mit immer wieder wechselnden Minishops, Restaurants auf dem Dach und allerlei an Unterhaltungsprogramm und Musik. Wenn schon Konsumterror, dann à la Shoreditch!

Zwei Seiten von Shoreditch

Westlich der Shoreditch High Street konzentriert sich auf und um die Curtain und Rivington Street dann einiges an Bars und Clubs für Ausgehwütige. Weiter westlich über die Great Eastern Road findet sich mit Wesley's Chapel and House ein unerwarteter Ort der Ruhe. Das georgianische Ensemble um einen Innenhof wurde 1778 gebaut. John Wesley (1703–1791), einer der Gründer der Methodistenbewegung, lebte hier bis zu seinem Tod.

Infos und Adressen

SEHENSWÜRDIGKEITEN

Rivington Place. Moderne Galerie. Di, Mi, Fr 11–18 Uhr, Do 11–21 Uhr, Sa 12–18 Uhr, 1 Rivington Place, EC2A, U-Bahn: Old St, www.rivingtonplace.org

St Leonard's Church. Shoreditch High Street, E1, Tel. 77 39 20 63

Wesley's Chapel & House. Mo–Sa 10–16 Uhr, So 12.30–13.45 Uhr, 49 City Rd, EC1Y, U-Bahn: Old St, www.wesleyschapel.org.uk

ESSEN UND TRINKEN

Canteen. Modern British. 2 Crispin Place, E1, U-Bahn: Liverpool St, Tel. 0845/686 11 22, www.canteen.co.uk

Eyre Brothers. Spanisch. 70 Leonard St, EC2A, U-Bahn: Old St, Tel. 76 13 53 46, www.eyrebrothers.co.uk

Fifteen. Wo Jamie Olivers Lehrlinge kochen. 15 Westland Place, N1, U-Bahn: Old St, Tel. 33 75 15 15, www.fifteen.net

Hawksmoor. Kult-Steakrestaurant. 157 Commercial St, E1, U-Bahn: Liverpool St, Tel. 74 26 48 50, www.thehawksmoor.co.uk

Leila's. 15–17 Calvert Av, E2, Tel. 77 29 97 89.

Restaurant im Boundary Hotel

Open Kitchen. Günstiges Restaurant einer Kochschule. 40 Hoxton St, N1, U-Bahn: Old St, Tel. 76 13 95 90, www.openkitchen.biz

Pizza East. Pizzeria in altem Lagerhaus. 56 Shoreditch High St, E1, U-Bahn: Old St, Liverpool St, Tel. 77 29 18 88, www.pizzaeast.com

Rivington Grill. Sympathisches Ganztagsrestaurant. Serviert wird traditionell britische Küche in modernem Gewand. 28–30 Rivington St, EC2A, Tel. 77 29 70 53, U-Bahn: Old St, www.rivingtonshoreditch.co.uk

ÜBERNACHTEN

Boundary Hotel. 2–4 Boundary St, E2, U-Bahn: Liverpool St, Tel. 77 29 10 51, www.theboundary.co.uk

AUSGEHEN

Old Shoreditch Station. In einer alten Bahnstation: tagsüber Café, abends Bier, Cocktails, Whisky und DJs. The Old Shoreditch Station, 1 Kingsland Rd, E2, U-Bahn: Old St, Overground: Shoreditch High St, www.oldshoreditch.co.uk

EINKAUFEN

Aesop. Australischer Kosmetikhersteller für ausgefallene Produkte. 44 Redchurch St, E2, U-Bahn: Liverpool St, ww.aesop.com/uk

Labour and Wait. Retro-Haushaltswaren. 85 Redchurch St, E2, U-Bahn: Aldgate East, www.labourandwait.co.uk

MAST London. Schokolade kann so cool sein: hipper Laden der amerikanischen Mast-Brüder, inklusive Blick auf die Schokoladenherstellung. 19–29 Redchurch St, E2, U-Bahn: Liverpool St, www.mastbrothers.co.uk

AKTIVITÄTEN

Shoreditch Street Art Tours. Faszinierende Einblicke in die Londoner Street-Art-Szene im Herzen Shoreditchs, Spitalfields und auf der Brick Lane mit einem passionierten Kenner der Szene. £ 15, www.shoreditchstreetarttours.co.uk

STREET-ART

Frech & bunt – urbane Kunst in London

Stinkfish, Bambi, D*Face oder wie wäre es mit Ronzo? Weder Rapper noch Märchenfiguren verbergen sich hinter diesen Namen, sondern einige der international angesehensten Street-Art-Vertreter. Wer ihre Werke sehen möchte, muss nach Shoreditch und in die angrenzen Nachbarschaften kommen. Londons Zentrum für Street-Art ist weltweit anerkannt als spirituelle Heimat einer Szene, die für originelle und subversive Perspektiven steht.

Die am Spitalfields Market vorbeiführende Brushfield Street ist das Einfallstor zur für viele besten Street-Art-Kollektion weltweit. Laternenpfähle, die vollgepflastert sind mit Stickern von Künstlern aus aller Welt, weisen quasi den Weg ins Herz von Shoreditch und das Straßengewimmel rund um die Brick Lane. Ein Glück, dass in Zeiten leerer öffentlicher Kassen kein Geld für Säuberungsaktionen vorhanden ist: Zum letzten Mal geschrubbt wurden die Laternenpfähle 2012 vor den Olympischen Spielen. Seitdem wurde hier wieder fröhlich neu geklebt und gewerkelt.

So finden sich hier handgemachte Siebdruck-Sticker des israelischen Künstlers Dede, der 2013 plötzlich auftauchte und seine Aufkleber hinterließ. Oder Werke des Briten Jonesy, ein Umweltaktivist, der mit Vorliebe kleine Bronzeskulpturen auf die Spitze von Laternenpfählen setzt. Street-Art versteckt sich oft ganz öffentlich. Extrem wichtig daher, wenn man in Sachen Street-Art in Shoreditch unterwegs ist: Augen auf und ganz genau hinschauen. Abgesehen von großen Mauergemälden wie denen des belgischen Street-Art-Helden Roa, unübersehbaren Dachinstallationen wie dem *Credit Crunch Monster* des Deutschen Ronzo oder den bunten Riesenbuchstaben des britischen Street-Art-Stars Ben Eine verbirgt sich hier sehr viel, was erst auf den zweiten Blick wahrgenommen wird. Ein Tipp daher: Zum Einstieg eine Runde mit einem Kenner drehen (s. Street-Art-Tour, Info S. 199). Danach sieht man Shoreditch, Spitalfields und die angrenzenden Nachbarschaften im East End, die ebenfalls mit Street-Art aufwarten, mit ganz anderen Augen.

Und zu sehen gibt es extrem viel rund um Fashion Street, Princelet Street, Hanbury Street, Corbet Place, Grey Eagle Street oder Redchurch Street. Keine

Die Arbeiten des belgischen Künstlers ROA gehören zu den auffälligsten auf Londons Straßen, sein Kranich auf der Hanbury Street zu den bekanntesten.

Street-Art-Szene ist so international wie die in London. Von Kolumbien bis Frankreich, jeder möchte hier der Welt seine Kreativität und Botschaft präsentieren. Die extreme Internationalität von Londons Street-Art-Szene ist ein besonderes Merkmal; das andere: Anfang der 2000er-Jahre, als der Street-Art-Boom im Osten Londons so richtig los ging, wurde hier zum ersten Mal ein kommerzielles Umfeld für diese Kunstform geschaffen, was es vorher so nicht gegeben hatte. Auf Mauern, Hauswände oder Türen zu sprühen, pinseln und zu kleben war in erster Linie eine illegale Aktivität. Geld verdienen konnte man damit nicht. Das änderte sich in Shoreditch, denn hier wurde mit der Geburt der Szene auch direkt eine kommerzielle Infrastruktur etabliert, etwa mit einem Studio, wo Street-Artists Drucke zum Verkauf herstellen konnten. Ein Mann, der an dieser Unternehmung beteiligt gewesen sein soll, ist inzwischen ein absoluter Superstar: Banksy, der weltweit bekannteste Street-Artist, der seine Identität hartnäckig geheim hält, trat von London aus seinen globalen Siegeszug an, machte die Kunstform salonfähig und lukrativ. Wer sich hinter dem Künstler verbirgt, der immer wieder mit seinen Guerilla-Aktionen Schlagzeilen macht, darüber gibt es viele Spekulationen. Sicher ist, dass das Versteckspiel genauso zu Banksy gehört wie sein unnachahmlicher Stil.

Großer Kopf auf kleinem Fahrrad

Als brillianter Satiriker legt er mit seinen *stencils* (Schablonensprühwerken) genial den Finger in die Wunde. Gesellschaft, Politik, Obrigkeit – er nimmt alles aufs Korn, mit viel Humor und gleichzeitig gnadenlos und auf den Punkt gebracht. Seine Kunst ist extrem populär und wird teuer gehandelt. Bereits 2007 wurde ein Banksy-Bild bei Sotheby's für 150 000 Euro versteigert.

Der zweite Name, der im Zusammenhang mit dem Aufkommen der Street-Art-Kultur in London genannt werden muss, ist D*Face, einer der produktivsten Künstler der britischen Szene. Nicht nur hat er mit seinen eigenen Werken Street-Art geprägt, er war auch der erste, der in Shoreditch mit dem Outside Institute 2006 eine Galerie (heute: Stolen Space Gallery) nur für Street-Art eröffnete und somit anderen Künstlern eine wichtige Plattform bot.

Typisch Streetart: bunt, frech und fröhlich

Die wichtigste Bühne sind allerdings immer noch die Straßen und Gemäuer dieses alten Londoner Viertels, wo das sogenannte *painting with permission* der Street-Art-Kultur in den letzten Jahren eine neue Facette hinzugefügt hat: Nicht mehr nur *undercover*, nein, Künstler klopfen jetzt auch sozusagen vorher an die Tür, die sie nutzen wollen, und fragen Eigentümer um Erlaubnis. Wem sich das jetzt zu brav anhört, keine Angst: Die Szene lebt nach wie vor davon, dass an Stellen gearbeitet wird, wo es eigentlich nicht erlaubt ist. Da werden Verkehrschilder von dem französischen Künstler Clet Abraham herrlich frech verwandelt oder verspielte Schweinchenfiguren von der Deutschen Love Piepenbrink an alle möglichen Stellen platziert. Shoreditch ist einfach eine geniale Freiluftbühne für eine überaus variantenreiche Kunstform, die neue Perspektiven eröffnet, sich täglich weiterentwickelt und deren Betrachtung rein gar nichts kostet.

Galerien:

- Stolen Space Gallery, www.stolenspace.com
- Pure Evil Gallery, www.pureevilclothing.com
- Lazarides, www.lazinc.com
- Nelly Duff, www.nellyduff.com

Shoreditchs Straßen erzählen viele Geschichten.

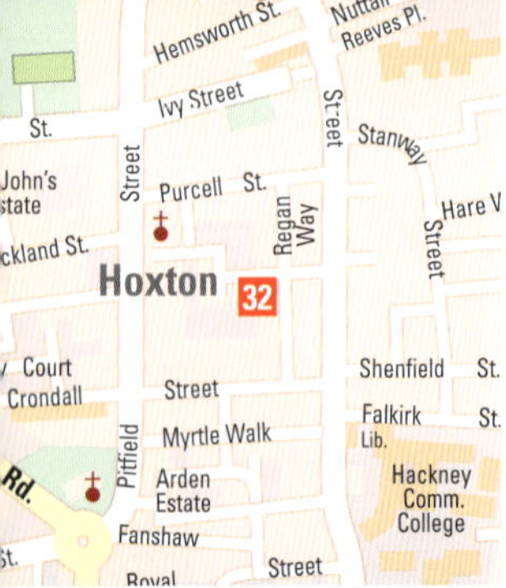

Mitte: Statue im Hoffman Square westlich vom Hoxton Square
Unten: Caféleben in Hoxton

32 Hoxton
Stadtteil mit Szenestatus

Hoxton ist in aller Munde. Aber wo ist das eigentlich? Seit Shoreditch und Hoxton Szenestatus erhielten, herrscht Benennungskonfusion: Das Viertel Shoreditch wurde in den 60er-Jahren Hackney zugeschlagen und umfasste die Stadtteile Shoreditch, Hoxton und Haggerston. Streng genommen ist Shoreditch südlich von Old Street, Hoxton nördlich davon. In der Realität ist das aber an sich egal.

Der geografische Fokus der Verwandlung Hoxtons in ein Hipsterzentrum mit Galerien, Clubs und Bars ist der Hoxton Square. Schön ist er nicht, dieser quadratische Platz. Aber wer Schönheit sucht, sollte auch nicht ins East End und in diesem Fall nach Hoxton kommen. Entdecken lässt sich allerdings einiges.

Am Südende des Platzes liegt die White Cube Gallery, die in gewisser Weise vieles verkörpert, wofür Hoxton steht, auch wenn sie Ende 2012 ihre Tore schloss. Die Gegend wurde in den 90er-Jahren von den sogenannten Young British Artists (YBAs) entdeckt, zu denen inzwischen etablierte Künstler wie Tracey Emin, Damien Hirst und Sam Taylor-Wood gehören. Jay Jopling, Eigentümer der Cube Gallery, hatte damals eine Minigalerie in St. James's, wo er vielen der YBAs eine Plattform gab. Am Hoxton Square baute er dann das Gebäude einer alten Klavierfabrik um, setzte einen Glasanbau oben drauf und eröffnete 2000 eine Galerie mit 2000 Quadratmeter Ausstellungsfläche. Inzwischen ist White Cube die bekannteste britische kommerzielle Galerie für zeitgenössische Kunst und zuletzt wurde 2011 eine Niederlassung in Bermondsey eröffnet (s S. 161).

Ausgehen im Quadrat

Am Abend wird der Hoxton Square zu einem Ausgehviertel im Quadrat, für die Jungen und Hippen, aber auch nicht mehr ganz so Junge und Hippe finden hier einen Platz in einer der Bars, die den Platz säumen. Den besten Namen und das auffälligste Dekor hat sicher die Lokalität »Zigfrid von Underbelly«. Hier hat so einiges an Plunder seinen Platz gefunden. Wer tagsüber an den Hoxton Square kommt, wird feststellen, dass gerade solche Orte des Nachtlebens im Hellen sehr entspannte Orte sind. Bei Herrn von Underbelly zum Beispiel in einem gemütlichen Sessel die Zeitung zu genießen, ist doch eine ganz andere Erfahrung, als an einem Samstagabend an einer proppenvollen Theke zu stehen und zu versuchen, ein Getränk zu ergattern. Auch schön: Pfannkuchen im »Breakfast Club«, ein beliebter Ort zum Brunchen mit Trödelmarktflair.

Geffrye Museum

Szenenwechsel: Ein ungefähr zehnminütiger Fußmarsch in Richtung Norden entführt in eine andere Welt. Im Geffrye Museum in einem Komplex ehemaliger Armenhäuser aus dem 18. Jahrhundert tritt der Besucher eine Reise durch die Jahrhunderte an. In elf Räumen sieht man, wie sich die englische Mittelklasse seit 1600 einrichtet. Möbel, Textilien, Gemälde und ornamentale Kunst sind detailgetreu arrangiert, und die Zeitreise endet in einem Wohnraum des ausgehenden 20. Jahrhunderts, der im Stil eines Lofts eingerichtet ist. Das Gebäudeensemble des Museums ist fantastisch. Dazu gehören auch ein Kräutergarten sowie vier weitere Gärten, welche die verschiedenen Epochen reflektieren, die in den Räumen gezeigt werden. An bestimmten Tagen im Jahr werden die Türen zu einem der Armenhäuser geöffnet, das originalgetreu hergerichtet wurde.

Infos und Adressen

SEHENSWÜRDIGKEITEN

Geffrye Museum. Di–Sa 10–17 Uhr, So 12–17 Uhr, 136 Kingsland Rd, E2, Overground: Hoxton, www.geffrye-museum.org.uk

ESSEN UND TRINKEN

Breakfast Club. Hier muss man, typisch London, immer Schlange stehen. 2–4 Rufus St, N1, U-Bahn: Old St, www.thebreakfastclubcafes.com

8 Hoxton Square. Entspanntes Ambiente, gute Küche, freundlicher Service. 8 Hoxton Square, N1, U-Bahn: Old Street, www.8hoxtonsquare.com

Pitfield London. Ein Café mit Shop oder umgekehrt. Witziges Retro-Rundumpaket für einen Kaffee oder Snack zwischendurch. 31-35 Pitfield St, N1, U-Bahn: Old St, www.pitfieldlondon.com

Zigfrid von Underbelly. 11 Hoxton Square, N1, Tel. 76 13 19 88

ÜBERNACHTEN

Hoxton Hotel. Cool designter Hotelliebling dieser Ecke mit lebhafter Bar und Restaurant. 81 Great Eastern St, EC2A, U-Bahn: Old St, Tel. 75 50 10 00, www.hoxtonhotels.com

AUSGEHEN

Happiness Forgets. Relaxte Kellerbar. 8–9 Hoxton Square, N1, U-Bahn: Old St, www.happinessforgets.com

Hoxton Square Bar and Kitchen. Bar/Restaurant/Club. 2–4 Hoxton Square, N1, U-Bahn: Old St, www.hoxtonsquarebar.com

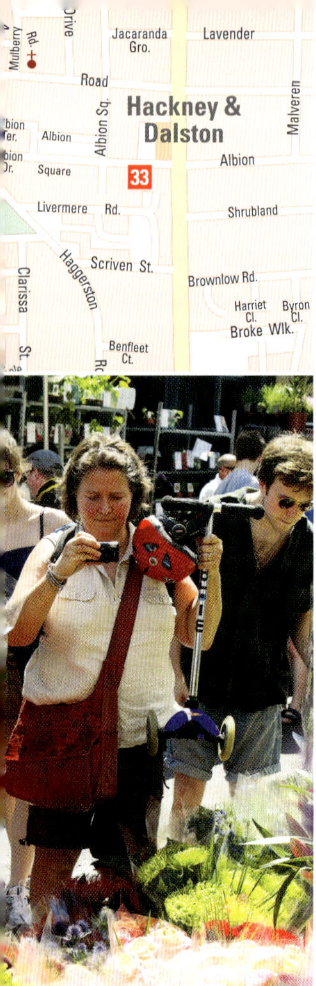

Auf dem Blumenmarkt in der Columbia Road

33 Hackney & Dalston

Trendige Multikulti-Ecke

Schön ist es hier nicht. Die Pastellwelten von Notting Hill und Chelsea sind weit entfernt. Urban und rau ist Hackney und einer der ärmsten Stadtbezirke Londons mit sozialen Spannungen. Gleichzeitig sind hier einige der angesagtesten Clubs, Bars und das derzeitige In-Viertel Dalston. Wer in idyllischer Umgebung schlendern möchte, ist hier falsch. Zu sehen gibt es trotzdem einiges.

Der Stadtbezirk Hackney reicht von der City im Westen bis zum Olympic-Park-Bezirk Newham im Osten. Dazu gehören rund ein Dutzend Stadtviertel, u.a. auch Hoxton und Shoreditch im Südwesten sowie Stoke Newington im Norden Hackneys (s. S. 204, 196 und 246). Hier geht es im Wesentlichen um den zentralen Bereich Hackneys und Dalston im Westen.

Stadtteilgeschichte

Kaum zu glauben, aber zu Tudorzeiten war Hackney ein Dorf. Wo heute die Stadtviertel Hackney Central und Homerton liegen, zog sich der Adel in Landhäuser zurück. Die einzige Erinnerung an diese Zeit ist das Sutton House, das 1535 für einen Höfling gebaut wurde. Im Gebäude wurden die eichengetäfelten Räume und alten Kamine genauso erhalten wie Wandmalereien, die Hausbesetzer in den 1980er-Jahren hinterlassen haben. Mit dem Einzug der Eisenbahn im 19. Jahrhundert verschwand der ländliche Charme Hackneys vollends. Hackney verwandelte sich in einen dicht besiedelten Bezirk, einer der multikulturellsten der Stadt. Die letzten Jahre standen im Zeichen der Gentrifi-

Erfolgreicher Besuch des Columbia Road Flower Market

zierung: Alte georgianische und viktorianische Häuser wurden renoviert, Lagerhäuser umgebaut, moderne Appartementblocks entstanden. Am meisten merkt man den Einzug von Mittelstandsfamilien, die der Vorhutfraktion der Künstler folgten, in Vierteln wie Stoke Newington (s. S. 246) oder Enklaven wie der Lauriston Road nördlich des Victoria Parks. Apropos Parks, das werden die wenigsten vermuten, aber Hackney ist ein grüner Stadtbezirk mit über 60 Parks und Grünflächen. Zu den großen gehören neben dem Victoria Park London Fields, Hackney Downs und Hackney Marshes.

Kulinarisches

Ein Zeichen dafür, dass ein Stadtteil auf dem aufsteigenden Ast ist, gibt immer das Angebot rund um das Thema Essen und Trinken. Hier ist Hackney vorne mit dabei; es vergeht kaum eine Woche, dass nicht etwas Neues aufmacht. Schon seit Jahren einen festen Platz auf der Wochenendagenda hat der Broadway Market. Hier gibt es viele Biolebensmittel, aber auch Mode und Accessoires. Die

Nicht verpassen

COLUMBIA ROAD FLOWER MARKET

Im Ensemble der Märkte im East End ist der Columbia Road Flower Market der charmanteste, charaktervollste. Der Markt liegt nördlich der Brick Lane und ist ein echter bunter Blumenstrauß in einer wenig farbenfrohen Ecke. Sonntagmorgens in das Blumen- und Pflanzenmeer einzutauchen, die lauten »Everythin' a fiver«-Rufe der Händler im Ohr und in den charmanten Lädchen zu wühlen, gehört zu den schönsten Dingen, die man am Wochenende in London machen kann. Das Angebot an Cafés und Restaurants ist genauso bunt wie das an Pflanzen. Zeitig kommen, denn schon am frühen Nachmittag ist alles vorbei. Die Columbia Road gehört in London einfach dazu.

Columbia Road Flower Market. So 8–15 Uhr, Columbia Road, E2, Overground: Hoxton oder Shoreditch High Street, www.columbiaroad.info

vielen verschiedenen Nationalitäten, die in Hackney ihre Londoner Heimat gefunden haben, tun ein Übriges, um zur kulinarischen Vielfalt beizutragen. So weiß jeder in London, dass man für vietnamesische Küche auf die Kingsland Road in Dalston muss.

Soziale Spannungen

Als im August 2011 im Stadtteil Tottenham gewaltsame Unruhen ausbrachen, die auf andere Stadtgebiete übergriffen, stand Hackney im Mittelpunkt von Plünderungen und Vandalismus. Die Bilder von den sogenannten *riots* entsetzten London. Schockierend deutlich wurde das Ausmaß an Armut, Unzufriedenheit, fehlenden Perspektiven und einem stabilen sozialen Umfeld. Aber: Genauso beeindruckend war danach auch der Gemeinschaftsgeist in Hackney. Die Ärmel wurden hochgekrempelt, um die zerstörten Geschäfte und Straßen gemeinsam wieder aufzuräumen. Nicht, dass seitdem eitel Sonnenschein herrscht. Jugendarbeitslosigkeit ist ein Problem; einige der berüchtigtsten Sozialwohnbauten liegen in Hackney. Gleichzeitig ändert sich äußerlich viel. Die Eröffnung der Overground-Linie vor einigen Jahren, die in West-Ost- und Süd-Nord-Richtung außerhalb des Zentrums gelegene Viertel anbindet, brachte

Geheimtipp

KINDLICHES EAST END

1872 eröffnete das Victoria & Albert Museum eine Außenstelle im East End. Heute befindet sich in der schmiedeeisernen Halle die Sammlung des Museums zum Thema Kindheit von Beginn des 17. Jahrhunderts bis heute. Es gibt Spielsachen, Puppen, Kinderkleidung und das älteste Schaukelpferd des Landes von 1605 zu sehen. Zu der wunderbaren Sammlung an Puppenhäusern gehört auch ein 1673 in Nürnberg angefertigtes, es ist das älteste im Museum. Das Museum richtet sich natürlich besonders an Kinder und kümmert sich mit Sandkasten, Spiel- und Malecken besonders auch um die Kleineren. Aber die Exponate sind so schön nostalgisch, dass für alle etwas dabei ist.

V & A Museum of Childhood. Tgl. 10–17.45 Uhr, Eintritt frei, Cambridge Heath Rd, E2, U-Bahn: Bethnal Green, museumofchildhood.org

vier neue Stationen nach Hackney, um die herum kräftig gebaut wurde. Als weiterer Auslöser für Regeneration erweist sich der Regent's Canal, der sich einen Teil seines Wegs zu den Docklands durch Hackney bahnt und so neue Wohngebiete erschließt.

Urbanes Stadtbild

Um eines deutlich zu sagen: Wer sich für die hier beschriebenen Hackney-Ziele interessiert, muss auf dem Weg auch graue Urbanität erwarten. Westlondoner Idyllen gibt es hier keine. Zur Orientierung: Die Mare Street zieht sich zentral von Norden nach Süden durch das Viertel. Mit der Overground-Bahn geht es zur Station Hackney Central an das Nordende. Ein zehnminütiger Abstecher in Richtung Osten führt zum Sutton House; geradeaus in Richtung Süden stößt man auf der Mare Street auf einen echten Hingucker, das Hackney Empire, eine der letzten der alten Londoner Music Halls. Das Gebäude wurde 1901 von dem Theaterarchitekten Frank Matcham in extravagantem Stil entworfen. In den letzten Jahren wurde renoviert, das Theater ist bekannt für Comedy, Livemusik und Produktionen der English Touring Opera.

Vorbei am Rathaus im Art-déco-Stil kommt man zum modernen Gebäude des Hackney Museums (eintrittsfrei). Die ständige Ausstellung wirft einen Blick auf den ethnischen und kulturellen Mix des Viertels und seine Geschichte. Westlich der Mare Street geht es zu London Fields und dem Broadway Market (ca. 20 Minuten von Hackney Central). Jeden Samstag reihen sich hier Stände südlich des Parks und bis zum Regent's Canal aneinander. Der Markt, einst ein klassischer Obst- und Gemüsemarkt, ist eine ruhigere und kleinere Alternative zur Brick Lane (s. S. 190) und gehört

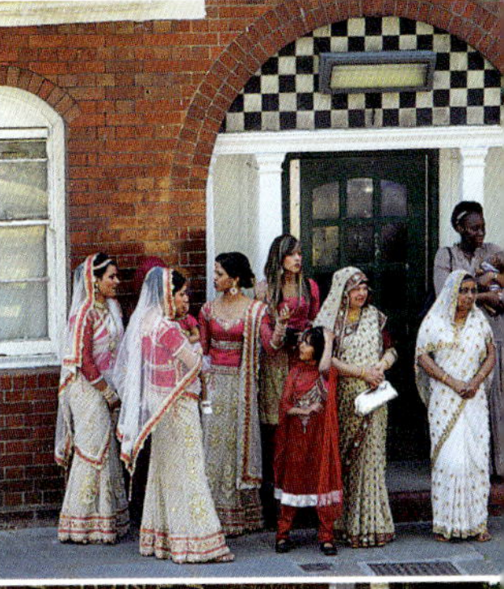

Oben: Der hippe Hackneybewohner inszeniert sich gerne mal, auch mit Fuchskopf.
Mitte: Indische Hochzeitsgruppe
Unten: Straßenmusikanten in der Ezra Street

zu den populärsten lokalen Märkten Londons. Hackneys hippe Fraktion mag die angebotenen Biolebensmittel genauso wie die Vintage-Mode und Cafés. Lobenswert: Plastiktüten sind hier verboten. Östlich der Mare Street liegt die zuvor erwähnte Lauriston Road (empfehlenswert!) mit ihren kleinen Geschäften und gemütlichen Cafés am Nordrand des Victoria Parks. Als zentrale große Grünfläche in Hackney wird der Park gern zum Joggen, Fahrradfahren, Tennisspielen oder einfach, um im Gras zu liegen, genutzt.

Dalston

Westlich der Mare Street und in Richtung Hoxton zieht sich die Kingsland Road fast kerzengerade durch Hackney. Sie wird ab der Overground-Station Dalston Junction zur Kingsland High Street und geht dann in die Stoke Newington Road über. Wer neugierig ist, wo Londons Hipster seit einigen Jahren wandeln, fährt am besten direkt mit dem Overground-Zug nach Dalston Kingsland. Überall befinden sich nagelneue, moderne Appartementblocks. Dann kommt die Kingsland High Street, ein unglamouröser Mix aus Ein-Pfund-Läden, Friseuren, Handyläden, Cafés und Bars, in denen junge Menschen mit ihren Laptops sitzen. Der klassische Dalston-Hipster mischt sich mit dem Vielvölkerstaat Hackneys. Auf dem Ridley Road Market bildet sich die ethnische Vielfalt ab: Halal-Metzger, Cockney-Obst- und Gemüsestände, afrikanisch-karibische und türkische Lebensmittel. Zum Ensemble der hippen Veranstaltungsorte in Dalston gehört das Arcola Theatre in einer alten Farbenfabrik, das Café Oto, eine Avantgarde-Musikbühne, oder der Vortex Jazz Club. Ob hier etwas für einen dabei ist, mag man selbst entscheiden. Von einem Fensterplatz aus das Treiben auf der Kingsland High Street zu beobachten, ist allemal unterhaltsam.

Oben: Sommer auf dem Arnold Circus, wo 1896 die erste Sozialwohnungssiedlung eröffnet wurde
Unten: Musikpavillon auf dem Arnold Circus

Infos und Adressen

SEHENSWÜRDIGKEITEN

Hackney Museum. Di, Mi, Fr 9.30–17.30 Uhr, Do 9.30–20 Uhr, Sa 10–17 Uhr, 1 Reading Lane, E8, Overground: Hackney Central

Sutton House. Feb.–Dez. Do, Fr 10.30–16.30 Uhr, Sa, So 12–17 Uhr, £ 3, 2&4 Homerton High St, E9, Overground: Hackney Central, www.nationaltrust.org.uk/sutton-house

ESSEN UND TRINKEN

Buen Ayre. Gutes argentinisches Steakrestaurant. 50 Broadway Market, E8, Overground: Hackney Central, Tel. 72 75 99 00, www.buenayre.co.uk

People's Park Tavern. Beliebtes Pub am Victoria Park. 360 Victoria Park Rd, E9, Overground: Hackney Wick

Tin Café. Kaffee und Snacks. 1 Middleton Rd, E8, Overground: Dalston Junction

Tina, we salute you. Freundliches Café. 47 King Henry's Walk, N1, Overground: Dalston Junction, Tel. 31 19 00 47, www.tinawesaluteyou.com

ÜBERNACHTEN

Town Hall Hotel. Superschickes Designhotel in altem Rathaus. Patriot Square, E2, U-Bahn: Bethnal Green, Tel. 78 71 04 60, www.townhallhotel.com

AUSGEHEN

Arcola Theatre. 24 Ashwin St, E8, Overground: Dalston Kingsland, www.arcolatheatre.com

Café Oto. 18–22 Ashwin St, E8, Overground: Dalston Kingsland, www.cafeoto.co.uk

Hackney Empire. 291 Mare Street, E8, Overground: Hackney Central, www.hackneyempire.co.uk

Vortex Jazz Club. 11 Gillett Square, N16, Overground: Dalston Kingsland, www.vortexjazz.co.uk

EINKAUFEN

Chatham Place. In dieser unauffälligen Straße zogen in den letzten Jahren zunehmend Designer mit Outlet-Stores ein: Burberry, Aquascutum, Pringle, Anya Hindmarch, Joseph – und es werden mehr. Overground: Hackney Central

Fahrradpolospieler in Hackney

Aussichtsturm und Kunstwerk in einem: der ArcelorMittal Orbit

34 Queen Elizabeth Olympic Park

Regeneration durch Olympische Spiele

Die Olympischen Spiele 2012 waren für London ein Volltreffer. Es gab Bestnoten von den internationalen Gästen, einen Medaillenregen für die heimischen Athleten, und sogar das Wetter spielte mit. Im Queen Elizabeth Olympic Park wurde in den letzten Jahren fleißig an der Transformation zu einem öffentlichen Freizeit- und Wohnareal gearbeitet, als bleibendes Erbe der Spiele und Zentrum eines Regenerationsprojekts für den Stadtteil Stratford. Interessant!

Stratford ist das, was man im Englischen *deprived* nennt, sozial benachteiligt. Daher nutzte man die Spiele als Chance, den Stadtteil nachhaltig zum Positiven zu verändern, mit Investitionen in Infrastruktur, neue Schulen, kulturelle Einrichtungen und Geschäftszentren.

Augapfel Olympic Park

Der olympische Park, der nach den Spielen in Queen Elizabeth Olympic Park umbenannt wurde, besteht aus einer Reihe von Inseln, die der Fluss Lea sowie diverse Zuflüsse und Kanäle bilden. Für die Olympischen Spiele wurde innerhalb von sieben Jahren eine über 200 Hektar große Industriebrache in eine grüne Oase verwandelt, mit der weltweit größten Bepflanzung an Wildblumen, mit Parkland und Flusswegen. Danach begann die Verwandlung in eine neues Viertel – mit fünf neuen Wohngebieten, 91 000 Quadratmeter Gewerbefläche, dem

Äquivalent von 357 Fußballfeldern an landschaftlich gestaltetem Raum, und 35 Kilometer an Fuß- und Radwegen. Im Zuge der Umbauten wurden Sportstätten verkleinert und alltagstauglich gemacht. Das spektakuläre Aquatics Centre von Zaha Hadid ist nun ein Hallenbad, und das Olympiastadion ist Heimat des Fußballclubs West Ham United. Das Athletendorf wurde im Sommer 2013 zum Wohnviertel East Village London.

2014 wurde der »Parkumbau« abgeschlossen. Im Angebot jetzt: eine multifunktionale Sporthalle, Spielplätze, Parkland, Bootstouren, ein Rad- und Mountainbikepark, Cafés, Restaurants und der ArcelorMittal Orbit als unübersehbare Attraktion. Das 114,5 Meter hohe Gebilde gilt als Großbritanniens höchste Skulptur. Entworfen hat es der Bildhauer Anish Kapoor, fast komplett finanziert mit 19 von insgesamt 21 Millionen Pfund wurde es von dem Stahlmagnaten Lakshmi Mittal, Großbritanniens reichstem Mann. Eine Aussichtsplattform auf 80 Metern bietet einen London-Panoramablick (£ 10). Neueste Attraktion: Eine Mega-Rutschröhre, die sich auf 178 Metern Länge um den Turm schlängelt. Wer sich hineinwagt, wird mit bis zu 24 km/h nach unten befördert.

Wenn die Fahrt nach Stratford mit der Jubilee Line auf dem Programm steht, kann damit auch noch ein Einkaufsbummel verbunden werden: Westfield Stratford City ist eines der größten Shoppingcenter in Europa. Wer Interesse an Hintergrundinformationen zum Park hat: Von Experten geführte Touren erläutern, wie der Park zu dem wurde, was er ist. Und weiter wird – in den nächsten Jahren entsteht auf dem Gelände ein neues Kulturviertel mit Zweigstellen des Victoria & Albert Museums, der Sadler's Wells Tanztheaters sowie einem Campus des London College of Fashion und des University College of London.

Infos und Adressen

SEHENSWÜRDIGKEITEN

Three Mills Island. Mühlenensemble aus dem 18. Jahrhundert am Lea: Die House Mill ist die größte noch erhaltene Meermühle weltweit, da der Lea bei den Docklands in die Themse mündet und so von Ebbe und Flut beeinflusst wird. Mai–Okt. So 11–16 Uhr, März, April & Dez. am 1. So des Monats 11–16 Uhr, Tour: £ 3, The Miller's House, Three Mill Lane, E3, U-Bahn: Bromley-by-Bow, www.housemill.org.uk

ESSEN UND TRINKEN

Counter Café. Im alten Industrieviertel Hackney Wick eine Station von Stratford ist ein kleines Kreativviertel am Kanal entstanden. Im Kulturzentrum Stour Space sitzt man im »Counter Café« am Wasser und blickt auf das Olympiastadium. 7 Roach Rd, E3, Overground: Hackney Wick, www.thecountercafe.co.uk

Crate Brewery. Auch am Kanal: Pizzeria mit Mikrobrauerei. Sommerliebling in postindustrieller Umgebung. Unit 7, White Building, Queen's Yard, E9, Overground: Hackney Wick, www.cratebrewery.com

INFORMATION

Guided Park Walk. Mit zertifizierten Blue Badge Guides. Mi und Sa 11 Uhr, £ 10, Buchung: www.toursof2012sites.com

Queen Elizabeth Olympic Park. 24 Std. geöffnet, www.queenelizabetholympicpark.co.uk

U-Bahn-Stationen: Mit Jubilee und Central Line dauert die Fahrt nach Stratford rund 20 Minuten.

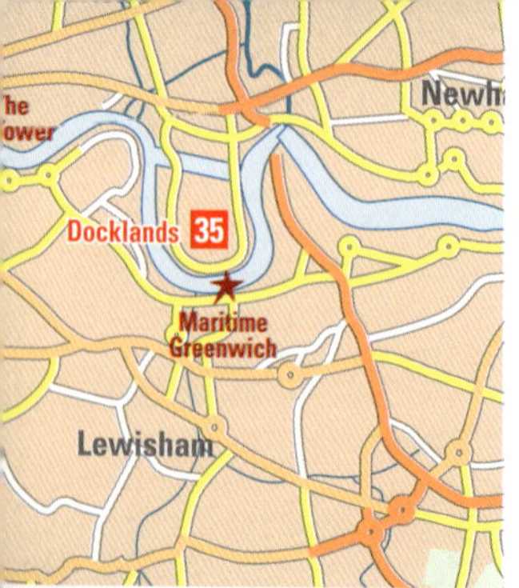

35 Docklands

Neues Gesicht für alte Hafenanlage

Die Docklands sind ein gigantisches Städtebauprojekt, das in den Augen vieler schiefgegangen ist. Im ehemaligen Hafenkomplex im Osten der Themse ist eine mit Wohnkomplexen durchsetzte Bürowelt aus Stahl und Glas entstanden. Eine Fahrt mit der futuristischen Docklands Light Railway bietet einen faszinierenden Ein- und Überblick.

Der Ursprung der Docklands liegt im 19. Jahrhundert: Der Londoner Hafen zwischen London Bridge und dem Tower war hoffnungslos überlastet. Schiffe mussten bis zu sechs Wochen warten, um ihre Ladung zu löschen. Ab 1802 wurde daher der größte Dockhafen der Welt angelegt, ein durch Kanäle verbundenes System aus Hafenbecken, Werften, Trockendocks und Lagerhäusern. Jedes Dock wurde durch eine Steinmauer geschützt und war für bestimmte Warensorten zuständig. Die Namen der DLR-Stationen – wie West India Quay (Rum) oder Canary Wharf (Fracht von den Kanarischen Inseln) – erinnern noch heute daran. Man kann sich vorstellen, was hier zu Glanzzeiten des Britischen Empire los war. Ab Mitte des 19. Jahrhundert zeichnete sich allerdings schon der langsame Niedergang der Docks ab: Der Schienentransport stellte eine wachsende Konkurrenz für die Schifffahrt auf der Themse dar; im Zweiten Weltkrieg wurden große Teile der Docklands zerstört und ab Mitte der 60er-Jahre wurden die Docks nach und nach geschlossen. Die Größe moderner Containerschiffe vertrug sich nicht mehr mit den viktorianischen Anlagen.

Mitte: Eine Uhreninstallation des Deutschen Konstantin Grcic wurde zum Symbol für Canary Wharf.
Unten: Auf dem Weg ins Licht: Canary Wharf Station

02 Millennium Dome mit Blick auf Canary Wharf

Rigorose Erneuerung

1981 trat die London Docklands Development Corporation (LDDC) auf den Plan. Das 2200 Hektar große Gelände sollte rekonstruiert werden. Als Kernstück ihrer Arbeit hinterließ die LDDC auf der Isle of Dogs, die sich nach Limehouse als Riesenausbuchtung in Richtung Süden in die Themse schiebt, Canary Wharf. Das neue Finanz- und Bürozentrum abseits der City ist geschäftig am Tag, verlassen hingegen am Abend und Wochenende. Hauptkritikpunkt an den herausgeputzten Docklands ist daher, dass es dem Konglomerat von Büros in Protzarchitektur an Versorgungseinrichtungen, Grünflächen und öffentlichen Gebäuden fehlt, um die Docklands als Wohngegend attraktiver zu machen.

Von Tower Gateway windet sich die computergesteuerte DLR auf Stelzen auf der Lewisham-Linie nach Canary Wharf, in deren Mittelpunkt der über 240 Meter hohe Canary Wharf Tower steht, der 1991 fertiggestellt wurde. One Canada Square, wie das Gebäude offiziell heißt, ist zum Wahrzeichen der Docklands geworden und war bis zur

Geheimtipp

THAMES BARRIER PARK

Der Thames Barrier Park beim DLR-Stopp Pontoon Dock wurde 2000 eröffnet. Im Zentrum der Anlage stehen die Green Docks, ein tief liegender Garten, der zur Uferpromenade und dem eigentlichen Clou des Parks führt: dem Blick auf die glänzenden Stahlmuscheln der Thames Barrier. Die gigantische Schleuse wurde 1984 mit zehn schwenkbaren Toren als Flutschutz eröffnet und zieht sich von Woolwich über die Themse. Ein Besucherzentrum am Südufer erklärt die Funktionsweise.

Thames Barrier Park. North Woolwich Rd, E16, DLR: Pontoon Dock
Thames Barrier Information Centre. 1 Unity Way, SE18, Station: Charlton oder Woolwich Dockyard, U-Bahn: North Greenwich, dann Bus 742 oder 161, www.environment-agency.gov.uk

Fertigstellung des Shard, die Scherbe im Stadtteil Southwark, 2012 Londons höchstes Gebäude.

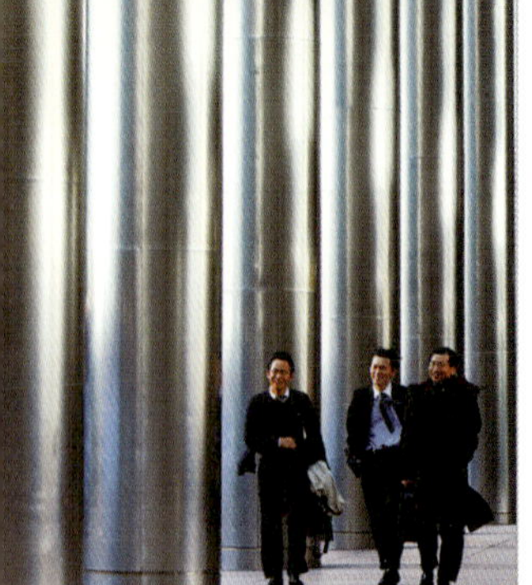

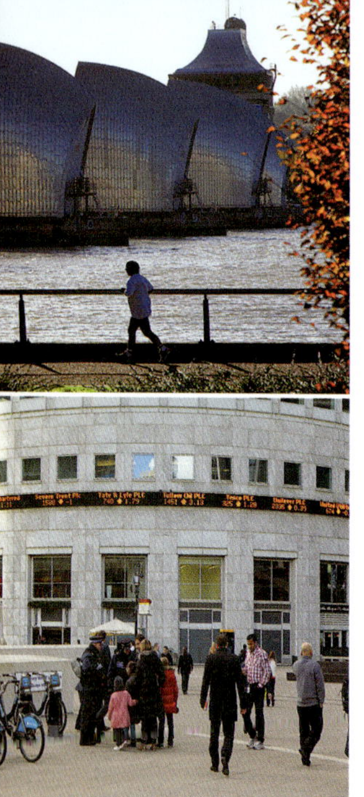

Oben: Canary Wharf ist voller Männer in Anzügen.
Mitte: Gigantischer Flutschutz: die Thames Barrier
Unten: Canary Wharf als neues Finanzzentrum in London

Sehenswertes

Zu dem Komplex gehört ein Einkaufszentrum, das mit den wichtigsten Modeketten aufwartet. Ein spektakuläres Element des Canary-Wharf-Ensembles ist die von Norman Foster entworfene Canary-Wharf-U-Bahn-Station. Seit 1999 führt die Jubilee Line hierher. Der trügerisch kleine Eingangsbereich führt in ein riesiges Inneres. Die Fahrt auf der Rolltreppe steil nach unten (oder oben) ist beeindruckend. West India Quay, ein Stopp vor Canary Wharf, bietet sich auch als Haltestelle für einen Spaziergang durch die Wolkenkratzerumgebung an. Fußgängerbrücken verbinden die alten Hafenbecken. Mehr über die Geschichte der Docklands und die Rolle der Themse im Leben Londons erfährt man im sehr guten und eintrittsfreien Museum of Docklands, das sich in einem Lagerhaus aus dem 19. Jahrhundert am West India Quay befindet.

Eine neue Attraktion bieten die Docklands seit den olympischen Spielen 2012: Gesponsert von der Royal Emirates Airline wurde zur Verbindung von Austragungsstätten zwischen dem ExCeL-Zentrum und North Greenwich auf der Südseite der Themse eine Seilbahn gebaut. Die Reise, die auch in die Gegenrichtung möglich ist, dauert ca. zehn Minuten und ist ein unerwartetes Vergnügen.

In North Greenwich können seit Sommer 2012 Schwindelfreie gut abgesichert über das gewölbte Dach des O2 Millennium Domes marschieren. Der ufoartige Bau, der zum Millennium errichtet wurde und als Konzert- und Veranstaltungsort dient, wird so zu einer Aussichtsplattform, nicht zuletzt für die gegenüberliegenden Docklands.

Infos und Adressen

SEHENSWÜRDIGKEITEN

Museum of London Docklands. Tgl. 10–18 Uhr, West India Quay, Canary Wharf, E14, DLR: West India Quay, www.museumindocklands.org.uk

Trinity Buoy Wharf. Kuriose Docklands-Ecke: Ein ehemaliges Depot für Themsebojen und Heimat des einzigen Leuchtturms in London, in dem heute eine 1000 Jahre andauernde Musikinstallation (*Longplayer*) zu hören ist, wurde zu einem kleinen Kulturzentrum mit Street-Art, Skulpturenpark und Studios, die in alten Schiffscontainern untergebracht sind. Dazu: ein original US-Diner aus den 40er-Jahren, ein nettes Café und gute Blicke auf den Millennium Dome am anderen Themseufer. Tgl. 9–17 Uhr, 64 Orchard Place, E14, DLR: East India, dann 10 Minuten zu Fuß bis zum Orchard Place, wo der Fluss Lea auf die Themse trifft, www.trinitybuoywharf.com

ESSEN UND TRINKEN

Fatboys Diner. Mi–So 10–17 Uhr, im Trinity Buoy Wharf, Tel. 79 87 43 34 (zur Sicherheit anrufen, ob geöffnet ist), www.fatboysdiner.net

The Grapes. Viktorianisches Pub mit Blick auf Canary Wharf. 76 Narrow St, E14, Tel. 79 87 43 96, DLR: Westferry, www.thegrapes.co.uk

The Gun. Gastropub, früher Treffpunkt der Dockarbeiter, tolle Terrasse mit Aussicht. 27 Coldharbour, E14, Tel. 75 15 52 22, DLR: Blackwall, www.thegundocklands.com

Seilbahn in London

AKTIVITÄTEN

02 Millennium Dome »Up at the 02«. Peninsula Square, SE10, £ 35, U-Bahn: North Greenwich, Buchung: www.theo2.co.uk/upattheo2

INFORMATION

Seilbahn: Die DRL-Station Royal Victoria liegt am Nordterminal der Seilbahn, im Süden ist die U-Bahn-Station North Greenwich am nächsten; Informationen auf www.tfl.gov.uk unter »Emirates Air Line«

Thames Barrier Park

Einfach mal Gott anrufen

36 Walthamstow

Von cooler Neonkunst und einem kreativen Genie

Warum, um Himmel willen, sollte man nach Walthamstow? Der Londoner Stadtteil mit der Postleitzahl E17 gewinnt definitiv keinen Attraktivitätswettbewerb. Ein wenig trostlos, ein wenig müde, aber – Moment: Die größte Sammlung von Neonkunst außerhalb der USA, genauso wie die wunderbar renovierte William Morris Gallery sind kleine Juwelen für neugierige Reisende abseits der ausgetretenen Pfade.

In den 90er-Jahren nannte sich eine Boyband nach der Postleitzahl (E17) ihres Heimatstadtteils, und für einige Jahre sah es mit diversen Hits sogar gut aus für die Jungs von East 17. Der raue Gegenentwurf zu den netten Kerlen von Take That verschwand dann aber recht schnell im Nirwana der Popwelt. Und wie steht's um Walthamstow? Das stark von Migration geprägte Arbeiterviertel hat sich in den letzten Jahren nach oben gearbeitet auf der Beliebtheitsskala von Familien, die in London nach einigermaßen erschwinglichen Häusern mit guter Zentrumsanbindung suchen. Im Kern des alten Walthamstow Village rund um die Orford Road hat sich ein neues kleines »Dorfzentrum« entwickelt. Dennoch, wirklich heimelig ist es nicht. Dafür aber bekommt der Besucher einen Eindruck von London abseits der Touristenoberfläche, mit einer bunten Mischung an Kuriositäten, wozu der berühmte Walthamstow Market, Europas längster Straßenmarkt, und das erste britische Auto mit Verbrennungsmotor genauso gehörten wie das Neonparadies God's Own Junkyard (welch Name!) und die William Morris Gallery.

Alltagskram und Glitzerwelt

Direkt um die Ecke von Walthamstow Central Station erstreckt sich seit 1885 auf fast einem Kilometer der lokale Markt auf der High Street. Hier wird alles verkauft, von Obst und Gemüse bis zu Handtüchern, CDs, Taschen und Parfüm zu Billigstpreisen. Schick? Nein, absolut nicht. Dafür gibt es hier noch Cockneyflair, gepaart mit dem typisch Londoner Vielvölkergemisch. Weiter geht es in knapp zehn Minuten zum kleinen Vestry House Museum für Lokalgeschichte. Hier erfährt man unter anderem, dass der weltgrößte Puzzlehersteller einst in Walthamstow ansässig war. Starausstellungsstück ist das erste britische Auto mit Verbrennungsmotor, das von Frederick Bremer, Sohn deutscher Einwanderer, 1892 gebaut wurde.

Noch zehn Minuten weiter, und man landet in einem Industriegebiet, wo sich zwischen Autoreparaturwerkstätten God's Own Junkyard als Farbtupfer der Extraklasse entpuppt: Fast 40 Jahre lang produzierte der 2014 verstorbene Neonkünstler Chris Bracey, der vor allem in den USA eine Kultfangemeinde hat und diverse Blockbuster mit seinen Werken bestückte, in Walthamstow seine Schilder und Installationen. Auf dem »göttlichen Ausstellungsschrottplatz« stapeln sich Braceys Arbeiten, darunter Ladenschilder und religiöse Statuen ebenso wie die Ausstattung von Filmen wie *The Dark Knight*.

Das wichtigste noch zum Schluss: Nördlich der U-Bahn-Station liegt die William Morris Gallery. Das ehemalige Wohnhaus des Malers, Dichters, Druckers und Sozialreformers, der 1834 in Walthamstow geboren wurde, bietet faszinierende Einsichten in Leben und Arbeit des Gründers des Arts and Crafts Movement. Wer bisher nur die legendären Tapetenmuster mit diesem unermüdlichen Kreativschaffenden in Verbindung gebracht hat, wird hier eines Besseren belehrt.

Infos und Adressen

SEHENSWÜRDIGKEIT

God's Own Junkyard. Fr, Sa 11–21 Uhr, So 11–18 Uhr, Unit 12, Ravenswood Industrial Estate, Shernhall St, E17, Tel. 85 21 80 66, Wochenende 078 18 54 29 33, www.godsownjunkyard.co.uk

Vestry House Museum. Mi–So 10–17 Uhr, Vestry Rd, E17, Tel. 84 96 43 91, www.walthamforest.gov.uk

Walthamstow Market. Di–Fr 8–17 Uhr, Sa 8–17.30 Uhr, Walthamstow High St, E17

William Morris Gallery. Ständige und wechselnde Ausstellungen plus Tea Room mit Parkblick. Mi–So 10–17 Uhr, Lloyd Park, Forest Rd, E17, Tel. 84 96 43 90, www.wmgallery.org.uk, U-Bahn: Walthamstow Central

ESSEN UND TRINKEN

Eat 17. Bar und Restaurant im Zentrum von Walthamstow Village, pfiffig und gemütlich. Mo–Fr 12–15, 18–22 Uhr, Sa 10–15, 18–22 Uhr, So 10–16 Uhr, 28–30 Orford Rd, E17, Tel. 85 21 52 79, www.eat17.co.uk, U-Bahn: Walthamstow Central

INFORMATIONEN

U-Bahn-Station für alle genannten Adressen: Walthamstow Central (ca. 20–25 Min. vom Zentrum)

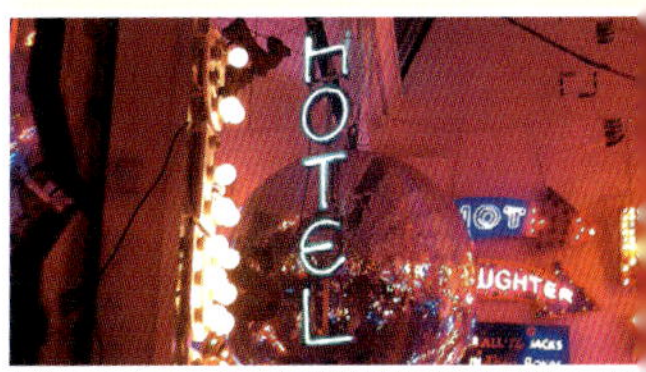

Ein bunter »Schrottplatz« der besonderen Art: Neonkunst in Walthamstow

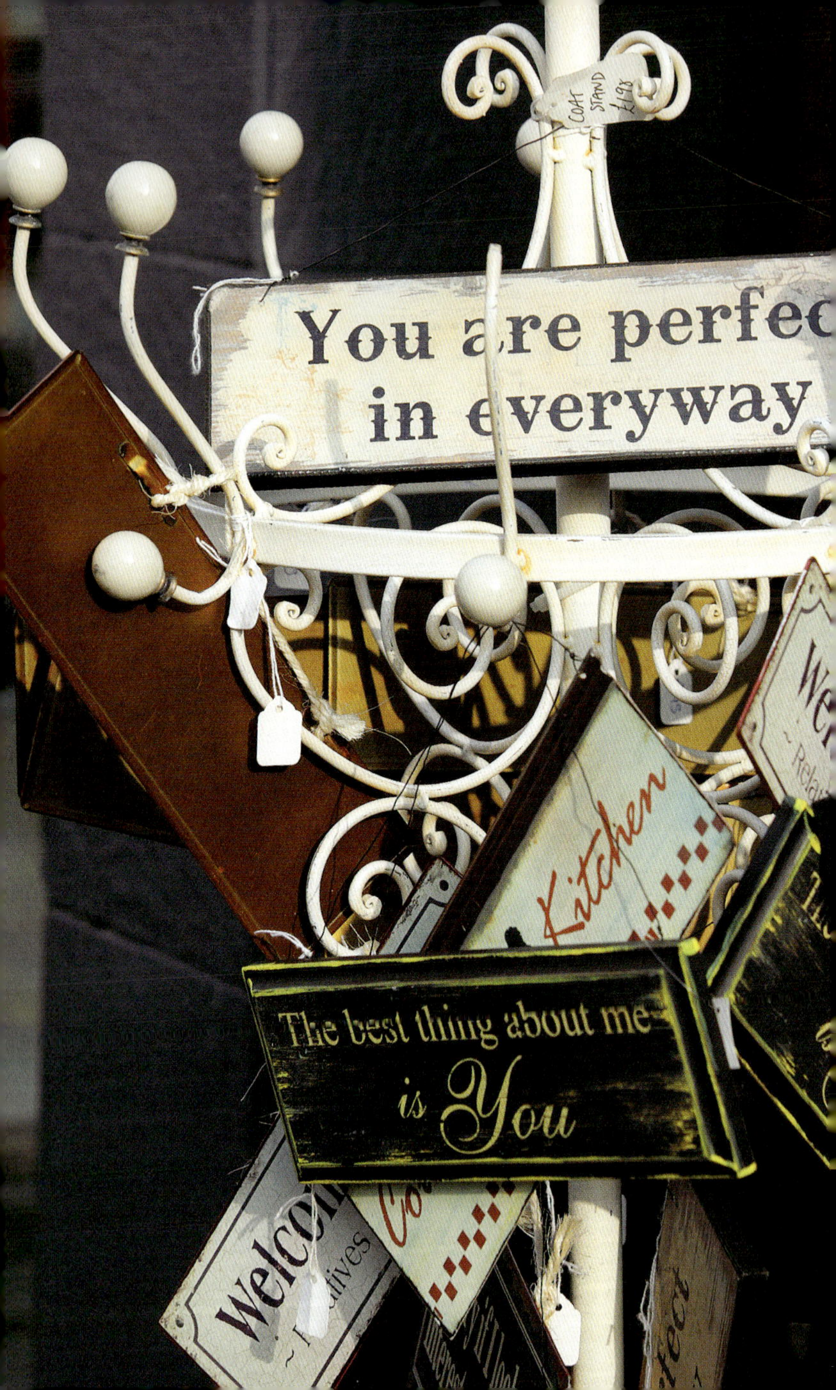
You are perfec
in everyway
Kitchen
The best thing about me
is You

NORDEN

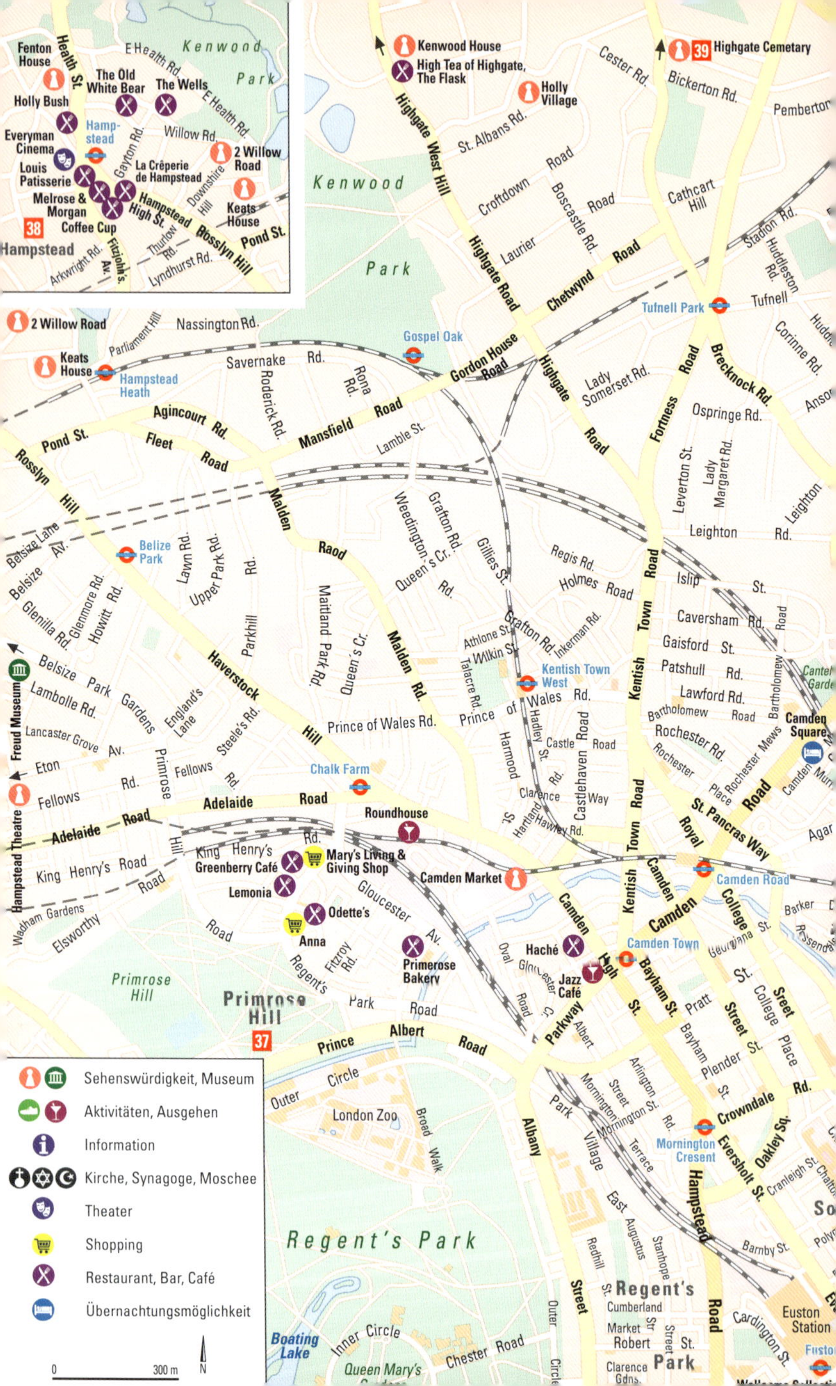

Kenwood House
High Tea of Highgate, The Flask
Highgate Cemetary
39
Holly Village
Fenton House
The Old White Bear
The Wells
Holly Bush
Hampstead
Everyman Cinema
La Crêperie de Hampstead
2 Willow Road
Louis Patisserie
Melrose & Morgan
Coffee Cup
Keats House
38
Hampstead
Kenwood Park
Highgate West Hill
Highgate Road
Chetwynd Road
Tufnell Park
Gospel Oak
Gordon House Road
Hampstead Heath
2 Willow Road
Keats House
Nassington Rd.
Savernake Rd.
Mansfield Road
Agincourt Rd.
Fleet Road
Pond St.
Rosslyn Hill
Malden Raod
Belsize Park
Haverstock Hill
Fortess Road
Brecknock Rd.
Kentish Town Road
Kentish Town West
Prince of Wales Rd.
Chalk Farm
Adelaide Road
Roundhouse
Freud Museum
Hampstead Theatre
Mary's Living & Giving Shop
Greenberry Café
Lemonia
Odette's
Anna
Primrose Bakery
Camden Market
Camden Road
Camden Town
Haché
Jazz Café
Camden Square
St. Pancras Way
Primrose Hill
37
Prince Albert Road
Outer Circle
London Zoo
Mornington Cresent
Regent's Park
Boating Lake
Queen Mary's
Euston Station
Sehenswürdigkeit, Museum
Aktivitäten, Ausgehen
Information
Kirche, Synagoge, Moschee
Theater
Shopping
Restaurant, Bar, Café
Übernachtungsmöglichkeit
0
300 m
N

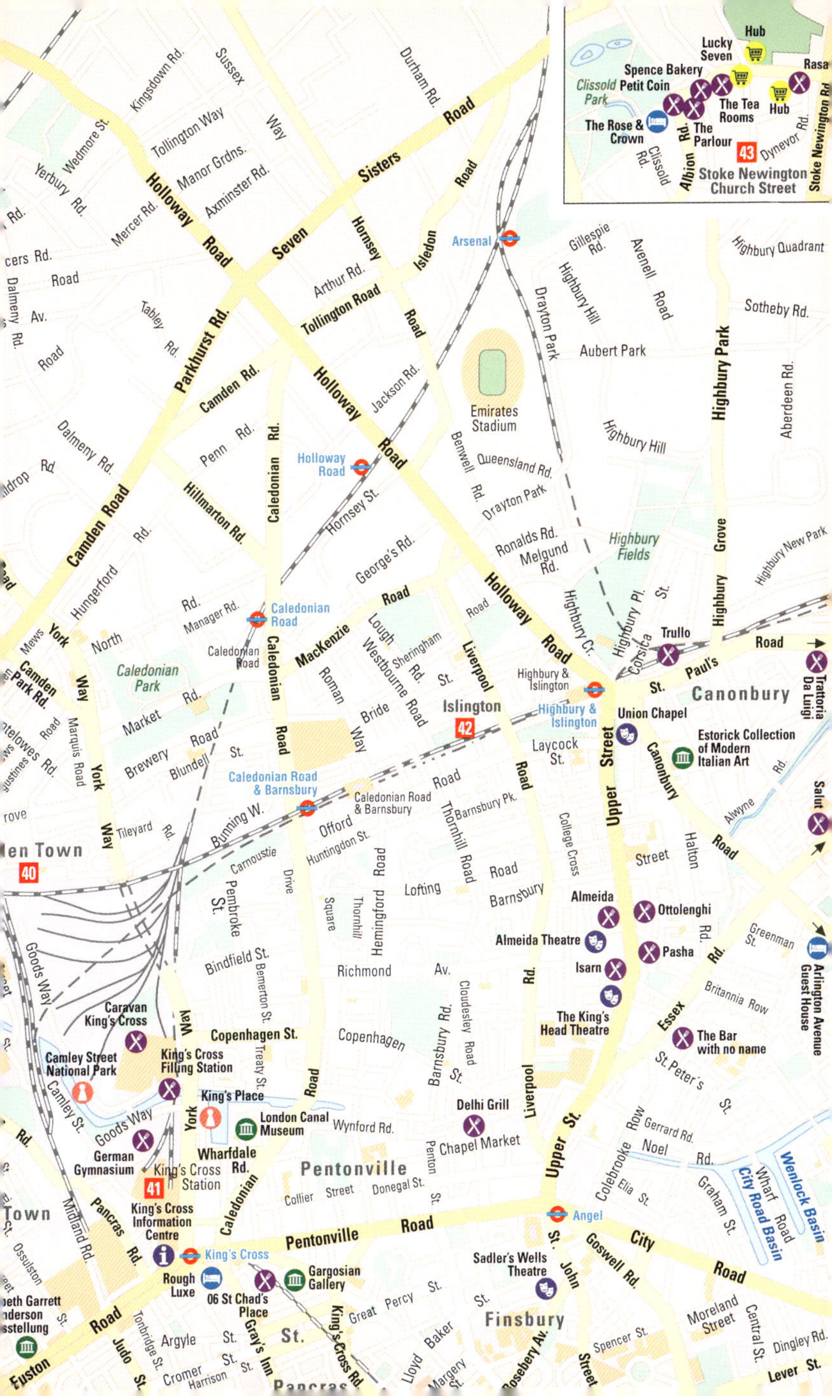

Hub
Lucky Seven
Rasa
Spence Bakery
Clissold Park
Petit Coin
The Tea Rooms
Hub
The Rose & Crown
The Parlour
43
Dynevor Rd.
Clissold Rd.
Albion Rd.
Stoke Newington Church Street
Stoke Newington Rd
Durham Rd.
Sussex Way
Kingsdown Rd.
Tollington Way
Manor Grdns.
Axminster Rd.
Wedmore St.
Yerbury Rd.
Mercer Rd.
Holloway Road
Seven Sisters Road
Hornsey Road
Isledon Road
Arsenal
Gillespie Rd.
Avenell Road
Highbury Quadrant
Highbury Hill
Drayton Park
Sotheby Rd.
Arthur Rd.
Tollington Road
Tabley Rd.
Parkhurst Rd.
Dalmeny Av.
Dalmeny Rd.
Camden Rd.
Aubert Park
Highbury Park
Aberdeen Rd.
Emirates Stadium
Jackson Rd.
Penn Rd.
Caledonian Rd.
Holloway Road
Benwell Rd.
Queensland Rd.
Drayton Park
Highbury Hill
Camden Road
Hillmarton Rd.
Hornsey St.
Ronalds Rd.
Melgund Rd.
Highbury Fields
Highbury Grove
Highbury New Park
Hungerford Rd.
George's Rd.
Caledonian Road
Manager Rd.
North Rd.
Mews
York Way
MacKenzie Road
Lough Road
Highbury Cr.
Highbury Pl.
Corsica St.
Trullo
Camden Park Rd.
Caledonian Park
Caledonian Road
Westbourne Road
Sheringham Rd.
Liverpool Road
Highbury & Islington
St. Paul's Road
Trattoria Da Luigi
Canonbury
Market Rd.
Roman Way
Bride St.
Islington
42
Union Chapel
Estorick Collection of Modern Italian Art
Brewery Road
Blundell St.
Laycock St.
Upper Street
Canonbury Rd.
Marquis Road
Caledonian Road & Barnsbury
Road
Barnsbury Pk.
Alwyne
Salut
Tileyard Rd.
Bunning W.
Offord Road
Thornhill Road
Camden Town
40
Carnoustie
Huntingdon St.
Drive
Hemingford Road
Road
Barnsbury
College Cross
Street
Halton Road
Pembroke St.
Square
Thornhill
Lofting
Almeida
Ottolenghi
Greenman St.
Goods Way
Bindfield St.
Bemerton St.
Richmond Av.
Almeida Theatre
Pasha
Rd.
Isarn
Arlington Avenue Guest House
Caravan King's Cross
Way
Copenhagen St.
Copenhagen
Cloudesley Road
Barnsbury Rd.
The King's Head Theatre
Britannia Row
Essex Rd.
Camley Street National Park
King's Cross Filling Station
Treaty St.
Road
St.
The Bar with no name
St. Peter's St.
Camley St.
King's Place
Goods Way
York Way
London Canal Museum
Wynford Rd.
Delhi Grill
Liverpool Rd.
Chapel Market
Colebrooke Row
Gerrard Rd.
Noel Rd.
Elia St.
Wenlock Basin
City Road Basin
Wharf Road
Graham St.
German Gymnasium
Wharfdale Rd.
King's Cross Station
41
Pentonville
Collier Street
Donegal St.
Penton St.
Upper St.
Midland Rd.
Pancras Rd.
Caledonian
King's Cross Information Centre
Pentonville Road
Angel
City Road
King's Cross
Rough Luxe
Gargosian Gallery
Sadler's Wells Theatre
St. John St.
Goswell Rd.
06 St Chad's Place
Great Percy St.
Ossulston St.
Elizabeth Garrett Anderson Ausstellung
Euston Road
Judd St.
Tonbridge St.
Argyle St.
Cromer St.
Harrison St.
Gray's Inn Rd.
King's Cross Rd.
Lloyd Baker St.
Margery St.
Finsbury
Rosebery Av.
Spencer St.
Moreland Street
Central St.
Dingley Rd.
Lever St.

37 Primrose Hill
Charmant & dörflich

Wenn Schauspieler und Models neben einem auf der Wiese liegen, dann könnte man auf dem Primrose Hill sein. Als kleine nördliche Ausdehnung des Regent's Park liegt dieser rund 80 Meter hohe Hügel in einer sehr beliebten Wohngegend, wo Promis keine Seltenheit sind. Von der Spitze gibt es einen der besten Blicke auf London, über die ganze Stadt und bis ans Südufer der Themse.

Seite 220/221: Ohne Worte
Mitte: Kein Wunder, dass die Regent's Park Road eine beliebte Wohnlage ist.
Unten: Blick vom Primrose Hill auf die Stadt

Viele Besucher schließen Primrose Hill an einen Spaziergang durch den Regent's Park an. Von der U-Bahn-Station Regent's Park bis zum Südende des Hill sind es knapp 30 Minuten. Alternativ kann man die Station St John's Wood nutzen, die 20 Minuten weiter westlich liegt. Die Aussicht von Primrose Hill ist einmalig und das Hochschnaufen wert. Der Weg durch den kleinen Park auf den rund 80 Meter hohen Hügel sieht sehr harmlos aus. Auf halber Strecke stellt man dann allerdings fest, dass er steiler ist als gedacht. Neben Spaziergängern trifft man hier auch viele Jogger, die sich mit dem Lauf bergauf ihre Fitness beweisen.

Nun zur Aussicht: Ganz viele der alten und neuen Londoner Wahrzeichen liegen im Blickfeld (das Wetter muss natürlich etwas mitspielen): z.B. London Eye, Canary Wharf, BT Tower, Houses of Parliament, St Paul's Cathetral oder Gherkin. Unterhalb des höchsten Punkts, dort, wo einige Bänke und Infotafeln stehen, lässt es sich wunderbar auf dem Rasen picknicken und noch besser Leute beobachten. Beim Hochgehen darf man sich übrigens auf keinen Fall umdrehen, sonst wird die ganze wunderbare Aussichtsüberraschung verdorben.

Schickes Londondorf

In den Straßen rund um Primrose Hill und im Stadtteil St John's Wood steht ein schönes Haus neben dem anderen. Entsprechend begehrt und teuer ist diese Wohngegend, in der die unmittelbare Nähe zu Regent's Park und Primrose Hill den eigenen Garten spart. Und so erklärt sich auch die Promidichte. Wer sich gern Häuser anschaut, sollte die Avenue Road entlanglaufen, die auf der Westseite des Primrose Hill entlangführt. Hier stehen herrschaftliche Villen, die typisch für St John's Wood sind.

Die Anwohner, die heute Models wie Kate Moss, Filmstars und Medienleute sind, waren früher Schriftsteller, Künstler und Intellektuelle: H.G. Wells (1861–1946), W.B. Yeats (1865–1939) und Friedrich Engels (1820–1895) lebten hier, Letzterer in einem Haus auf der Regent's Park Road, das an einer *blue plaque* zu erkennen ist – Plaketten, die an Londons Häusern angebracht sind und damit an ehemalige bekannte Bewohner erinnern. Die Straße führt auf der Ostseite am Primrose Hill vorbei und bildet das Zentrum dieser Ecke der Stadt, die eine dörfliche Atmosphäre hat.

Regent's Park Road

Hier befinden sich die meisten der kleinen Geschäfte, Restaurants und Cafés. Anwohner bleiben auf der Straße zum Schwätzchen stehen oder treffen sich am Wochenende zum *Sunday roast*, dem traditionellen Sonntagsbraten. Es geht auch ohne Großstadtanonymität in London. Setzt man den Weg weiter in Richtung Osten durch eine der von der Regent's Park Road abgehenden Seitenstraßen fort, gelangt man zur Gloucester Road. Von hier aus führt der von Little Venice kommende und am Regent's Canal entlangführende alte Treidelpfad bis nach Camden.

Infos und Adressen

ESSEN UND TRINKEN

Greenberry Café. Sympathisches Café und Restaurant mit Ganztageskarte und Frühstück bis 15 Uhr. 101 Regent's Park Rd, NW1, Tel. 74 83 37 65, www.greenberrycafe.co.uk

Lemonia. Gute griechische Küche. 89 Regent's Park Rd, NW1, Tel. 75 86 74 54, www.lemonia.co.uk

Odette's. Primrose-Hill-Institution seit 1978, die vor einigen Jahren geschmackvoll renoviert wurde. Am Herd steht ein bekannter britischer Koch aus Wales, der *modern British* kocht. 130 Regent's Park Rd, NW1, Tel. 75 86 85 69, www.odettesprimrosehill.com

Primrose Bakery. Minicafé im Retro-Stil; gute Cupcakes. 69 Gloucester Av., NW1, www.primrosebakery.org.uk

ÜBERNACHTEN

Primrose Hill Apartments. Schöne Wohnungen, lohnt sich für größere Gruppen/Familien, meist eine Woche Mindestaufenthalt. info@primrosehill-london.co.uk, www.primrosehill-london.co.uk

EINKAUFEN

Anna. Hübsche Boutique für britische und internationale Modelabels. 126 Regent's Park Rd, NW1, www.shopatanna.com

Mary's Living & Giving Shop. Die betuchte Nachbarschaft sorgt mit ihren Kleider- und Accessoiresspenden dafür, dass dieser *charity shop* hochwertig ausgestattet ist. Secondhand in schick. 109 Regent's Park Rd, NW1, www.maryportas.com/livingandgiving

ECHT LONDON

Hart im Nehmen

Nach Feierabend trifft man sich im Pub.

Was Touristen sehen, ist das eine, wie Londoner leben, eine ganz andere Sache. Viele Besucher wären schockiert, wenn sie den Alltag in dieser Stadt mit ihren langen Wegen, horrenden Mieten, niedriger Wohnqualität und schlechter Luft mitmachen müssten. Was für Touristen ein paar Tage lang aufregend anmutet, ist für Londoner anstrengend. Hört sich furchtbar an? Ach was, London ist eben eine Entscheidung. Man wird hart im Nehmen hier und richtet sich ein – auf London-Art.

Der Faktor, der am entscheidensten den Lebensstil in London beeinflusst, ist die Größe der Stadt. Londoner gehen mit der überwältigenden Urbanität um, indem sie die Stadt »kleinteilen« und sich auf ihr Viertel konzentrieren. Londoner sind daher oft erstaunlich ahnungslos, was ihre Stadt alles zu bieten hat. Aber auch verständlich: Einzelne Stadtteile liegen so weit voneinander entfernt und nehmen von Tür zu Tür locker eine Stunde oder (viel) mehr mit öffentlichen Verkehrsmitteln in Anspruch, dass sie quasi wie andere Städte wahrgenommen werden. Was das Ganze aber auch wieder so spannend macht, denn die vielen »Londoner Dörfer« sind ein jedes für sich ein kleiner Mikrokosmos, in dem sich viel entdecken lässt.

Haupt-Stressfaktor im Londoner Leben: der morgendliche *commute* in der proppenvollen U-Bahn, egal, ob man aus den Randbezirken kommt oder sich innerhalb der Zonen 1 und 2 der *tube map* bewegt. Ein paar Worte zur Londoner U-Bahn-Etikette: Um das unmenschliche Gequetsche zu Stoßzeiten zu ertragen, ist innere Emigration und Stoizismus angesagt. Um Himmels willen Blickkontakt vermeiden, man starrt aufs Handy, das iPad, ins Buch. Und es herrscht eine erstaunliche Ruhe, wenn man bedenkt, wie viele Menschen da auf engem Ort so dicht zusammenkommen.

Auf dem Weg zur Arbeit – und auch sonst – ist man sehr schnell unterwegs. Ganz wichtig daher: die »Rechts-stehen, links-gehen«-Regel; auf den Rolltreppen der *tube* also bitte nicht im Weg stehen. Typisch morgens ist der *coffee to go* und auch, dass man bzw. vor allem frau gerne mal den gesamten Haushalt in diversen Taschen mit sich rumschleppt – der Tag ist lang, nach der Arbeit hat man keine Zeit, erst wieder nach Hause zu fahren, um die Sporttasche zu holen oder sich fürs Dinner umzuziehen; außerdem werden verschiedene Schuhe für den Arbeitsweg und das Büro benötigt.

Apropos Sport: Der Gang ins *gym* (Fitnessstudio) nach der Arbeit gehört für viele dazu. Genauso wird gejoggt wie verrückt: morgens, abends und am Wochenende. Und die ganz Harten rennen quer durch die Stadt zur Arbeit, wo dann geduscht und sich umgezogen wird. Das ist inzwischen genauso Teil des Straßenbilds wie die Radlermassen, die *tube* gegen Rad getauscht haben. Zur Mittagspause holt man sich Sandwich, Salat oder Suppe; viele essen am Schreibtisch.

Gemütlicher wird es nach Feierabend, wenn der Gang ins Pub ansteht. Und hier wird zu jeder Jahreszeit draußen gestanden: Frauen im Winter in kurzen Röcken und ohne Strümpfe, Männer ohne Jacke, wenn kein vernünftiger Deutscher ohne Schal aus dem Haus ginge – das ist normal. Genau wie die 10 000 urbanen Füchse, die in London leben und über die man sich genauso wenig wundert, wie über aus dem Nichts auftauchende Baustellen und Busse, die permanent ihre Route ändern. All das: »echt London«.

Im Zentrum von Hampstead

38 Hampstead
Wilder Park & intellektuelle Elite

Hampstead ist die Londoner Intellektuellenecke. Der sechs Kilometer vom Zentrum entfernte, auf einem Hügel gelegene Stadtteil lockt schon seit Jahrhunderten ein *Who's who* an Autoren, Künstlern und Politikern an. Warum? Hampstead ist himmlisch. Die grünen Hügel von Hampstead Heath sind eine englische Landschaftsidylle. Die georgianische Dorfstruktur ist weitgehend erhalten geblieben. Spießig ist es trotzdem nicht.

Für Hampstead Village gibt es nur einen Tipp: Man sollte ausgiebig umherstreifen und auf Entdeckungstour gehen. Hampstead High Street, die von der U-Bahn-Station Hampstead aus abwärts in Richtung Süden verläuft, bildet das Dorfzentrum mit Boutiquen, Cafés und Pubs. Interessanter ist das Netzwerk an Gassen abseits der Hauptstraße. Hügel hoch und runter, über kleine Plätze und in unterwartete Ecken – ein Paradies für neugierige Spaziergänger. Das Hinterland von Hampstead ist eine reine (und sehr teure) Wohngegend. Durchgangsverkehr gibt es wenig und man kann – wie sonst kaum irgendwo in London – in Ruhe schlendern.

Paradies für Spaziergänger

Nördlich der U-Bahn geht es über Holly Hill aufwärts, direkt in eine typische, filmsetreife Hampstead-Ecke. Zu nennen ist hier das »Holly Bush Pub« an der Ecke zum Holly Mount: ein Bilderbuchhäuschen aus dem späten 18. Jahrhundert mit Blumen an der Fassade und einem verwinkel-

ten Innenraum mit niedriger Decke. Die Plätze auf der kleinen Terrasse sind bei gutem Wetter begehrt, denn so friedliche Ecken im Freien gibt es wenige in London.

Weiter nördlich kommt man über Hampstead Grove, wo Bäume und Häuser ein elegantes Ensemble bilden, zum Fenton House. Das gepflegte Anwesen wurde im 17. Jahrhundert gebaut und ist im Stil des 18. Jahrhunderts eingerichtet. Im Obergeschoss gibt es eine erlesene Sammlung alter Musikinstrumente und als Beigabe eine tolle Aussicht über London vom Balkon aus. Am schönsten ist aber der *walled garden* mit einem formalen Garten sowie einem Obst- und Küchengarten. Die Ansicht von hier auf die umliegende Hampstead-Szenerie hat etwas von einem ländlichen Paradies. Das 21. Jahrhundert, von der Großstadt ganz zu schweigen, ist weit weg. Weiter nach oben auf Hampstead Grove biegt links der Admiral's Walk ab, der nach dem bekanntesten Gebäude dort benannt ist: Das strahlendweiße Admiral's House mit seiner nautisch dekorierten Außenfassade ist einen Besuch wert.

Zurück im Süden und hinter der High Street in Richtung Heath liegt eine weitere Enklave, die zeigt, dass in Hampstead Vornehmheit gepaart

Einfach gut!

LOUIS PATISSERIE

Um die Ecke von der U-Bahn-Station Hampstead ist auf der Heath Street in der »Louis Patisserie« die Zeit stehengeblieben: Das ungarische Café gibt es seit 1963. Seitdem hat sich im holzgetäfelten Innern augenscheinlich nichts geändert. In dem kleinen Raum sitzt man dem Nachbarn fast auf dem Schoß; das stört aber keinen. An der Fensterscheibe drückt sich immer einer die Nase platt, denn die in der Auslage präsentierte Auswahl an Torten, Kuchen und Teilchen ist extrem verführerisch. Was man isst oder trinkt, ist aber zweitrangig hier; Kuchen gibt es sicher auch bessere. Das Erlebnis macht's. »Louis Patisserie« ist einfach herrlich altmodisch, macht keine Zugeständnisse an moderne Zeiten und ist gerade deshalb so populär. Schlangestehen am Nachmittag ist normal. Morgens kann man entspannt ein Croissant essen.

Louis Patisserie. Mo–So 9–18 Uhr. 32 Heath St, NW3, Tel. 74 35 99 08, U-Bahn: Hampstead

Oben: Die Silhouette von London, wie man sie von Hampstead Heath aus sieht
Mitte: Everyman Cinema
Unten: Beim Spaziergang in Hampstead Heath ist die Großstadt ganz weit weg.

mit einem Schuss Eigenwilligkeit wohnt. Denn konservativ war Hampstead nie, sondern eher ein Zentrum linksgerichteter politischer Ansichten. Eine der hübschesten Straßen hier ist der Flask Walk, der direkt von der High Street abzweigt. Erst geht es noch durch eine bunte Mischung von Blumen- und Buchläden, hier ein Eiscafé, dort ein Pub. Und dann stehen da eine Reihe weißer Häuser mit knallbunt gestrichenen Haustüren. Beim Rundgang in Hampstead kann man sich übrigens damit unterhalten, die vielen Gedenktafeln zu finden, die an Hausfassaden daran erinnern, welche Berühmtheiten hier gelebt haben. In der Well Road, um die Ecke vom Flask Walk, lebte z.B. Daphne du Maurier (1907–1989), in anderen Straßen John Constable (1776–1837) oder Robert Louis Stevenson (1850–1894).

Wildnis mit Stadtsicht

Östlich der Hampstead High Street liegt ein ungezähmtes Stück Natur, ein uraltes Stück Land, das schon im 1. Jahrhundert zum ersten Mal erwähnt wurde. Hampstead Heath sucht seinesgleichen und ist mit keinem der Parks im Zentrum zu vergleichen. Über 320 Hektar zieht sich das Parkgebiet mit seinen hohen Graswiesen bis nach Highgate. Im Angebot sind eine Vielfalt an ländlichen Kulissen: im südlichen Teil Parliament Hill mit seinem sanft geschwungenen Grasland, der dichte Wald des

West Heath oder der Landschaftsgarten um das Herrenhaus Kenwood im Norden. Von Parliament Hill aus hat man von rund 97 Metern einen einmaligen Blick auf London. Der Hügel ist außerdem eine gute Stelle, um Drachen steigen zu lassen. Selbst genervte Großstadtbewohner werden hier sentimental.

Im Nordwesten des Parks bildet ein kleines Netzwerk isolierter Straßen im Vale of Heath ein dorfähnliches Viertel. Der Essayist Leigh Hunt (1784–1859) empfing hier regelmäßig Schriftsteller und Dichter wie John Keats (1759-1821). Der große Romantiker lebte von 1818 bis 1820 in einem Haus (heute ein Museum) in der Nähe des Heath. Nördlich vom bewaldeten West Heath liegt mit dem Hill Garden eine kleine Geheimecke des Parks. Der Garten wurde für das Hill House mit dem ungewöhnlichen Element eines Pergola Walk angelegt. Exotische Schlingpflanzen klammern sich an dorische Säulen, ein toller Kontrast zu den wuchtigen Bäumen des West Heath.

Kenwood House

Bekannteste Sehenswürdigkeit des Heath ist das prachtvolle klassizistische Kenwood House, das u.a. im Film *Notting Hill* als Kulisse diente. Die Wiese vor Kenwood House ist ein beliebter Picknickort; im Sommer finden hier Open-Air-Konzerte statt. Das Haus selbst beheimatet eine ausgezeichnete Sammlung von Gemälden des 17. und 18. Jahrhunderts und wurde in den letzten Jahren renoviert. Für eine Pause empfiehlt sich das schöne Café, vor allem, wenn man draußen sitzen kann.

Besonders beliebt im Sommer sind die idyllischen, von Bäumen umringten Hampstead Ponds: Es gibt den Kenwood Ladies' Pond und Highgate Men's Pond (bekannter Schwulentreffpunkt) am High-

Geheimtipp

FREUD MUSEUM

Hier steht das berühmte Sofa. Aber nicht nur das. In einem gepflegten Haus in einer ruhigen Straße im Süden Hampsteads verbrachte Sigmund Freud sein letztes Lebensjahr. 1938 war er aus Wien geflohen. Die Einrichtung seiner Wohnung wurde komplett nach London transportiert. Der Besucher tritt in eine Zeitkapsel. Im Erdgeschoss sind Freuds Arbeitszimmer und die Bibliothek zu sehen sowie seine erstaunliche Sammlung antiker griechischer und römischer Figuren. Im Obergeschoss ist ein Zimmer seiner Tochter Anna gewidmet, einer bekannten Kinderpsychologin. Hier kann man einige von Anna kommentierte Familienfilmaufnahmen aus den 30er-Jahren sehen sowie eine seltene BBC-Tonaufnahme von Freud persönlich hören. Der in den Filmen zu sehende Garten kann auch besucht werden.

Freud Museum. Mi–So 12–17 Uhr, Eintritt £ 7, Maresfield Gardens, NW3, U-Bahn: Finchley Rd, www.freud.org.uk

Oben: Kenwood House beherbergt eine Gemäldegalerie.
Unten: Allee zum Fenton Haus

gate-Ende des Parks sowie auf der anderen Seite bei Hampstead den Mixed Bathing Pond für gemeinsames Schwimmen. Baden gehen in Hampstead ist schon seit Jahrhunderten populär und auch im Winter möglich. Londoner sind abgehärtet. Das muss man auch sein, denn das schöne Art-déco-Freibad Parliament Hill Lido ist berüchtigt für sein kaltes Wasser.

Spuren des Modernismus

Neben den vielen historischen Häusern ist Hampstead auch ein unerwartetes Zentrum des Modernismus. In 2 Willow Road, zwischen High Street und Heath, baute der ungarisch-britische Architekt Ern Goldfinger (1902–1987), der auch für das Betonmonster Trellick Tower in Notting Hill verantwortlich ist, sein modernistisches Wohnhaus. 1939 fertiggestellt, war es damals hochmodern. Besucher finden heute ein weitgehend konserviertes Interieur, modern und altmodisch zugleich. Auf der Lawn Road, 15 Minuten südlich der High Street, steht das Isokon Building. Die Appartementanlage wurde in den 1930er-Jahren erbaut und stellte ein Experiment des kollektiven Wohnens junger Berufstätiger dar. Schnell entwickelte es sich zu einem Zentrum der Nordlondoner Intellektuellenszene. Agatha Christie (1890–1976) und Walter Gropius (1883–1969) lebten hier. Beim Flanieren fühlt man sich noch immer in guter Gesellschaft.

Wer schon so weit gekommen ist, sollte dann auf Haverstock Hill 15 Minuten weiter zu Fuß gehen, um anschaulich zu erleben, wie in London ein Stadtteil in den anderen übergeht. Das Stadtbild ändert sich hier: Von der ländlichen Intellektuellenecke geht es direkt in die laute Straßenmarktszenerie von Camden. Eine halbe Stunde zu Fuß und schon sieht die Welt wieder ganz anders aus.

Infos und Adressen

SEHENSWÜRDIGKEITEN

Fenton House. Mi–So 11–17 Uhr, £ 8, in den Garten kommt man so, Hampstead Grove, NW3, www.nationaltrust.org.uk/fenton-house

Keats House. Wo Keats die *Ode to a Nightingale* schrieb. März–Okt. Mi–So 11–17 Uhr, Nov.–Feb. Fr–So 13–17 Uhr, £ 6.50, Keats Grove, NW3, Tel. 73 32 38 68

Kenwood House. Frühling/Sommer tgl. 10–17 Uhr, Herbst/Winter 10–16 Uhr, Café: Frühling/Sommer tgl. 9–18 Uhr, Herbst/Winter 9–17 Uhr. Hampstead Lane, NW3, U-Bahn: Archway, Golders Green, dann Bus 210, www.english-heritage.org.uk

2 Willow Road. März–Okt. Mi–So 11–17 Uhr, 11–14 Uhr Besichtigung nur mit geführter Tour zur vollen Stunde, ab 15 Uhr individuelle Besichtigung, £ 6.50, 2 Willow Rd, NW3, Tel. 74 35 61 66, www.nationaltrust.org.uk/2-willow-road

ESSEN UND TRINKEN

Coffee Cup. Seit 1951, holzig-urig, einfache Gerichte. 74 Hampstead High St, NW3, Tel. 74 35 75 65, www.coffeecupuk.com

Holly Bush. Pub. 22 Hollymount, NW3, Tel. 74 35 28 92, www.hollybushhampstead.co.uk

La Crêperie de Hampstead. Kultiger Crêpestand; gehört zum Hampstead-Besuch. 77 Hampstead High St, NW3, Tel. 74 45 67 67

Melrose & Morgan. Deli. Oriel Hall, Oriel Place, NW3, Tel. 77 94 67 27, www.melroseandmorgan.com

The Old White Bear. Gehobenes Gastropub. Well Rd, NW3, Tel. 77 94 77 19, www.theoldwhitebear.com

The Wells. Entspanntes Gastropub. 30 Well Walk, NW3, Tel. 77 94 37 85, www.thewellshampstead.co.uk

ÜBERNACHTEN

Hampstead Guesthouse. Charaktervolles B&B zum Wohlfühlen in viktorianischem Haus. 2 Kemplay Road, NW3, www.hampsteadguesthouse.com

AKTIVITÄTEN

Everyman Cinema. Luxus-Kinoerlebnis: Essen und Getränke am Platz, Kissen für den Komfort. 5 Holly Bush Vale, NW3, www.everymancinema.com

Hampstead Theatre. Sehr gutes zeitgenössisches Theater. Eton Avenue, NW3, U-Bahn: Swiss Cottage, www.hampsteadtheatre.com

INFORMATION

U-Bahn-Station: Wenn nicht anders angegeben: Hampstead, alternativ: Overground-Station Hampstead Heath

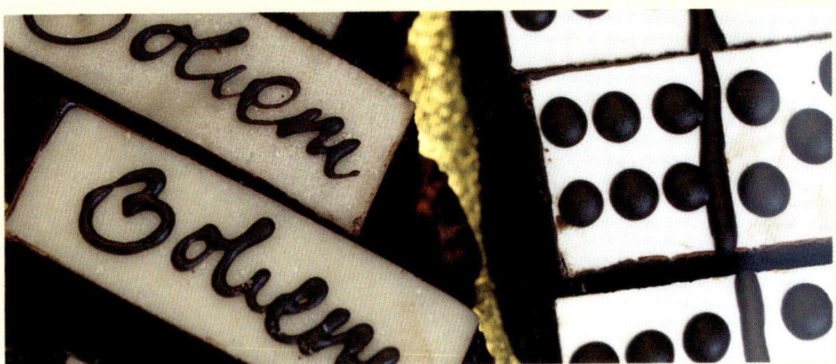

Süßmäuler kommen bei »Louis« auf ihre Kosten (S. 229).

Mitte: Leiser Verfall viktorianischer Grabmäler
Unten: Grab von Karl Marx

39 Highgate Cemetery
Viktorianische Opulenz

Highgate Cemetery ist ein Ort für Romantiker sowie für Menschen, die sich gerne etwas gruseln und eine lebhafte Fantasie haben. 1839 in dem hübschen Dörfchen Highgate eröffnet, ist er der bekannteste der sogenannten *Magnificent Seven* – der sieben Friedhöfe, die im 19. Jahrhundert das Problem von zu vielen Toten und zu wenig Platz lösen sollten.

Die erste Tote, die auf dem Highgate Cemetery begraben wurde, hieß Elizabeth Jackson, wurde 36 Jahre alt und lebte in Soho. Der bekannteste Tote, der hier liegt, hieß Karl Marx (1818–1883), wurde 64 Jahre alt und wohnte ebenfalls für einige Jahre seiner Londoner Zeit in Soho. Marx, der die Jahre von 1849 bis zu seinem Tod in London verbrachte, gehört zu den meistbesuchten Toten in London. Er ist nicht der einzige berühmte Tote hier, aber nach Highgate sollte man nicht nur kommen, um die prominenten Gräber zu sehen. Der Ort mit seinen verfallenen viktorianischen Grabmälern, alten Familiengruften und verwunschenen Bänken zwischen Bäumen auf überwucherten Pfaden ist wildromantisch und atmosphärisch. Fotografen finden beste Motive.

Gruselgrabstätten

Highgate Cemetery wurde in den 20 Jahren nach seiner Einweihung einer der beliebtesten Friedhöfe, sofern ein Friedhof beliebt sein kann. Wer etwas auf sich hielt und Geld hatte, richtete hier hoch über der Stadt für sich und die Seinen Grabstätten ein. Highgate Cemetery bot eine einzigartige Anlage inklusive einer Egyptian Avenue mit insgesamt 16 Gruften zu beiden Seiten, die auf den ebenfalls von Gruften umringten Circle of Lebanon zuführte. In dessen Zentrum steht eine große alte Libanonzeder, ein äußerst wirkungsvoller visueller Effekt. 1856 wurde der Friedhof auf der anderen Seite der Swain's Lane, an der Highgate Cemetery liegt, erweitert. Dieser Teil ist heute als East Cemetery bekannt, der ursprüngliche Friedhof als West Cemetery.

Der Westteil mit seinen Riesengruften und unheimlichen Statuen ist der atmosphärischere der beiden. Einen Vampir- oder Horrorfilmdreh kann man sich hier gut vorstellen. Das Grabmal der Familie des Präraffaeliten Dante Gabriel Rossetti (1828–1882) findet sich hier. Am höchsten Punkt des Friedhofs steht das Familienmausoleum des in Frankfurt geborenen jüdischen Bankiers Julius Beer (1836–1880), der in London sein Vermögen machte, das er dann auch nutzte, um sich ein Mausoleum für nach heutigem Wert rund 2 Millionen Pfund bauen zu lassen. Zur Besichtigung all dessen muss man sich einer kostenpflichtigen Tour anschließen; individuelle Besuche sind nicht möglich.

Wo Karl Marx ruht

Den Ostteil, wo Karl Marx begraben liegt sowie die englische Schriftstellerin George Eliot (1819–1880), können Besucher gegen Eintritt beliebig durchstreifen. Hier gibt es zwar keine auffallenden Designs wie die Egyptian Avenue, aber viele verwunschene Ecken und ausgefallene viktorianische Grabdetails. Der East Cemetery ist als Friedhof übrigens immer noch in Betrieb. Der bekannteste »Zugang« der jüngeren Zeit war der russische Dissident Alexander Litvinenko, der 2006 unter mysteriösen Umständen in Folge einer radioaktiven Vergiftung in London ums Leben kam.

Infos und Adressen

SEHENSWÜRDIGKEITEN

Highgate Cemetery. East Cemetery: Mo–Fr 10–16.30 Uhr (Tor wird um 17 Uhr geschlossen), Sa, So 11–16.30 Uhr (Tor wird um 17 Uhr geschlossen), £ 4; West Cemetery: Touren £ 12, keine Kinder unter acht, Mo–Fr 13.45 Uhr, Buchung auf Webseite, Sa, So alle 30 Minuten 11–16 Uhr, ohne Voranmeldung. Swain's Lane, N6, U-Bahn: Archway (dann über Highgate Hill und durch den Waterlow Park), www.highgate-cemetery.org

Holly Village. Unwirklicher gotischer Miniweiler, 5 Min. südlich von Highgate Cemetery, gebaut 1865 von Baroness Burdett Coutts

ESSEN UND TRINKEN

High Tea of Highgate. Nostalgischer Charme im hübschen Highgate Village nördlich des Cemetery. 50 Highgate High St, N6, Tel. 83 48 31 62, www.highteaofhighgate.com

The Flask. Historisches Pub; Holzbalken, Kamin, ordentliches Pubessen. 77 Highgate West Hill, N6, Tel. 83 48 73 46, www.theflaskhighgate.com

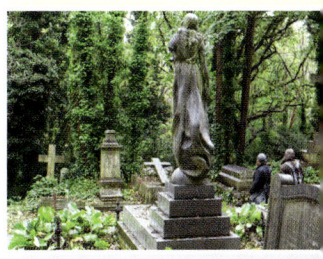

Romantisch, schaurig, schön: Spaziergang in Highgate Cemetery.

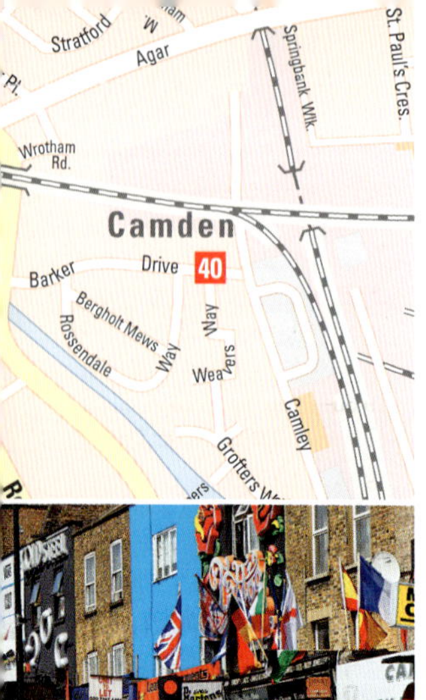

40 Camden

Forever Rock'n'Roll

Camden Town ist divers, bunt und unpoliert. Hier trifft man Banker und Punker. Es ist ein wenig ungepflegt und doch elegant. Und am Wochenende verwandelt es sich in eine Touristenhochburg, es gibt beste Livemusik und eine gute Pub- und Barszene. Im Zentrum befindet sich der Camden Market, ein Konglomerat aus verschiedenen ineinander übergehenden Märkten auf Platz vier der beliebtesten Besucherattraktionen in London.

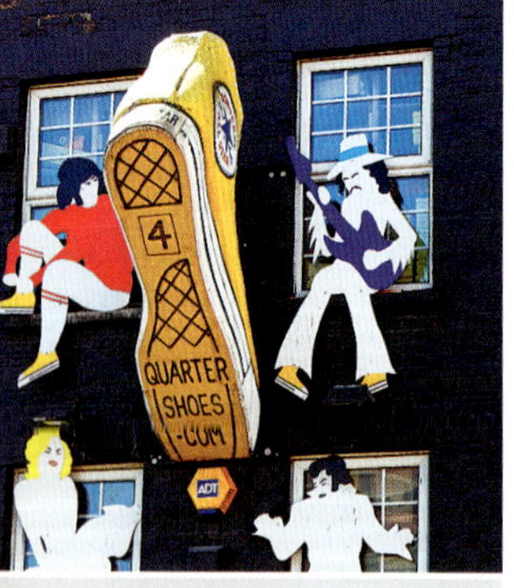

Mitte: Typische Straßenszene in Camden
Unten: Ein Hingucker auf der Camden High Street

Lust auf gepflegtes Schulter-an-Schulter-Schieben? Dann ist ein Besuch des Camden Market am Wochenende das Richtige. Wer gegen den Strom schwimmen möchte, kommt unter der Woche her. Den Camden Market gibt es auch dann, und das Ganze ist weniger überfüllt, was für manche mit weniger Atmosphäre gleichzusetzen ist, aber die Qualität des Erlebnisses erhöht.

Der Camden Market besteht aus dem Camden Lock Market, Camden Stables Market, Inverness Street Market und dem Buck Street Market. Letztlich ist alles ein großes Ganzes – ein Gewirr aus Ständen und Läden. Egal, ob man von Süden und der U-Bahn-Station Camden Town kommend in Richtung Norden geht oder umgekehrt von der U-Bahn-Station Chalk Farm in Richtung Süden – dazwischen und zentriert am Camden Lock des Regent's Canal kann der »Marktblock« nicht verpasst werden. Der Camden Lock Village Market, ein Liebling im Marktpaket, fiel 2015 Londons Bauwut zum Opfer. Hier entsteht gerade eine Wohnanlage mit Shops, und auch einen Markt soll es wieder geben.

Marktkonglomerat

Mit dem Camden Lock Market begann Mitte der 70er das Camden-Market-Phänomen. Heute gibt es ein weites Spektrum an Waren, viel Vintage-Mode, Bücher und Antikes. Dazu bietet ein Street Food Market am Kanal einen eklektischen Mix an Leckereien. Der direkte Nachbar Camden Stables Market bildet den größten Bereich des Marktkomplexes mit rund 700 Geschäften und Ständen in ehemaligen Pferdeställen und einem Pferdekrankenhaus aus der Zeit, als Packwägen und Frachtkähne am Kanal von Pferden gezogen wurden. Ab 2006 wurde hier modernisiert – nicht unbedingt zum Vorteil des an sich sehr atmosphärischen Orts mit seinen Katakomben. Hier gibt es Clubwear, Schuhe, Möbel, Antikes, Krimskrams aller Art und – wie überall in Camden – auch viel Überflüssiges à la I-love-London-Shirts. Das Pferdehospital, ein denkmalgeschütztes Gebäude, lockt mit einer Verschnaufpause bei Proud Camden: Fotogalerie und Cafébar am Tag, Livemusik und Clubleben abends.

Vom Lock aus Richtung Süden geht es auf der Camden High Street weiter mit vielen Ständen, viel Ramsch, Mode, neu und gebraucht. Teenager lieben es. Auf der Inverness Street haben nur wenige der vielen Obst- und Gemüsestände eines über 100 Jahre alten Markts überlebt und Kleider- und Souvenirstände Einzug gehalten. Das kann man links liegen lassen, dafür bietet die Straße viele Restaurants und Bars.

Camdens alte Stadtvillen, insbesondere auf der St Augustine Road und am Camden Square, sind in den letzten Jahrzehnten beliebte Immobilien geworden. Reiche und Berühmte haben ihre Zelte hier aufgeschlagen. Nach dem Tod von Camden-Anwohnerin Amy Winehouse (1983–2011) wurde der Camden Square zur Pilgerstätte vieler Fans.

Infos und Adressen

SEHENSWÜRDIGKEITEN & EINKAUFEN

Camden Market. Camden Lock Market: tgl. 10–18 Uhr, Camden Stables Market: Mo–Fr 10.30–18 Uhr, Sa, So 10–18 Uhr, Buck Street Market: tgl. 9.30–17.30 Uhr. U-Bahn: Camden Town (zu Stoßzeiten nur Ausstieg) oder Chalk Farm, www.camdenmarket.com

ESSEN UND TRINKEN

Haché. Beliebtes Burgerrestaurant, große Auswahl (inkl. vegetarisch). 24 Inverness St, NW1, Tel. 74 85 91 00, www.hacheburgers.com

ÜBERNACHTEN

66 Camden Square. B&B in modernem Architektenhaus. 66 Camden Square, NW1, Tel. 74 85 46 22, Overground: Camden Road, www.sawdays.co.uk

AUSGEHEN

Roundhouse. Camden Town ist ein Mekka für Musikfreunde, auch weil das Roundhouse in einem alten Dampfmaschinen-Reparaturwerk ein sehr vielfältiges Liveprogramm anbietet. Chalk Farm Road, NW1, U-Bahn: Chalk Farm

Jazz Café. 10 Parkway, NW1, boxoffice@jazzcafe.co.uk

Proud Camden. The Horse Hospital, Stables Market, Chalk Farm Road, NW1, www.proudcamden.com

INFORMATION

U-Bahn-Station: Wenn nicht anders angegeben: Camden Town

41 King's Cross
Umbau eines urbanen Stiefkinds

Ein riesiges Regenerationsprojekt verwandelt die Gegend nördlich des Bahnhofs King's Cross gerade in ein neues Stadtviertel. Eine angesehene Universität hat ihre Pforten schon geöffnet, von einem Kulturzentrum aus operiert die Tageszeitung *The Guardian*, Google hat ein neues Megabüro bezogen, Bars und Restaurants öffnen am laufenden Band. Und die British Library sorgt für den intellektuellen Unterbau.

King's Cross war jahrelang eine verrufene Ecke: Drogen, Alkohol, Prostitution. Rau ist es immer noch, aber das Viertel erlebt eine Renaissance. Seit 2011 gewinnt das neue King's Cross nördlich vom Bahnhof an Konturen. Mit dem Einzug des renommierten Central Saint Martins College of Art and Design wurde das erste Gütesiegel vergeben. Bis das neue Viertel seine Gestalt gefunden hat, wird es aber noch einige Jahre dauern.

Urbane Schönheits-OP

Südwestlich auf der Euston Road erreichte die Schönheitsoperation 2011 ihren ersten Höhepunkt, als das alte Midland Grand Hotel in Form des St Pancras Renaissance Hotel wieder eröffnet wurde. Es steht als Fassade vor der Haupthalle der St Pancras Station, die 1868 eröffnet wurde und bis heute einer der beeindruckendsten Bahnhofsbauten weltweit ist. Nach einer Langzeitrenovierung steht das ehemalige Grand Hotel wieder in neugotischer Pracht, mit Türmchen und Zinnen. Der Betrachter ist erst einmal erschlagen – auch von den Preisen in dem Luxushotel. Umschauen kann man

Mitte: Im St Pancras Renaissance Hotel
Unten: Vor der British Library

sich trotzdem. Lobby, Bar und der Treppenaufgang in viktorianischer Opulenz sind sehenswert.

St Pancras International

Vom Hotel gelangt man direkt in den Bahnhof St Pancras, der seit 2007 und dem Umzug von Waterloo Station als Eurostar Terminal dient. Man findet hier viele Geschäfte und eine schicke Champagnerbar. Das viktorianische Meisterwerk ist grandios. Die Halle war bei Errichtung die größte aus einem einzigen Bogen bestehende weltweit. Nur wenige Meter weiter hat sich das 21. Jahrhundert architektonisch recht brutal niedergeschlagen. 1997 zog die British Library vom British Museum in die Euston Road, begleitet von Kritik, denn nach dem wunderbaren alten Reading Room im British Museum war die neue Umgebung in einem roten Backsteinbau ein Schock für alle Nutzer.

Inzwischen ist die British Library auch im neuen Gewand populär. Zu Recht: In den Besuchergalerien sind Schätze wie die Gutenberg-Bibel von 1454/55 oder die Magna Charta von 1215 ausgestellt. Alles eintrittsfrei. Wer Bücher liebt, muss hierherkommen, frei nach dem Bibliotheksmotto »Step inside for a spot of free thinking«. Die wechselnden Ausstellungen sind exzellent.

In Richtung Osten auf der Euston Road biegt am ebenfalls neu renovierten Bahnhof King's Cross

Geheimtipp

FÜR NEUGIERIGE

Motto der Wellcome Collection: »The free destination for the incurably curious« – und unheilbar Neugierige sollten diesen Ort nicht verpassen. Die Sammlung geht zurück auf Sir Henry Solomon Wellcome (1853–1936), Apotheker, Unternehmer, Philanthrop und mit einer besonderen Passion für Medizin ausgestattet: Er sammelte über eine Million an Objekten, die alle mit Mensch und Medizin in Zusammenhang stehen. Daneben bieten höchst innovative Wechselausstellungen spannende Perspektiven auf menschlich-medizinisch-künstlerische Themen. Besonderer Tipp: der wunderbar gestaltete Reading Room im 2. Stock, eine Mischung aus Galerie und Bibliothek mit gemütlichen Sesseln, in dem Menschen lesen, arbeiten oder sich einfach nur ausruhen. London zeigt sich im Wellcome Building von seiner besten Seite: offen für alle, eintrittsfrei und voller Inspirationen.

Wellcome Collection. Di, Mi, Fr, Sa 10–18 Uhr, Do bis 22 Uhr, So 11–18 Uhr, Ausstellung, Restaurant, Café und Shop, 183 Euston Rd, NW1, U-Bahn: Euston Square, www.wellcomecollection

Oben: Lobby im St. Pancras Renaissance Hotel
Mitte: In der British Library
Unten: Farbenfrohe Wasserspiele am Granary Square

der York Way nach Norden ab. Hier geht es ins Herz der 2 Milliarden Pfund teuren King's-Cross-Umgestaltungsaktion. Rechts steht der 2008 eröffnete fabelhafte Kings Place, ein Kultur- und Bürozentrum, dessen prominentester Mieter die Tageszeitung *The Guardian* ist. Außerdem gibt es zwei Konzerthallen mit Top-Akustik und zwei Orchester, die London Sinfonietta und das Orchestra of the Age of Enlightenment.

Auf der Rückseite grenzt das Gebäude an den Regent's Canal, der sich nach Camden Town hier an King's Cross vorbeiwindet. Im Sommer ist die Terrasse ein Geheimtipp im Freien. Gegenüber liegt das neue King's Cross: Hier befinden sich fast 750 000 Quadratmeter Fläche für Wohnungen, Büros und Geschäfte. Ein neues kulturelles Zentrum für London soll zudem hier entstehen.

Uni bringt Prestige

Der Granary Complex, ein Getreidespeicher aus dem 19. Jahrhundert, ist seit September 2011 Campus des Central Saint Martins College of Art and Design, ein akademisches Nationalheiligtum in Großbritannien mit berühmten Absolventen von Stella McCartney bis Colin Firth. Im Erdgeschoss befindet sich das King's Cross Visitor Centre (www.kingscross.co.uk) mit Infos zum Projekt. Der Granary Square mit seinen Springbrunnen ist zu einem neuen Lieblingsplatz in London geworden – besonders im Sommer, wenn die Stufen runter zum Regent's Canal zum Verweilen einladen. Nur wenige Minuten um die Ecke: der Camley Street Natural Park, früher eine Müllhalde, heute eine kleine Stadtwildnis als Lebensraum für Tiere, Pflanzen und Oase für Menschen sowie die Schleuse am Kanal, wo man Hausbooten beim Passieren zuschauen kann.

Infos und Adressen

SEHENSWÜRDIGKEITEN

British Library. 96 Euston Road, NW1, Tel. 73 23 82 99

Camley Street Natural Park. Jan.–März, Nov.–Dez. Mo–Fr, So 10–16.30 Uhr, April–Okt. Mo–Fr, So, 10–17.30 Uhr, 12 Camley St, N1C, www.wildlondon.org.uk

Elizabeth-Garrett-Anderson-Ausstellung. Ausstellung über Englands erste weibliche Ärztin für Frauenheilkunde im UNISON-Gebäude. Mi–Fr 9–18 Uhr, 130 Euston Rd, NW1, U-Bahn: Euston, www.egaforwomen.org.uk

Gagosian Gallery. Tolle Galerieräume in alter Garage für zeitgenössische Kunst. Di–Sa 10–18 Uhr, 6–24 Britannia St, WC1X, www.gagosian.com

Kings Place. 90 York Way, N1, www.kingsplace.co.uk

London Canal Museum. Alles zur Kanalgeschichte Großbritanniens. Di–So 10–16.30 Uhr, £ 4, 12–13 New Wharf Rd, N1, www.canalmuseum.org.uk

Im Canal Museum

Eine kleine Köstlichkeit

ESSEN UND TRINKEN

Caravan King's Cross. Große Auswahl an internationalen Gerichten. Granary Building, 1 Granary Square, N1C, www.caravankingscross.co.uk

German Gymnasium. Teil der King's-Cross-Verwandlung: Eine alte Turnhalle aus dem 19. Jahrhundert, finanziert von der deutschen Gemeinde und für die German Gymnastics Society gebaut, ist jetzt ein schickes Ganztagsrestaurant mit europäischer Küche (hier gibt's auch Schnitzel). 1 King's Boulevard London, N1C, www.germangymnasium.com

06 St Chad's Place. Bar/Restaurant in ehemaliger Werkstatt. 6 Saint Chad's Place, WC1X, www.6stchadsplace.com

ÜBERNACHTEN

Rough Luxe. Boutiquehotel in historischem Gebäude. 1 Birkenhead St, WC1H, www.roughluxe.co.uk

INFORMATION

King's Cross St Pancras Travel Information Centre Facilities. Mo–Sa 7.15–21.15 Uhr, So 8.15–20.15 Uhr, Euston Road, in der Western Ticket Hall der U-Bahn-Station.

U-Bahn-Station: Wenn nicht anders angegeben: King's Cross St Pancras

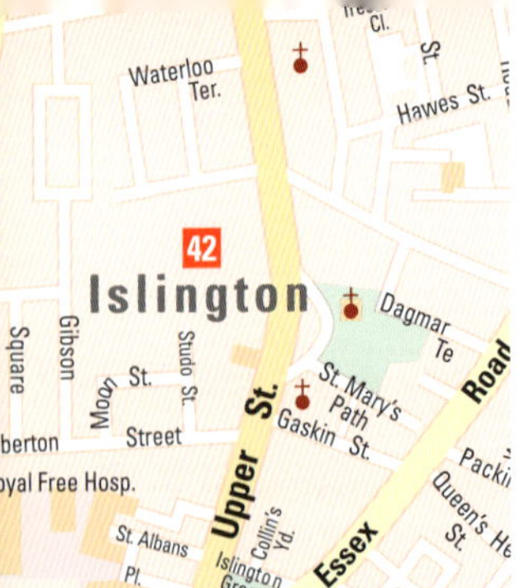

Mitte: St Mary's Church auf der Upper Street
Unten: Camden Passage für Antiquitäten
Rechte Seite oben: Geschäftige Islington High Street

42 Islington

Liebling der betuchten Mittelklasse

Islington ist ein beliebtes Ausgehviertel abseits des West-End-Vergnügungszentrums, aber auch eine bevorzugte Wohngegend für den gut situierten Mittelstand. Der Stadtteil verbirgt einige Kulturhochburgen. Außerdem kann man hier gut essen und trinken. Das Finanzviertel Londons liegt um die Ecke. Die perfekte Wohngegend für City-Arbeiter und Politiker gleichermaßen.

Schon im 16. Jahrhundert war das Dorf Islington ein beliebter Ausflugsort für Londoner, bekannt für seine Anwesen, Gärten und Quellen. In den Folgejahrhunderten wurde es zu einem Vergnügungsviertel mit Pubs und Theatern auf der Upper Street. Dann kam 1820 der Regent's Canal; Islington verarmte mit industriellen Slums. Erst in den letzten Jahrzehnten wurden die maroden viktorianischen und Regency-Häuserreihen renoviert. Der Mittelstand zog ein. Trotzdem: Islington ist immer noch eine der ärmeren Ecken der Stadt und nicht wirklich mondän.

Auf der Upper Street

Am besten erkundet man Islington auf der Süd-Nord-Route. Bei Angel spuckt die U-Bahn ihr Menschengut am Südende der lebhaften Upper Street aus, die das Viertel durchzieht. Keine Spur mehr vom Dorf Islington; der Verkehr rauscht. Ein Überbleibsel aus der Vergangenheit fällt auf: die erhöhten Bordsteine, um Fußgänger vor Schlamm zu schützen. Grund: Islington war Durchgangsstation für Viehherden auf dem Weg zum Smithfield

Market und der Royal Agricultural Hall. Letztere, als Ausstellungshalle 1862 eröffnet, steckt inzwischen hinter der geschmacklosen Glasfassade des Business Design Centre auf der Upper Street.

Islington ist im Vergleich zu anderen Londoner Stadtbezirken wenig grün. Gegenüber vom Business Design Centre muss der kleine Islington Green die Flagge hochhalten. Auf der Ostseite findet mittwochs und samstags in der gleichnamigen Passage der Camden Passage Market für Antiquitäten statt. Diese kleine Fußgängerzone lohnt sich auch ansonsten! Weiter nördlich verläuft eine der schönsten Islingtoner Straßen zwischen Upper Street und Essex Road im Osten: die Cross Street, gesäumt von Häusern aus dem 18. Jahrhundert sowie einer Auswahl an Einrichtungsboutiquen und Galerien.

Weiter nördlich auf der Upper Street mit ihren vielen Geschäften gelangt man schließlich zu Highbury & Islington, bis 2006 wichtige U-Bahn-Station für Fußballfans. Das Highbury Stadium des Arsenal Football Clubs ist inzwischen ins Emirates Stadium umgezogen. Gepflegter als im Fußballstadion geht es auf Highbury Fields zu, Islingtons größter Grünfläche, am Nordende der Upper Street und von eleganten Häuserreihen umsäumt. 200 000 Londoner flohen 1666 hierher, um dem Großen Feuer in der City zu entgehen.

Geheimtipp

ESTORICK COLLECTION OF MODERN ITALIAN ART

Eine der besten Sammlungen futuristischer Kunst vermutet man eher nicht in Islington. Die Estorick Collection am Canonbury Square überrascht. Der amerikanische Autor und Kunsthändler Eric Estorick (1913–1993) und seine aus Leipzig stammende Frau Salome konzentrierten sich mit ihrer Privatsammlung, seit 1998 im eigenen Museum, auf italienische Futuristen. Auf zwei Stockwerken eines georgianischen Anwesens sind alle Größen der Bewegung zu sehen: Giacomo Balla, Umberto Boccioni, Gino Severini, Ardengo Soffici, auch Amedeo Modigliani. Es sind aber die unbekannteren Künstler, wie der 2005 verstorbene italienisch-slowenische Maler Zoran Mušic, die als echte Entdeckungen im Gedächtnis bleiben.

Estorick Collection of Modern Art. Mi–Sa 11–18 Uhr, So 12–17 Uhr, £ 5, 39a Canonbury Square, N1, U-Bahn: Highbury & Islington, www.estorickcollection.com

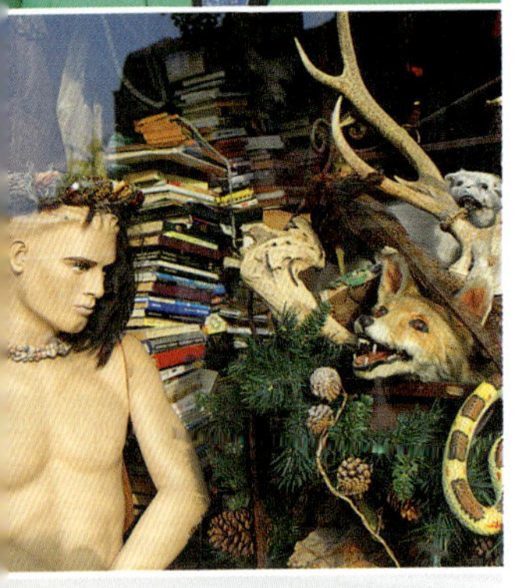

Oben: Neue Wohnanlagen in der Upper Street
Mitte: Antiquitätenhändlerin in der White Conduit Street, Seitenstraße von Chapel Market
Unten: Schaufenster in der White Conduit Street

Canonbury Road

Am Kreisel bei Highbury & Islington empfiehlt es sich, noch in die Canonbury Road nach Süden abzubiegen, um zu einem kleinen Schmuckstück der Regency-Epoche zu gelangen (mit ein bisschen Fantasie kann man sich den heutigen Verkehr einfach wegdenken): Der Canonbury Square zentriert sich um einen elegant angelegten Blumengarten. 1928 zog der Schriftsteller Evelyn Waugh (1903–1966) hier ein; ab 1944 wohnte George Orwell (1903–1950) für eine Weile hier. Am Nordostende des Platzes an der Ecke zum Canonbury Place ist der Canonbury Tower ein Relikt aus der ländlichen Vergangenheit Islingtons und Teil eines Tudorherrenhauses. Eine besondere Augenweide sind die Häuserreihen entlang des Canonbury Place, Ecke Compton Road, mit ihren hübschen kleinen Vorgärten.

Ausgehen in Islington

Zurück auf die Upper Street: Die Ausgehmeile ist voller Pubs, Bars und Restaurants für die Abendunterhaltung. Die interessanten Plätze aber liegen, wie meist, abseits der Hauptstraße. Ein Tipp ist Chapel Market, wo täglich ein echter Londoner Straßenmarkt stattfindet, für eklektische Gourmeterlebnisse. Besonders erwähnenswert ist die Theaterszene: Klein, aber sehr renommiert ist das Almeida Theatre in einer Seitenstraße der Upper Street, das Weltklasseschauspieler anzieht. Preisgekrönt sind auch die Produktionen des King's Head; Großbritanniens erstes Pubtheater, das 1970 in dem gleichnamigen Pub gegründet wurde und auch Opern inszeniert. Top-Adresse für zeitgenössischen Tanz ist das Sadler's Wells südlich der Upper Street. Heiß geliebt ist die Union Chapel (1877). Sie ist nicht nur Kirche, sondern auch ein einzigartiger und intimer Veranstaltungsort für Livemusik.

Infos und Adressen

Almeida Theatre

ESSEN UND TRINKEN

Almeida. Moderne französische Küche, gute Menüangebote für Lunch vor und nach dem Theater. 30 Almeida St, N1, Tel. 73 54 47 77, www.almeida-restaurant.co.uk

Delhi Grill. Scharfes indisches Streetfood. 21 Chapel Market, N1, www.delhigrill.com

Isarn. Modernes Thairestaurant, leckere Desserts. 119 Upper St, N1, Tell. 74 24 51 53, www.isarn.co.uk

Ottolenghi. Innovatives Deli, mediterran-orientalisch. 287 Upper St, N1, Tel. 72 88 14 54, www.ottolenghi.co.uk

Salut. Zwei deutsche Brüder stecken hinter diesem sympathischen Restaurant, in dem mit nordischen, französischen und deutschen Einflüssen gekocht wird. 412 Essex Rd, N1, U-Bahn: Highbury & Islington, www.salut-london.co.uk

The Bar with no name. 69 Colebrooke Row, N1, www.69colebrookerow.com

Trullo. Täglich wechselnde Karte, italienische Küche. 300–302 St Paul's Rd, N1, Tel. 72 26 27 33, U-Bahn: Highbury & Islington, www.trullorestaurant.com

ÜBERNACHTEN

Arlington Avenue Rooms. Zwei schöne Zimmer in einem Privathaus (Bad nicht auf selbem Stockwerk), DZ ab £ 55. 26 Arlington Avenue, N1, www.arlingtonavenue.co.uk

AKTIVITÄTEN

Almeida Theatre. Almeida St, N1, www.almeida.co.uk

Sadler's Wells Theatre. Roseberry Avenue, EC1R, www.sadlerswells.com

The King's Head Theatre. 115 Upper St, N1, www.kingsheadtheatre.org

INFORMATION

U-Bahn-Station: Wenn nicht anders angegeben: Angel

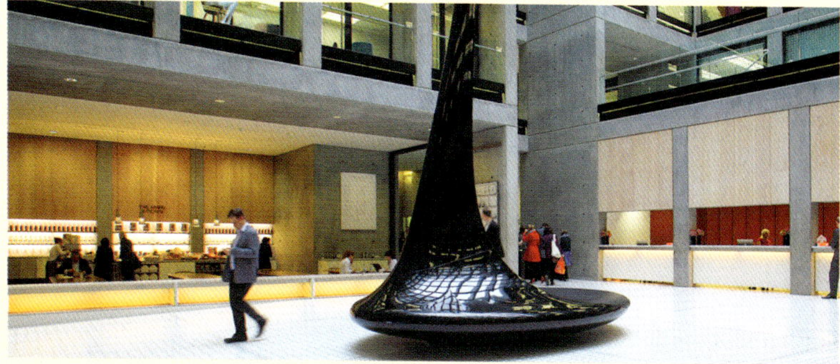
Preisgekröntes Angel Building in der St John Street, in dem auch Expedia seinen Sitz hat

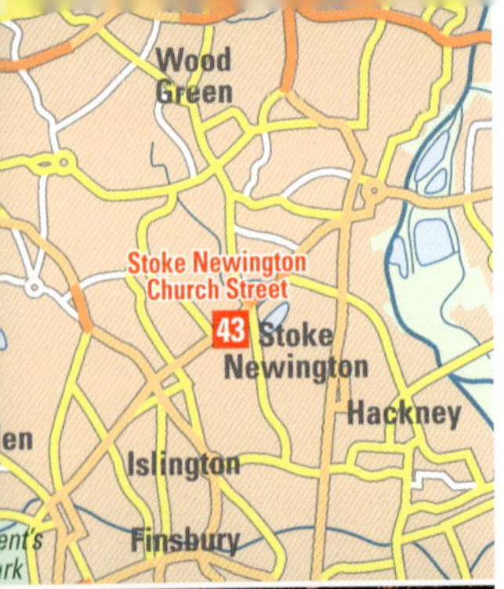

Mitte: Clissold Park mit Clissold House
Unten: Auf der Stoke Newington Church Street

43 Stoke Newington Church Street

Alternativ und schön bunt

Zum Glück gibt es Ecken wie Stoke Newington, ein weiteres Dorf, das im Laufe der Zeit von London aufgesaugt wurde. Hier ist die charmante Seite des Dorfcharakters erhalten geblieben, insbesondere auf der Stoke Newington Church Street, die sich horizontal durch den Stadtteil zieht. Es gibt hier viele kleine Geschäfte, einen Park, alte Kirchen sowie viele Restaurants und Cafés – beliebt bei Familien und Hipstern gleichermaßen.

Ähnlich wie seine südlichen Hackney-Nachbarn Dalston und Shoreditch ist Stoke Newington auf der Popularitätsskala in den letzten Jahren nach oben geschossen. Erst kommen die jungen Wilden, Künstler und Studenten, dann folgen das Bürgertum und Familien. Gentrifizierung nennt man das. Diese Nordostlondoner Enklave ist aber alles andere als Schickimicki. Man findet hier eine typische Londoner Mischung aus Nationen und Kulturen mit einer großen indischen, irischen, türkischen und afro-karibischen Gemeinde.

Treffpunkt Straße

Lieblingstreff von Anwohnern und Besuchern, vor allem am Wochenende, ist die Stoke Newington Church Street. Warum? Ganz einfach, die Straße ist wohltuend frei von Ketten, Kommerz und dem immer gleichen Aussehen der großen Einkaufsstraßen. Hier regieren unabhängige kleine Läden und Händler. Gibt es Pläne, das zu ändern, wird vehement protestiert und so wurde z.B. der Bau einer Niederlassung der großen Supermarktkette Sainsbury's durch lokale Proteste auf der um die Ecke liegenden Stoke Newington High Street verhindert.

Noch vor wenigen Jahren war die Stoke Newington Church Street für Londoner Verhältnisse relativ schwer erreichbar, sprich: Es gab keine unmittelbare U-Bahn-Anbindung, sodass man früher oder später in einen langsam vor sich hintrottenden Bus umsteigen musste. Eine U-Bahn-Station gibt es zwar immer noch nicht, dafür aber die Overground-Station Canonbury, von der aus ein ca. 15-minütiger Fußweg in Richtung Norden zum Clissold Park führt, der am Westende der Stoke Newington Church Street liegt. Zur grünen Lunge des Stadtteils gehören – neben dem denkmalgeschützten Clissold House – ein riesiger Kinderspielplatz (wie gesagt, beliebt bei Familien), Sportplätze, eine Halfpipe für junge und jung gebliebene Skater (Zuschauen macht Spaß), Tennisplätze und kleine Seen. Der Park wird, wenig erstaunlich, von den Anwohnern innig geliebt und wurde 2007 zum Herzen Hackneys gewählt, dem Verwaltungsdistrikt, zu dem Stoke Newington gehört.

Direkt hier stehen auch zwei Kirchen zu beiden Seiten der Straße, die kurioserweise denselben Namen tragen – St Mary's. Die jüngere der beiden, die viktorianische St Mary's New Church, fällt mit ihrem 76 Meter hohen Turm besonders auf. Richtung Osten ziehen sich dann in bunter Reihenfolge Geschäfte, Cafés, Pubs, Restaurants und Bars. Blumenläden sind besonders beliebt, genau wie eigenwillige Vintage-Klamotten und Läden für ungewöhnliche Einrichtungsgegenstände oder Schnickschnack, den keiner braucht, den man aber immer wieder gerne kauft. Auf der linken Seite liegt der Abney Park Cemetery von 1840. Er ist voller großartiger Grabmäler, den Ruinen einer Kapelle, wunderschöner Bäume und perfekt, um einen Moment lang abzuschalten.

Infos und Adressen

SEHENSWÜRDIGKEITEN

Abney Park Cemetery. Stoke Newington High Street, N16, Tel. 72 75 75 57, www.abney-park.org.uk

ESSEN UND TRINKEN

Petit Coin. Kuchen und leckere Muffins. 193 Stoke Newington Church St, N16

Rasa. Vegetarische indische Küche, lecker, günstig. 55 Stoke Newington Church St, N16, Tel. 72 49 03 44, www.rasarestaurants.com

The Spence Bakery & Café. Beliebte Bäckerei. 161/178 Stoke Newington Church St, N16, www.thespence.co.uk

The Tea Rooms. Kuchen in Retro Umgebung. 155 Stoke Newington Church St, N16, www.thetearooms.org

Trattoria Da Luigi. Gemütliches, traditionell sardisches Restaurant. 98–100 Stoke Newington Church St, N16, Tel. 72 49 65 53, www.trattoriadaluigi.co.uk

ÜBERNACHTEN

The Rose & Crown. Pub mit sechs schön renovierten Zimmern und Dachterrasse. 199 Stoke Newington Church St, N16, Tel. 79 23 33 37, www.roseandcrownn16.co.uk

EINKAUFEN

Hub. Designerboutique. Frauen: 49 Stoke Newington Church St, N16, Männer: 88 Stoke Newington Church St, N16, www.hubshop.co.uk

Lucky Seven. Platten- und Buchladen für Secondhand-Schnäppchen. 127 Stoke Newington Church St, N16

UMGEBUNG & AUSFLÜGE

44 Chiswick House
Klassische Villa

Der sympathische Stadtteil Chiswick im Westen Londons war einst ein Dorf, dessen Name im Altenglischen »Käsefarm« bedeutet. Beim Themseufer steht hier das erste und eines der besten Beispiele für neopalladianische Architektur in Großbritannien. Zum Ensemble gehört ein Garten, der zum ersten Mal die Grundprinzipien des englischen Landschaftsgartens veranschaulichte.

Seite 248/249: Wer rudern kann, sollte die Gelegenheit in Richmond nutzen.
Mitte: Gepflegt flanieren im Chiswick Park
Unten: Klassische Eleganz im Chiswick House

Chiswick House ist eine klassische Villa in Perfektion, die nie als Wohnhaus, sondern als Tempel für die Kunst gedacht war. Richard Boyle, der dritte Earl of Burlington (1694–1735), hielt sich bei seinen Plänen für das Chiswick House genau an das italienische Vorbild, die von Andrea Palladio (1508–1580) entworfene Villa »La Rotonda«. Was dem englischen Architekten Inigo Jones (1573–1652), einem Verfechter des klassischen Stils, bis dahin nicht gelungen war, schaffte der Earl 1729 mit seinem exquisiten Häuschen an der Themse: Der neopalladianische Stil fasste Fuß und wurde populär auf der Insel.

Amateurarchitekt mit Stil

Burlington nutzte die Villa, um seine Kunst- und Buchsammlung auszustellen sowie ausgewählte Freunde hierher einzuladen, z.B. Georg Friedrich Händel oder die Schriftsteller Alexander Pope und Jonathan Swift. Besucher waren willkommen, Eintritt wurde aber schon damals erhoben. Der Earl, der ein passionierter Amateurarchitekt war, wurde bei seinen Entwürfen für das Chiswick House von dem Architekten und Gartendesigner William Kent

(1685–1748) unterstützt. Weder an Geld noch an Farbenfreude wurde gespart. Die Räume auf dem oberen Stockwerk, die heute besichtigt werden können und wundervolle Aussichten auf den Garten bieten, sind luxuriös und prächtig mit Samt in Rot, Grün und Blau ausgestattet. Der Blue Velvet Room mit seiner aufwändigen Deckenbemalung ist besonders opulent. Im Zentrum der Villa liegt ein großartiger Salon, der Tribunal mit einer herrlichen Kuppel, in dem – wie zu Burlingtons Zeiten – Gemälde und Skulpturen ausgestellt sind.

Gartenpracht mit Café

Das i-Tüpfelchen der Anlage, die Gärten, wurden Opfer ihrer eigenen Popularität. Über eine Million Besucher pro Jahr hinterlassen ihre Spuren. Da der Eintritt frei ist, wird dies von den picknickverliebten Londonern natürlich genutzt. 12,1 Millionen Pfund wurden daher in die Restauration der Anlage gesteckt, die 2010 in alter Pracht wieder eröffnet wurde. Zu den Gärten gehört seitdem ein modernes Café. Östlich vom Haus gelegen, blickt man von hier aus auf den Garten und die Villa sowie das vollkommen in weiß gehaltene zeitgenössische Gebäude, das 2011 den Preis für das »London Building of the Year« erhielt.

Spektakulär war die Gartenanlage schon immer: William Kent legte den Garten als ein lebendiges Gesamtkunstwerk an, inspiriert von klassischen italienischen Landschaftsgemälden. Allerdings wurde die strenge Formalität der Renaissancegärten durch freiere Linien und mehr Üppigkeit ersetzt. Revolutionär war auch der Rasen, der von Chiswick House aus sanft zu einem künstlichen Fluss abfällt. Zum ersten Mal wurde Gartendesign von einer idealisierten Version der Natur inspiriert. Das English Landscape Movement war geboren, Vorbild für viele große Gärten weltweit.

Infos und Adressen

SEHENSWÜRDIGKEITEN

Chiswick House & Gardens. Chiswick House: April–Okt. So–Mi 10–17 Uhr (geschl. bis April 2017 wegen Renovierung), Nov.–21. Dez. nur für vorgebuchte Gruppen, geschl. 22. Dez.–31. März; £ 6.70; Garten: tgl. 7 Uhr bis Dämmerung; Anfahrt: District Line bis Turnham Green oder Zug Waterloo bis Chiswick. Burlington Lane, W4, www.chgt.org.uk

ESSEN UND TRINKEN

Franco Manca. Sehr gute Sauerteigpizza. 144 Chiswick High Rd, W4, Tel. 87 47 48 22, www.francomanca.co.uk

La Trompette. Feine französische Küche, gehobene Preisklasse. 5–7 Devonshire Rd, W4, Tel. 87 47 18 36, www.latrompette.co.uk

Outsider Tart. Toller Kuchen und amerikanisch angehauchte Speisekarte. 83 Chiswick High Road, W4, Tel. 70 96 16 09, U-Bahn: Turnham Green, www.outsidertart.com

ÜBERNACHTEN

High Road House. Soho-House-Ableger in Chiswick, helle, schicke Zimmer. 162–170 Chiswick High Rd, W4, Tel. 87 42 17 17, www.highroadhouse.co.uk

The Wellness Home. Freundliches B&B. 75 Thornton Avenue, W4, Tel. 89 95 10 53, www.thewellnesshome.co.uk

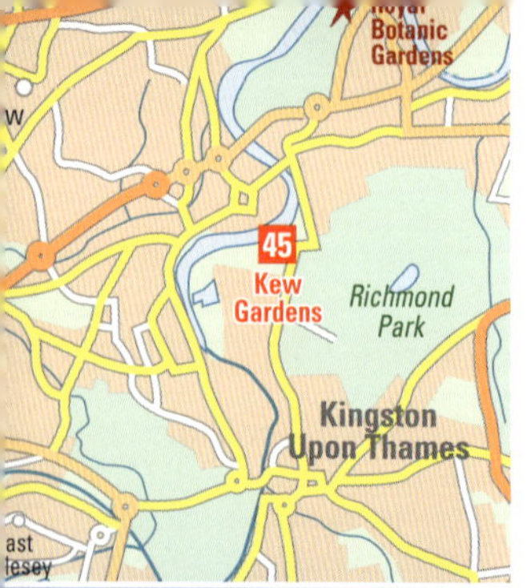

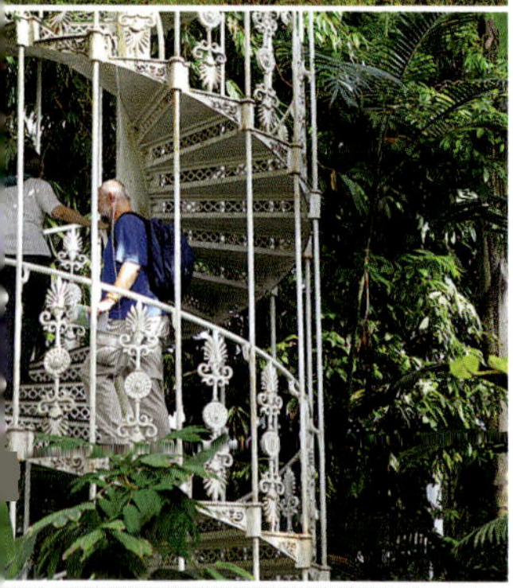

Mitte: Palmen ohne Ende im Palm House
Unten: Eine wunderbare Kew-Ecke: der Mittelmeergarten

45 Kew Gardens

Exotisch und so britisch

Können sie denn nie genug von Gärten bekommen, diese Briten? Nein, zum Glück nicht, denn Kew Gardens, 16 Kilometer westlich vom Stadtzentrum am Themseufer gelegen, ist ein Juwel, das zu jeder Jahreszeit sehenswerte Ansichten bietet. Und in den Gewächshäusern ist es sowieso immer schön kuschelig. Im Frühling und Sommer empfiehlt sich für die Anfahrt eine gepflegte Bootstour auf der Themse.

Um die Minuspunkte gleich zu Beginn aus dem Weg zu schaffen: Der Eintrittspreis ist heftig (£ 15), und die Gartenanlage liegt in der Einflugschneise des Flughafens Heathrow. Aber für das eine wird man großzügig entschädigt, und das andere überhört man dann schnell. Angelegt wurde Kew Gardens, offizieller Name Royal Botanic Gardens, 1759 als aristokratischer Lustgarten. Prinzessin Augusta (1719–1772), Witwe von Prinz Frederick (1707–1751), verwandelte die Anlage schließlich in botanische Gärten. Die ersten Pflanzenexemplare brachte der britische Seefahrer James Cook (1728–1779) von seinen Reisen zurück. Kew Gardens wurde zu einem führenden botanischen Forschungszentrum. 1840 wurde die Anlage in einen nationalen botanischen Garten umgewandelt.

Beliebte Kew Gardens

Heute erstrecken sich die Gärten über rund 120 Hektar, auf denen in Pflanzungen und Gewächshäusern über 33 000 Pflanzenarten angebaut werden, die weltgrößte Sammlung lebender Pflanzen. Kew, wie die Anlage, die seit 2003

Kew-Ansichten

UNESCO-Weltkulturerbe ist, umgangssprachlich genannt wird, ist etwas Besonderes: ein botanischer Garten, der sich in erster Linie der Forschung und dem Erhalt von Pflanzen widmet, aber gleichzeitig auch ein bei ganz normalen Besuchern extrem beliebter Park. Besucherzahlen von rund zwei Millionen pro Jahr sprechen für sich.

Was gibt es hier also zu sehen, das so vielen Menschen gefällt? Da wären z.B. die wunderbaren Aussichten, wie der Syon Vista, der von dem Gartenarchitekten William Andrews Nesfield zwischen 1845 und 1846 angelegt wurde. Wenn man aus dem Hinterausgang des Tropenhauses Palm House tritt, wird der Blick über 1200 Meter durch eine mit Steineichen gesäumte Schneise zum Syon House am anderen Themseufer gelenkt. Links davon befindet sich der Hauptsee der Anlage. Eine 2006 gebaute Brücke führt als eine auffallende Granitkonstruktion in einer geschwungenen Linie über den See, ein äußerst harmonisches Ensemble. Dann gibt es die viktorianischen Gewächshäuser: Das Tropenhaus (Palm House) ist ein beeindruckendes Konstrukt aus Glas und Schmiedeeisen und wurde von Decimus Burton entworfen, zwischen 1844 und 1848 gebaut und ist das

Einfach gut!

KEW GREEN UND ST ANNE

Da die meisten Besucher mit der U-Bahn nach Kew Gardens kommen und direkt zum Victoria-Gate-Eingang gehen, bleibt der Eindruck vom Dörfchen Kew eingeschränkt. Dabei ist der Kew Green mit der St-Anne-Kirche vor allem im Sommer einen Besuch wert. Wer mit dem Boot ankommt, stößt automatisch auf dem Weg zu Kew Gardens auf diese hübsche Dorfwiese, die von georgianischen Häusern eingerahmt wird. Die St-Anne-Kirche hat eine auffallende, kantige Turmuhr. Auf dem kleinen Friedhof liegt Thomas Gainsborough (1727–1788) begraben, einer der bekanntesten englischen Maler. Im Sommer wird an Sonntagen von Freiwilligen in der Kirche *afternoon tea* angeboten, mit hausgemachten Scones und Kuchen. Und mit etwas Glück findet auf der Wiese gerade ein Cricketspiel des lokalen Clubs statt. Schön britisch.

St Anne Church. Kew Green, Richmond TW9, www.saintanne-kew.org.uk

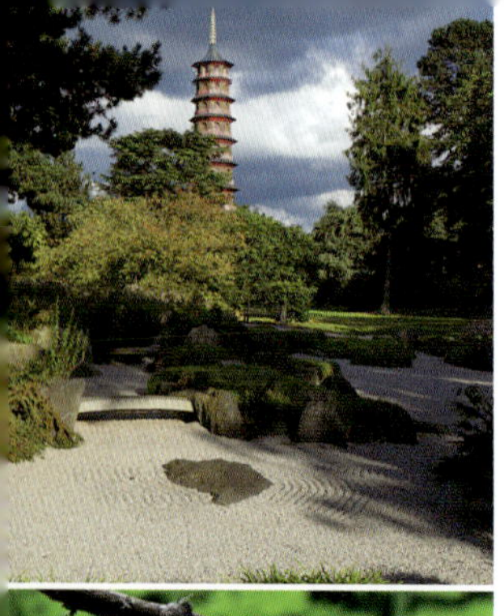

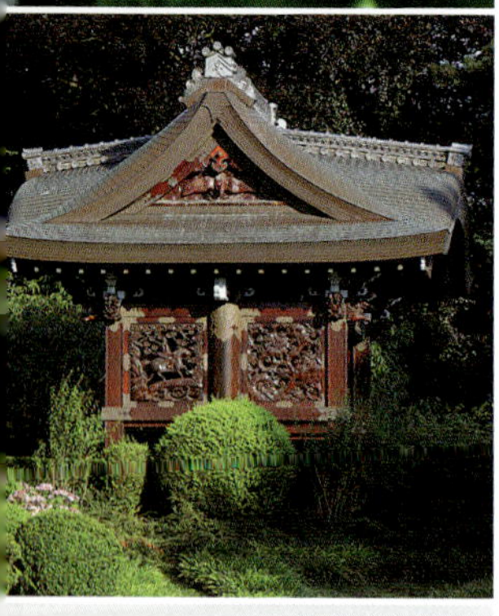

Oben: Pagode mit japanischem Garten
Mitte: Kern vieler Köstlichkeiten: die Kakaofrucht
Unten: Das Chokushi-Mon – Tor des Kaiserlichen Gesandten – im japanischen Garten

älteste noch existierende viktorianische Gewächshaus. Fast alle bekannten Palmenarten lassen es sich hier in der feuchtwarmen Luft gut gehen. Nicht weit von hier wurde für die größte Wasserlilie der Welt extra ein Glashaus gebaut, in dem auch die kleinste der Welt einen Platz gefunden hat. Nachdem es einem der 120 in Kew arbeitenden Gärtner gelungen ist, diese seltene Art der afrikanischen Wasserlilie zum Wachsen zu bringen, wurde sie – ihm zu Ehren – »Carlos Magdalena« genannt. Das größte Treibhaus ist das Temperate House (zurzeit für Renovierungen bis 2018 geschlossen), ebenfalls von Decimus Burton entworfen und doppelt so groß wie das Tropenhaus, in dem sich Pflanzen aus jedem Kontinent befinden.

Weitere Sehenswürdigkeiten

Nicht weit von hier gibt es einen Baumwipfelpfad als neue Attraktion. Auf rund 18 Meter Höhe schlendert man durch Baumkronen. Ebenfalls in dieser Ecke des Gartens befindet sich eine weitere Sehenswürdigkeit: Der King William Temple aus dem 19. Jahrhundert steht seit 2007 im Zentrum eines wunderschön angelegten mediterranen Gartens. Und am südlichen Rand des Gartens ist eine fast 50 Meter hohe Pagode das bekannteste Überbleibsel des Vergnügungsgartens, der um 1760 angelegt wurde. Auf der Nordseite des Gartens liegt der sehr hübsche Kew Palace, die kleinste aller königlichen Residenzen, für dessen Besichtigung noch einmal extra Eintritt anfällt. Allen sei daher der – vom Eintritt mal abgesehene – kostenlose Spaziergang entlang des Riverside Walk vom Brentford Gate in Richtung Westen empfohlen. Wenn auf der gegenüberliegenden Themseseite das grandiose Syon House erscheint, kann man sich auf eine der hier stehende Bänke setzen und die Aussicht genießen.

Infos und Adressen

SEHENSWÜRDIGKEITEN

Kew Gardens. Das ganze Jahr über ab 10 Uhr geöffnet, Sommer–Ende Okt. bis 18 Uhr, Ende Okt.–Feb. bis 16.15 Uhr, Frühling bis 17.30 Uhr, genaue Daten auf Webseite, £ 15, Kinder 4–16 £ 3.50, kostenlose einstündige Führungen, Treffpunkt im Victoria Plaza Café & Shop. Eingang von U-Bahn-Station Kew Gardens: Victoria Gate; Eingang vom Fluss kommend (Kew Pier) oder der Bahnstation Kew Bridge: Main Gate, www.kew.org

ESSEN UND TRINKEN

The Botanist. Entspanntes Gastropub am Kew Green mit eigener Minibrauerei. 3–5 Kew Green, Richmond TW9, Tel. 89 48 48 38, www.thebotanistkew.com

The Glasshouse. Etabliertes und sehr beliebtes Restaurant, moderne europäische Küche mit französischem Touch. 14 Station Parade, Richmond TW9, Tel. 89 40 67 77, www.glasshouserestaurant.co.uk

The Original Maids of Honour. Originelle Bäckerei und Café/Restaurant mit jahrhundertealter Tradition. 288 Kew Rd, Richmond TW9, Tel. 89 40 27 52, www.theoriginalmaidsofhonour.co.uk

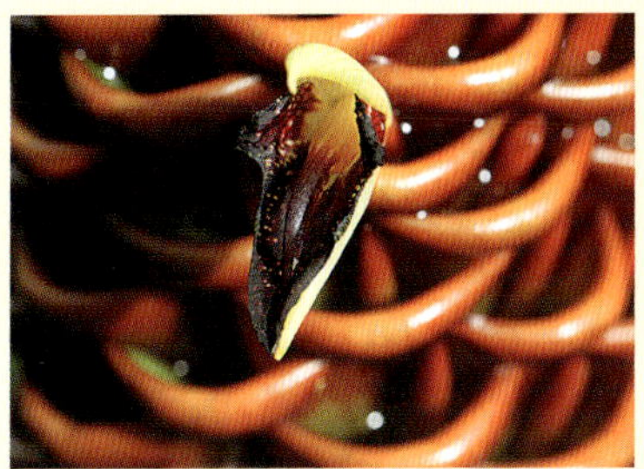

Prächtiger Ingwer

ÜBERNACHTEN

The Coach & Horses. Gastfreundliches Pub mit 31 Zimmern, traditionelles englisches Frühstück. 8 Kew Green, Richmond TW9, Tel. 89 40 12 08, www.coachhotelkew.co.uk

Kew Gardens Hotel im The Inn. Kleines Boutiquehotel mit modern renovierten Zimmern in einem Pub. 292 Sandycombe Road, Richmong TW9, Tel. 89 40 22 20, www.kewgardenshotel.com

INFORMATION

Thames River Boats. Von Westminster Pier nach Kew: Tel. 79 30 20 62, www.wpsa.co.uk

Das Palmenhaus

46 Syon House & Park
Aristokratisches Anwesen an der Themse

Beim Blick von dem gegenüberliegenden Kew Gardens auf das Syon House wird die Neugier geweckt. Was steht da so erhaben und umgeben von einem großzügigen Park am Themseufer? Das letzte noch intakte aristokratische Anwesen im Großraum London, das seit Ende des 16. Jahrhunderts im Besitz der Percy-Familie ist. Die Inneneinrichtung aus dem 18. Jahrhundert ist opulent, die Geschichte des Hauses schillernd.

Das Syon House steht auf dem Land eines mittelalterlichen Klosters, das nach dem Berg Zion benannt wurde. Als eines der letzten großen Klöster des Landes war es 1415 von König Heinrich V. gegründet und von Heinrich VIII. 1539 aufgelöst worden. Nach seinem Tod 1547 verbrachte sein Sarg auf dem Weg zur Beerdigung in Windsor eine Nacht in Syon House, am Morgen fand man die Hunde beim Fressen der königlichen Überreste. Der Sargdeckel hatte sich, wie auch immer, geöffnet, was als nachträgliche göttliche Strafe interpretiert wurde, da Heinrich das Kloster entweiht hatte.

Wohnsitz als Geldquelle

Bis der Besitz in die Hände der Percys und damit Herzöge von Northumberland überging, vergingen noch einige Jahre: Nach Schließung des Klosters war Syon erst Eigentum der Krone und ging dann in den Besitz des ersten Herzogs von Somerset über. Vor seinem Tod 1552 erbaute er das Syon House im Stil der italienischen Renaissance. Danach übernahm John Dudley, Herzog von North-

Mitte: Blick auf das große Gewächshaus in Syon Park
Unten: Diese wunderbare Rosensorte heißt »The Lark Ascending«.

umberland (nicht verwandt mit der jetzigen Besitzerfamilie) das Anwesen. 1594 erwarb Henry Percy, der neunte Graf von Northumberland, durch seine Heirat mit Dorothy Devereux das Syon House, seitdem gehört der Besitz der Percy-Familie.

Das Syon House ist zwar offizieller Londoner Wohnsitz des Herzogs von Northumberland und Familie, ist aber inzwischen auch ein kommerziell geführtes Unternehmen. Man kann das Haus für Hochzeiten oder Filmdrehs mieten oder einfach besichtigen. Die Einzigartigkeit von Syon House liegt in der Pracht der Inneneinrichtung: Robert Adam, einer der bekanntesten Architekten/Innenarchitekten des Landes, wurde vom ersten Herzog von Northumberland, der 1750 das Anwesen erbte, beauftragt, einen Umbau im klassizistischen Stil vorzunehmen. Fünf Räume im West-, Süd- und Ostteil des Hauses erhielten so ihr glanzvolles Aussehen. Der Architekt hatte ein Meisterwerk im Portfolio und der »Adam-Stil« war geboren.

Alles ist großartig hier: von der in weiß gehaltenen Great Hall, gestaltet nach dem Vorbild einer römischen Basilika, mit feinem Stuckwerk und Marmor, über den prunkvollen Kontrast des Ante Room, goldglänzend und mit einem aufwändigen Scagliola-Boden, bis zur Long Gallery und dem Blick aus elf Fenstern auf die Aue am Themseufer. Mit den inneren Verschönerungen im 18. Jahrhundert wurde auch der Garten neu angelegt. Dies übernahm der englische Gartengott Capability Brown. Insgesamt umfasst die Parkanlage über 80 Hektar, 16 Hektar davon sind Garten mit 200 exotischen und seltenen Baumarten. Absolutes Highlight ist aber das 1826 in Form eines Halbmonds gebaute Gewächshaus. Das Gebäude hat beeindruckende Ausmaße und der Anblick des Monumentalwintergartens ist, wie so vieles hier, einfach prachtvoll.

Infos und Adressen

SEHENSWÜRDIGKEITEN

Syon Park. Syon House: Mitte März–Okt. Mi, Do, So 11–17 Uhr, letzter Eintritt 16 Uhr, Parkanlage (separater Eintritt möglich): März–Okt. So–Do 10.30–17 Uhr, letzter Eintritt 16 Uhr, Fr, Sa 19.30–16 Uhr, letzter Eintritt 15 Uhr, genaue Daten auf Webseite; Eintritt £ 12, nur Garten und Gewächshaus £ 7. Syon Bark, Brentford TW8 8JF, www.syonpark.co.uk

INFORMATION

Anfahrt. Anreise per U-Bahn: District Line bis Gunnersbury, dann kurze Fahrt mit Bus 237 oder 267 bis Brent Lea in Brentford, ca. 50 Meter zum Besuchereingang; Anreise per Zug: Von Waterloo Station bis Kew Bridge beträgt die Fahrzeit 28 Minuten, dann Bus 237 oder 267 wie gehabt; alternativ Zug nach Brentford oder Syon Lane, dann 20 Minuten zu Fuß bis Besuchereingang; von Kew Bridge Station sind es nur wenige Minuten zu Fuß über die Brücke ans südliche Themseufer, wo es rund um den Kew Green Pubs und Restaurants gibt (s. S. 253).

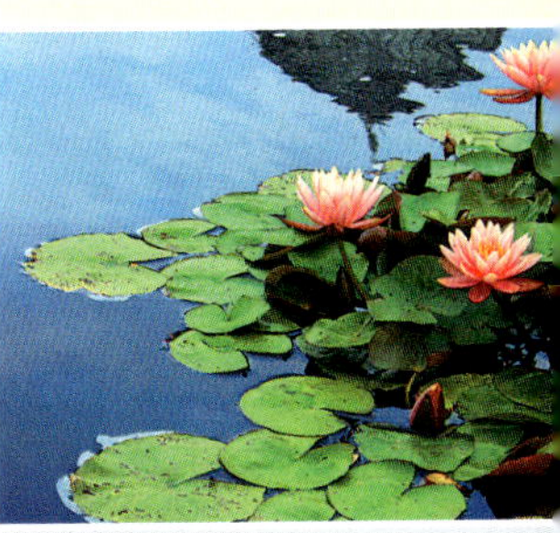

Auch Seerosen kann man bewundern.

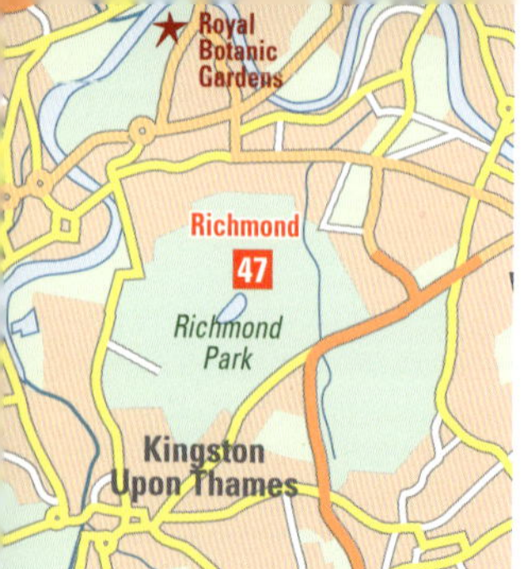

Mitte: Für Spaziergänge, Radtouren und Drinks im Freien: das Themseufer in Richmond
Unten: Richmond Bridge

47 Richmond

Ländlich-idyllische Traumaussichten

Rund 20 Kilometer vom Stadtzentrum entfernt liegen im Südwesten eine grüne Oase, ein feines Dorf und eine teure Wohngegend. Verwaltungstechnisch gesehen gehört Richmond als Teil des London Borough of Richmond upon Thames zur Stadt, aber nichts könnte weniger urban sein als das bukolische Idyll am Fluss. Im fabelhaften Richmond Park gehören Hirsche und Rehe zum Ausflugspaket dazu.

In Umfragen zum Thema Lebensqualität landet Richmond immer wieder auf den vordersten Plätzen: Angeblich leben hier mit die glücklichsten Menschen auf der Insel. Ja, logisch, sagt der Zyniker, ist ja auch eine Enklave der »Reichen und Schönen«. Aber so lassen wir das nicht stehen. Denn man muss weder reich noch schön sein, noch in Richmond ein Haus haben, um von den Glücksgefühlen etwas abzubekommen. Dazu lässt man bei Ankunft am Bahnhof Richmond (Endstation District Line) die Hauptstraße, eine enge, meist verkehrsverstopfte Arterie, am besten direkt links liegen. Eine Reihe kleiner Gassen (nur für Fußgänger!) führt zum Village Green und schon ist man mittendrin im Dorfidyll. Um die weite, offene Dorfwiese, auf der bei schönem Wetter gepicknickt, geschlafen, Zeitung gelesen und mit Kind und Hund gespielt wird, stehen auf der Südwest- und Südostseite hübsche Häuser aus dem 17. und 18. Jahrhundert. Besonders auffallend ist ein Gebäude an der Nordostecke des Platzes: Das Richmond Theater von 1899, für das der für seine Theaterbauten bekannte britische Architekt Frank Matcham verantwortlich ist. Nicht nur der beein-

Rundgang

Der Spaziergang von der Richmond U-Bahn-Station zum Ham House führt an der Themse entlang auf den Richmond Hill über eine idyllische Wiese mit Kühen und durch das Bilderbuchdorf Petersham: Ausgangspunkt ist Richmond Station.

Ⓐ Brewers Lane – Aus der Richmond Station kommend Straße überqueren, nach links wenden bis zur Brewers Lane.

Ⓑ Richmond Green – In die Minigasse rechts einbiegen, an deren Ende liegt der Richmond Green.

Ⓒ Old Palace Lane – Links um den Platz gehen bis zur Old Palace Lane und weiter zur Themse.

Ⓓ Richmond Bridge – Links auf der Uferpromenade entlang, unter der Richmond Bridge hindurch, dann direkt links hoch zur Bridge Street (über Bridge Road Garden).

Ⓔ Terrace Gardens – Rechts weitergehen (Themse im Rücken) bis zur Hill Street, rechts und dann weiter auf dem Hill Rise. Nach ca. 10 Minuten gelangt man zu den Terrace Gardens und dem dortigen Aussichtspunkt ins Themsetal.

Ⓕ Petersham Meadow – Die Terrace Gardens runtergehen, am Fuß des Hügels Petersham Road überqueren, links wenden, wo ein Schwingtor zur Petersham Meadow führt.

Ⓖ Petersham Nurseries – Dem Pfad über die Wiese folgen (Themse liegt rechts), an deren Ende rechts die Petersham Nurseries liegen. Geöffnet Mo–Sa 9–17 Uhr, So 11–17 Uhr.

Ⓗ St Peter's Church – Geradeaus weiter, an der St Peter's Church zur linken vorbei, dann rechts auf die Petersham Road.

Ⓘ Ham Polo Club – Der Straße weiter folgen, bis nach der Linksbiegung auf der rechten Seite ein Schild German School und Ham Polo Club erscheint. Rechts einbiegen und geradeaus (Polo Club liegt rechts); zur rechten befindet sich das Südtor des Ham House, von wo aus man einen Blick in den Garten werfen kann.

Ⓙ Ham House – Weiter dem Weg folgen, der hier eine Linksbiegung macht, bis zur Sandy Lane. Dort rechts, dann wieder rechts in die Ham Street. Das Ham House ist von dort ausgeschildert. Immer der Straße folgen, Eingangstor rechts.

druckende Backsteinbau von außen, sondern auch das klassische Innere ist sehenswert. Das Theater kann stolze 250 000 Besucher pro Jahr für seine rund 40 Produktionen vorweisen.

Königliche Spuren

Der Village Green ist auch der einzige Platz in Richmond, wo sich Spuren des alten Richmond Palace finden lassen, der von Heinrich VII. im 15. Jahrhundert an der Stelle gebaut wurde, wo im 12. Jahrhundert schon der Palace of Sheen stand. In der Südwestecke des Platzes ist noch das Tudor Gateway, ein Eingangstor, zu sehen. Die Old Palace Lane führt hier direkt an das Themseufer. Anders als im Zentrum der Stadt, führt der Uferweg hier direkt ans Wasser und entsprechend populär ist die Richmond Riverside. Bootshäuser, Fahrrad- und Bootsverleih, Pubs, Terrassen mit Bänken – hier wird die Nähe zum Wasser genossen. Ein Spaziergang, am besten unter der Woche, wenn es weniger voll ist, gehört zu den unerwartet ländlichen Vergnügen, die London zu bieten hat.

Richmond Park

Das weitere Stück Natur pur in Richmond ist der grandiose Richmond Park. Europas größter Stadtpark wird zu Recht von den Londonern besonders

Geheimtipp

HAM HOUSE
Kaum erstaunlich, dass Ham House beliebter Drehort für alles von BBC- bis Disney-Produktionen ist. Das jakobinische Anwesen aus dem 17. Jahrhundert bietet eine perfekte Kulisse und liegt knapp drei Kilometer westlich vom Zentrum Richmonds an der Themse. Der Earl of Dysart lebte hier, doch es war erst seine Tochter, Elizabeth Dysart, die den herrschaftlichen Wohnsitz zu dem heutigen Prachtstück machte. Exquisite Dekorationen, ausgefallene Möbelstücke und eines der ersten Badezimmer in England gibt es zu bestaunen. Eine wunderschöne Gartenanlage komplettiert das Anwesen. Und was im Küchengarten geerntet wird, kann tagesfrisch im »Orangery Café« genossen werden.

Ham House. Tgl. außer Fr 12–17 Uhr (mit Ausnahmen), Garten: Winter tgl. außer Fr 11–16 Uhr, Sommer tgl. 11–18 Uhr, £ 10.40 (Haus & Garten), £ 1.80/£4 (nur Garten nach Jahreszeit), Ham Street, TW10, Tel. 89 40 19 50, www.nationaltrust.org.uk/ham-house

geliebt. Hier kann man Stunden verbringen. Man kann fast 1000 Hektar hügeliges Gras- und Farmland, Waldungen, uralte Eichen, Rot- und Damwild, das hier vollkommen frei über das Gelände streicht, erkunden. Beim ersten Besuch mag man es kaum glauben, dass es so viel Natur in London gibt. Besonders schön ist die Aussicht ins Themsetal von der Pembroke Lodge, wo man in wunderbarer Umgebung eine Tasse Tee trinken kann. Und ganz in der Nähe gibt es einen Ausblick vom höchsten Punkt des Parks, dem King Henry VIII's Mound. Man blickt nach Osten bis zur St Paul's Cathedral. Nicht verpassen: die Isabella Plantation!

Der Weg zum Park, der auf einer Anhöhe über Richmond liegt, bietet seinen eigenen Höhepunkt – den Terrace-Gardens-Aussichtspunkt, den man über den Richmond Hill erreicht. Unterhalb liegt das dicht bewaldete Themsetal noch genauso friedlich da wie vor Hunderten von Jahren. Absolut nicht verwunderlich, dass diese Sicht von Turner bis Kokoschka zahlreiche Künstler inspiriert hat. Von hier sieht man auch sehr gut den besonderen, mäandernden Verlauf, den die Themse in Richmond nimmt. Wie war das mit den glücklichen Menschen hier? Wie gesagt, kein Wunder bei den Aus- und Ansichten.

Entspanntes Schlendern am Themseufer in Richmond

Infos und Adressen

SEHENSWÜRDIGKEITEN

Richmond Park. Sommer tgl. 7 Uhr, Winter 7.30 Uhr bis Dämmerung, www.royalparks.org

Strawberry Hill House. Exzentrischer Gotikpalast. Mo, Di, Mi 14–16.20 Uhr, Sa, So 12–16.20 Uhr, £ 10.80, 268 Waldegrave Rd, Twickenham TW1, Bus R68 nach Michelham Gardens, www.strawberry-hillhouse.org.uk

ESSEN UND TRINKEN

Petersham Nurseries Café. In herrlicher Umgebung in einer Gärtnerei essen und trinken; The Café: nur Lunch; The Teahouse: bis 17 Uhr. Church Lane, Richmond TW10, Tel. 89 40 52 30, www.petershamnurseries.com/cafe

Pitcher & Piano. Tolle Themseterrasse. 11 Bridge St, Richmond TW9, Tel. 83 32 25 24

The White Swan. Traumpub im Richmond-Nachbar Twickenham; perfekt für Sommerabende an der Themse; schöner 30-minütiger Spaziergang von Richmond oder 10 Minuten mit Bus R70 bis Lebanon Court; direkter Zug nach Twickenham von Waterloo: 20 Minuten. Riverside, Twickenham, TW1, www.whiteswantwickenham.co.uk

EINKAUFEN

Mary's Living & Giving Shop. Wohltätigkeitsgeschäft für Mode und Accessoires. 29 The Green, Richmond TW9

The Teddington Cheese. Spezialgeschäft mit über 100 Sorten Käse. 74 Hill Rise, Richmond Hill, Richmond TW10, Tel. 89 48 57 94

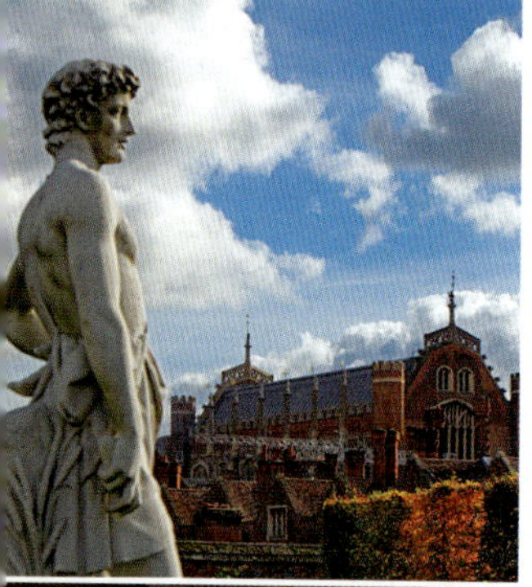

Mitte: Hampton Court Palace
Unten: Spektakuläre Fresken im Treppenaufgang zu den Appartements von Wilhelm III.

48 Hampton Court Palace
Königlicher Themenpark

Wie ein königlicher Wasserweg verband die Themse Paläste von Greenwich im Osten bis nach Windsor im Westen. Vorletzte Station ist Hampton Court. Der Tudorpalast ist mit der Person von Heinrich VIII. verbunden wie kein anderer. Er investierte Unsummen in das 1516 von seinem Lord Chancellor Kardinal Wolsley begonnene Gebäudeensemble. Herausgekommen ist mehr als nur ein Palast.

Hampton Court Palace ist nicht nur ein Palast, sondern beherbergt gleich zwei Paläste. Im 16. Jahrhundert im Tudorstil begonnen, folgte im 17. Jahrhundert ein Barockumbau unter Wilhelm III., der die Ost- und Südfassade komplett verwandelte. Tudortürme und Schornsteine wurden durch ein elegantes Barockäußeres ersetzt, das heute den formalen Garten dominiert. Am besten sieht man die unterschiedlichen Stilrichtungen von dem an der Themse gelegenen Banqueting House südlich vom Palast. Aber bis man zu den Gärten gelangt, gibt es noch einiges zu sehen.

Rundgang durch Hampton Court

Hampton Court verlangt Zeit. Man kann hier ganz schnell mal vier Stunden verbringen, aber bei einem Eintritt von über £ 15 macht Hetzen ja auch keinen Sinn. Sechs verschiedenfarbig markierte thematische Touren führen durch den roten Backsteinpalast. Wer möchte, kann einen Audioguide nutzen. Dieser lohnt sich, selbst wenn man sich nicht alles anhören möchte. Um die Zusammenhänge mitzubekommen, geht man am besten

Park- und Palastansichten

chronologisch vor: Man beginnt mit der Tour durch die Appartements von Heinrich VIII. und arbeitet sich dann weiter bis ins 18. Jahrhundert vor. Wem das zu viel ist, der sollte zumindest die Räume von Heinrich VIII. inklusive der Tudorküchentour und der Appartements von Wilhem III. und seiner Frau Maria II. sowie die grandiosen Treppenaufgänge anschauen.

Ausgangspunkt ist der Base Court nach dem großen Haupttor. In diesem äußeren Innenhof baute Kardinal Wolsley quasi ein Hotel für seine Gäste mit 40 Zimmern. Direkt am Eingang in der linken Ecke des Base Court beginnt der Rundgang durch die Tudorküchen, eine der anschaulichsten Ecken im Palast. Vor dem Durchgang zum Clock Court geht es links zu den Appartements von Heinrich VIII. Nachdem es Kardinal Wolsley nicht gelungen war, für Heinrich beim Papst eine Scheidung von Katharina von Aragon zu erwirken, fiel er beim König in Ungnade und musste ihm Hampton Court überlassen, welches er seit 1514 in einen prächtigen Palast umgebaut hatte. Heinrich investierte trotzdem noch einmal 62 000 Pfund für Renovierung und Erweiterung (u.a. vervierfachte er die Küchengröße). Das entspricht heute rund 18 Millionen Pfund. Dafür hatte er dann

Einfach gut!

BOOTSFAHRT VON LONDON NACH HAMPTON COURT

Zugegebenermaßen, zu Wasser dauert die Anfahrt noch länger. Doch es ist wie zu Königs Zeiten: Von April bis Oktober gibt es einen Service vom Zentrum bis nach Hampton Court. 15 Schleusen dauert das Ganze und ca. drei Stunden, aber es gibt keine bessere Art und Weise, um zu sehen, wie sich London vom Zentrum aus in Richtung Umgebung langsam in eine ländliche Idylle wandelt. Die Ansichten vom Wasser sind unschlagbar, insbesondere auf die grandiosen Herrenhäuser wie Syon oder Ham House. Die Fahrt allein (bei schönem Wetter natürlich) macht Spaß. Wer nichts für Paläste übrig hat, kann Hampton Court auch links liegen lassen. Man kann auf der kleinen Hauptstraße etwas essen gehen und dann ist man mit dem Zug auch im Nu wieder zurück in der Stadt.

Thames River Boats. Mit Halt in Kew und Richmond. Westminster Pier, Victoria Embankment, SW1, www.wpsa.co.uk

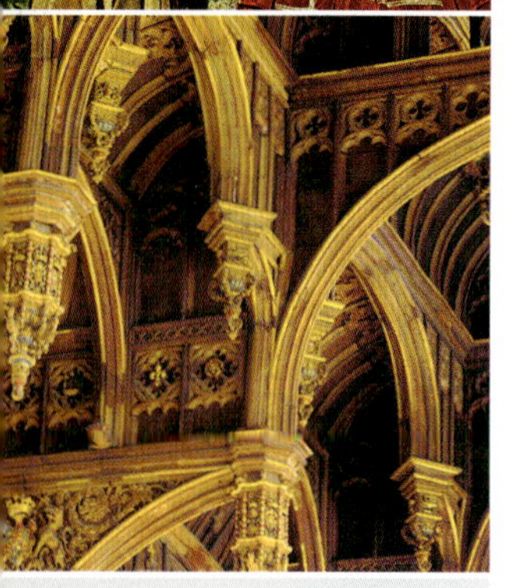

Oben: Der Clock Court
Mitte: Sowohl Heinrich VIII. als auch Kardinal Wolsley können einem in Hampton Court begegnen.
Unten: Decke in der Great Hall

1540 auch einen der modernsten Paläste in ganz England, mit allem Drum und Dran: Tennisplätze, Bowlingbahnen und Vergnügungsgärten, einen Park für die Jagd, ein riesiger Speisesaal und viel Raum für WCs – im Great House of Easement (dem großen Haus der Erleichterung) war Platz für 28 »Sitzungen« gleichzeitig. Beeindruckendes Zeugnis von Heinrichs Ausgabefreudigkeit ist sicher die Great Hall. Englands letzte große Halle aus dem Mittelalter beeindruckt mit ihrer spektakulären *Hammerbeam*-Decke, einer besonderen gotischen Gewölbeform, und prächtigen Gobelins.

Heinrich und seine Frauen

Prächtig ist auch die Chapel Royal mit ihrer in Blau und Gold gewölbten Decke, die immer noch genutzt wird. Heinrich VIII. heiratete hier seine letzte Frau, Catherine Parr (1512–1548). Tipp: Es lohnt sich ein Blick in die Buttery vor der Great Hall, wo Heinrichs sechs Frauen mit Porträt und weiteren Informationen vorgestellt werden.

Wenn man die vielen Räumlichkeiten der Könige und Königinnen von Hampton Court durchlaufen hat, sollte man unbedingt noch eine Weile in den wunderbaren Gärten verbringen, die sich über 24 Hektar bis zur Themse erstrecken und zu denen ein berühmter Irrgarten, der *maze* gehört. Um das Zentrum des Labyrinths zu erreichen, brauchen Besucher durchschnittlich 20 Minuten. Hier kann man im Royal Tennis Court sehen, wie ursprünglich Tennis gespielt wurde oder sich bei einem Besuch im Frühling am Blütenmeer im Wildblütenteil des Gartens erfreuen.

Besonders schön sind die Pond Gardens, wo an der Themse das erwähnte Banqueting House steht. Ein kleines Häuschen an der Themse im Schatten eines sehr grandiosen Palasts. Ein guter Abschluss.

Infos und Adressen

SEHENSWÜRDIGKEITEN

Bushy Park. Zweitgrößter der acht königlichen Parks; schließt nördlich an Hampton Court Palace an, schön für Picknicks, www.royalparks.org.uk

Hampton Court Palace. Mo–So 10–18 Uhr, Ende Okt.–Ende März bis 16.30 Uhr, März–Ende Okt. £ 19.80, Winter £ 17.10, Preise gelten jeweils für Onlinebuchung, Anfahrt: Zug (30 Minuten) von Waterloo nach Hampton Court; dann wenige Minuten zu Fuß über die Brücke, www.hrp.org.uk

ESSEN UND TRINKEN

Dish. Modernes Café und Bistro mit Minigarten in Bahnhofsnähe. 3 Bridge Rd, East Molesey KT8, Tel. 87 83 93 33

Mada Deli. Gemütliches, mit Ledersofas eingerichtetes Café und Deli in Bahnhofsnähe, 11–13 Bridge Rd, East Molesey KT8 9EU, Tel. 89 79 75 53

The Bell Inn. Schickes Gastropub mit gehobeneren Preisen. 8 Thames St, Hampton TW12 2EA, Tel. 89 41 97 99, www.thebellinnhampton.co.uk

ÜBERNACHTEN

Carlton Mitre Hampton Court. An der Themse gelegenes, traditionelles Hotel in atmosphärischem Gebäude aus dem 17. Jahrhundert. Hampton Court Rd, East Moseley KT8 9BN, Tel. 89 79 99 88, resmitre@carltonhotels.co.uk, www.carlton.nl/mitre

The Chestnuts. B&B; hübsches Zimmer mit eigenem Bad, freundliche Gastgeber. 16 Chestnut Avenue, Hampton TW12 2NU, Tel. 89 79 83 14, www.thechestnutsbedandbreakfast.co.uk

VERANSTALTUNG

Hampton Court Flower Show. Grandiose Garten- und Blumenausstellung auf dem Palastgelände im Juli; gesellschaftliches Großereignis, www.rhs.org.uk

INFORMATION

Hampton Court Palace liegt am Nordufer der Themse bei dem Örtchen Molesey (East und West Molesey), weitere Informationen zur Umgebung: www.hamptoncourtvillage.co.uk

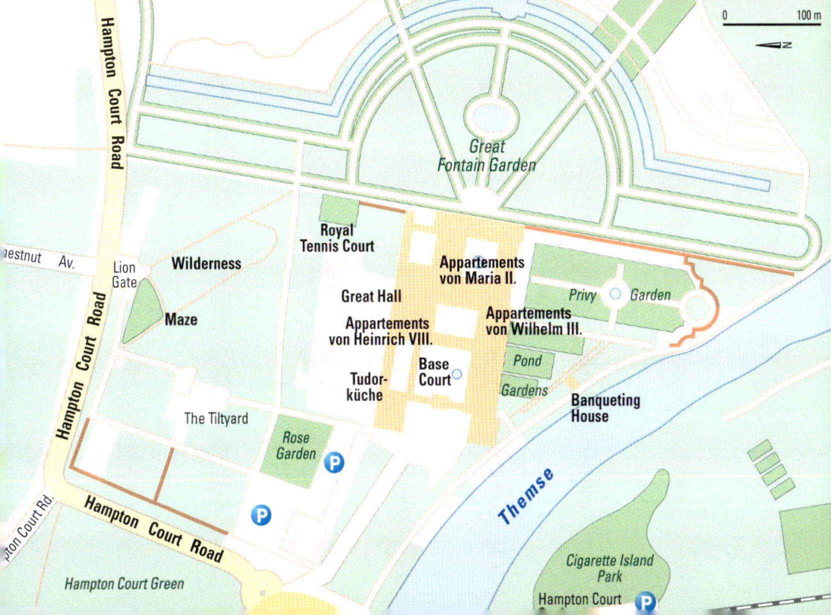

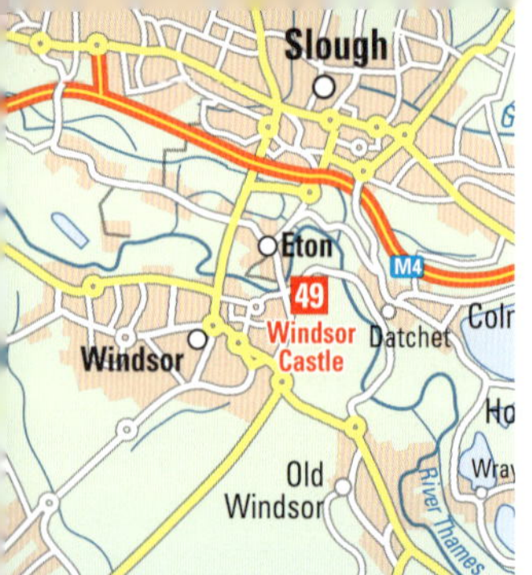

Mitte: Auf dem Weg zum Windsor Castle auf dem Long Walk im Windsor Great Park
Unten: Jungs im Frack: Die Schuluniform von Eton ist unverkennbar.

49 Windsor Castle
Königliches Wochenendhäuschen

Meine Güte, diese königlichen Paläste sind wirklich ohne Fehl und Tadel. Windsor Castle, der westlichste in der Reihe der königlichen Wohnstätten an der Themse, steht leicht erhöht und makellos über dem gleichnamigen Städtchen. Ähnlich wie im Buckingham Palace sind die State Rooms überwältigend in ihrer Pracht. Und selbst der kleinste Grashalm scheint strammzustehen.

Schon vor über 900 Jahren stand an der Stelle von Windsor Castle eine Burg, als Wilhelm der Eroberer über der Themse eine Festung baute. Die offizielle Residenz der Queen ist das älteste und größte bewohnte Schloss der Welt. Wenn ihre Standarte vom Round Tower weht, ist sie da. Was an vielen Wochenenden der Fall ist, die sie am liebsten in Windsor verbringt. Auch Prince Charles hat einen besonderen Platz in seinem Herzen für Windsor Castle reserviert, wie er zu Beginn der Audioguide-Tour den Besuchern mitteilt.

Teure Brandkatastrophe

1992 wurden bei einem Brand 100 Räume schwer beschädigt. Fünf Jahre später war alles wieder renoviert. Kostenpunkt: 37 Millionen Pfund. Für Besucher stehen die State Rooms offen sowie die St George's Chapel. Im August und September kann auch der Round Tower bestiegen werden, von dem man eine wunderbare Aussicht auf die Umgebung hat. Die State Rooms, die für offizielle Anlässe genutzt werden, sind grandios und voller Schätze aus der Royal Collection, der königlichen

Kunstsammlung, zu der nicht nur Gemälde von Rubens, Rembrandt oder van Dyck gehören, sondern auch exquisites Porzellan, Skulpturen und Möbelstücke. Die Opulenz der Räumlichkeiten mit Deckengemälden und aufwändigen Dekorationselementen ist atemberaubend. Vieles geht auf die Zeit der Restauration unter Karl II. im 17. Jahrhundert zurück. Besonders beliebt bei Besuchern: Queen Mary's Dolls' House, das 1924 von dem Architekten Edward Lutyens als eine detailgetreue Nachbildung eines aristokratischen Hauses entworfen wurde und mit Tausenden von Objekten im Maßstab 1:12 ausgestattet ist.

Im unteren Teil der Burganlage steht die St George's Chapel als ein feines Beispiel spätmittelalterlicher britischer Handwerkskunst. Sie wurde 1457 von Eduard IV. gegründet und unter Heinrich VIII. fertiggestellt. Das spätgotische Meisterwerk ist Grabstätte von zehn Monarchen und spirituelle Heimat des Hosenbandordens, was im Chorbereich anschaulich zu sehen ist. Auf die Besichtigung von feinstem Handwerk sollte ein Bummel durch Windsor folgen. Das Städtchen mit Kopfsteinpflastergassen und der Fußgängerzone und Haupteinkaufsmeile Peascod Street ist überschaubar.

Abstecher nach Eton

Ein kurzer Spaziergang über die Themse führt nach Eton und zur berühmtesten Public School des Landes. Von der Thames Bridge hat man hier einen schönen Blick auf den Fluss; die kleine Eton High Street bietet nette Shops und hübsche Häuschen. In Eton ging ein Großteil der (männlichen) politischen Elite des Landes zur Schule. Das Gelände kann man sich anschauen; in die Gebäude selbst kommt man nur mit geführten Touren, die aufgrund von Bauarbeiten erst wieder ab Frühjahr 2017 angeboten werden.

Infos und Adressen

SEHENSWÜRDIGKEITEN

Eton College. Informationen im Eton College Gift Shop, Eton High St, Weg nach Eton ist von Windsor Castle ausgeschildert, www.etoncollege.com

Windsor Castle. März–Okt. 9.30–17.30 Uhr, letzter Eintritt 16 Uhr, Nov.–Feb. 9.45–16.15 Uhr, kurzfristige Schließung möglich, s. Webseite oder anrufen: Tel. 77 66 73 04; Kapelle sonntags nicht geöffnet, £ 20, Round-Tower-Tour kostet extra. Anfahrt: regelmäßige Verbindungen von Paddington nach Windsor und Eton Central (Umsteigen in Slough), ca. 30 Min, www.royalcollection.org.uk

INFORMATION

Themse-Bootsfahrten. French Brothers am Thames Path (neben Thames Bridge), www.frenchbrothers.co.uk

Visitor Information Centre am Bahnhof. Mo–Fr 9.30–17.30 Uhr, Sa 9.30–17 Uhr, So 10–16 Uhr, Tel. 0175/374 39 00, www.windsor.gov.uk

Blick von Eton auf Windsor Castle

50 Epping Forest
Viel Wald, viel Platz

Riesig und historisch mit knorrigen Eichen und eleganten Buchen – das ist Epping Forest im Osten von London. Es ist Wald pur und nur knapp eine halbe Stunde mit der Bahn von Liverpool Street Station entfernt. Der Wald ist beliebt bei Wanderern, Radfahrern, Joggern und Reitern gleichermaßen, denn er bietet mit fast 2500 Hektar genügend Platz für alle.

Mitte: »Butler's Retreat« in Epping Forest
Unten: Kamin in Elizabeth's Hunting Lodge

19 Kilometer lang ist er, dieser uralte Wald; er streckt sich von Manor Park im Osten von London bis hinter Epping in Essex. Verwaltet wird der Epping Forest von der City of London Corporation, die seit dem Ende des 19. Jahrhunderts als Konservator fungiert. Daher ist das Waldgebiet, das auf einer Erhöhung zwischen den Tälern der Flüsse Lea und Roding liegt, offiziell auch Londons größte Freifläche, auch wenn es außerhalb des Stadtgebiets liegt.

Royales Geschenk

Vor dem Erlass des Epping Forest Act 1878 hatte der Epping Forest den Status eines königlichen Waldes als Jagdgebiet für die Monarchen. Seitdem ist die City of London Corporation verpflichtet, den Wald für alle Zeiten als einen Ort zur Erholung für die Bevölkerung zu bewahren. Königin Victoria drückte das 1882 so aus: »It gives me the greatest satisfaction to dedicate this beautiful forest to the use and enjoyment of my people for all time.« Sehr großzügig.

Einen guten Einstieg für die Erkundung der Vielfalt des Epping Forest mit seinen mächtigen Bäumen, Grasland, Heide, Sumpfgebiet und Weihern bietet Chingford, das von Liverpool Street Station in knapp einer halben Stunde zu erreichen ist. Nur wenige Minuten in Richtung Norden und man kommt zur Queen Elizabeth's Hunting Lodge, einer der historischen Sehenswürdigkeiten des Waldes. Heinrich VIII. ließ die Jagdhütte 1543 als Zuschauertribüne für seine Gäste und den besten Blick auf die königliche Jagd bauen. Das Gebäude wurde 1589 für seine Tochter Elizabeth renoviert. Die Hunting Lodge ist heute einer der vier Forest Centres für Besucher. Direkt daneben steht ein weiteres Informationszentrum, The View, als Hauptorientierungspunkt für Epping Forest. Die Erkundung des Waldes und kürzere oder längere Spaziergänge lassen sich hier bestens mit Karten und Informationsmaterial planen.

Für Spaziergänge und Fahrradtouren

Für eine kürzere Tour bietet sich beispielsweise ein Spaziergang in Richtung Norden nach High Beach an. Das sind rund vier Kilometer. Von dem schönen Aussichtspunkt hat man einen guten Blick über das Lea Valley. Von hier sind es dann noch einmal rund drei Kilometer bis Loughton, von wo aus man mit der Central Line zurück in die Stadt kommt. Man sollte gutes Schuhwerk mitbringen, es kann matschig werden. Extrem beliebt ist Epping Forest auch bei Radlern. Und wer das eigene Rad gerade nicht im Gepäck hat, kann das entsprechende Equipment leihen. Es erübrigt sich zu sagen, dass sich der Wald besonders im Herbst von seiner besonders schönen Seite zeigt. Aber egal zu welcher Jahreszeit, Epping Forest ist eine Wohltat und ein Kontrastprogramm zu Londons immer auf Hochtouren laufendem Energiepegel. Waldfreunde und Wanderer werden sich hier allemal wohlfühlen.

Infos und Adressen

ESSEN UND TRINKEN

Butler's Retreat. Seit Ende des 19. Jahrhunderts kehren Epping-Forest-Besucher in der alten Scheune ein, 2012 renoviert. Hinter Elizabeth's Hunting Lodge, 12 Rangers Rd, Chingford E4 7QH, www.worldslarder.co.uk

Carl's Tea Hut. Beim Pillow-Mounds-Parkplatz

King's Oak Pub & Hotel. Gastropub beim High Beach Visitor Centre. Paul's Nursery Rd, High Beach, Essex, IG10 4AE, Tel. 85 08 50 00, www.kingsoakhotel.com

Original Tea Hut. Auf der Straße nach High Beach beim Robin-Hood-Kreisverkehr; beliebter Motorradfahrertreffpunkt. www.originalteahut.com

INFORMATION

The View & Elizabeth's Hunting Lodge. Für ausführliche Besucherinformationen inkl. Fahrradverleih. Geöffnet Di–So 10–17 Uhr, www.cityoflondon.gov.uk (unter »Things to do«)

Zugverbindungen nach Chingford: www.thetrainline.co.uk

Unterwegs im Epping Forest

London's calling
vodafone

St. John Street
Blackfriars Bridge
Barbican
Threadneedle Street
Tower Hill
Provost Street
Edward Street
Cable Street
Stonecutter Street
Goswell Road
Duke's Place
Lambeth

REISEINFOS

Waterloo Station

Anreise

Mit dem Flugzeug: London hat fünf Flughäfen, die alle mehr oder weniger weit vom Zentrum entfernt sind – Heathrow, Stansted, Gatwick, Luton und London City Airport. Heathrow ist der größte, liegt 24 Kilometer westlich der Stadt und mit der U-Bahn (Piccadilly Line) kommt man in rund 45 Minuten ins Zentrum. Schneller und teurer (einfache Fahrt ab £ 22, Hin- und Rückfahrt £ 36) ist der Heathrow Express nach Paddington. Die Züge fahren alle 15 Minuten und die Fahrt dauert 15–20 Minuten. Achtung: Man sollte kein Taxi nehmen. Das ist teuer und kann, je nach Verkehr, gut eine Stunde dauern.

Stansted liegt 55 Kilometer nordöstlich des Zentrums und wird von den Billigfluglinien bedient. Der Stansted Express fährt in 45 Minuten bis zum Bahnhof Liverpool Street; mit dem Bus (National Express, Terravision) dauert es gut 75 Minuten und nicht selten länger.

Gatwick liegt 50 Kilometer südlich vom Zentrum; mit dem Gatwick Express kommt man in 30 Minuten zum Bahnhof Victoria. Eine Alternative sind die National-Express-Busse, die allerdings länger unterwegs sind.

Luton, 53 Kilometer nordwestlich von London, wird vom Bahnhof King's Cross aus in 30 Minuten angefahren. Der sehr kleine London City Airport in den Docklands liegt 14 Kilometer östlich vom Zentrum. Mit der Docklands Light Railway (DLR) kommt man in ca. 22 Minuten bis zur U-Bahn-Station Bank. Der City Airport wird von Reisenden oft übersehen; die Fahrt ins Zentrum dauert aber im Endeffekt nicht länger als von Heathrow aus. Außerdem: Der Flughafen ist so klein, dass Einchecken und Boarding im Vergleich zu Heathrow eine wahre Wohltat sind.

Mit der Bahn kann es schneller gehen, als man denkt. Mit dem Eurostar von Köln aus über Brüssel dauert es nur rund 5 Stunden und 20 Minuten.

Diplomatische Vertretung

German Embassy. 23 Belgrave Square, SW1, U-Bahn: Hyde Park Corner, Tel. 78 24 13 00, www.london.diplo.de

Feiertage

Feiertage gibt es im Vergleich zu Deutschland nur wenige. Die sogenannten *bank holidays* sind praktischerweise immer an einem Montag, sodass automatisch ein langes Wochenende entsteht. Sowohl die großen Museen als auch Geschäfte haben an diesen Tagen in der Regel geöffnet. Das Leben geht im Zentrum Londons normal weiter, nur Banken haben geschlossen.

1. Januar: Neujahr
Karfreitag und Ostermontag
Erster Montag im Mai: *May Day*
Letzter Montag im Mai: *Spring Bank Holiday*
Letzter Montag im August: *Summer Bank Holiday*
25. Dezember: Weihnachten
26. Dezember: *Boxing Day*

Fundbüro

Wenn in der U-Bahn etwas verloren geht: **Lost Property Office.** Mo–Fr 9.30–16 Uhr, 200 Baker St, NW1, Tel. 79 18 20 00

Londoner Bobbys sind auch mal für einen Spaß zu haben.

Geld/Währung

Bezahlt wird in britischen Pfund. Einige große Kaufhäuser wie Harrods oder Selfridges akzeptieren inzwischen Euro. Am besten schon zu Hause Geld umtauschen; vor Ort wird es dann meist teurer.
EC- und Kreditkarten werden akzeptiert.
Ein Pfund Sterling = 100 Pence (p)
Münzen: 1 p, 2 p, 5 p, 10 p, 20 p, 50 p, £ 1, £ 2
Scheine: £ 5, £ 10, £ 20, £ 50

Gesundheit

Bis zum endgültigen Abschluss des EU-Austritts sollte für Bürger aus EU-Staaten eine Notfallbehandlung (Krankenwagen, Notaufnahme im Krankenhaus, bei NHS-Ärzten) noch kostenlos sein. NHS steht für National Health Service, das staatliche Gesundheitswesen. In den meisten Stadtteilen gibt es Walk-in Health Centres, die sieben Tage die Woche und ohne Terminvereinbarung geöffnet sind. Behandlung in Arztpraxen für Allgemeinmedizin (GP = General Practitioner) hängt vom Ermessen des Arztes ab. Es empfiehlt sich, eine Auslandskrankenversicherung abzuschließen, falls z.B. ein Rücktransport nötig wird. Informationen zu Walk-in Centres und Krankenhäusern mit Notaufnahme (A&E): www.nhs.uk/Service-Search

Boots. (Drogerie mit angeschlossener Apotheke) Dort wird man bei kleineren Beschwerden gut beraten.
24-Stunden-Apotheke: Zafash Pharmacy. 233-235 Old Brompton Road, SW5, U-Bahn: Earl's Court

JANUAR/FEBRUAR

Chinese New Year. Die chinesischen Neujahrsfestivitäten in London, die auf dem Trafalgar Square, in Chinatown und im West End stattfinden, sind die größten außerhalb Asiens. Das Datum richtet sich nach dem traditionellen chinesischen Kalender und fällt auf einen Termin zwischen Ende Januar und Mitte Februar.

FEBRUAR

London Fashion Week. Für vier Tage verwandelt sich die Saatchi Gallery in Chelsea in einen Mode-Hotspot mit Modenschauen, Pop-up-Shops und Vorträgen; genaue Daten und Ticketinfo auf www.londonfashionweekend.co.uk; dasselbe findet auch im September statt.

MÄRZ

St Patrick's Day. Der irische Nationalfeiertag am 17. März wird in London mit Partys in den irischen Pubs und Bars der Stadt gefeiert. An dem Sonntag, der dem Datum am nächsten kommt, findet außerdem eine St Patrick's Day Parade auf Piccadilly statt.

MÄRZ/APRIL

Oxford Cambridge Boat Race. Der Ruderwettbewerb zwischen den Universitäten Oxford und Cambridge findet jedes Jahr am letzten Sonntag im März oder ersten im April statt. Das Rennen wurde 1829 zum ersten Mal ausgetragen und ist damit eine der ältesten Sportveranstaltungen weltweit. Zuschauen kann man vom Themseufer aus bei Putney, Hammersmith, Barnes oder am Zieleinlauf bei Mortlake.

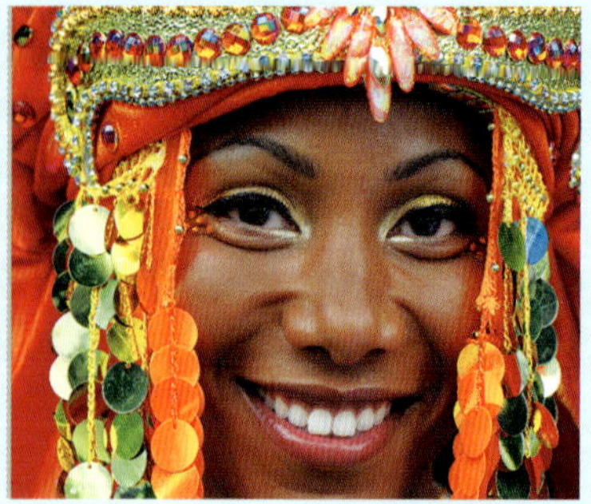

Der Karneval in Notting Hill ist ein farbenprächtiges Spektakel.

APRIL

St George's Day. Der heilige Georg ist Englands Schutzpatron. Am 23. April oder um das Datum herum findet das Feast of St George auf dem Trafalgar Square statt, der dann in den englischen Nationalfarben rot und weiß dekoriert ist.

London Marathon. Findet meist Ende April statt; Start ist im Südosten der Stadt (Blackheat), Zieleinlauf ist die Mall vor Buckingham Palace.

MAI

Chelsea Flower Show. Vier Tage Ende Mai; eine der größten und prestigeträchtigsten Flower Shows weltweit, gleichzeitig gesellschaftliches Londoner Großereignis auf dem Gelände des Royal Hospital Chelsea; Karten werden ab Herbst verkauft (www.rhs.org.uk). Die Geschäftsfassaden in Chelsea sind während dieser Zeit besonders schönblumig herausgeputzt.

JUNI

Trooping the Colour. Immer im Juni, in der Regel am zweiten Samstag im Juni, findet eine Militärparade zu Ehren des jeweiligen britischen Monarchen auf dem Horse Guards Parade statt.

Open Garden Squares Weekend. Jedes Jahr im Juni öffnen über 200 Gärten ihre Pforten für exklusive Einblicke in private Anlagen, Dachgärten oder urbane Gartenprojekte (www.opensquares.org).

ENDE JUNI/ANFANG JULI

Wimbledon. Tickets für Centre Court und Court 1 können vor Ort am selben Tag gekauft werden – wenn man sich morgens in die spezielle Schlange *on-day sale* einreiht. Alternativ: Mit einem *ground admission pass*, wovon jeden Tag mehrere Tausend verkauft werden (ab ca. £ 10), kann man sich auf dem Gelände bewegen und frei zugängliche Spiele auf den Außenplätzen sehen oder auf einer Riesenleinwand die Hauptspiele mitverfolgen. Tolle Atmosphäre! www.wimbledon.com

MITTE JULI BIS MITTE SEPTEMBER

Proms. Klassische Konzertreihe in der Royal Albert Hall zu erschwinglichen Preisen und ungezwungener Atmosphäre

AUGUST

Notting Hill Carnival. Londons größte Straßenparty, immer am letzten Wochenende im August

SEPTEMBER

Open House London. An einem Wochenende normalerweise in der zweiten Monatshälfte; sehr gute Gelegenheit, einen Blick hinter sonst verschlossene Türen von über 750 Gebäuden aller Art zu werfen, www.openhouselondon.org.uk

London Fashion Week. S. Februar

Totally Thames. Veranstaltungen, Konzerte, Musik den ganzen September über entlang der Themse, www.totallythames.org

London Design Festival. Eine Woche lang stellt sich in der zweiten Septemberhälfte Londons weltweit führende Designszene zur Schau mit speziellen Events, Installationen und Ausstellungen, die in der ganzen Stadt verteilt sind, www.londondesignfestival.com.

OKTOBER

BFI London Film Festival. In der zweiten Monatshälfte mit über 300 Filmen aus aller Welt; sehr gut! www.bfi.org.uk

London Restaurant Festival. Von 1. bis 31. Oktober kann man in über 200 teilnehmenden Restaurants spezielle Menüs kosten und besondere kulinarische Veranstaltungen erleben, www.londonrestaurantfestival.com.

Frieze London. Immer im Oktober wird der Regent's Park für vier Tage zum Treffpunkt der internationale Kunstszene und für alle, die sich für zeitgenössische Kunst interessieren; parallel findet Frieze London für Kunst bis ins 20. Jahrhundert statt, www.frieze.com.

Mädelsrunde im Londoner Nachtleben

London Cocktail Week. Mit speziellen Angeboten in Bars in der ganzen Stadt, www.drinkup.london/cocktailweek

NOVEMBER

London Jazz Festival. 10 Tage mit vielen Weltklasse-Acts in Barbican Centre, Royal Festival Hall, Kings Place und kleinen Veranstaltungsorten, www.efglondonjazzfestival.org.uk

Lord Mayor's Show. Am zweiten Samstag im November findet die traditionelle Parade zur Amtseinführung des Bürgermeisters der City of London statt, die bis ins 16. Jahrhundert zurückgeht.

Weihnachtsbeleuchtung. Anfang/Mitte November fällt der offizielle Startschuss für die aufwändige Weihnachtsbeleuchtung auf den großen Einkaufsstraßen wie Regent Street und Oxford Street, immer mit Musikacts und viel Brimborium.

DEZEMBER

Trafalgar Square Christmas Tree. Anfang Dezember wird der Riesenweihnachtsbaum, den Norwegen seit 1947 London in Anerkennung der Unterstützung während des Zweiten Weltkriegs schenkt, offiziell mit einer Zeremonie und Chorgesang auf dem Trafalgar Square angezündet.

31. Dezember. Silvesterfeuerwerk an der Themse beim London Eye (£ 10 Eintritt)

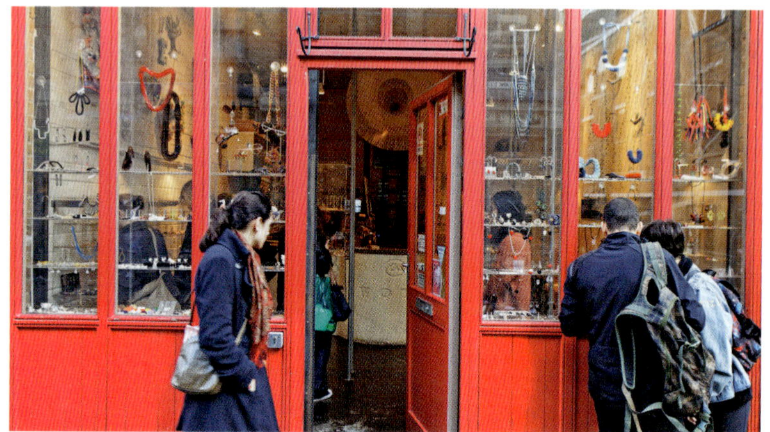

Für Originelles aller Art und witzige Shops empfiehlt sich die Brick Lane.

Internet

Viele Hotels bieten freies WLAN oder stellen Computer zur Verfügung. Genauso kann man in vielen Cafés kostenfrei online gehen; »Starbucks« und »Caffé Nero« sind beliebte Anlaufstellen für Menschen mit Laptops und anderen mobilen Endgeräten.

London im Internet:

www.visitlondon.com (offizielle Seite des Londoner Tourismusamts)
www.visitbritain.de (offizielle Seite des britischen Tourismusamts)
www.booking.com (lohnt sich für die Hotelbuchung – hier wird immer reduziert angeboten)

Kultur, Veranstaltungen, Restaurants, Hotels:

www.londonist.com
www.londontown.com (viele Hotelangebote!)
www.viewlondon.com
www.timeout.com/london
www.londonforfree.net
www.museum-mile.org.uk (gute Zusammenstellung von 13 Museen & Galerien)

Klima/Reisezeit

Die meisten Besucher kommen zwischen April/Mai bis Oktober nach London, wobei auch die Vorweihnachtszeit sehr beliebt ist, wenn die Straßen der Stadt mit glitzernder Weihnachtsbeleuchtung geschmückt sind. Vom Wetter muss man sich zu keiner Jahreszeit abhalten lassen; London ist – zumindest ausgestattet mit einem Regenschirm – immer bereisbar. Weit verbreitet ist das Klischee, dass es die ganze Zeit regnet und neblig ist. Es regnet sicher nicht mehr als in Deutschland. Wenn es jedoch regnet, dann schüttet es oft. Nebel ist sehr selten.

Durch den Golfstrom, einem der größten und schnellsten Meeresströmungen der Erde, der vor allem das Klima in Nordeuropa beeinflusst, ist das Klima recht mild, es gibt nur selten Minusgrade im Winter, dafür auch selten Hitze im Sommer. Wenn die 25 °C-Marke erreicht wird, vermelden die Zeitungen sofort eine Hitzewelle. Schön ist es im Frühling. Dieser startet schon früh, ab März wird London blumig. Im September/Oktober sind die Tage oft noch warm genug, dass man sich angenehm im Freien aufhalten kann. Unschön ist der Wind. Die Insellage macht sich bemerkbar. Es windet mehr und stärker als auf dem Kontinent. Außerdem schlägt das Wetter sehr schnell um. Der Knirps ist wichtiger Bestandteil der Ausstattung.

Spürbar ruhiger in der Stadt wird es zu den *bank holidays*, wenn Londoner den Feiertag und das verlängerte Wochenende für Kurzreisen nutzen. Genauso findet zu den *half term holidays* ein Stadtexodus statt: Zu diesen Schulferien, jeweils eine Woche im Februar und Oktober/November, verreisen viele Familien.

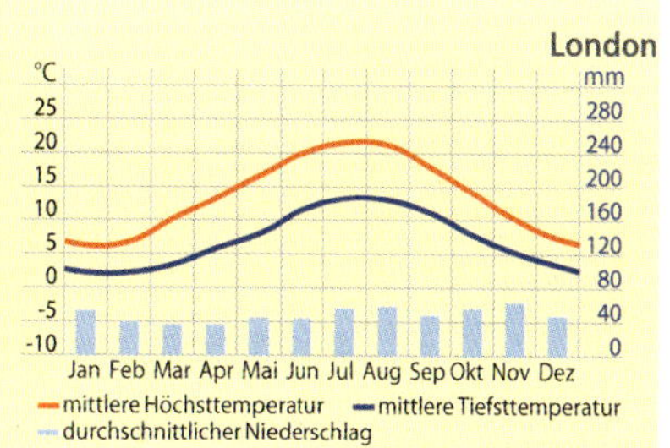

Nachtleben

Je nach Interesse und Alter bietet London alles für Ausgehwütige: Aktuelle Informationen zum Thema Nachtleben, zu neuesten Clubs und angesagten Bars gibt es im Stadtmagazin *Time Out* und auf www.timeout.com/london.

Webseiten, die bestens Bescheid wissen, was gerade angesagt ist und über neue Restaurants, Bars und Partys informieren, sind www.urbanjunkies.com/london oder www.thenudge.com.

Achtung: Auch wenn die strenge Sperrstunde von 23 Uhr für Pubs nicht mehr gilt, schließen viele trotzdem immer noch so »früh«.

Seit Spätsommer 2016 fährt die *tube* freitags und samstags auch nachts und bietet einen 24-Stunden-Service.

Notrufnummern

Die Nummer 999 gilt für Polizei, Rettungsdienst und Feuerwehr.

Öffentlicher Nahverkehr

Dazu gehören: U-Bahn (*tube*), Busse, DLR (Docklands Light Railway), Overground

Ganz wichtig bei Ankunft: Eine der kleinen, handlichen *tube maps* schnappen, die es an allen Stationen gibt und in denen auch die DLR- und Overground-Linien eingetragen sind.

Mit der *tube* kommt man überallhin; das älteste U-Bahn-Netz der Welt umfasst elf farbig gekennzeichnete Linien. Züge verkehren zu Stoßzeiten (sehr voll) fast im Minutentakt. Das Netz ist in sechs Zonen aufgeteilt; als Besucher wird man sich weitestgehend in Zone 1 und 2 bewegen (bei Ausflugszielen wie Kew Gardens oder Richmond wird ein Aufschlag fällig). Mit einer Travelcard oder einer Oyster Card ist man bestens unterwegs. Man sollte keine Einzeltickets kaufen! Das lohnt sich nur, wenn man nur einmal fährt und das ist unwahrscheinlich.

Travelcards gibt es für einen Tag (Zone 1–6, £ 12.10) oder eine Woche (£ 32.40); sie gelten für U-Bahn, Busse, London Overground, DLR und einige Nahverkehrszüge. Wer mehr als einen Tag und weniger als sieben unterwegs ist, fährt normalerweise am besten mit der Oyster Card, einem elektronischen Verkehrspass. Die Karten werden mit einem Guthaben aufgeladen und pro Fahrt wird ein reduzierter und automatisch der niedrigste Preis abgebucht (per Touchpad an den Zugangsbarrieren). Eine einfache Fahrt in Zone 1 kostet dann £ 2.40 statt £ 4.90. Der Gesamtabbuchbetrag pro Tag ist gedeckelt, so dass man z.B. bei einer einer unbegrenzten Zahl von Fahrten in Zone 1 und 2 nie mehr als £ 6.50 zahlt (Stand: Oktober 2016). Travelcards und Visitor Oyster Cards können bereits vor Reiseantritt gekauft werden, Informationen und Bestellung auf www.visitbritainshop.com oder www.tfl.gov.uk (unter »Visiting London«).

Blick auf die Zeit im Bahnhof Waterloo Station

Wenn die Oyster Card vor Ort gekauft wird, wird eine Pfandgebühr von £ 5 erhoben und die Mindestaufladesumme ist £ 5. An der U-Bahn-Station in Heathrow gibt es Schalterstellen.

Mit dem Bus (einfache Fahrt mit Oyster £ 1.50) dauert alles länger, da der Londoner Verkehr oft nur Schritttempo zulässt oder oftmals ganz zum Erliegen kommt. Dafür sieht man aber mehr. Die orangefarbenen Overground-Linien sind an verschiedenen Stationen an das U-Bahn-Netz angeschlossen, ermöglichen vor allem im Norden und Osten gute Anbindungen, sind modern und komfortabler als die U-Bahn. Bei der Planung also immer überprüfen, ob eine Overground-Haltestelle näher am gewünschten Ziel liegt.
Weitere Informationen: www.tfl.gov.uk

Entspannt schippern auf dem Regent's Canal

Hop-on/Hop-off-Touren: Big Bus Tour, www.bigbustours.com (Information bei Charing Cross); The Original London Tour, www.theoriginaltour.com (Information am Visitor Centre am Trafalgar Square); Golden Tours, www.goldentours.com

Billige Stadtrundfahrt: Die kultigen Routemaster-Busse mit offenem Heck, die 2005 aus dem Verkehr gezogen wurden, verkehren nur noch auf einer *heritage route* (15, Tower Hill bis Trafalgar Square). In der neuen Version der Routemaster kann man nicht mehr einfach hinten rein- und rausspringen. Fahrten mit der Linie 11 (Liverpool Street bis Fulham Broadway) und 23 (Liverpool Street nach Portobello) kommen an vielen Sehenswürdigkeiten vorbei und bieten eine günstige Stadtrundfahrt.

Öffnungszeiten

Geschäfte haben in der Regel von 9/10 Uhr bis 18/19 Uhr und an ein bis zwei Tagen pro Woche bis 20 Uhr geöffnet (meist Donnerstag oder Freitag). Auch der Sonntag ist Einkaufstag, es geht dann allerdings erst ab 11 oder 12 Uhr los. Kleine Lebensmittelgeschäfte sind immer bis spät in die Nacht, manche sogar 24 Stunden geöffnet, ebenso Supermärkte.

Trinkgeld

In Restaurants wird üblicherweise eine *service charge* von 12.5 Prozent zum Rechnungspreis addiert, die auch als solche auf der Rechnung ausgewiesen ist. Wenn das der Fall ist, muss kein Trinkgeld mehr gegeben werden. Je nachdem, wie zufrieden man war, sind 10 bis 15 Prozent als Trinkgeld üblich.

LONDON

für Kinder und Familien

London mit Familie? »Teuer, anstrengend, nichts für Kinder« hört man da gerne. Komisch nur, dass die Stadt voller Familien aus aller Welt ist, die auf Erkundungstour gehen. Funktioniert also. Wie viel man sich und dem eigenen Nachwuchs zumuten kann, wissen Eltern selbst am besten. Welche Sehenswürdigkeiten und Aktivitäten besonders kindertauglich sind, steht im Folgenden.

Fortbewegung

Wer Kleinkinder hat, die noch im Buggy sitzen, sollte die Londonreise en famille aufschieben. Wer mit diesem Extragepäck in Londons Underground und Bussen manövriert, braucht gute Nerven und hat wenig von der Stadt. Ein vernünftiges »Laufalter« ist empfehlenswert, und wer in der Schule schon die ersten Worte Englisch gelernt hat, nimmt natürlich umso mehr mit vom Trip an die Themse. An praktischer Ausrüstung braucht man die entweder für einen oder sieben Tage geltende Travelcard, die für Kinder von 11 bis 15 Jahren die Hälfte (£ 6/£ 16.20) kostet, oder eine Oyster Card (s. London von A-Z); Kinder bis 11 Jahren fahren in Begleitung eines Erwachsenen, der sich im Besitz einer gültigen Fahrkarte befindet, in *tube*, DLR und London Overground kostenfrei, und im Bus ginge es theoretisch auch ganz ohne Erwachsene. London punktet ganz automatisch mit seinen Doppeldecker-Bussen bei Kindern: Die Treppe hoch und in der ersten Reihe einen Platz ergattern macht jedem jungen Reisenden Spaß (den Erwachsenen übrigens auch).

Keine Angst vorm Mann in Uniform:
Kinder lernen London kennen.

Sightseeing

Hop-on Hop-off-Doppeldecker (www.theoriginaltour.com) oder Sightseeing von einem Boot auf der Themse aus, ebenfalls im Hop-on-Hop-off-Modus (www.citycruises.com), empfehlen sich für den ersten Überblick. Abenteuerlicher: die London Duck Tours (nur auf Englisch, www.londonducktours.co.uk) in einem Busboot, das in die Themse »fährt«. Aus dem normalen »Touristenrepertoire« für Familien besonders geeignet sind Changing of the Guard und der Tower mit Tower Bridge. Einen kostenfreien Panoramablick gibt es im Sky Garden, der 2015 im »Walkie-Talkie«-Hochhaus in der City auf 155 Metern eröffnete (Onlinebuchung von Besucherslots unter www.skygarden.london).

Museen

Viele Londoner Museen bieten gerade für Kinder und Jugendliche einiges an interaktiven Elementen und spektakulären Exponaten, viele eintrittsfrei. Empfehlenswert sind Natural History Museum, Science Museum, National Maritime Museum, Museum of Childhood und London Transport Museum.

Horniman Museum. Kinderparadies im Süden Londons (per Zug 13 Minuten von London Bridge nach Forest Hill): Naturkunde, Kultur, Musikinstrumente, ein Aquarium, ein Garten und ein ausgestopftes Walross – was will man mehr? Tgl. 10.30–17.30 Uhr, Museum & Garten eintrittsfrei, 100 London Rd, SE23, www.horniman.ac.uk

Pollocks Toy Museum. Hier gibt es originelles Spielzeug aus aller Welt und *toy theatres* aus Papier oder Holz, mit denen Kinder im 19. Jahrhundert ihre eigenen Theaterproduktionen auf die Bühne bringen konnten. Mo–Sa 10–17 Uhr, letzter Eintritt 16.30 Uhr, £ 6, Kinder £ 3, 1 Scala St, W1, U-Bahn: Goodge St, www.pollockstoys.com

Eintauchen in Harry Potters Welt

Parks

Londons Parks und Grünflächen im Zentrum sind alles wunderbare Spielwiesen. Hier kann man laufen, hüpfen, springen, Ball spielen und Enten füttern. Besonders geeignet für Familien ist der Battersea Park (s. S. 148) mit seinem Hochseilgarten und der Queen Elizabeth Olympic Park (s. S. 212).

Diana Princess of Wales Memorial Playground. Von dem hölzernen Piratenschiff inklusive Sandstrand, das sich auf diesem Spielplatz neben dem Kensington Palace befindet, werden Kinder magisch angezogen. Für Kinder bis 12 Jahre. Mai–Aug. 10–19.45 Uhr, April & Sept. 10–18.45 Uhr, März & Anfang Okt. 10–17.45 Uhr, Feb. & Ende Okt. 10–16.45 Uhr, Nov.–Jan. 10–15.45 Uhr, Kensington Gardens, U-Bahn: Bayswater, www.royalparks.org.uk

Coram's Field. Die Anlage neben dem Foundling Museum dürfen Erwachsene nur in Begleitung von Kindern betreten. Auf fast drei Hektar gibt es sowohl einen Abenteuerspielplatz als auch eine kleine Farm mit Enten, Ziegen und Hasen. Für Kinder und Jugendliche unter 16 Jahren. Tgl. 9 Uhr bis zur Dämmerung, 93 Guilford St, WC1N, U-Bahn: Russell Square, www.coramsfields.org

Auf der South Bank steht immer irgendwo ein Karussell.

Unterhaltung

Zehrt sicher an den Nerven (und belastet den Geldbeutel), könnte Kinderherzen aber höher schlagen lassen: Hamleys, seit 1760 auf der Regent Street ein Spielzeuggeschäft der Extraklasse, das sich auf sieben Stockwerken ausbreitet. Kostenfreies Entertainment bietet hingegen Covent Gardens Straßentheater: Auf und rund um die Piazza ist immer was los, sind Musiker, Zauberer und Spaßmacher am Werk. Apropos Zauberer: Für *Harry-Potter*-Fans ist das berühmte Gleis 9 3/4 am Bahnhof King's Cross ein Muss.

Warner Bros. Studio Tour London – The Making of Harry Potter. Riesenattraktion außerhalb der Stadt: »The Making of Harry Potter Tour« im Warner Bros. Studio in Watford bietet einen Blick hinter die Filmkulissen. Touren tgl. zwischen 9 und 18.30 Uhr (Zeiten variieren), Zug von London Euston nach Watford Junction (20 Min.), dann Shuttlebus, Familienticket (2 Erwachsene, 2 Kinder) £ 107, www.wbstudiotour.co.uk

Wohnen & Essen

Am wichtigsten: Solange man in der Nähe einer *Tube*- und/oder Overground-Station wohnt, ist das Hauptkriterium erfüllt. Dann besteht die Wahl zwischen Appartement oder Hotel. Zu Ersterem: London ist Airbnb-Hochburg mit einer Riesenauswahl und für Familien günstigen Optionen; daneben listet Visit London auf seiner Webseite unter »Unterkunft« Optionen.

Hotelketten wie etwa Premier Inn (premierinn.com), Novotel (novotel.com), Park Plaza (parkplaza.co.uk) und Travelodge (travelodge.co.uk) mit Hotels in der ganzen Stadt haben Familienzimmer mit speziellen Angeboten. Im Nadler Kensington gibt es Zimmer für bis zu vier Personen mit Miniküche, im familiengeführten Rhodes Hotel Familienzimmer für bis zu sechs.

Budgetfreundliche Restaurantketten mit z.T. speziellen Angeboten für Kinder sind »Giraffe«, »Wagamama«, »Masala Zone«, »Spaghetti House« und »Byron Burger«.

Kleiner Sprachführer

ALLGEMEINES

Guten Morgen. Good morning.
Guten Abend. Good evening.
Guten Tag. Hello.
Hallo. Hi.
Auf Wiedersehen. Goodbye.
Tschüß/Bis dann. Bye/See you.
Bis morgen. See you tomorrow!
Wie geht es Ihnen/dir? How are you?
Ich heiße ... My name is ...
Wie heißen Sie/Wie heißt du? What's your name?
Nett, Sie/dich kennengelernt zu haben. It was nice meeting you.
ja/nein/vielleicht Yes/no/maybe, perhaps
Tut mir leid (als Entschuldigung, nachdem etwas vorgefallen ist). I'm sorry.
Entschuldigen Sie bitte (im Vorfeld einer Frage oder wenn man jemanden auf etwas aufmerksam machen möchte). Excuse me/Excuse me, please.
Danke. Thank you/thanks.
Keine Ursache/Bitte schön. You're welcome.
Das habe ich nicht verstanden. Könnten Sie das bitte noch Mal sagen? Könnten Sie bitte etwas langsamer sprechen? I didn't understand that. Would you mind repeating? Could you speak a bit more slowly, please?

UNTERWEGS

Entschuldigung, wo ist ...? Excuse me, where's ...?
Wie komme ich nach ...? How do I get to ...?
Wo ist die nächste U-Bahn-Station? Where's the nearest tube station?
Wie komme ich am schnellsten zum Bahnhof? What's the quickest way to get to the station?
geradeaus straight ahead
nach rechts (to the) right
nach links (to the) left
links abbiegen turn left
rechts abbiegen turn right
Komme ich hier nach ...? Is this the right way to get to ...?
Ich möchte eine Fahrkarte nach ... kaufen. I'd like to buy a ticket to ...
Hin- und Rückfahrttickt return ticket
Wieviel Uhr ist es? What time is it?
Wie lange dauert es, um nach ... zu kommen? How long does it take to get to ...?

ESSEN UND TRINKEN

Wo gibt es hier in der Nähe ein gutes Restaurant? Is there a good restaurant around here?
Wo gibt es in der Nähe ein preiswertes Restaurant? Is there a reasonably cheap restaurant around here?
Ein Tisch für zwei Personen, bitte. A table for two, please.
Ich möchte einen Tisch für zwei Personen um acht Uhr reservieren. I'd like to book a table for two for eight o'clock, please.
Kann ich bitte die Karte haben? Could I have the menu, please?
Ich möchte gerne bestellen. Could I order, please?
Ich möchte nur etwas trinken. I'd just like something to drink.
Ein Bier, bitte. Can I have a beer, please?
Prost! Zum Wohl! Cheers!

Zahlen bitte. Could I have the bill, please?

Trinkgeld tip

Mineralwasser mit/ohne Kohlensäure sparkling mineral water/still mineral water

Leitungswasser (wird kostenfrei serviert) tap water

Hauswein house wine

helles Bier lager

dunkles Bier ale

Schweinefleisch pork

Kalbfleisch veal

Lamm lamb

Rindfleisch beef

Wild game

Geflügel/Huhn chicken

Ente duck

Wachtel quail

gebacken baked

gekocht boiled

gegrillt barbecued

gedämpft steamed

Lachs salmon

Seebarsch bass

Forelle trout

Seezunge dover sole

Hummer lobster

Merresfrüchte shellfish

Jakobsmuschel scallop

ÜBERNACHTEN

Doppelzimmer (mit einem Bett) double room

Doppelzimmer (mit zwei Betten) twin room

Einzelzimmer single room

Ich brauche ein Zimmer für ... Nächte vom ... bis ... I'm looking for a room for ... nights from ... to ...

Wieviel kostet das Zimmer? How much is the room?

Können Sie für mich reservieren? Could you please book me in?

Rufen Sie mir bitte ein Taxi? Could you order me a taxi, please?

EINKAUFEN

Was kostet/kosten ...? How much is/are ...?

Kann ich das anprobieren? Could I try this on?

Wo sind die Umkleidekabinen? Where are the fitting rooms?

Kann ich mit dieser Kreditkarte zahlen? Can I pay with this credit card?

Haben Sie das auch in anderen Größen? Do you have this in other sizes?

ZAHLEN

0–13 zero, one, two, three, four, five, six, seven, eight, nine, ten, eleven, twelve, thirteen

20, 30, 40, 50, 60, 70, 80, 90 twenty, thirty, fourty, fifty, sixty, seventy, eighty, ninety

100 hundred

1000 thousand

ein Halb half

ein Drittel one third

ein Viertel one quarter

WOCHENTAGE

Montag Monday

Dienstag Tuesday

Mittwoch Wednesday

Donnerstag Thursday

Freitag Friday

Samstag Saturday

Sonntag Sunday

Register

Impressum

Verantwortlich: Claudia Hohdorf
Lektorat: Beate Martin
Layout: graphitecture book & edition
Repro: Repro Ludwig
Kartografie: Kartographie Huber, Heike Block
Herstellung: Bettina Schippel
Printed in Slovenia by Florjancic

Sind Sie mit diesem Titel zufrieden? Dann würden wir uns über Ihre Weiterempfehlung freuen.

Erzählen Sie es im Freundeskreis, berichten Sie Ihrem Buchhändler, oder bewerten Sie bei Onlinekauf.

Und wenn Sie Kritik, Korrekturen Aktualisierungen haben, freuen wir uns über Ihre Nachricht an
Bruckmann Verlag,
Postfach 40 02 09,
D-80702 München
oder per E-Mail an
lektorat@verlagshaus.de.

Unser komplettes Programm finden Sie unter

 www.bruckmann.de 

Bildnachweis:
Alle Bilder des Innenteils stammen von Franz Marc Frei, außer:
Zoe Deleuil (www.eastlondonlocal.wordpress.com): S. 191; Barbara Geier: S. 28 o., 31 o., 94, 218, 219, 240 u.; Mauritius Images: S. 8 (PAUL GROVER/Alamy), 280 (John Warburton-Lee/Alex Robinson), 239 (Steve Vidler); Museum of Brands: S. 135; The Samuel Courtauld Gallery, London: S. 52 u.; The Serpentine Gallery: S. 108 u., 110 m. (Offenbach, J.); Shutterstock: S. 10 (Pat_Hastings), 54 m. (Finn, S.), 104 (BasPhoto), 163 (WH Chow); Wikimedia Commons: S. 187 (Wilton's Music Hall), 242 u. (Knight, R.), 282 (Karen Roe); Wyndham Worldwide Corporation: S. 122

Umschlag
Vorderseite:
Oben: Detail Briefkasten (Ivonne Wierink/Shutterstock.com)
Mitte rechts: Zwei Damen in Ascot (mauritius images/Neil Tingle/Alamy)
Unten: Tower Bridge und The Shard im Sonnenuntergang (shutterstock/s4svisuals)
Rückseite: Links: Bar Italia
Rechts: Serpentine Lake Hyde Park
Klappe vorn: Auf dem Borough Market

Die Deutsche Nationalbibliothek verzeichnet diese Publikation in der Deutschen Nationalbibliografie; detaillierte bibliografische Daten sind im Internet über http://dnb.d-nb.de abrufbar.

3. überarbeitete Auflage

ISBN 978-3-7343-2401-7